행복한 학교 즐거운 교실을 위한

학교 집단상담의 이론과 실제

김종운·박성실·박춘자·정보현·김효은·강정임
임은미·이태곤·장인영·양민정·이정이·김현희 공저

동문사

머리말

집단상담은 학생들이 그들 또래에 의해 쉽게 영향을 받는다는 점에서 강력한 상담개입이 될 수 있다. 이는 교사나 부모 등 어른들의 간섭을 완전히 거부하거나 약간 반항적인 아동도 또래로부터의 제안을 종종 받아들인다는 점에서 그러하다. 그리고 학생의 요구가 또래 상호작용을 통해 가장 잘 충족되기 때문에, 같은 시간 동안 한두 명의 학생을 상담하는 것보다 예닐곱 명과 함께 집단상담을 하는 것이 보다 효율적이기 때문이다.

또한 집단상담을 통해 다른 학생들도 자신과 같은 문제를 모두 경험하고 있다는 것을 깨닫게 되는 보편성(universality)의 개념도 학생들에게는 매우 중요하다. 예를 들어, 부모 이혼이나 별거 혹은 사랑하는 사람의 죽음을 경험한 학생들은 집단상담을 통해 필요한 지지를 받을 수 있다. 학교 내에서 같은 감정과 경험을 나눌 수 있는 누군가가 있다는 안도감은 상당히 교육적이며 고립감을 줄일 수 있을 것이다.

흔히 대학원에서 상담학을 전공하는 교사들과 이야기를 나누다 보면, 그들은 집단상담의 효과성에 대해 다음과 같이 말한다. 즉 학생들은 집단상담에 참여한 결과로써 집중력이 향상될 뿐만 아니라 학습에 대한 보다 긍정적인 태도까지 갖게 된다고 한다. 그리고 집단상담이 학생들의 대인관계 능력을 향상시킨다는 사실도 학교 집단상담을 통해 얻을 수 있는 이점이라고 보고한다. 이처럼 학교는 집단상담을 하기에 이상적인 장소라고 할 수 있다.

현직 교사, 학교 상담교사, 학교 사회복지사가 포함된 전문상담교사 과정이나 대학원 석박사 과정에서 집단상담을 가르칠 때, 이들로부터 자주 접하는 질문이 있다. 즉 집단상담의 기본 개념, 이론적 접근과 기법 그리고 실제에 대한 저서들은 많지만, 초·중·고등학교 학생들을 대상으로 한 집단상담의 실제에 대한 이론과 실제를 다룬 강의나 교재가 부족하다는 것이었다.

집단을 운영하는 집단상담자의 핵심 역량을 키우기 위해서는 여러 집단상담에 참여하여 집단의 힘과 역동을 몸소 체험해보아야 한다. 하지만 이것만으로는 2% 부족하다. 로저스(C. Rogers)가 '경험은 나에게 있어서 최고의 권위다.'라고 역설한 바와 같이, 학교에서 집단상담을 잘하는 비결은 학생들을 대상으로 집단상담을 직접 실시해보고 많은 시행착오를 통해 배우는 것이다. 그렇지만 이렇게 하기에는 시간과 노력의 낭비가 우려될 뿐만 아니라 학교 집단상담의 대상인 학생들에게 좋은 상담 서비스를 제공해주지 못할 수 있다.

이를 해결하기 위해 저자들은 초·중·고등학교 급별로 집단상담의 실제에 관한 책을 집필하게 되었다. 이 책은 교육대학이나 사범대학에서 학생상담에 관심 있는 예비교사들, 집단상담 전문가를 꿈꾸는 상담 전공 대학원생들, 현직에서 상담을 맡고 있는 상담교사, 일반교사, 학교 사회복지사 등에게 도움을 줄 수 있을 것이다.

이 책은 총 13장으로 구성되어 있다. 제1장에서는 학교 집단상담의 기초 개념을 다루었다. 제2장에서는 학교 집단상담의 계획과 준비에 대해 소개하였다. 제3장에서는 학교 집단상담자의 지도성 유형과 임무에 대해 살펴보았다. 제4장에서는 집단상담의 기법을, 제5장에서는 학교 집단상담에서 집단의 발달과 기본과업에 대해 조망해보았다. 제6장에서는 초등학교 집단상담의 이론적 배경과 집단상담 계획 및 준비 등에 대하여 구체적으로 다루었고, 제7장에서는 초등학교에서 빈번하게 사용되고 있는 '멋진 우리' 집단상담 프로그램, 자기리더십 집단상담 프로그램, 집단따돌림 예방 프로그램을 살펴보았다. 제8장에서는 중학교 집단상담의 이론적 배경과 빈번한 주제들 및 주요 이슈들에 대해 다루었고, 제9장에서는 중학교 집단상담에서 자주 사용되고 있는 학교폭력 예방 프로그램, 진로상담 프로그램, 컴퓨터 중독 예방 프로그램을 소개하였다. 제10장에서는 고등학교 집단상담의 기초와 고등학교 집단상담자의 역할과 임무에 대해 다루었고, 제11장에서는 고등학교 집단상담에서 유용하게 활용될 수 있는 자기성장 집단상담 프로그램과 학습동기 촉진 집단상담 프로그램을 다루었다. 제12장에서는 학교에서 다문화가정 학생들을 대상으로 하는 집단상담의 전제조건, 다문화 집단상담자를 위한 지침, 그리고 유능한 집단상담자가 되기 위한 기술 등을 소개하였고, 제13장에서는 초·중·고등학교에서 다문화가정 학생을 대상으로 집단상담을 진행하고자 할 때, 유용하게 활용할 수 있는 다문화 집단상담 프로그램을 소개하였다.

이 책을 마무리하면서 저자들의 역량이 부족하여 내용의 기술이 다소 미흡한 부분이 있을 것이다. 그러한 점은 앞으로 수정하고 보완해 나갈 것을 독자들에게 약속하며 저자들에게 전달해주시기 바란다.

이 책이 나오기까지 바쁜 학업과 직장에서의 업무에도 불구하고 함께 집필 작업에 참여한 동아대 대학원 교육학과 교육상담 전공의 제자들에게 이 공을 돌린다. 동문사 이중수 사장님을 비롯하여 세심한 교정과 편집을 해주신 편집국장님과 직원 여러분, 그리고 새로운 책을 집필하도록 동기를 불러일으켜주신 유재영 부장님께 진심으로 감사드린다.

2011년 12월

동아대 연구실에서 낙동강과
다대포 바다를 바라보며……
저자 대표

차 례

머리말 • 3

01장 학교 집단상담의 기초

01. 학교 집단상담의 기초 개념 ······ 11
02. 학교 집단상담의 유형 ······ 13
03. 학교 집단상담의 행·재정적 지원 ······ 18
04. 담임교사 및 과목 담당교사의 협력 ······ 23

02장 학교 집단상담의 계획

01. 학교 집단상담의 계획 ······ 29
02. 학교 집단상담의 준비와 홍보 ······ 46

03장 집단상담자의 지도성

01. 집단상담자의 지도성 유형 ······ 51
02. 집단상담자의 임무 ······ 55
03. 기타 집단상담자의 임무 ······ 62

04장 집단상담의 기법

01. 변화 요인 형성을 위한 기법 ········ 80
02. 문제를 새로운 관점에서 보도록 돕는 기법 ········ 82
03. 집단원의 권리 및 인권보호를 위한 기법 ········ 86
04. 비언어적 기법 ········ 93
05. 문제 상황 다루기 ········ 96

05장 집단의 발달과 기본과업

01. 초기단계 ········ 106
02. 전환단계 ········ 111
03. 작업단계 ········ 116
04. 종결단계 ········ 122

06장 초등학교 집단상담

01. 초등학교 집단상담의 이론적 배경 ········ 127
02. 집단상담 실시 ········ 141

07장 초등학교 집단상담 프로그램

01. '멋진 우리' 집단상담 프로그램 ········ 153
02. 집단따돌림 예방 프로그램 ········ 167

08장 중학교 집단상담

01. 중학교 집단상담의 이론적 배경 ······ 183
02. 중학교 상담교사의 자질과 역할 ······ 187
03. 중학교 집단상담의 빈번한 주제들 ······ 192
04. 중학교 집단상담의 주요 사항들 ······ 197

09장 중학교 집단상담 프로그램

01. 학교폭력예방 프로그램 ······ 205
02. 진로성숙도 향상을 위한 집단상담 프로그램 ······ 224
03. 컴퓨터 중독 예방 집단상담 프로그램 ······ 241

10장 고등학교 집단상담

01. 고등학교 집단상담의 기초 ······ 259
02. 학교행정과의 연계 및 집단원 선정 ······ 265
03. 집단상담자의 중요한 임무 ······ 270

11장 고등학교 집단상담 프로그램

01. 자기성장 집단상담 프로그램 ······ 279
02. 학습동기 촉진 집단상담 프로그램 ······ 300

12장 학교에서의 다문화 집단상담

01. 다문화사회의 현황과 학교상담의 과제 ··········· 327
02. 다문화 집단상담의 전제조건 ··········· 332
03. 유능한 다문화 집단상담자 되기 ··········· 341

13장 다문화 집단상담 프로그램

01. 초등학교 저학년 다문화 집단상담 프로그램 ··········· 345
02. 초등학교 고학년 다문화 집단상담 프로그램 ··········· 365
03. 중 · 고등학교 다문화 집단상담 프로그램 ··········· 385

참고문헌 • 405
찾아보기 • 411

01장 chapter 학교 집단상담의 기초

01 학교 집단상담의 기초 개념

가. 학교 집단상담의 개념

집단상담은 10~15명 정도의 사람들이 한두 상담전문가의 지도 아래 집단 혹은 상호관계성의 역할을 토대로 하여 신뢰롭고 수용적인 분위기 속에서 개인의 태도나 행동의 변화, 한층 높은 수준의 개인의 성장발달 및 인간관계 발달의 능력을 촉진시키려는 의도에서 이루어지는 하나의 역동적인 대인관계의 과정이다(이형득 외, 2002). 집단상담을 통해 아동·청소년들을 집단으로 상담하는 것은 초·중·고등학교 학생들에게서 변화를 이끌어내는 효율적인 방법으로 알려져 있다(Yalom, 1975, Kreig, 1988; Ehly & Dustin, 1991; Hutchinson, Freeman, & Quick, 1996; Nims, 1998).

성공적인 지도와 상담 프로그램은 학교 공동체의 필요와 학교 관리자, 교사, 학부모들의 협동을 기반으로 만들어지며, 집단상담은 종합적인 생활지도와 상담 프로그램의 한 가지 측면이다.

학생들을 대상으로 하는 집단상담은 종합적인 생활지도와 상담 프로그램이 효과적일 때에만 비로소 성공적일 수 있다. 그렇게 되려면 상담교사는 교장, 교감, 일반교사들과 좋은 관계를 맺고 학부모들과의 상담과 협력적인 관계를 유지하며 학교 공동체 내에서 그들이 학생들에게 효율적이며 도움이 된다는 평판을 얻을 필요가 있다. 예를 들면, 일반교사가 자신이 지도하는 학생들이 상담교사와 보내는 시간이 유익하다는 것을 깨달으면 상담을 위해 학생들을 보내주는 것을 주저하지 않게 될 것이다.

인간이 집단으로 움직이고 행동하고자 하는 것은 인간의 본성이자 아동・청소년의 특성이다. 바로 이 점을 잘 활용한다면, 아동・청소년으로 하여금 집단상담에 관심을 갖게 할 수 있다. 아동・청소년은 또래와의 관계를 잘할 수 있는 방법에 많은 관심을 가지고 있다. 아동・청소년들은 시간활용, 관심 분야, 흥미 영역 등 생활의 대부분을 또래와 관련된 것에 관심을 쏟는다. 그러므로 집단상담은 아동・청소년들이 가장 원하면서도 가장 두려워하는 또래와의 상호작용의 기회를 줌으로써 관계의 발달을 가져오는 원리를 이용하여 시행할 수 있다.

집단상담에서 상담자는 .집단원에게 감정적으로 지지해주면서 집단원 간에 자기를 드러내고 대화를 나눌 수 있게 하여 상담자 자신을 따뜻하고 너그럽고 인자한 상담자로 여기도록 집단원을 격려한다. 집단상담자의 주요 역할은 매 회기의 집단활동에서 집단원의 관심과 호기심을 잘 포착하여 그들이 마음껏 상호작용하도록 도와주는 것이다. 아동・청소년의 특성만을 고려해 보더라도 아동・청소년을 대상으로 하는 집단상담은 개인상담보다 더 효과적이다.

결국 학교 집단상담(school group counseling)이란 초・중・고등학교 학생들을 대상으로 상담의 기법과 전략들을 적용하여 서로 상호작용하고 그들 사이에 발생하는 역동적인 상호교류 과정을 통해 문제해결이나 의사결정 또는 인간적 성장을 추구하는 과정이라 할 수 있다.

나. 학교 집단상담의 구조

집단상담은 구조를 가지고 있으며 집단구조는 참여자들 사이에서 일어나는 상호작용의 안정된 형태이다. 이는 참여자들이 상호작용할 때 가능하다. 집단은 인간관계 망(the network of human relations)이며 참여자들이 서로 효율적으로 협력할 때에만 효과적이다. 둘 또는 그 이상의 개인들이 목표를 성취하기 위해 함께 협력할 때마다 집단상담은 발전한다. 또한 집단 안에는 차별화된 역할들과 이를 통합시키는 규범들이 있으며 참여자들 사이의 상호작용은 집단의 역할들과 규범들에 의해 구조화된다. 역할들이 참여자들의 책임성을 차별화하는 반면, 규범들은 참여자들의 노력들을 통일된 전체 모습으로 통합시킨다.

효율적인 집단은 어떤 것이든 간에 목표달성, 참여자들 사이의 관계유지, 변화되는 환경에 적응하는 것 등 세 가지 핵심적인 활동들을 가지고 있다. 참여자들은 집단목표의 성취에 대한 장벽을 제거하고 참여자들 사이에 상호작용을 잘 유지하려고 할 때에 생기는 문제를 해결하고, 효율적으로 집단을 발달시키는 데 있어서 장애를 극복하기 위한 기술을 가져야 한다.

02 학교 집단상담의 유형

가. 입문수준 집단상담

입문수준에서 집단상담의 목표는 아동이 학교에서 좀 더 편안하게 느끼도록 돕는 것과 집단의 상호작용을 통해 사회적 기술들의 발달을 도모하는 것을 포함할 수 있다.

1) 유치원과 초등학교 1~2학년

입문수준의 집단상담이란 유치원에서 초등학교 3학년까지의 아동들을 대상으로 하는데 집단상담의 유효성에 대해서는 논란이 많다. 비록 많은 초등학교 상담교사들이 이 수준의 아동들에게 집단상담이 의미 있을 수 있다고 느끼지만, 유치원과 초등학교 2학년 아동들 대부분이 집단원과 효과적으로 상호작용을 한다는 것은 다소 기대하기 어렵다.

다만 집단원에게서 보이는 변화들은 집단이 집단원에게 미치는 영향 때문이라기보다 해당 아동과 상담교사 사이의 상호작용 때문에 일어난다고 볼 수 있다. 대부분의 5, 6세 아동들은 자신의 기분을 표현할 언어 기술이 부족하며, 언어발달과 관련된 소통의 문제는 흔한 것이다. 8세 미만의 아동들은 보통 자신의 행동을 분석하거나 자기 스스로에 대해 비판적이지 못하다. 이 시기의 아동들에게는 통찰력을 가질 수 있도록 기대되지 않으며 문제해결에 있어서도 어려움을 겪는다.

2) 초등학교 3학년

초등학교 3학년 아동들은 집단원으로서 잘 기능할 가능성이 매우 높다. 여기서 주목할 것은 유치원과 초등학교 1～2학년의 아동들과는 집단상담이 시도되어서는 안 된다는 의미가 아니라는 것이다. 다만 이 학령의 아동들에 대한 목표와 기대가 현실적일 필요가 있으며 각 아동들의 발달단계와 성숙함의 정도에 기반을 둘 필요가 있다.

3) 입문수준에서의 집단상담의 목표

집단상담의 목표는 최소한의 것이어야 하며 집단의 경험으로부터 아동들이 얻어낼 수 있는 것들보다 아동들을 데리고 상담교사가 성취할 수 있는 것에 더 기반을 두고 있어야 한다. 이 연령대의 아동들은 집단원이 이야기한 것들을 내면화하는 데 어려움을 겪기 때문에 집단상담 동안 무슨 일이 일어났는지에 대해 논의하기 위해서는 입문수준에서 상담교사가 집단에 참여한 아동들에 대해 자주 개인면담을 하는 것이 좋다.

가령 집단상담 중에 잠깐 화를 폭발했던 초등학교 1학년인 철수와의 개별면담에서 상담교사는 “영희가 지난번 집단상담에서 너에게 아기처럼 군다고 말했을 때, 너는 아무 말도 하지 않았지. 그때 무슨 생각이 들었었니?”라고 이야기를 할 수도 있다. 철수는 그때 자기가 무슨 생각을 했는지를 기억하는 데 어려움을 겪을 수도 있고, 기억한다고 해도 자기가 어떤 기분을 느꼈는지 표현할 수 없을지도 모른다. 그렇지만 영희의 지적은 상담교사로 하여금 철수의 성숙도를 살필 수 있는 기회를 제공했다고 볼 수 있다.

입문수준 학교 집단상담에서 할 수 있는 집단토의 및 놀이 매체를 이용하는 방식은 다음과 같다.

- 집단토의 - 아동의 두려움, 불안, 학교에의 적응과 같은 문제들을 다룰 수 있다. 우호적인 상담교사는 아동들이 학교가 안전한 장소라고 느끼

게끔 도와준다. 또한 그 아동들로 하여금 상담교사는 함께 이야기할 수 있는 안전한 사람임을 깨닫도록 돕는다.

- 놀이 매체를 이용하는 집단상담 - 감정 표현을 촉진하는 하나의 방법이며 또한 집단의 상호작용을 촉진시키는 데 사용되기도 한다. 아동들은 서로 상호작용하고 자기 자신을 표현하는 방법으로서 그림을 그린다. 또한 찰흙으로 무언가를 빚어 만들며 인형으로 역할놀이를 하고 간단한 보드게임을 할 수도 있다. 이처럼 놀이 매체를 이용하는 집단상담은 우정, 이혼, 슬픔, 사회적 슬픔 등을 겪고 있는 아동들로 구성된 집단에 도움이 될 수 있을 것이다.

나. 초등학교 고학년 수준 집단상담

초등학교 4학년에서 6학년까지의 아동들을 대상으로 이루어진다. 이들은 상담교사와 일대일 상담 혹은 집단상담 모두에서 상호작용을 할 수 있으리라고 기대할 수 있다. 이 수준의 아동들은 기본적인 인과관계를 이해하기 시작하며 최소한의 통찰력을 개발할 수 있다. 그들은 또한 간단한 문제해결을 할 수 있게 된다. 특별한 목적이 있는 집단상담을 통해 모의 상황들을 연습하는 것은 문제해결에 다가갈 수 있는 기회가 된다. 예를 들면, 우정 집단에서 상담교사는 "성철이가 네 친구라고 생각해보렴. 지난주에 네가 선생님께 운동장에 껌을 버린 사람이 성철이라고 말씀드렸어. 선생님은 성철이를 혼내셨고 이제 성철이는 너랑 놀지 않아. 만일 네가 다시 성철이와 친구가 되기를 원한다면 어떻게 해야 하겠니?"라고 물어볼 수도 있다.

이 연령대의 아동들은 의사소통기술이 어느 정도 향상되어 있기 때문에 자신의 기분을 표현할 수 있으며 자신의 감정을 알아차릴 수 있다. 그렇지만 이 수준의 아동들은 아직 집단 내의 다른 사람들의 필요에 부응할 수 있는 정도는 되지 못한다. 이것이 집단원의 반응수준에 대한 상담교사의 기대를 낮추게 하고 집단 상호작용의 잠재적인 유효성을 감소시킨다. 그럼에도 불구하고, 아동들은 집단경험을 즐기고 그 상호작용으로부터 도움을 얻을 수 있다. 집단에의 소속은 아동들의 사회적 의식을 향상시키고 아동들에게 소속감과 자기가 중요한 사람이라는 느낌을 줄 수 있다.

다. 중학교 수준 집단상담

중학교 1학년에서 3학년까지의 학생들을 대상으로 하는 집단상담을 말한다. 중학생들과의 집단상담은 상담교사에게 언제나 도전이다. 이 연령 수준의 학생들은 발달의 중간적인 단계에 있다. 학생들은 어린이라고 여겨지고 싶어 하지 않지만 그렇다고 항상 청소년이라 불릴 준비가 된 것도 아니다.

많은 중학생들은 어린이로서 가질 수 있는 특정한 장점들을 놓지 않으려 하면서, 동시에 보다 많은 자율성과 보다 큰 자유를 가질 준비가 된 사춘기 이전의 청소년으로 보이고 싶어 하기도 한다. 중학교의 상담교사들은 집단상담이 유익할 수 있다고 느낀다. 집단상담자가 그 집단의 목적을 구체적으로 정하고 학생들이 집단에 들어올 준비가 되었다고 충분히 느꼈을 때, 그 집단의 목표를 향한 진전은 성취될 수 있다.

중학교 수준 연령의 학생들이 어떤 주제에 대해 집중을 유지하는 것은 어려운 일이기 때문에 집단에 주의를 계속 집중시키는 것이 문제가 될 수 있다. 특히, 그 집단이 너무 크다면 더욱 그렇다. 이 학령 수준의 학생들은 가만히 있지를 못하고 사람들과 어울리려 하는 경향이 있다. 이런 이유 때문에 집단상담자는 그 집단에 대한 통제력을 유지해야 할 필요가 있다.

라. 고등학교 수준 집단상담

고등학생을 대상으로 하는 집단상담에서 상담교사들은 개별적이든 집단이든 상담에 전념하지 못하도록 방해하는 수많은 장애물들과 마주한다. 안타깝게도 많은 고등학교 상담교사들은 상담이 필요한 많은 경우를 경험하지만 상담 이외의 활동들에 발목이 잡혀 형식적인 상담을 하거나 집단을 운영하는 데 헌신할 시간을 많이 내지 못한다.

1) 고등학교 상담교사들이 겪는 어려움

모든 학령 수준 중에서 고등학생들의 성숙도가 가장 발달되어 있어서 상담을 통해 더 많은 도움을 얻을 수 있다. 그러나 고등학생을 대상으로 상담을 계획・실행할 때, 여러 가지 장애가 있다. 가령 고등학교에서는 학생들이 정기적으로 수업을 빠지도록 허락받는 일이 쉽지 않다. 부모와 담임교사 모두가 수업을 듣는 것이 상담교사와 만나는 것보다 학생에게 더 중요하다고 여기는 경우가 종종 있기 때문에 협조를 구하는 것이 문제가 될 수 있다.

2) 고등학교에서 집단상담의 효과

일반적으로 고등학생들은 집단의 목적과 집단원으로서의 책임을 모두 이해하는 능력을 가지고 있다. 이들은 자기 또래들과 이야기하는 것에 흥미가 있으며 집단 상호작용에 참여할 수 있도록 하는 많은 걱정거리들을 가지고 있다. 그들은 많은 압박을 느끼며 부모와 이야기하는 것을 편안하게 느끼지는 않는다. 자기의 감정을 공유하고 공통 관심사에 대해 또래들이 어떻게 느끼는지를 아는 것은 집단 상황에서 그들에게 상당한 영향을 끼칠 수 있다.

대학교에 진학하거나 취업을 위해 고등학교를 떠날 시간을 준비 중인 고등학생들에게 진로 지향적 집단의 주제들은 자신의 미래를 위해 중요할 수 있다. 그들은 종종 자기가 무엇을 해야 하는지 우선순위를 정하는 네 어려움을 겪는다. 이것은 그들의 학업성취에 영향을 줄 수 있다. 예를 들면, 학교 공부를 중요한 것으로 여기지만 자신의 또래관계보다는 덜 중요하다고 생각할 때 그렇다. 고등학생들은 자신의 문제들에 대응하는 것을 돕고 심각한 결정을 하는 데 있어 그들을 지도할 준비가 되어 있는 상담교사들을 필요로 한다. 부모와 어떤 문제에 대해 대화를 하는 것에 불편함을 느끼는 고등학생들이 많다. 그렇기 때문에 고등학생에게 전문성을 갖춘 상담교사로부터의 상담과 심리적 조력이 중요하게 된다.

전문상담교사 양성과정이나 교육대학원 교육상담 전공수업에서 다음과 같은 질문, 즉 "고등학교 시절 여러분 중 몇 명이나 개인적 문제가 생겼을 때 학교 담임교사나 상담교사와 이야기를 하려고 약속을 잡아본 적이 있습니까?"라고 미래의 학교 상담교사들에게 물었을 때, 대부분의 경우에 아무도 손을 들지 않는다. 수업을 듣는 사람들의 반응은 보통 침묵, 미소, 아니면 낄낄거리는 웃음 등이었는데, 그것은 학교의 상담교사가 되기 위해 막 공부를 시작하는 이 대학원생들이 고등학교 시절의 담임교사나 상담교사를 어떻게 생각했는지를 보여주는 것이다. 수업시간에 전해진 그 메시지는 해결되어야 할 문제를 분명히 보여준다.

03 학교 집단상담의 행·재정적 지원

가. 학교 내부의 행·재정적 지원 확보

1) 교장·교감의 지지

교장과 교감은 생활지도와 상담 프로그램의 목적과 학교 상담교사의 역할에 대해 알아야 한다. 이를 위해 학교 상담교사는 생활지도와 상담 프로그램의 목적 및 상담교사의 역할에 대해 교장, 교감에게 이를 주지시킬 필요가 있다. 교장과 교감은 종종 윤리적이지도 전문적이지도 않은 일을 상담교사에게 맡기기도 한다. 따라서 학교 상담교사는 교장 혹은 교감으로부터 학교업무를 부여받은 때 재치 있게 자신의 주장을 할 필요가 있다.

이러한 목적을 달성하기 위한 효과적인 방법은 교장 및 교감과 매주 30분씩 회의를 갖는 것이다. 회의를 통해 상담교사는 전문적인 이슈에 대해 토의하고 앞으로의 활동과 집단상담의 유형 및 계획 등에 대해 알린다. 교장 및 교감의 협력은 성공적인 생활지도와 상담 프로그램을 위해 필수적이기 때문이다. 정기적으로 교장 및 교감과 대화를 나누고 그들이 생활지도와 상담 프로그램의 계획, 실행, 평가에 일정 부분 책임감을 갖도록 격려한다.

협력관계의 발달을 통해 교장 및 교감은 생활지도와 상담 프로그램이 학생, 교사, 그리고 학교 집단원의 요구가 더 효과적으로 나타나도록 제안하고 격려한다. 교장과 교감은 상담자의 주간계획 활동과 프로그램이 가지고 있는 논리적인 문제점을 인식해야 한다. 집단상담을 포함한 생활지도와 상담 프로그램을 계획하고 운영하기 위해서 학교 상담교사는 교장 및 교감의 지지와 협조를 구해야 한다. 학교 상담교사가 학교의 교장 및 교감과 갈등이 생기면 전체 생활지도와 상담 프로그램의 진행이 위기에 빠질 수 있다.

2) 집단원의 지지

개인상담 또는 집단상담의 성공적인 계획과 실행을 위해서 학교 상담교사는 교사들과 좋은 관계를 형성하여야 한다. 상담교사는 교사들을 상담하는 것이 상담자 업무의 중요한 부분이라는 것을 잊어서는 안 된다. 교사를 상담하는 것은 전문적이면서 홍보의 기능도 한다. 담임교사를 만나면서 상담자는 학생에 대한 중요한 정보를 얻는다. 또한 교사의 걱정거리나 학생의 태도나 행동, 학업 향상 등에 대한 다양한 정보를 들을 수 있다.

담임교사와의 면담을 통해 상담교사는 학생들에 대한 느낌이나 지도에 따른 어려움 및 교사와 학생의 관계 등에 대해 알게 된다. 교사와의 상담은 학생이 교사에 대해서 표현하는 느낌을 확인하게 할 수도 있다. 홍보의 관점에서 보면, 상담은 상담교사를 홍보하고 교사들도 상담교사 업무를 촉진하고 보조할 수 있다는 것을 교사들에게 알리는 것이다. 상담은 교사의 걱정을 줄여주거나 해결하기 위한 팀 접근(team approach)을 촉진한다.

일부 학생들은 상담교사에게 자신들의 공통 문제에 대해 말한다. 학생들이 학교생활이 불행한 것은 친구가 없기 때문이다. 너무 외롭지만 친구를 사귀는 방법을 모른다. 이 학생들은 학급 친구들로부터 거부당하거나 무시받는 느낌이 들고 친구들과 잘 지내고 학교생활도 즐기는 친구들을 부러워한다. 학생들은 하루의 대부분을 학교에서 보내는데 학교생활이 재미가 없기 때문에 학교는 이들에게 불쾌한 경험을 주는 장소가 되는 것이다. 결국 학교에 대한 반감이 학생들의 학업적 잠재력에도 불구하고 학업성취도가 만족할 만큼 나오지 못하는 이유이기도 하다.

이를 극복하기 위해 사회적 기술과 친구를 사귀는 방법 등에 대해 교육할 목적으로 상담교사는 적절한 집단활동을 시작할 필요가 있다. 먼저 상담자는 6~8회기 집단을 계획할 수 있고 학생들이 상담기간 동안 수업에서 자유로울 수 있도록 교장, 교감, 담임교사의 협력을 요청할 필요가 있다.

만일 사전에 상담교사가 교장, 교감, 담임교사의 협조를 구하지 못한다면 생활지도나 상담 프로그램에서 교사의 저항이 있을 가능성이 높다. 비록 준비를 하였음에도 상담자는 여러 교사의 반대를 경험할 수 있다. 그러나 상담교사가 사전에 교사들을 만나서 포괄적인 생활지도와 상담 프로그램의 역할 등에 대해 충분히 의논한다면 반대는 줄어들 것이다.

상담교사에게 학기 초는 매우 바쁜 시기이다. 그래도 학기 초에 상담교사는 개별적으로 교사를 만나고 교직원 회의에 참가하여 생활지도와 상담 프로그램의 목적과 교사의 역할 등에 대해 설명하는 것이 바람직하다. 이것은 점심시간이나 방과후에 이루어질 수 있다. 동료 간의 협력을 구하는 것은 때론 스트레스를 받는 일이기도 하다. 그렇지만 교장, 교감, 교사들의 공동 목표가 학생들을 돕는 것이라는 것을 전체 학교 구성원들에게 주지시킬 필요가 있다.

상담교사가 교사들을 만나는 것은 중학교, 고등학교보다는 초등학교가 더 쉽다. 개별적으로 교사를 만나기보다는 소집단으로 교사를 만나는 것이 효과적이다. 그러나 상담교사가 학기 초 학생들과 계획된 프로그램을 수행해야 하기 때문에 교사를 별도로 만날 수 있는 여유가 많지는 않다. 학기가 시작되기 전 한 주 동안 만남을 계획하는 것이 상담교사와 교사 모두에게 더 나을 것이다. 교사의 협력을 얻는 것은 생활지도와 상담 프로그램의 성공을 위해 필수적이다. 따라서 상담자는 교직원의 협조를 얻는 것을 우선순위로 삼아야 한다.

생활지도와 상담 프로그램에서 일반교사의 역할은 다음과 같다.

- 학생을 상담교사에게 의뢰하기
- 학생에 대해 상담교사와 상담하기
- 학생의 경과에 대해 상담교사에게 피드백 제공하기
- 상담교사가 집단 안내를 할 때 교실에 들어오는 것을 허용하기
- 상담교사가 교실에서 내담자를 관찰하는 것을 허락하기
- 필요하다면 학생의 부모와 상담교사를 만나게 하기
- 필요하다면 학생과 상담교사를 만나게 하기
- 생활지도 교육과정을 강화함으로써 상담교사 돕기
- 집단상담 주제 제시하기
- 생활지도나 상담 프로그램의 향상을 위해 제안하기
- 학생들이 개인상담이나 집단상담에 참여할 수 있도록 협조하기

나. 학교 외부의 행·재정적 지원 확보

1) 학부모의 지지

상담이 학생들에게 아주 유익하다는 사실에도 불구하고 어떤 부모들은 상담교사가 자녀를 학교 내에서 관찰하도록 동의하는 것에 대해 두려워한다. 어떤 부모들은 상담자가 자녀와 개별적으로 이야기하는 것을 허락하지만,

자녀에게 집안에서 일어나는 것들에 대해 어떤 것도 이야기하지 말 것을 요구한다. 집단상담을 통해 자녀가 관찰될 것을 알기에 부모로서는 더욱 두렵다. 이는 자녀가 집단에서 무엇을 공유하고 어떤 말을 할지 알 수 없기 때문이다.

학부모 동의서는 보통 학생들이 집단상담이 시작되기 전에 써야 하기 때문에 상담교사와 학부모 간 의사소통은 필수적이다. 학교에서 상담교사는 학생이 개별상담을 3회기 이상 받거나 상담을 계속할 필요가 있을 때 학부모에게 이를 알려야 한다. 가정에 연락을 취하는 상담교사는 학교상담이 전문적이고 믿을 수 있다는 부모의 신뢰를 얻어야 한다.

학부모 예비조사는 학기 초에 시작한다. 상담교사는 가정에 생활지노 빛 상담 프로그램의 활동계획 자료를 보낸다. 학부모에게 간단하면서도 상세히 상담교사의 역할과 상담 프로그램을 통해서 무엇을 기대할 수 있는지 등을 알리는 가정통신문을 보낸다. 가정통신문에는 집단상담에 대한 언급, 자녀가 집단원에 선발된다면 이를 허락한다는 학부모 농의서, 상남신청 절자 등이 포함된다.

학부모의 참여를 격려하는 상담교사는 종종 학부모들과 만나야 한다. 신학기에 실시되는 학부모회의 및 가정통신문을 통해 생활지도와 상담 프로그램에서 어떤 활동을 하는지를 학부모에게 알린다. 이를 통해 학부모는 자녀가 상담 관련 프로그램에 참여하도록 허락할 때 덜 불안해하게 될 것이다.

학생이 집단에 배치되어 학부모 동의서가 요구될 때, 학부모는 집단의 목적, 집단의 회기 수, 회기당 지속 시간, 집단원 수, 집단지도자, 그리고 자녀가 집단에 선발된 이유 등에 대해 알아야 할 권리가 있다. 또한 학부모들은 집단의 모든 회기에 자녀가 스트레스를 받을 수 있고 윤리적으로 비밀보장의 예외 사항이 있다는 것을 알아야 한다. 학교상담자는 학생이 자해를 하거나 친구에게 피해를 입히면 언제라도 부모에게 이를 알려야 하는 것이 상담윤리 규정이기 때문이다.

2) 학부모의 지지 획득 방안

학부모의 지지를 얻기 위해서 상담교사는 학부모 회의나 면담을 통해 집단상담이 집단치료와 성격을 달리한다는 점을 분명히 밝힌다. 즉, 집단상담이 의학적 모형에 토대를 둔 것이 아니라, 정상인들을 대상으로 교육적, 발달적 모형에 기초를 두고 인간적 성장을 지향한다는 점을 이해시켜야 한다. 또한 집단회기는 널리 수용되는 상담이론에 근거를 둔 교육과정의 일부이며, 학생의 성장과 발달을 도모하기 위해 개발된 활동이라는 점을 강조한다. 학부모는 집단상담을 올바르게 인식하지 못하고 있을 수 있다. 그러므로 상담교사는 학부모가 집단상담에 대한 인식 수준을 높이도록 적극적으로 도와야 한다.

일단 집단상담 프로그램이 완성되어 학교장의 결재를 얻게 되면 집단의 홍보과정을 거쳐 집단원을 선발하여 집단의 첫 회기를 맞게 된다. 집단이 시작된 이후에도 집단상담자는 학부모와 지속적인 모임을 갖는 것이 좋다. 이러한 모임은 학부모나 보호자에게 집단상담자의 업무와 역할에 대해 이해시키고 집단상담에 대해 우호적인 태도를 갖게 하는 데 도움을 준다. 집단상담자는 학부모와의 면담에 앞서 학교장과 집단상담 참여 학생의 담임교사들과 사전 회의를 진행하여 학부모들과의 회의에서 논의될 사항을 설명하고 이를 면밀하게 검토한다.

담임교사의 추천에 의해 비자발적으로 집단에 참여하게 된 학생들로 구성된 집단을 운영하는 경우에는 학부모와의 첫 면담 때 담임교사가 학생을 추천하게 된 까닭을 반드시 설명한다. 학부모가 집단상담자에게 필요한 질문을 하게 한 후 집단 참여에 대한 동의를 얻는다. 왜냐하면 집단상담이 시작된 이후 자신의 자녀가 부적응 혹은 문제학생이기 때문에 집단상담 참여자로 추천받았다는 사실을 알게 된다면 학부모의 저항을 가져올 수 있기 때문이다. 이러한 과정을 통해 학부모에게서 보고서나 기타 서식 작성에 필요한 학생에 관한 정보를 얻을 수 있다. 집단상담자는 학부모에게 교사가 너무 많은 학생을 담당해서 학생 개개인의 요구에 일일이 배려해줄 수 없으므로 학생을 더 효과적으로 지도하기 위해서 집단상담이나 생활지도 프로그램을 운영한다는 것을 설명한다.

일반적으로 학생이 집단에 참가하려면 학부모의 허가를 받아야 한다는 규칙 유무와 상관없이 학부모의 동의를 얻는 것이 바람직하다. 그러나 집단상담자가 법적으로 학부모의 동의를 받지 않아도 되거나 학부모에게 알리는 것이 오히려 학생에게 해가 된다고 판단된 경우에는 학생의 안전을 항상 우선적으로 고려해야 하므로, 예외적으로 학부모의 동의를 얻지 않는 경우도 있다.

흔히 학부모들은 학교에서 자녀를 통해 가정문제를 파악하여 학교생활에서의 문제점과 연결시키려 한다는 사실을 경계하는 경향이 있다. 이런 경우에는 학부모와 자주 만나 학생이 겪고 있는 어려움을 알려줌으로써 학부모의 도움을 얻을 수 있다.

집단상담자는 각 회기에서 탐색하게 될 내용에 대해 비밀보장의 중요성을 학부모에게 설명한다. 따라서 집단활동에 대해서는 학부모에게 알려줄 수 있지만, 법적으로 금지되어 있는 사항에 대해서 알려주지 않을 수도 있다. 집단상담자는 필요한 경우에 학생이나 학부모를 별도로 만나 집단의 효과를 확인할 기회를 갖는 것이 바람직하다.

04 담임교사 및 과목 담당교사의 협력

가. 담임교사 및 과목 담당교사와 협조 구하기

앞서 언급한 것과 같이, 개별상담이든 집단상담이든 교사가 상담을 할 때 가장 공통되는 문제는 학생들이 6~8회기 정도를 수업에 빠지는데 담임교사 및 과목 담당교사가 이를 배려해주는 것이다. 교사가 학업성취도가 낮은 학생을 수업에서 빠지게 하는 것을 꺼리는 것은 이해할 만하다. 비록 집단상담이 학생에게 미치는 잠재적인 긍정적 효과를 인정하더라도 교사는 기존 교육과정을 수행하고 학생의 성적을 향상시켜야 하는 부담을 갖는다. 학부모도 이런 점에서 종종 집단상담보다는 학교 수업이 더 중요하다고 느낀다.

한편, 학업기술 집단이나 학교에 대한 부정적인 학생의 태도를 개선하기 위한 것이라면 교사가 집단에 학생을 보내는 것에 명분이 생긴다. 즉 집단경험은 학생의 태도와 학업성취를 변화시키는 주요 동기가 된다.

하습부진 학생을 위한 집단은 교사를 난감하게 할 수 있다. 교사의 입장에서는 학생의 학습부진을 극복하기 위해 교과중심 수업을 해야 하기 때문이다. 학습부진은 해마다 존재하며 스스로 해결할 수 없는 심각한 문제다. 학습부진이 지속된다는 사실은 어떤 중재가 없이는 변화를 기대할 수 없다는 것을 의미한다. 이런 이유로 학습부진 학생은 학교상담자에게 개별상담이나 집단상담을 받아야 한다.

집단상담에 참여하기 위해 수업에 빠지는 문제를 해결하는 방법은 매주 다른 시간에 집단을 운영하는 시차 계획을 세워야 한다. 예를 들어 지정된 수업 주기가 없다면, 1・3주에는 오전 10시에, 2・4주에는 오전 11시 30분에 모임을 가질 수도 있다.

시차 계획의 가장 큰 문제는 매주 모이는 시간이 달라지므로 학생들이 모임 시간을 잊어버릴 수 있다는 점이다. 이러한 문제를 해결하기 위해 상담교사는 집단 시간에 대해 학생들이 잘 기억할 수 있는 방법을 생각해내야 한다. 학생들이 집단모임 시간을 잘 기억할 수 있는 가장 쉬운 방법은 집단모임 하루 전에 담임선생님과 집단원 모두에게 메모를 보내고, 집단원 상호간에 모임 시간을 알리도록 요청하는 것이다. 또한 숙제가 많은 국어나 수학 시간에는 학생들을 데려오지 않아야 한다. 그럼에도 상담교사는 국어, 영어, 사회, 과학 같은 주지교과만큼 체육이나 음악과 같은 비주지교과도 존중해야 한다. 집단회기를 운영하는 시간이 비주지교과에 몰리면, 음악, 미술, 체육을 가르치는 선생님들은 기분이 나쁠 수 있다.

집단상담의 결과로서 교사들이 직면하는 또 다른 문제는 학생들이 시험을 놓치는 것과 관련된다. 집단회기가 시차제로 운영되더라도 학생들은 어떤 교과목은 듣지 못할 것이다. 상담교사는 종종 집단원에게 수업에 빠지는 것에 대한 책임을 상기시킬 필요가 있다. 사전에 상담교사가 시험이 언제 있는지 안다면, 시험 기간 동안에는 모임을 다른 시간대에 가져야 한다. 또한 집단원은 숙제를 제출해야 할 책임이 있다. 집단모임이 있는 날, 집단에 오기 전에 숙제를 받지 못했다면, 집단원은 아침이든, 점심이든, 쉬는 시간이든, 심지어 방과후라도 교사를 만나 숙제를 받아야 한다.

교사는 상담교사가 학업과 과제에 최우선순위를 두고 있다는 점과 학생들의 장래성에 대한 상담교사의 방침에 대해 이해하여야 한다. 학교 상담교사와 교사는 상반되는 목적에서 일하는 것이 아니다. 상담 프로그램은 학업을 방해하는 것이 아니라 촉진시키려고 시도하는 것이다. 상담교사는 담임교사와 함께 주기적으로 집단원이 학업적 책임을 다하는지를 살펴야 할 필요가 있다. 학생이 과제를 하지 않을 때 상담교사는 집단상담으로 인해 학업이 방해되어서는 안 된다는 점을 집단원에게 강조해야 한다. 집단원이 학업적 책임을 다하지 않는다면 집단을 떠나도록 요구할 수도 있다. 집단원이 집단 회기 전 과정에 참여하는 것도 중요하지만 집단원의 학업적 책임을 다하는 것도 중요하다.

나. 담임교사와 정보를 공유하기

상담교사가 공통적으로 겪는 문제 중 하나는 교사와 어떤 정보를 공유할 것인지를 결정하는 것이다. 이 문제는 도덕적인 딜레마가 있다. 이것은 한편으로는 상담교사가 집단원의 개인적인 비밀은 지켜야 할 책임이 있고, 다른 한편으로는 집단상담자로서 학생에 대해 느낀 점을 교사에게 말해주는 것도 중요하기 때문에 일어난다.

상담교사가 담임교사에게 어떤 정보는 알리고 어떤 정보는 알리지 말아야 하는지를 결정하는 데 있어서 3가지 원칙이 있다. 첫째 원칙은 Kitchener(1984)의 윤리원칙 중 비유해성과 관련된다. 이것은 본질적으로 학생에게 해를 끼칠 수 있는 것은 결코 말하지 말라는 것을 뜻한다. 둘째 원칙은 사전 동의와 관련된다. 상담교사가 담임교사에게 어떤 것을 말해줄 필요성을 느낄 때 무엇을 말할 것인지를 집단원에게 알리고 동의를 구해야 한다. 상담교사는 교사에게 학생이 집단에서 한 말을 되풀이해서는 안 되고, 단지 학생에 대한 느낌이나 견해는 알릴 수 있다. 또한 상담교사가 한 말은 비밀이 지켜질 수 있도록 교사에게 알려주어야 한다.

예를 들어, 담임교사가 4학년인 진수를 상담교사에게 보냈다. 진수는 매우 소심하고, 늘 겁이 나 있고, 친구들과 어울리지 못하였다. 담임교사는 진수가 교실에서든 운동장에서든 친구들과 어울리지 못한다고 언급하였다. 교실에서 진수는 조용하고 담임교사의 직접적인 질문에만 한두 마디 정도로 대답했다. 담임교사가 진수와 얘기해보려고 하면, 진수는 어깨를 으쓱하며 아무 말도 하지 않았고, 울 듯한 표정을 지었다. 진수는 숙제를 잘 제출했으나, 틀린 부분도 많고 완성하지 못한 채로 제출할 때도 있었다. 진수의 성적은 미술은 '보통'이었으나 대부분 교과목은 '노력 요함'이었다. 현 담임교사는 진수의 3학년 때 담임교사와 의논을 하였고 진수의 행동이 그때나 지금이나 변함이 없다는 것을 확인했다.

상담교사는 진수가 말을 자세히 하지 않고, 한두 마디 정도로 대답을 한다는 것을 들었고 그를 만났다. 상담교사는 진수가 그의 집에 있는 카나리아와 많은 시간을 보낸다는 것을 알게 되었고 새를 수단으로 해서 진수와 이야기를 나누어보기로 마음먹었다. 2회기 때 상담교사는 새와 관련된 이야기책 두 권을 가져와 진수와 함께 읽었고, 진수는 그 책에 대해 이야기하기를 좋아했다.

3회기 때 진수는 그의 부모님이 너무 구식이라고 표현하였다. 진수는 아빠는 늘 피곤해하고 그와 이야기를 하지 않는다고 했다. 엄마는 진수와 이야기를 나누었지만 아빠가 집에 오면 엄마와도 말을 하지 않는다고 하였다. 엄마가 바느질을 하고 옷을 만드는 동안 아빠는 TV를 보다가 잠이 들곤 하였다. 진수는 부모님에게 학교 이야기는 거의 하지 않았으며 스스로 숙제를 하고 잠자리에 들었다. 엄마는 매일 아침 일찍 진수를 깨워 제때 학교에 가도록 챙겨주었다. 진수의 부모님은 진수의 학업성적이나 친구관계에 대해서는 전혀 언급이 없었다. 가족은 좀처럼 집 밖으로 나가지 않았고 어쩌다가 한두 번 외식을 하는 정도였다.

진수는 아빠의 직업에 대해서도 잘 몰랐다. 어떤 날은 아빠가 하루 종일 집에 있었다. 그렇지만 진수와 아빠는 거의 이야기를 나누지 않았다. 진수의 엄마는 종종 진수와 이야기를 나누려고 하였지만 진수는 좀처럼 엄마의 질문에 대답하지 않았다. 진수는 부모님의 어린 시절에 대해서도 잘 몰랐다. 아빠는 진수의 성적표에 아무런 글도 남기지 않았고, 엄마는 보통 '최선을 다하라.'는 글을 남겼다. 진수는 아빠가 이따금 병원에 치료 받으러 가신다는 것을 알고 있었지만 아빠가 병원에 무엇 때문에 가시는지는 몰랐다. 마찬가지로 상담교사는 진수가 개별상담 동안에도 어떤 질문도 하지 않는다는 것을 알게 되었다.

상담교사는 진수의 삶에 있어 기본적인 욕구는 거의 충족되지 않고 있다고 했다. 진수는 주로 TV를 통해서 사람들과 의사소통하고 상호작용하며 만족을 경험하고 흥미로운 일을 한다는 사실을 인식하였다. 그러나 진수는 TV

속 세상 사람들과 어울릴 수 없었다. 학교에서 진수는 사회적인 상호작용을 배우는 기회를 가졌으나 친구를 사귀는 기술이 부족해서 친구와 어울리지 못하고 주로 방관자로 남았다. 방학이 되면, 진수는 카나리아와 시간을 보내고 공상에 빠져서 장난감을 가지고 혼자 놀았다. 때로는 라디오를 듣거나 부모님과 함께 TV를 보았다. 진수는 친구가 없었고 즐거웠던 경험을 회상하려고 발버둥쳐야 했다. 진수는 기가 죽은 9살 슬픈 소년처럼 행동했다.

개별상담 5회기를 마친 뒤, 상담교사는 진수에게 집단상담에서 친구를 사귀는 방법에 대해서 이야기 나누기를 원하는지 물었다. 진수는 재빨리 동의했는데 상담교사는 그동안과는 달리, 진수의 반응이 아주 흥미롭다는 사실을 알게 되었다. 상담교사는 진수의 엄마에게 전화를 해서 이를 설명하고 진수가 사회적 기술 향상 집단 프로그램에 참여하기를 부모님이 동의한다면 동의서에 서명한 뒤 학교로 보내달라고 말했다. 부모님은 동의서에 서명한 뒤 다음날 바로 학교에 제출했다.

만일 담임교사가 진수의 향상된 점에 대해서 상담교사에게 이야기를 듣고 싶어 한다면, 상담교사는 진수에게 먼저 이를 알려야 한다. 상담교사는 진수에게 자신이 담임교사를 만나서 어떤 이야기를 나눌 것인지를 이야기해준다. 만약에 진수가 동의하지 않는다면 상담교사는 개인상담 또는 집단상담에서 진수가 말한 세세한 내용들을 담임교사에게 밝힐 수 없다. 그러나 진수는 상담교사가 담임교사에게 진수의 가족문제나 친구 사귀는 방법 등을 배우고 싶어 한다는 내용을 말하리라는 것을 알고 있다. 상담교사는 진수가 사회적 접촉이 부족한 소년이라는 것과 대인관계 기술 향상을 원한다는 것을 담임교사에게 말할 것이다.

만약 상담교사가 담임교사에게 어떤 제안을 한다면, 진수 또한 그 제안에 대해서 알아야 한다. 상담교사는 진수에게 용기를 북돋워 주고 관심을 더 써줄 것을 담임교사에게 요구하여야 한다. 진수 또한 질문에 대답하고 친구들과 이야기를 나누고 담임교사에게 인사를 건네는 등 담임교사를 기쁘게 하는 것이 무엇인지 인지하여야 한다. 담임교사는 진수에게 어떤 일을 도와줄 것을 요청할 수 있다. 상담교사는 진수 스스로 가치 있는 사람이라는 느낌이 들 수 있도록 도와주어야 한다는 점을 담임교사에게 설명해야 한다. 그렇게 되면 진수는 기꺼이 새로운 일들을 시도하고 참여함으로써 사회적 기술을 향상시켜 나갈 것이다.

셋째 원칙은 교사의 호기심을 관리하는 것이다. 학생을 돕고자 하는 교사의 요구가 있을 수 있다. 앞서 언급했듯이 비록 집단에서 집단원이 말한 세부 내용이 비밀이지만, 학생이 말한 내용에 대한 상담교사의 인상이나 학생의 반응에 대한 통찰력 등은 교사에게 제공될 수 있다. 그러나 만일 교사가 학생에게 유익하지 않은 단순한 호기심 충족을 위해 질문을 할 경우, 막연한 대답만으로도 충분하다. "찬영이가 집단에서 뭐라고 말했지요?"라는 교사의 호기심 충족을 위한 질문에는, "예, 찬영이는 집단에서 아주 잘하고 있습니다. 아주 활동적이고요. 찬영이가 반에서는 어떻게 지내고 있습니까?"라는 식으로 반응하여, 비밀을 공유하지 않도록 한다.

교직원 회의 때 일반교사와 상담교사는 상담에서의 비밀유지의 중요성에 대해 이야기를 나눌 수 있다. 교사들은 상담교사가 윤리적인 이유로 비밀을 지켜야 한다는 것을 이해하여야 한다.

집단상담자가 동료상담자와 내담자의 문제에 대해 논의하는 것이 필요할 때가 있다. 다른 상담교사와 집단의 문제를 의논하는 것은 교사와 정보를 공유하는 것과는 다르며 윤리적이고 격려되어야 한다. 그러나 동료와 집단원에 대해서 이야기를 나눌 때라도 실명은 사용해서는 안 된다. 이름을 언급하는 것도 안전하지 않다. 만약 이름을 사용해야 한다면 실명 대신 가명을 사용하여야 한다.

02장 chapter 학교 집단상담의 계획

01 학교 집단상담의 계획

집단이 효과적으로 기능을 발휘하려면 사전에 미리 준비하고 또 분명히 해 두어야 할 몇 가지 사항들이 있다. 이와 같은 요소들이 분명히 이해되고 또 합의된 후에야 집단상담의 경험이 집단상담자나 집단원에게 의미가 있다 (이형득 외, 2002).

가. 집단의 필요성과 목적

집단상담자는 집단상담의 필요성, 집단계획의 목적, 집단을 운영하고자 하는 이유에 대해 스스로에게 물어볼 필요가 있다. 집단상담자의 중요한 임무 중 하나는 집단의 필요성과 목적을 명확하게 설정하고 그 설정된 목적을 달성하기 위해 자신의 전문적 능력을 적용하여 지속적으로 노력하는 것이다. 집단의 목적은 마치 지도 위에 설정해 놓은 목적지와 같아서 집단계획과 준비과정에서 최우선적으로 고려해야 할 사항이다. 집단 목적이 없다면 집단원의 흥미가 결여되고 방향감의 상실로 집단이 와해되기 쉽다. 그러므로 집단상담자는 집단이 어떤 방향으로 나아갈 것인가를 가장 먼저 결정해야 한다.

집단의 목적을 설정하기 위해서는 집단 참여를 필요로 하는 사람들의 요구조사(needs assessment)가 선행되어야 한다. 요구조사 결과를 토대로 집단의 유형이 결정되면 집단에서 다룰 주제와 활동을 선정하게 된다. 요구조사 방법은 다양하지만 집단상담 대상자들이 구체적으로 정해져 있는 경우에는 개별 면접이나 질문지를 활용한다. 이를 통해 집단에서 얻기를 원하는 것, 집단에 참여하고자 하는 이유, 특별히 집단에서 논의하고 싶은 주제 등에 대해 파악할 수 있다.

또한 집단상담자는 집단상담을 필요로 하는 사람들을 책임지고 있거나 잘 아는 사람들, 즉 다른 전문 상담자나 의사, 교사, 학부모, 학교장 등에게서 정보를 얻을 수 있다. 이때 집단상담자는 집단상담을 필요로 하는 사람들의 집단 참여 이유를 탐문한다. 이처럼 집단상담 참여를 필요로 하는 사람들의 요구를 조사하는 일은 집단의 목적을 명확하게 설정하는데 매우 중요하고도 우선적으로 처리해야 할 일이다.

만일 음주나 흡연문제, 비만이나 과체중, 또는 학습방법을 개선하기 위해 집단에 참여하는 학생이 있다면 그 집단의 목적은 간단하다. 왜냐하면 집단의 목적이 이미 설정됐으므로 집단 참여를 원하는 사람들에 대한 면접의 비중은 상대적으로 가벼워지고 집단상담자의 임무도 단순해지기 때문이다. 그러나 집단 참여를 원하는 사람들의 요구가 구체적이지 않거나 불분명한 경우, 집단상담자는 집단원이 집단 참여 목적을 합리적으로 설정할 수 있도록 도와야 한다. 집단이 구체적인 목적에 초점을 맞추게 되면 시간과 노력을 동시에 절약할 수 있다.

집단상담을 희망하는 학생들의 요구와 집단의 유형이 정해지면 집단상담자는 집단에 적절한 주제와 활동내용을 결정해야 한다. 가능한 모든 주제와 활동내용이 일단 선정되면 집단을 시작할 준비가 되었다고 볼 수 있고, 집단의 목적에서 벗어날 가능성은 그만큼 줄어든 셈이 된다. 예를 들어 학습능력을 신장시키기 위한 집단의 경우, 집단상담의 주제와 활동내용에는 학습의 기본 방법, 시간표 작성 요령, 다양한 학습전략, 시험 준비 요령 등이 포함될 것이다.

나. 집단의 구성

집단을 어떻게 구성할 것인가는 집단이 집단원 모두에게 유익한 경험이 될 수 있는가와 직결된 사항이다. 집단을 구성할 때는 집단의 목적과 유형에 따라 그 대상을 먼저 선정하고 계획 중인 집단에 적합한 집단원 선별 작업을 하게 된다.

1) 집단의 대상선정

집단을 계획하고 준비하는 과정에서 집단의 필요성과 목적을 결정하는 일 못지않게 선행되어야 할 일은 집단이 누구를 대상으로 구성되어야 할 것인가를 결정하는 것이다. 집단상담자는 집단의 목적을 토대로 대상을 선정하되 성별, 연령, 학년, 성숙도, 교육수준, 문제의 유형과 관심사, 성격적 특성, 직업 또는 소속기관 등과 같은 요소들을 고려해야 한다. 학교 장면에서 특히 학년이 중요한 고려 대상이 된다. 예를 들어 중학생이 학교적응력 향상 집단의 경우에는 집단을 통해 학교생활을 즐겁게 해나갈 수 있는 사회적 기술, 자기주도적 학습력 증진을 학생 자신이 원하거나 학부모나 담임교사가 추천한 학생으로 대상을 한정시킬 수 있다.

일단 집단의 대상이 결정되면 해당 집단원을 모두 자동적으로 참여하게 할 것인가, 집단 참여를 원하는 사람에 한하여 참여시킬 것인가, 아니면 일정한 선발 절차에 의해 선발할 것인가를 결정한다. 예를 들어 대학 신입생들을 위한 집단을 구성하는 경우에는 신입생들을 누구나 자동적으로 집단에 참여하도록 할 것인가, 집단 참여를 신청하는 신입생들을 참여시킬 것인가, 아니면 선발된 신입생들만 참여할 수 있도록 할 것인가를 결정해야 한다. 집단의 대상을 선정하는 데 절대적인 지침은 없다. 단지 집단의 유형, 목적, 소속기관의 규정과 여건, 시간적 여유 등과 같은 변수들을 고려해서 결정하면 된다.

2) 집단 대상의 선정지침

집단의 대상을 결정하는 일은 결국 어떤 유형의 집단을 이끌 것인가에 따라 달라질 수 있다. 즉, 누구를 참여시키고 배제할 것인가는 집단의 유형과 목적 그리고 집단원의 요구와 밀접한 관계가 있다. 그러나 집단과정에 방해가 안 되고 집단경험에 의해 집단원의 안녕과 복지에 부정적인 영향을 초래하지 않을 집단원을 선정해야 할 필요가 있다.

집단의 대상선정과 관련해서 한 가지 잠재적인 문제점은 집단상담자가 소속되어 있는 기관의 기관장이 개입하여 집단의 대상을 선정하는 것이다. 가령 기관장이나 법원이 법을 위반한 비행청소년들을 대상으로 집단을 운영하도록 지시하는 경우가 그 예다. 이러한 경우 집단에 적합하지 않은 학생들도 집단에 참여하게 됨으로써 집단의 효율성을 떨어뜨리는 결과를 초래할 수 있다. 만일 학교장이 상담교사에게 이러한 지시를 하게 되면 상담교사는 학교장의 지시를 어길 수도 없고 집단운영을 강행할 수도 없는 난처한 입장에 처하게 될 수 있다. 그러므로 상담교사는 평소에 학교장을 포함한 기관장이나 법원 관계자들과 자주 대화의 기회를 갖고 돈독한 관계를 유지하면서 기회가 있을 때마다 상담에 관하여 올바르게 인식하도록 도와야 한다.

3) 동질·이질집단

집단을 동질집단으로 할 것인가, 이질집단으로 할 것인가도 고려해야 한다. 동질집단(homogeneous group)이란 집단원의 성별, 연령, 인종, 민족, 종교, 성장 환경, 출신지역, 교육수준, 사회경제적 지위, 직업 등이 유사한 사람들로 구성된 집단을 말한다. 반면에 이질집단(heterogeneous group)은 그러한 집단원의 특성과 배경이 비교적 다른 사람들로 구성된 집단이다. 동질집단과 이질집단은 각각 장단점이 있다. 그러므로 집단상담자는 집단의 형태를 선정할 때 잠재적 집단원의 요구를 면밀히 검토해야 한다.

예컨대 내향적이고 소극적인 집단원과 외향적이고 활발한 집단원을 같은 집단에 편성함으로써 모든 집단원이 서로를 통해 다양한 학습이 일어날 수 있도록 할 수 있다. 학교 장면에서는 학업성적이 우수한 학생들과 그렇지 못한 학생들, 사춘기의 남학생과 여학생, 인기 있는 학생들과 인기 없는 학생들 또는 공격적인 학생들과 연약한 학생들을 같은 집단에 편성함으로써 상호 간의 이해의 폭을 넓히는 동시에 더불어 성장할 수 있는 기회를 제공할 수 있다.

다. 집단의 유형

집단은 치료집단, 지지집단, 예방집단으로 범주화된다. 치료집단과 지지집단의 목적은 미묘한 경계선이 있다. 치료집단은 대부분의 학생들이 직면한 문제에 초점을 두지만 지지집단은 학생의 통제를 넘어선 개인적인 문제나 환경적인 문제에 초점을 둔다. 치료집단은 문제를 수정하는데 초점을 두지만 지지집단은 문제에 직면했을 때 더 효과적으로 대처함으로써 문제를 해결해나가는 데 초점을 둔다. 치료집단의 예로는 다음과 같다.

- 학업기술을 통한 성적 향상하기
- 학습 습관 개신하기
- 자기주장 훈련하기
- 자기존중감 향상하기
- 사회적 기술 향상하기
- 우정 유지 및 개발하기
- 소심함과 수동성 극복하기
- 효과적 문제해결 방법 익히기
- 학교 공부 효과적으로 하는 방법 익히기
- 시험 공포 극복하기
- 분노/공격성/적대적 행동 조절하는 방법 익히기
- 타인의 감정에 더 민감해지기
- 좌절에 대처하는 방법 배우기
- 시간 엄수 및 출석 향상시키기
- 학급에서 발표불안 극복하기
- 학교에 대한 부정적 태도 변화시키기
- 학교나 인생 상황을 더 긍정적으로 조정하기
- 스트레스에 효과적으로 대처하기
- 새로운 상황에 대한 두려움 극복하기
- 경청기술 익히기

지지집단은 학생들이 또래 친구들도 비슷한 문제에 직면한다는 사실을 깨닫도록 돕는다. 즉 타인과 경험을 공유함으로써 지지집단은 당황하거나 비판받지 않고 타인에게 자신의 느낌을 표현할 수 있도록 돕는다. 또한 치료집단과 마찬가지로 지지집단의 목적은 집단원이 서로를 통해 학습하도록 격려하는 것이다. 그리고 집단원이 받는 편견이나 차별 대우를 다루기 위해서는 편견을 더 효과적으로 다룰 수 있도록 용기를 북돋워 줄 수 있다. 지지집단의 예로는 다음과 같다.

- 부모 별거 또는 이혼
- 누군가의 죽음이라는 불운한 사건
- 주의력결핍장애 또는 주의력 결핍 과잉행동 장애
- 다문화/다양성 쟁점에 기인하는 문제들
- 물질 남용/알코올 문제
- 학교에서 낙제할 위험에 처할 때
- 학교폭력/학교 따돌림/괴롭힘
- 학교 보건과 결합한 치료적인 문제들 공유하기(예를 들어 당뇨, 섭식 장애, 신체 손상)
- 임신
- 대입 준비
- 대학에 진학하지 않는 학생들을 위한 직업 지도
- 진로 지도 문제
- 편부모 가족
- 조부모 가족
- 나쁜 버릇 멈추기(예를 들어 흡연, 거짓말, 도벽)
- 학교에 새로 가기
- 계부모 가족
- 부모 또는 형제 문제들

지지집단은 집단원 사이에 공감을 통해 느낌을 공유한다. 익명의 알코올 중독자들은 지지집단의 원형이다. 지지집단은 한쪽의 성(性)에 국한될 수 있다. 남성 또는 여성 집단은 이질집단에서 토론했을 때 당황스러울 수 있는 주제들을 다루는데 더 효과적이다. 집단의 유형과는 상관없이 상담교사는 적극적 역할을 할 수 있도록 준비해야 한다.

예방집단은 문제를 피하는데 초점을 둔다. 예방은 보통 교실 생활지도나 그룹 생활지도를 통해서 이루어진다. 집단 생활지도는 학생의 학업적, 직업적, 그리고 사회적, 개인적, 교육적 발달에 초점을 둔 계획된 프로그램을 참조한다. 교실 생활지도 주제 목록은 소집단상담에서 사용되는 주제와 유사하다. 교실 생활지도 주제 목록으로는 다음과 같다.

- 인성 교육
- 갈등해결
- 문제해결 방법
- 좌절 다루기
- 분노관리
- 타인의 감정에 민감해지기
- 스트레스 다루기
- 동료와의 경쟁심 다루기
- 건강한 습관 기르기
- 우정 기술
- 주장 훈련
- 화 조절하기
- 부모와 어울리기
- 공감 표현하기
- 기분 조절하기
- 여가 시간 보내기
- 체계화하기
- 질투심 다루기
- 시험 불안 극복하기
- 소심함 극복하기
- 학교에서 성공 동기 증진 시키기
- 좋은 성적의 중요성 배우기

라. 집단원 선발방법

집단원은 교사, 부모, 학생을 대상으로 실시한 요구조사를 통해서 선발된다. 그러한 조사가 부족할 경우에는 교사, 부모, 기관장, 상담교사에 의한 추천으로 선발된다. 효과적인 집단은 소집단이어야 하고 집단원 선발은 신중해야 한다.

상담교사가 느끼기에 알맞은 집단원 수를 초과할 경우에는 문제가 생긴다. 이럴 경우 상담교사는 몇 가지 선택을 할 수 있다. 첫째, 상담자는 일정이 허락한다면 두 개 또는 그 이상의 집단을 동시에 운영할 수 있다. 둘째, 집단을 질적으로 운영하기 위해 지정된 날짜에 집단을 운영할 수 있도록 학생 대기 명단을 만들 수 있다. 셋째, 대기 명단이 1~2명이라면 상담교사가 집단의 운영에 방해가 되지 않는 범위 내에서 초과 학생을 1~2명 늘릴 수 있다. 넷째, 같은 주제의 집단을 운영할 유능한 지도자를 찾아보는 방법도 있다. 다섯째, 만일 집단이 8회기로 계획되어 있다면 상담교사가 집단의 운영에 방해가 되지 않는 범위 내에서 두 번째 그룹의 대기 시간을 줄이기 위해서 6회기로 조정할 수 있다. 상담교사는 스스로 느끼는 알맞은 집단원 수보다 더 많은 집단원을 구성하라는 외부의 압력을 거부할 수 있어야 한다.

학부모가 요구조사를 통해 자녀가 집단에 포함되기를 요청했는데도 집단에 포함되지 못하면 부모 입장에서는 화가 나거나 실망할 수도 있다. 이런 이유로 상담교사는 학부모의 요구를 수용하기 위해 모든 노력을 기울여야 하지만 늘 그럴 수는 없다. 그러나 집단상담 프로그램은 학기 초에 시작하기 때문에 상담교사는 학기 중 어느 시간에라도 집단상담 프로그램에 참가하기를 희망하는 모든 학생을 수용하도록 고려해야 한다.

비슷한 고민을 하는 학생들로 집단을 구성하는 것은 집단의 잠재적인 효과를 감소시킨다. 비록 완벽히 조화로운 집단은 아니라도 구체적인 기준에 따라 어느 정도 조화로운 집단을 구성할 수 있다. 그 기준은 학생의 요구, 문제의 심각성, 문제의 지속기간, 그리고 준비성이다. 이것은 상담교사나 교사의 관찰, 학생의 흥미나 요구도, 부모의 문의에 의해 결정된다. 가령 몇 달 전 별거한 부모의 자녀보다 별거를 계획 중인 부모의 자녀들이 지지집단에 우선적으로 포함되어야 한다.

준비성은 보통 상담교사가 예비 집단원을 대상으로 초기 면접을 실시하면서 확정된다. 변화를 위해 기꺼이 무엇이든지 하겠다는 마음가짐인 준비성은 사실 변화가 발생하기 위한 두 번째 단계에서 필수적이다. 첫 번째 단계는 변화하겠다는 욕구이다.

마. 집단의 크기

집단을 형성하는 학생의 수는 상담교사의 집단상담의 운영 능력을 고려해서 결정되어야 한다. 나이는 주의집중력이 주요한 고려사항이므로 중요한 변인이다. 어린 아동들일수록 주의집중력이 낮기 때문에 큰 집단에서는 주의 산만해지기 쉽고 듣거나 행동하는 것에 흥미를 잃기 쉽다. 주제 또한 중요한 변인이다. 상담자는 큰 슬픔에 빠진 집단보다 ADHD(attention deficit hyperactivity disorder : 주의력결핍 및 과잉행동 장애) 집단이나 문제를 일으키는 학생 집단에서 지도력을 더 발휘해야 한다.

집단모임 장소의 크기 또한 중요한 변인이다. 좁은 장소에 너무 많은 학생이 몰리는 것은 알맞지 않다. 마지막으로 집단상담자의 경험의 정도가 중요한 변인이다. 집단상담자가 집단을 운영하는 데 있어 자신감을 얻을 때까지 집단의 크기는 작아야 한다.

비록 학교 상담교사는 보통 한 학년에 7명이나 그 이상의 집단을 운영하지만 상담 입문단계에서는 집단원이 최대 3~4명을 넘지 않아야 한다. 초기 단계에서는 집단원이 최대 4~5명을, 중간 단계에서는 집단원이 최대 5~6명을, 최종 단계에서는 집단원이 최대 6~7명을 넘지 않아야 한다.

집단이 커질수록 집단원이 말할 기회는 적어지고 집단이 주의 산만해질 것이다. 큰 집단의 상담자는 집단 통제력이 약해지고 집단 응집력이 줄어들 가능성도 있다. 비록 소집단으로 구성된 집단상담은 많은 학생들을 다루지는 못하지만 주안점을 학생 수가 아니라 프로그램의 질에 둘 수 있다.

우리나라의 경우 대부분의 집단상담 전문가들은 집단인원을 5명에서 15명의 범위 안에서 집단상담을 진행하며 특히 7명 내지 8명이 이상적인 수라고 본다. 그러나 두 사람의 집단상담자가 함께 집단을 지도할 때는 15명 정도도 무방할 것이다. 집단의 크기는 모든 집단원이 원만한 상호작용을 할 수 있을 정도로 커야 하고, 동시에 모든 집단원이 정서적으로 집단활동에 관여하여 집단역동을 느낄 수 있을 정도로 작아야 한다.

바. 집단의 일정

집단은 총 몇 회기로 구성할 것이며 얼마 동안 지속할 것인가? 집단의 지속기간은 집단의 목표와 직결되는 사항이다. 집단의 지속기간과 효과 사이에 어떤 관계가 있는지에 대해서는 학자들 사이에 일치된 견해가 없다. 그러나 학교 장면에서 이루어지는 집단은 대체로 치료집단이 아니므로 가급적 한 집단이 6~8주를 넘지 않는 것이 바람직하다고 하겠다. 왜냐하면 집단의 길이가 길어지게 되면 자칫 학생들에게서 한 집단을 끝까지 참석함으로써 얻을 수 있는 성취감을 박탈할 수 있기 때문이다.

또한 다른 일정과 중복됨으로써 본의 아니게 집단이 진행되는 중에 중도에 포기하는 학생들이 나타날 수 있다. 그렇지만 고등학생이나 대학생 집단은 한 학기를 기준으로 15주 동안 운영하는 것으로 계획할 수 있다. 이는 학생들이 지속적으로 변화를 시도하고 생활습관을 바꾸는데 요구되는 기간이기 때문이다. 집단의 일정은 다음 네 가지 요소, 즉 집단의 총회기 수, 집단모임의 빈도수, 집단회기의 길이, 집단모임 시간으로 나누어 고려해볼 수 있다.

1) 집단의 총회기 수

집단회기를 총 몇 회기로 할 것인가는 집단이 누구를 대상으로 할 것인가와 집단상담자가 어느 기관에 소속되어 있는가에 따라 결정된다. 초등학교 아동을 대상으로 하는 집단은 일주일에 한 회기 이상의 모임을 갖는다고 가정할 때 연령에 따라 4~8회기 정도를 계획하는 것이 바람직하다. 중학교 학생들을 위한 집단은 8~10회기 정도 갖는 것이 좋지만 사정에 따라 신축성 있게 조정할 수 있다.

고등학생이나 대학생 집단은 일주일에 한 차례씩 집단모임을 갖는다고 볼 때 10주에서 한 학기에 해당되는 15주 정도가 적당하다. 이는 학생들의 행동변화를 유발시킬 수 있고 생활습관을 바꿀 수 있을 정도의 긴 기간이면서 너무 지루하거나 타성에 젖지 않을 정도의 짧은 기간이라고 할 수 있다. 성인 집단은 최소한 10회기 이상의 모임을 갖게 되고 필요에 따라 20회기 이상의 집단모임을 갖기도 한다.

그러나 앞서 지적한 것처럼 집단회기 수가 많아지면 집단원은 자칫 집단에 참여하는 것이 타성에 젖게 될 수 있다는 약점이 있다. 그러므로 집단의 총회기 수를 적정하게 조정하여, 집단원이 첫 회기부터 종결 회기까지 꾸준히 참여하고 성공적으로 마무리하도록 하는 경험은 강한 성취감을 느끼고 집단에서 습득한 새로운 사고와 행동을 실생활에 적용하는 데 원동력이 될 수 있다.

2) 집단모임의 빈도수

집단모임을 얼마나 자주 가질 것인가? 매일 한 회기를 가질 것인가, 일주일에 한 회기를 가질 것인가? 아니면 1주에 두세 차례 모임을 가질 것인가, 2주에 한 차례 모임을 가질 것인가? 여기에는 어떤 절대적인 규칙은 없으나 회기 빈도수에 대한 일반적인 원칙이 있다면 집단원의 주의집중 시간의 길이에 따라 결정하는 것이다. 즉, 나이가 어리거나 정신적 기능 수준이 낮은 사람들로 구성되는 집단의 회기는 모임 시간의 길이를 짧게 하는 대신 더 자주 모임을 갖는다(Corey & Corey, 2002).

이 원칙에 따르면 초등학교 저학년 아동으로 구성되는 집단은 일주일에 2~3회기, 고학년은 1~2회기가 적당하다. 중·고등학생 집단과 성인을 대상으로 구성되는 집단은 일주일에 1회기가 적당하다. 다만 학교 내에서 집단이 조직되어 운영된다면 집단모임의 빈도를 학교 방침과 수업시간표에 맞게 조정한다(Birgman & Earley, 1991).

3) 집단회기의 길이

집단회기를 몇 분 또는 몇 시간 동안 가질 것인가는 집단회기의 빈도수와 마찬가지로 집단의 유형이나 집단원의 주의집중 시간 또는 기능 수준에 따라 달라진다. 학교급과 학년에 따른 일반적인 집단회기의 길이는 다음과 같다(강진령, 2005).

표 2-1 집단회기의 길이

학 년	회기의 길이
유치원 아동	20 ~ 30분
초등 저학년(1~3학년) 아동	30 ~ 45분
초등 고학년(4~6학년) 아동	45 ~ 60분
중학생	60 ~ 90분
고등학생	90 ~120분
대학생 · 성인	120분

일반적으로 대학생을 포함하는 성인은 2시간 동안 이루어지는 다소 집중적(intensive)인 집단활동을 소화해낼 수 있다. 그러나 정신기능의 손상으로 인해 주의집중력이 떨어지는 입원 환자들을 위한 집단인 경우에는 집단회기의 길이를 대폭 줄여서 매일 45분씩 한 회기를 갖는 것이 바람직하다(Corey & Corey, 2002). 이보다 더 높은 기능 수준의 입원 환자는 일주일에 여러 시간의 집단회기를 갖는 것도 좋지만 일반적으로 90분을 한 회기로 정하는 것이 일반적이다.

4) 집단모임 시간

집단의 모임 시간을 몇 시부터 몇 시까지 할 것인가는 집단상담자와 집단원의 상황을 고려해서 정한다. 학생들을 대상으로 구성되는 집단은 학교 시간표에 따라 모임 시간을 신축성 있게 조정한다. 다만 집단모임 시간을 수업시간 중에 할 것인지 방과후에 할 것인지는 학생들의 집단 참여나 동기 수준에 큰 영향을 주는 요인이므로 학교장 및 관계자들과의 협의를 통해 결정한다.

대학생 집단은 학생 개개인의 시간표가 다른 관계로 강의가 없는 오후 늦은 시간이나 저녁시간으로 정하는 것이 일반적이다. 성인 집단에서 가정주부를 대상으로 하는 집단의 경우에는 주간에 모임을 가져도 문제가 없겠지만 직장인들이 참여하는 집단의 경우에는 주로 퇴근 후인 저녁시간이 적합하다고 하겠다.

사. 집단모임 장소

집단모임 장소로는 어떤 조건을 갖추고 있는 공간이 적합한가? 장소를 선택할 때 고려해야 할 사항은 다음 세 가지, 즉 조용하고 안정된 공간 환경을 갖추고 있는가, 집단원 수에 적당한 넓이인가, 좌석이 안락하고 정돈된 상태로 배치되어 있는가에 관한 것이다.

1) 조용하고 안정된 공간 환경

집단모임을 갖기에 적합한 장소의 첫 번째 고려사항은 주의가 산만하지 않고 안정감이 있으며 사생활이 침해받지 않는 공간인가 하는 점이다. 즉, 주변이 소란스럽지 않고 인접한 방에서 발소리를 엿들을 수 없도록 방음시설이 된 곳이어야 한다. 집단모임의 공간은 무엇보다도 집단원이 자신들의 사적인 이야기 내용이 집단상담실 밖으로 새어 나가지 않는 곳이라는 확신이 드는 곳이어야 한다.

2) 집단원 수에 적당한 넓이

집단모임에 적합한 공간의 두 번째 고려사항은 집단원 수에 알맞은 정도로 넓은 공간인가 하는 점이다. 집단원이 다소 여유 있게 앉기에 불편한 좁은 공간도 문제겠지만, 신체적으로 활발한 움직임이 요구되는 집단이 아니라면 지나치게 넓은 공간도 피하는 것이 좋다. 이는 불필요한 공간으로 인해 자칫 집단 분위기가 산만해지고 집단원의 집중력이 떨어질 수 있기 때문이다. 게다가 집단원 개개인에 대한 통제가 어려워질 수 있기 때문에 집단상담자 역시 그들의 통찰과 행동변화를 유도하는 데 어려움을 겪게 될 수 있다.

3) 안락하고 정돈된 좌석 배치

집단모임 장소의 세 번째 고려사항은 편안한 의자가 있고 잘 정돈된 곳인가 하는 점이다. 집단상담에 적합한 공간은 집단원에게 안정감을 주고 주의를 집중할 수 있게 하며, 둥글게 앉아서 자연스럽게 심리적 교류를 하기에 적합한 크기의 장소라고 하겠다. 이런 공간은 집단원의 자발적인 참여를 촉진할 수 있고 자연스러운 접촉을 할 수 있어서 집단원이 자유롭게 활동할 수 있기 때문이다. 다만 대부분의 초등학교와 중·고등학교 건물이 오래되었고 특별히 집단상담을 위해 설계된 공간이 마련되지 않은 점을 감안할 때, 상담교사는 가능한 공간을 확보해서 나름대로 집단상담의 효과를 극대화할 수 있도록 공간을 조정하고 장식하는 방법을 활용할 수 있다.

바닥에 깨끗한 장판이나 카펫이 깔려 있거나 마루로 되어 있다면 바닥에 앉는 것도 좋은 방법이다. 단 푹신한 쿠션이나 방석을 준비하여 집단원이 신체적으로 편안하고 심리적으로도 안정감을 느낄 수 있게 하는 것이 필요하다. 바닥에 앉는 경우는 의자와 같은 장애물이 없어서 집단원이 보다 가깝게 앉을 수 있고 집단 작업에 집중할 수 있으므로 훨씬 더 심리적으로 밀착됨을 느끼게 하는 효과가 있다. 덧붙여 날씨의 변화가 집단의 역동에 영향을 주지 않도록 냉난방 시설을 잘 갖춘 곳이라면 더할 나위가 없다고 하겠다.

아. 집단상담자의 수

집단을 단독으로 운영할 것인가, 다른 상담자와 공동으로 운영할 것인가는 집단상담자가 결정해야 할 일이다. 앞서 설명한 바와 같이 공동 집단상담자 모형은 경험이 적은 집단상담자에게 집단운영의 기회를 제공하고자 할 경우나 또래 상담자 교육에 적절하다. 이러한 목적이 아니더라도 한 집단을 다른 집단상담자와 공동으로 운영하게 된다면, 역할분담을 통해 집단과정을 촉진시킬 수 있고 소진(burn-out)이 일어날 가능성을 줄일 수 있다는 장점이 있다.

예컨대 집단원의 감정 표출에 한 상담자가 주의를 기울이는 동안 다른 상담자는 전체 집단에 참가할 수 없는 경우가 발생할 때 다른 집단상담자가 집단을 계속 진행할 수 있다는 장점이 있다. 또한 한 상담자가 어떤 회기에 강한 영향을 받았다면 자신의 분노, 우울 등의 감정을 차후에 다른 상담자와 탐색해볼 수 있다. 만일 역전이가 생길 정도로 한 상담자가 어떤 집단원의 영향을 받게 되면 공동 집단상담자 모형의 중요한 장점이 역시 빛을 발하게 된다.

공동 집단상담자 모형은 이러한 장점에도 불구하고 몇 가지 제한점이 있으므로 집단을 함께 운영할 집단상담자를 신중하게 선택해야 한다. 즉, 집단상담자들이 자주 만나 집단운영에 관해 대화를 나눌 기회를 갖지 않으면 문제가 발생할 수 있고 자칫 공동 상담자들 사이에 경쟁이 발생할 수 있다. 이로 인해서 의견의 불일치, 상대의 개입 불신, 특정 집단원 옹호, 심지어 엇갈린 목표를 향해 상담하는 경향이 생길 수 있다.

그러므로 두 집단상담자가 공동으로 상담하기로 결정하는 데는 충분한 시간적 여유를 가지고 서로 의견을 교환하는 것이 바람직하다. 그렇지 않으면 집단원에게는 물론 집단상담자 자신들에게도 부정적인 영향을 줄 수 있기 때문이다. 따라서 집단을 계획할 때 공동 집단상담자 모형의 장점과 제한점을 면밀하게 검토하여 집단의 목적을 달성하기 위한 최적의 선택을 해야 하겠다.

자. 집단 홍보

집단에 대해 널리 알리고 보다 많은 잠재적 집단원이 집단상담 서비스의 혜택을 얻게 하기 위해서는 집단에 대한 더 적극적인 홍보가 요구된다. 여기서는 상담기관과 학교 장면에서의 홍보 전략에 대해 살펴보기로 한다.

1) 상담기관에서의 홍보 전략

집단이 일반 상담기관에서 이루어지게 되는 경우 집단에 관한 적극적인 홍보를 위해서 다음과 같은 방안을 고려해볼 수 있다.

첫째, 신문이나 방송과 같은 언론매체를 이용하는 방법이 있다. 이 방법은 의심할 여지없이 다른 어떤 홍보방법보다 전달 효과가 커서 가장 효과적인 대안이지만 막대한 경비가 든다는 한계가 있다.

둘째, 온라인(on-line)을 이용하여 인터넷 게시판에 올리거나 각종 학회 또는 상담소나 병원과 같은 정신건강 관련 기관의 홈페이지를 이용하는 방법이 있다. 요즘 들어 대부분의 사람들이 인터넷을 사용하고 있고, 특히 청소년들에게 온라인을 이용한 홍보 효과는 재삼 강조할 필요가 없을 만큼 매우 크다고 하겠다.

셋째, 온라인을 이용하는 것 못지않게 오프라인(off-line)에서의 홍보방법 역시 유용하게 활용할 수 있다. 즉, 기관을 방문하여 집단을 홍보하거나 인쇄물을 제작하여 나누어 줄 수 있다.

넷째, 포스터를 제작하여 공공건물, 식당, 현관, 화장실 등과 같이 사람들이 많이 모이는 장소나 게시판에 붙이는 방법이 있다. 포스터는 가급적 세련된 색상과 디자인으로 잠재적 집단원의 시선을 끌 수 있도록 제작한다. 포스터에 들어가는 문구는 진지하면서 재미있고 다소 과장되게 표현해도 무방하다. 포스터의 아래쪽 연락처를 기입한 부분을 미리 쪽지처럼 오려놓아 관심 있는 사람들이 한 장씩 떼어갈 수 있도록 만든다. 또한 일정 기간이 지나면 새로 도안된 것으로 대체함으로써 지속적으로 잠재적 집단원의 주의와 관심을 불러일으킬 수 있게 한다.

마지막으로 집단에 참여했던 사람들과 접촉을 통해 홍보하는 방법이 있다. 과거에 이미 집단에 참여했던 적이 있고 그 집단경험에 대해 만족스럽게 여기는 사람들은 중요한 홍보 요원이라 할 수 있다. 이들의 입을 통해 이루어지는 홍보는 매우 실질적이어서 잠재적 집단원에게 집단의 효과에 대해 강한 신뢰감을 전달할 수 있기 때문이다.

2) 학교에서의 홍보 전략

일반 상담기관과 달리 학교 장면은 주로 학생들을 대상으로 이루어진다는 특징이 있다. 학교 장면에서 학생들을 대상으로 집단을 계획하는 경우에는 다음과 같은 홍보 전략이 있다.

첫째, 학생들의 관심을 끌 수 있는 문구, 삽화와 함께 학생들이 좋아하는 캐릭터를 활용한 동영상을 제작하여 학교 홈페이지 게시판에 올리는 방법이 있다. 앞서 말한 바와 같이 오늘날 대부분의 학생들이 인터넷을 사용하고 있다는 점에서 이는 매우 효과적인 홍보방법이라고 하겠다.

둘째, 집단상담자가 직접 교실을 방문하여 집단에 관해 소개하고 학생들의 질문에 답변해 줌으로써 집단에 관심을 갖게 하는 방법이 있다. 이 방법은 학생들이 질문하고 대화를 나눌 수 있다는 장점이 있다.

셋째, 학교 게시판이나 학교 상담실 게시판에 집단에 관한 상세한 정보를 담은 포스터를 부착하는 방법이 있다. 앞서 언급한 것처럼 포스터는 학생들의 시선과 관심을 끌 수 있을 만큼 독창적이고 세련되게 제작되어야 한다.

넷째, 학교신문의 지면을 활용하는 방법이 있다. 즉, 학교신문에 광고를 낸다거나 학생들의 관심사와 집단의 효용성에 관련된 내용을 기사화하여 집단에 참여했던 학생들의 경험보고서 등과 같은 내용과 함께 게재하는 것이다.

다섯째, 집단에 참여했던 학생들을 이용하는 방법이 있다. 집단을 계획하고 있는 교사는 집단상담에 참여한 적이 있거나 상담에 재능과 관심이 있는 학생들과 지속적인 협력관계를 유지함으로써 또래 상담자뿐만 아니라 집단상담 홍보 요원으로 활용할 수 있다. 이들은 자신들의 집단경험을 직·간접적으로 다른 학생들에게 소개하여 집단에 대한 관심을 불러일으키게 할 수 있는 강력한 홍보 요원이자 유용한 자원이라 할 수 있다.

여섯째, 가정통신문을 학생들의 가정에 보냄으로써 학생들은 물론 학부모들의 관심을 불러일으키게 하는 방법이 있다. 가정통신문에는 집단상담의 유용성과 집단 참여를 통해 얻을 수 있는 이점을 상세하게 기술한다. 필요하다면 학교 상담실 안내 소책자나 관련 자료를 첨부해도 좋다. 그리고 집단을 담당하게 될 교사나 상담자의 이름과 자격을 분명하게 밝힌다.

끝으로 집단상담 프로그램을 소개하는 내용을 담은 팸플릿을 제작하거나 학교 안내용 소책자에 포함시키는 방법이 있다. 여기서 중요한 점은 학생들을 집단에 참여시키거나 그들에게 필요한 결단을 앉아서 마냥 기다려서는 안 된다는 사실이다. 집단상담자는 이러한 학생들과의 직접적인 접촉을 위해 다양한 방법을 사용해야 한다. 예를 들어 학교 상담실에서 상담한다거나 담임교사나 교직원들의 도움을 받게 된다면 학생들을 만나는 것이 훨씬 더 수월해질 수 있다.

차. 기대효과와 평가

잠재적 집단원이 집단에 참여하게 됨으로써 어떤 효과를 얻게 되는가는 집단의 필요성, 목적과 밀접한 관계가 있다. 집단상담자는 집단의 필요성과 목적을 성공적으로 달성하게 되면 집단에 참여한 사람들이 어떤 이점을 얻게 되는지를 구체적으로 기술한다. 그리고 집단의 목적을 달성했는가의 여부를 확인할 수 있는 평가방법과 타당하고 신뢰할 수 있는 도구를 제시한다.

요약하자면 우선 집단을 계획하고 준비하는 집단상담자는 기관장의 동의와 집단원의 지지를 얻어야 한다. 학교 장면에서 학교장은 물론 일반교사들과 학부모들의 지지를 얻어야 한다. 이들의 협조체제가 구축되면 집단상담자는 적어도 집단 시작 전 2~3주 동안 잠재적 집단원에게 집단과 다른 상담 서비스에 대해 집중적으로 홍보한다. 이들의 출입이 잦은 곳에 집단상담 신청 양식을 비치하여 집단상담에 대한 관심을 높이는 한편, 바구니나 상자를 마련하여 참여를 원하는 사람들이 손쉽게 작성하여 제출할 수 있도록 한다. 그리고 학교의 경우 학습계획서를 만들거나 검토한다. 여기서 학습계획은 교사, 학생, 학부모, 학교행정가들로부터의 요구조사, 발달이론, 상담 연구, 관련 학회가 승인하는 활동을 기초로 작성된다.

학생들을 대상으로 하는 집단의 상담자는 학기 초에 교사들에게 의뢰용지를 나누어준다. 학부모들에게는 자모회와 학교 뉴스레터 또는 가정통신문을 통하여 집단의 유용성에 대해 깊이 인식할 수 있도록 적극 홍보한다.

만일 교사의 의뢰 수와 학생, 학부모의 신청이 예상 인원을 초과하면 다음 집단에 들어갈 수 있을 것이라고 설명하는 안내장을 보낸다. 사전 집단 면접을 통해 집단원을 선별하는 작업을 마치고, 첫 회기를 하는 날 아침에 집단 시작에 관한 안내장을 보낸다. 이와 같은 권장 사항을 고려한다면 집단이 성공적으로 운영될 수 있는 가능성은 그만큼 커지게 될 것이다.

02 학교 집단상담의 준비와 홍보

가. 집단상담의 준비

학교 상담교사는 집단상담의 준비단계에서 다음과 같은 질문을 스스로에게 던질 수 있다. "집단원은 기꺼이 집단에서 경험을 공유할 것인가?", "집단원은 서로의 이야기에 어떤 반응을 나타내는가?", "집단원은 양립할 수 있는가?", "집단은 단결되는가?", "집단은 어느 정도 목표를 달성하는가?", "집단상담 회기 동안 집단원은 그들이 바라는 것들을 얻을 수 있는가?", "집단은 각 회기마다 찾고자 하는 결과를 생산할 계획이 있는가?"

또한 상담교사는 집단원이 스스로 다음의 질문에 대해 생각해보게 한다. "지금 이 집단에서 내가 기대하는 것은 무엇인가?", "괴롭힘을 당한 내 경험을 말하는 것이 거북스러운가?", "누군가 내가 말하는 것을 정말 듣기를 원하는가?", "이 집단에서 말하는 것이 안전할까? 아니면 이 집단의 학생들은 내가 말하는 것을 다른 친구들에게 이야기할까?", "나는 다음에 괴롭힘을 당하게 되면 무엇을 해야 하는지를 배우기 위해서 여기에 왔다. 이것은 성공적인 경험이 될 것인가?", "모든 사람들이 나처럼 느끼는가?", "나는 우리 반이 그립다. 내가 여기에 있어야 하는가? 아니면 우리 반에 돌아가야 하는가?", "우리 선생님은 내가 여기서 무엇을 배워오기를 기대하는가?"

가령, 화요일 오전 10시, 상담교사는 처음으로 5학년 학생으로 구성된 5명의 집단원과 인사를 나누고 있다고 가정하자. 학생들은 테이블 주위에 앉아서 집단 주제인 괴롭힘을 어떻게 다뤄야 하는지에 대해 토론하고 있다. 집단원은 과거에 괴롭힘을 당했거나 또는 현재 괴롭힘을 당하고 있는 피해자들이다. 집단상담자와 집단원은 첫 만남에 대해 불안함을 느끼고, 서로에게 피상적인 질문만 하고 있다. 집단상담자가 될 상담자에게는 바로 이 순간이 여러 시간의 준비와 계획의 최고조를 의미한다. 집단상담자는 집단을 위해 계획한 모든 시간과 작업이 집단원을 위한 성공적인 경험이 되기를 희망한다. 집단원을 위해서는 이 첫 만남이 어떻게 해서든지, 그들이 불쾌한 경험으로 학교에 간 문제나 얼마 전부터 그들을 괴롭혀온 문제를 해결할 수 있다는 희망을 의미한다.

집단상담자와 집단원 모두 위의 질문에 어떤 대답을 하게 될 것이다. 성공적인 집단은 세부사항까지 계획을 세워야 한다. 계획은 상담교사가 집단상담이 구체적인 문제를 처리하기 위해 사용할 적절한 전략을 결정할 때 시작된다. 계획은 집단상담자가 누가 집단원이 되어야 하고 부모의 허락을 얻기에 가장 유리한지를 결정할 때 계속된다. 또한 계획은 집단회기 수와 각 회기의 가장 좋은 시기를 포함한다. 미리 준비된 집단계획은 각 집단의 만남이 발달되기를 요구한다. 모이는 장소가 마련되어야 하고, 집단상담자의 역할이 결정되어야 한다. 주의 깊은 계획이 없이는 많은 것들이 잘못될 수 있고 집단상담이 성공하지 못할 수 있기 때문이다.

나. 집단상담의 홍보

집단상담은 학교의 전반적인 생활지도와 상담 프로그램의 일부분이다. 집단상담 프로그램은 전반적인 프로그램이 효과적이거나 훌륭하지 못하면 성공할 수 없다. 흔히 물건을 팔거나 서비스를 제공하는 사람은 누구나 '광고는 손해 보지 않는 장사이다.'라고 말을 한다. 이것은 학교 생활지도나 상담 프로그램에서도 분명한 사실이다. 여러 가지 면에서, 학교상담자는 생활지도와 상담 프로그램이 학교의 임무와 교사의 업무를 돕고 촉진시킨다는 사실을 기관장과 학교 구성원들에게 알릴 필요가 있다. 프로그램을 촉진하는 데 있어서 홍보가 중요하다. 그리고 교사, 학부모, 기관장에게 협조를 얻기 위해서 이들을 교육하는 것이 필요하다. 생활지도나 상담 프로그램 활동 둘 다 비판을 받을 수 있기 때문에 상담교사는 종종 학교 구석구석까지 살펴보아야 한다.

학교 내부에서 생활지도나 상담 프로그램을 촉진하고 홍보하는 많은 방법이 있다. 광범위한 생활지도나 상담 프로그램에서, 기관장, 교사, 학생 그리고 학부모는 이용 가능한 서비스를 인식해야 한다. 홍보를 위한 방법으로는 다음과 같다.

- 매월 학부모에게 상담자 소식지 보내기
- 학교 정보 게시판을 이용하여 상담 프로그램과 활동 제공하기
- 첫 교직원 회의 때 교직원에게 생활지도와 상담 프로그램 소개하기
- 첫 학부모회의 때 학부모에게 생활지도와 상담 프로그램 소개하기
- 교직원, 학생, 그리고 학부모와 집단상담 주제에 대해 토론하기 : 주제는 학생, 교사, 학부모의 걱정거리 또는 학교 공동체의 발달을 위한 제언이나 학교의 전반적인 사항 등
- 학교 신문에 정규 교육과정의 생활지도나 상담 프로그램과 관련이 있는 것은 무엇인지, 계획된 것은 무엇인지, 이미 시행하고 있는 것은 무엇인지 등에 대해 알리기
- 교사가 상담 프로그램에 참여하도록 격려하기
- 또래 중재 프로그램 시작하기, 또래 중재자가 되도록 학생 교육시키기
- 학생과 학부모에게 가정통신문 나눠주기 : 학생이 행복해지는 다양한 주

제 등

- 교실을 방문해서 학생에게 상담교사를 소개하고 프로그램에서 제공하는 서비스 알리기
- 교사와 자주 상담하고 학생을 상담교사에게 보내도록 격려하기
- 프로그램의 내용이나 목표에 대해 기관장과 만나 의견 조정하기 : 기관장에게 집단계획, 프로그램 활동 등에 대해 알리기
- 기관장, 학부모, 교사를 위한 프로그램 개발, 조정하기
- 상담실 주변이나 학교 주위에서 학생들이 하고 있는 다양한 활동사진 찍기 : 학생들이 상담교사가 사진을 찍고 전시를 하는 것을 보도록 하여 학생의 흥미 유발하기
- 상담자와 선발된 학생들이 종종 점심식사를 함께 하기 : 점심식사는 상담실에서 짧은 집단상담 회기에 이루어질 수도 있다. 점심식사는 종종 학생과 사회적인 관계를 형성하게도 한다.
- 교직원에게 집단에서 이루어지는 표준화된 검사실시의 날짜나 진로의 날 계획, 프로그램의 일반적인 활동 등에 대해 알리는 메모 보내기
- 학교 위기가 있을 때, 문제의 해결을 위해 적극적인 지도자 역할 떠맡기

상담교사의 기본적인 역할은 학생들의 학업성취와 학교적응을 돕는 것이다. 본래, 상담교사는 학생들이 학교에서 최선을 다하지 못하도록 막거나 손상시키는 문제들을 제거하거나 줄여주는 역할을 한다. 그 문제로는 학습 습관, 사회적 기술의 부족, 다양한 이유로 인한 불행, 주의 산만함, 부정적 태도, 공부의 우선순위를 정하는데 방해되는 개인적인 문제들 등이 있다. 상담교사의 목적은 학생들이 학습에 더 민감해지고, 배우는 것의 초점을 맞추도록 돕는 데 있다. 이러한 이유 때문에 상담자가 학생에게 가르치려는 많은 것들이 궁극적으로 교사를 돕는 것이다. 학생을 돕고자 하는 모든 시도는 결국 교사를 돕는 것이다.

03장 chapter 집단상담자의 지도성

01 집단상남자의 지도성 유형

가. 집단 지도성의 유형

1) 집단 지도성의 중요성

학교 환경에서의 집단상담의 유효성은 집단상담자의 기술과 전문지식에 굉장히 의존적이다. 어떤 점에서 집단 지도력은 요리사가 고급 음식에 양념을 하는 것에 비견된다. 적당한 양념은 풍미 있는 맛을 창조하는 데 필요하다. 양념이 너무 적으면 원하는 결과를 만들지 못할 것이고, 너무 많으면 맛을 망치게 될 것이다. 유치원에서 고등학교 3학년까지의 교육과 관련된 환경에서 집단 지도력은 딱 적당한 양의 지도력을 요구한다.

부족하거나 부적절한 지도력은 해당 집단을 통제할 수 없게 하거나 그 집단이 집단의 목표에 집중하지 못하는 결과를 초래할 것이다. 또한 방임형 지도자는 집단의 응집력을 부족하게 하고 모두의 시간을 낭비하는 결과를 만들 가능성이 크고, 전제적인 지도자는 집단 내의 상호작용과 자유로운 생각의 교환을 방해하게 될 수 있다. 따라서 효과적인 집단 지도력은 통제의 섬세한 균형 잡기를 필요로 한다.

집단상담자의 지도력이란 집단상담자가 해당 집단을 그 목표 쪽으로 움직이도록 돕기 위해 상담시간 동안에 행하는 무엇이라고 정의될 수 있다. 지도력은 또한 어떻게 이 일이 일어나는지를 다루기도 한다. 지도력은 토론을 활발하게 하고 집단이 최소한의 해결과 개선책들에 대한 통찰력을 얻게 하기 위해 집단상담자가 하는 행동들이다. 또한 집단원 간 활발한 상호작용을 이끌어내고 집단상담 시간을 그 집단원에게 안전하고 편안하게 만들기 위해 필요한 규칙들을 유지하는데 좋은 환경을 조성하는 것과 관계된다.

지도력에 대한 집단상담자의 가장 주된 기능은 집단을 의도된 목표를 향해 나아가도록 긍정적인 집단 상호작용을 보장하는 것이다. 집단원 특유의 성격과 행동들은 집단 각각을 독특한 것으로 만든다. 또한 모든 집단들은 서로 다르고 집단의 지도력에 대해 다른 방식으로 반응하기 때문에 집단상담자가 이러한 기능이 가능하도록 지도력을 갖추는 방법이 딱히 정해져 있지 않다.

2) 집단 지도성 유형

집단상담자의 지도성 유형에 관한 연구들은 몇 가지 방식의 지도력을 언급한다. 가장 자주 언급되는 지도성 유형은 전제적(autocratic), 자유방임적(laissez-faire), 민주적(democratic) 유형의 세 가지이다.

전제적인 집단들은 집단상담자에 의해 통제된다. 집단원의 자발적 관리와 집단에의 기여는 최소한이다. 전제적인 지도력은 보통 그 집단이 매우 큰 것일 때 나타난다.

자유방임적인 방식을 이용하는 집단상담자들은 근본적으로 해당 집단이 스스로를 통제하도록 허락하고 있다. 집단상담자의 역할은 집단을 모이게 하는 것으로 최소화된다. 일단 모이고 나면, 거기에는 딱히 집단상담자가 없다. 자유방임적 집단들은 항상 특정한 방향을 가지고 있지는 않다. 그들은 그 집단이 흘러가는 대로 따라간다. 독재적이거나 자유방임적 방식은 유치원에서 고등학생까지의 교육과 관련된 환경에서는 적절하지 않으며, 그런 집단들은 스스로 방향을 정하거나 자치를 할 만큼 성숙하지 않기 때문이다.

민주적인 유형은 다소 문제가 될 수 있다. Greenberg(2003)가 제시되고 있는 방식은 수정된 민주적 유형(a modified democratic style)이라고 불릴 수 있을 것이다. 즉, 적극적인 지도력으로서 목표지향적이며 상당한 정도의 집단 자치를 가능하게 하는 방식이라는 것이다.

나. 집단 지도성에 미치는 변인

집단들이 지도력에 반응하는 방식에 있어서의 차이점을 설명하는 몇몇 변수들은 그 집단의 연령 혹은 학년 수준과 성숙도 수준, 집단의 주제, 집단의 크기, 집단상담자 혹은 공동 집단상담자의 경험 등을 포함한다.

일반적으로 보다 연령이 어린 집단들은 집단의 목표에 집중하고 참여를 유도하기 위해 보다 많은 집단상담자의 통제를 필요로 한다. 또한 덜 목표지향적이며 보다 많은 체계와 통제를 필요로 한다.

1) 집단원의 연령

초등학생은 보통 상담교사를 권위를 가진 사람으로 보는 반면, 저학년들은 상담교사를 교사와 늘 잘 구분 짓지 못한다. 중고등학생은 종종 상담교사에게 도전한다. 중·고등학교에서는 학생들이 상담교사를 어른인 친구, 그리고 자기를 쥐고 흔들려고 하지 않는 누군가로 생각한다. 교사와 상담교사를 비교함에 있어서, 그들은 상담교사를 도덕적 판단의 잣대를 덜 들이대고 자기의 옹호자가 되어 줄 경향이 더 많은 사람으로 생각한다. 중·고등학교 수준에서의 집단상담자의 통제는 집단 내의 규율, 집단규칙의 시행, 집단원의 보호에 더 주의를 기울일 것이 요구된다. 중·고등학교 수준에서 집단상담자의 통제 형태는 종종 그 집단의 주제와 그 집단의 구성에 따라 다르다.

2) 집단상담의 주제

해당 집단의 주제는 집단상담자의 통제의 양에 대한 타당한 예측 변수이다. 우정이나 애도 집단은 대개 최소한의 통제를 요구하는 반면, 분노관리 집단이나 ADHD 집단은 그보다 훨씬 많은 통제를 필요로 할 것이다. 집단상담자는 집단을 만나보고 대화를 나눠볼 때까지는 얼마나 많은 통제가 필요할지 알지 못할 것이다. 집단상담자들은 얼마나 많은 통제가 필요하냐의 문제에 있어서 융통성이 있어야 한다. 효과적인 집단상담자들은 필요할 때 통제를 행사하면서도 보다 적은 통제가 필요한 시기를 안다.

3) 소규모의 집단들

소규모 집단들은 당연히 통제하기가 더 쉽다. 집단상담자가 생각할 때 어떤 주제를 가지고 모이는 집단은 통제하기 어려울 것이라고 예측할 때, 그 집단의 규모를 인원 한 명 정도 줄이는 것은 그 집단에 대해 필요한 집단상담자의 통제의 양이라는 측면에서 큰 차이점을 만들 수 있다. 예를 들어 분노관리 집단들은 최소한 4명의 인원을 가질 수 있고, ADHD 집단은 3명의 집단원만 있을 때 훨씬 효과적일 수도 있다. 집단상담자의 목표는 상당한 규모의 집단보다는 운용 가능한 집단을 만드는 데에 있어야 한다.

4) 집단상담자의 경험

해당 집단에 제시된 체계와 계획, 소통을 함에 있어서의 수월성, 인지되는 편안함의 정도, 그리고 집단상담자로부터 뿜어져 나오는 자신감은 그 집단상담자에게 있어서 한 집단을 통솔한다는 것이 익숙한 일인지 상대적으로 새로운 경험인지를 집단원에게 알려준다.

상담교사 견습생이 상급자의 지도하에 집단을 운영해보는 실습을 포함한 인턴십과 현장 경험을 가졌다면, 집단을 운영하는 핵심 역량에 관한 걱정을 감소시키는 열쇠는 초보 상담교사들이 자신의 집단 기술에 대해 어떻게 느끼느냐에 따라 다를 것이다. 인지적 재구성 혹은 혼잣말을 하는 것은 부정적인 생각과 두려움을 긍정적이고 건설적인 인식들로 대체함으로써 불안함을 경감시키는 데 효과적인 방법이다. 예컨대 스스로에게 "나는 할 수 있어."라고 말할 수 있는 초보 상담교사들은 아마도 성공을 할 것이다. 반면, 자신감이 부족하고 자기 회의가 있는 초보 상담교사나 혹은 상담교사가 되는 것에 따르는 의무에 대해 너무 고민을 하는 상담교사는 아마도 문제를 겪을 것이다.

성공이냐 아니냐 하는 것은 자기 충족적인 예언이 될 수 있다. 초보 상담교사들은 자기의 기술들에 대해 긍정적인 마음가짐을 발달시켜야 한다. 상담자를 교육하는 교육자들의 기능들 중 하나는 상담교사 훈련생들이 아직 대학원에서 감독하에 있을 때 그들이 집단상담자로서 효과적이 될 만큼 준비가 되었는지를 결정하는 것이다.

상담교사들이 때에 따라 효과적이거나 효과적이지 못할 수도 있다. 경험 많은 상담교사도 어떤 특정한 집단에 대해서는 보통 때보다 효과적이지 못함을 깨달을 때도 있을 것이다. 상담교사들은 우리가 하는 실수들 중 계속 반복되는 것들만이 진짜 실수라는 철학에 따라 처신해야 한다. 어떤 실수가 배움의 경험이 된다면 그 실수들을 두려워해서는 안 된다.

02 집단상담자의 임무

가. 지도력의 과제

집단상담자들은 개인상담에서 사용하는 기술들 중 많은 것들을 이용할 필요가 있다. 이런 기술들은 적극적으로 듣기, 각 집단원에게 존중과 공감을 보이기, 집단원에게 도움이 될 만한 것들을 이야기하기 등을 포함한다.

지도력은 집단 내에서 필요한 규율을 만들고 유지하는 것, 집단이 그 집단이 목표하는 과업에 집중하도록 하는 것, 집단의 규칙을 시행하는 것, 집단원을 보호하는 것, 전체 집단의 참여를 장려하는 것, 집단이 목표하는 방향으로 이끄는 것과 관련된 집단상담자의 역할을 말한다.

나. 규율을 유지하기

집단의 규율을 유지하는 데 필요한 행동들은 그 집단을 유지, 발달시키는 규칙들에 포함된다. 이러한 규칙들을 시행하고 집단이 통제할 수 없는 상황이 되지 않도록 해야 하는 것은 집단상담자의 역할이다. 집단상담자의 따뜻함과 배려하는 태도에도 불구하고, 집단원에게 주도면밀한 집단의 지도자로 보이는 것은 중요하다. 즉 집단상담자의 역할은 집단원에게 성취해야 할 과제가 있으며 집단이 정한 목표를 달성하는 방향으로 나아가도록 하는 것임을 말과 행동으로 보여주어야 한다는 것을 의미한다. 예를 들면, 집단상담자는 "여기서 재미있고 즐거울 수도 있지만, 무엇보다도 우리는 여기에 어떤 목적을 가지고 와 있습니다."라고 말할 수 있다.

상담교사들은 권위적이고 규율을 강조하는 사람이 되기를 꺼려한다. 이것이 학생들에게 상담교사는 식은 죽 먹기인 사람 혹은 다루기 쉬운 사람임을 의미하는 것으로 해석되어서는 안 된다. 피할 수 없는 경우에 상담교사는 비록 상냥하지만 규율을 강조하는 사람이 될 수 있다. 상담교사가 학급을 지도할 경우에 그 학급을 통제 아래에 두도록 기대된다. 통제 없이는 그 집단은 고삐 풀린 작은 무리가 될 수 있다. 그리고 집단상담자의 집단에 대한 통제의 분위기는 첫 번째 집단상담에서 수립되어야 한다.

다. 집단이 과제에 집중하도록 하기

효과적인 집단상담자는 집단이 목표하는 과제에 집중하도록 할 것이다. 장기적인 과제가 동의된 목표를 향해 집단이 나아가도록 하는 것이라면, 단기적인 과제는 각 주에 계획된 것을 다 다루는 것이다. 집단이 원래의 주제에서 벗어나 부분적으로만 관계하거나 전혀 관계가 없는 이야기들을 하기 시작하는 것은 쉽게 일어나는 일이다. 적극적인 듣기의 기술을 발달시키려고 노력 중인 집단상담자는 이런 일이 일어날 때 알아차리게 될 것이며 주제에서 벗어났음을 집단원에게 알릴 필요가 있다.

주제에서 벗어나는 것을 막는 방법은 첫 번째 집단상담 회기에서 우선적으로 다루어지는 것이 좋다. 집단에게 각 회기를 시작할 때 집단의 목표를 상기시켜 주는 것은 주제에서 벗어나는 경우의 수를 감소시킨다. 때때로 집단이 집단의 주제와는 상관없는 학교 공동체에서 일어난 일이라든지 어떤 뉴스에 대해 이야기하고 싶어 하는 경우가 있을 것이라는 점은 인정한다. 집단상담자의 융통성은 어느 정도 주제에서 벗어난 대화는 허락할 것이다. 주제에서 벗어나는 것이 빈번하거나 오래 지속되는 경우는 집단이 그 안에서 논의되는 것에 관심이 부족하다든가, 주제를 지겨워한다든가, 지도력에 문제가 있는 것을 나타낼 수 있다. 집단상담자는 빈번히 주제에서 벗어나는 문제의 원인을 이해하려고 노력해야 하며 그것을 방지하기 위해 필요한 조치를 취해야 한다.

라. 집단의 규준을 설정하고 시행하기

유치원에서 고등학교까지의 학교교육과 관련된 환경에서, 지정된 규준을 가지지 않은 집단들은 효과적이지 못하고, 위험하며, 잠재적으로 혼돈 상태에 있다. 집단을 유지·발전시키는 규준들은 집단상담자가 집단원을 보호하고 통제를 벗어난 논쟁을 사전에 방지해 상호작용의 흐름이 원활하게 진행되도록 보장하는 것을 돕는다. 집단규준들은 우선 사전 면담에서 논의되어야 하며 첫 번째 집단회기에 견고하게 만들어질 필요가 있다. 집단 내에서 완전히 자치적으로 규준을 만들게 하는 것은 시간을 너무 허비할 수 있고 필수적인 규준들이 빠지는 결과를 초래할 수도 있다. 집단상담자가 특정한 기본적인 규준들을 제안하고 그 후에 그 집단으로 하여금 규준의 목록에 덧붙일 수 있도록 하는 것이 권장된다. 집단의 규준의 목록은 다음과 같은 것이 될 수 있다.

- 각 상담시간은 정시에 시작하고 끝낸다.
- 집단 내에서 이야기된 모든 것은 비밀이다.
- 이야기를 하고 있는 집단원을 중단시키지 않는다.
- 모든 집단원에게 정중함과 존중을 보인다.
- 집단원을 언어적으로 공격하지 않는다.
- 모든 집단상담 회기에 참여한다.
- 집단의 목표를 기억하고 그 주제에 집중을 유지한다.
- 다른 사람들을 자기가 대우받고 싶은 방식으로 대우한다.
- 집단상담 시간을 독점하지 않는다.
- 집단의 주의를 다른 데로 돌리거나 다른 집단원을 공격하는 행동이나 이야기를 하지 않는디.
- 집단규준을 어기는 집단원은 집단을 떠날 것을 요구받을 수 있다는 사실을 이해한다.
- 집단원이 되는 것은 숙제 혹은 수업을 가르치는 선생님이 내 주는 다른 과제들을 하지 않아도 되는 구실이 아니다.

집단규준은 문자화하여 집단원에게 배부하는 것이 좋다. 집단규준은 학부모들이 집단경험의 전문적인 성격을 인식하도록 돕기 위해 가정으로 발송될 수도 있다. 집단규준은 그 규칙들이 잘 지켜지고 있다고 집단상담자가 느낄 때까지 집단상담 회기를 시작할 때 반복되어 언급하는 것이 좋다.

집단규준의 중요성을 강조하는 하나의 방법은 집단원에게 "나는 집단에 의해 동의된 이 규칙들을 따를 것을 약속합니다. 규칙을 어길 경우에는 그에 따르는 결과가 있을 수 있음을 이해합니다."라는 글이 함께 적혀 있는 집단규준의 목록에 서명을 하도록 요구하는 것이다. 집단상담 회기 동안에 집단상담의 장소가 되는 교실 벽에 집단규준들을 붙여 놓을 수도 있다.

비밀유지의 필요라든지 이야기 중인 사람의 말을 중단시키지 않기, 다른 집단원을 존중하기와 같은 기본적인 규준들은 매 집단상담 회기마다 재차 강조될 필요가 있다. 집단이 집단규준을 읽거나 서명을 하기에 너무 어릴 경우에는 집단상담자가 집단규준을 집단원에게 여러 번 읽어주고 서명을 대신해서 각 집단원과 새끼손가락을 걸고 약속을 하거나 악수를 하는 방법을 이용할 수 있다. 유치원이나 초등학교 저학년들의 집단에서는 규준이 더 적게 필요할 수도 있지만, 비밀유지는 여전히 중요한 규준으로 여겨져야 한다. 유아나 초등학교 저학년들의 집단규준은 주의 지속시간과 자기통제 문제들에 보다 더 초점을 맞추어야 할 것이다.

집단상담자가 느끼기에 집단규준이 잘 지켜지고 있을 때 이야기를 하는 것이 매우 중요하다. 예를 들어, 적절한 때에 집단상담자가 "여러분들이 오늘 서로에게 보여준 정중함에 대해서 칭찬을 하고 싶어요. 아무도 다른 사람을 방해하지 않았고 모두가 잘 참여해주었어요. 여러분이 스스로 만든 규칙들을 잘 지키고 있는 것을 보니 기쁘군요."라고 말할 수 있다.

마. 집단원을 보호하기

집단원을 보호하는 것은 한 집단원이 다른 집단원을 언어적으로 공격하는 것을 방지하려는 의도를 가진 집단규준이다. 의사소통이 논쟁적이 되고 감정적이 되었을 때, 과잉반응을 보이는 경향이 있거나 언어적으로 폭력적이 되는 경향이 있는 집단원은 종종 이 규칙을 어길 것이다. 모욕, 깔아뭉개기,

욕하기, 가혹한 비판 등은 언어적 공격의 예들이다.

언어적 공격이 일어났을 때, 집단상담자는 재빠르게 끼어들어 공격의 피해자가 민망한 상황을 겪고 자존감을 잃지 않도록 방지해야 한다. 즉각적인 개입은 또한 그 집단에 언어적 폭력은 용인되지 않을 것이라는 것을 이야기하는 것이기도 하다. 비록 집단상담자가 느끼기에 공격을 당하고 있는 집단원이 화가 난 것 같지 않고 공격에 대처할 수 있을 것 같을 때에도 개입을 해야 한다.

집단상담자는 필요할 경우 모든 집단원에게 보호를 제공해야 할 의무가 있다. 예를 들어, 집단상담자가 공격적인 집단원에게 "너무 흥분하는 것 같구나. 진정하렴."이라는 말을 전달함으로써 다른 집단원을 보호하여야 한다.

언어적 공격이 발생하면, 집단상담 회기가 끝나기 전에 공격을 한 아동은 공격당한 아동에게 진심으로 사과하고 공격을 당한 아동은 그 사과를 받아들일 수 있도록 기회를 제공하는 것이 좋다. 사과가 반드시 공격을 한 집단원이 자기의 느낌들을 바꿔야 한다고 요구되는 것을 의미하지 않는다. 다만 공격한 아동이 자기가 사용한 언어나 목소리 톤을 조정할 것을 요구하고 집단원은 집단 내에서 이야기되는 것들에 대해 동의하지 않을 수 있는 권리가 있지만, 말하는 내용이나 방식을 통해서 상대방을 공격하지 않는 법을 배워야만 한다.

"나는 네가 틀렸다고 생각해."는 반대를 표현하는 용인될 수 있는 방식이다. "방금 네가 말한 대로 믿고 있다면 너는 멍청이야."라고 말하는 것은 용납될 수 없다. 집단원을 공격할 경우 사과를 해야 할 의무는 집단규준 중 하나로 정해질 수 있다. 그 공격의 심각성에 따라서 집단상담자는 공격을 한 학생과 당한 학생을 개별적으로 만날 약속을 잡기를 원할 수도 있다. 집단원이 집단에서 안전하게 느끼려면 언어적 공격은 절대 용인되어서는 안 된다.

바. 집단 전체의 참여를 장려하기

만일 모든 집단원이 집단의 경험으로부터 최대한의 혜택을 얻어 가려면 집단 전체의 참여가 필요하다. 참여는 집단 내에서 집단원이 들은 내용에 대해 반응을 하는 것과 정해진 주제에 대한 개인적인 느낌들을 기꺼이 공유하려는 마음 모두를 의미한다.

사전면담 동안에 집단상담자는 집단 참여의 중요성에 대해 이야기를 해야 한다. 집단상담에 참여하기로 예정된 집단원은 감정과 의견을 공유하는 것이 기대된다는 것을 이해할 필요가 있다. 하지만 집단원은 집단 내에서 항상 사전면담 동안에 약속했던 대로 행동하지는 않을 것이다. 학생들이 상담교사의 사무실에 앉아 있을 때 적극적으로 참여하겠다고 말하는 것은 쉽다. 그렇지만 집단원이 상담시간 동안에 다른 집단원에게 이야기된 중요한 말들을 들었을 때, 말이 별로 없는 집단원은 사전면담 때 약속했던 대로 참여를 하지는 못할지도 모른다.

경험과 느낌, 의견들을 공유하는 것을 거부하는 것은 비밀유지에 대한 걱정과 집단 내에서 이야기하는 것이 얼마나 안전할 것인지에 대한 불안과 연결될 수 있다. 또한 집단원이 무언가를 이야기했을 때 집단이 어떻게 반응하는가를 모르는 것에 기인할 수도 있고, 어떤 특정 집단원이 집단에 속해 있기 때문에 소극적인 태도를 나타낼 수도 있다.

대부분의 경우 집단원이 집단에 적극적으로 참여하지 않는 이유에 대한 가장 빈번한 설명은 그 집단원의 낮은 자존감 때문일 경우가 많다. 자존감이 낮은 아동이나 청소년은 이야기하는 것을 주저하고 이미 낮은 자아상을 더 낮게 만들게 될 민망해지는 상황들을 두려워할 것이다. 낮은 자존감은 모든 학년 수준에서 상담교사들이 마주하는 가장 흔한 문제들 중 하나이다. 그것은 사회성 문제로 발전하는 시작이며, 적극성의 부족을 설명할 수 있고, 그로 인해 학생이 교사에게 도움을 요청할 수 없게 된다면 학생의 학업성취도에도 영향을 줄 수 있다. 낮은 자존감은 공격성과 행동 문제들의 원인이 될 수도 있고 종종 아동과 청소년들이 무엇 때문에 자기 자신이 슬프고 불행하다고 말하는지에 관한 설명이 되기도 한다.

자존감은 '우리가 우리 자신에 대해서 어떻게 느끼는가?'이다. 그것은 우리 스스로가 가진 능력에 대해 어느 정도의 자신감을 가지고 있느냐 하는 것과 우리가 다른 사람들에게 어떻게 보이고 있는가에 대한 스스로의 인상을 모두 설명한다.

집단원이 참여하지 않고 있을 때, 집단상담자는 그 이유를 찾고 해결책을 도모하기 위해 개인면담을 해야 한다. 집단 내의 몇몇 집단원이 참여를 하지 않고 있을 때에는, 집단상담자가 잠시 그 집단의 목표에서 우회하여 집단상담 회기에 집단원 모두가 적극적으로 참여할 수 있는 방안을 모색할 수도 있다.

또한 몇몇 집단원이 집단에 참여하지 않는 것은 그 집단의 지도력에 관한 문제를 나타내는 것일 수도 있다. 참여를 하는 집단원은 그렇지 않은 사람들보다 그 집단으로부터 더 많은 것을 얻을 것이다. 그리고 집단 전체의 참여는 그 집단을 모든 집단원에게 보다 의미 있고 흥미 있는 것으로 만든다.

사. 정해진 목표를 향해 집단을 이끌어 가기

어떤 집단이든 그 집단의 목표를 완벽하게 성취할 것이라 말하는 것은 어렵다. 성공적인 집단은 마지막 집단상담 시간에 그 집단의 목표를 성취하는 방향으로 나아가고 있는 중이어야 한다. 여덟 번의 집단상담 회기 만에 우정 문제들이 해결될 것이라고 기대할 수는 없다. 성공적인 우정 집단은 그 집단원이 관계를 추구하는 데 필요한 지식과 기술들을 갖추도록 해야 한다.

가령 성공적인 학습기술 훈련집단에서 모든 집단원이 좋은 학생이 되지는 않을 것이다. 집단원은 효과적인 학습기술들을 알게 되고 자기가 어떤 학습기술을 가져야 하는지, 무엇을 하기 시작해야 하는지, 무엇을 하는 것을 그만두어야 하는지 배웠을 것이며, 자기가 집단상담에서 배운 것들을 이용하면 자기의 성적이 향상될 것이라는 것을 이해했을 것이다.

애도 집단은 집단상담이 종료된 후에도 여전히 사랑하는 사람을 잃은 것에 대해 슬퍼할 것이다. 그렇지만 희망적인 것은 그 집단원이 자기의 감정을 다른 관점에서 바라보게 되었을 것이며 자기가 겪은 상실에 보다 잘 대처할 수 있게 되었을 것이라는 점이다.

현실적으로 모든 집단원이 그 집단의 경험으로부터 같은 정도의 혜택을 받았을 것이라고 기대해서는 안 된다. 분노관리 집단상담이 끝날 때, 어떤 집단원은 자기의 감정을 통제하고 자기의 분노를 해소할 수 있는 수용 가능한 방법들을 찾으려고 노력할지도 모른다. 다른 집단원은 원래 하던 대로 할 것이며 그 집단에 소속되었던 것으로부터 아무 혜택도 받지 못한 것으로 보일 수 있다. 이런 이유 때문에, 집단이 목표를 성취하는 것이 아니라 집단 내의 개인이 집단경험의 결과로 변화할 수 있다는 점이 강조되어야 한다.

성공적인 집단은 그 집단상담자가 대부분의 집단원이 해당 집단에 의해 설정된 목표를 성취하는 방향으로 나아갈 수 있었다고 느끼는 집단이다. 즉 성공적인 집단은 방향성이 있고, 문제에 대한 보다 나은 이해가 있다. 집단원은 자기의 문제들을 경감시키거나 해결하는 데 도움이 되는 어떤 통찰력을 얻었을 수도 있다.

집단 정신치료가 한 개인 인생의 문제들의 해결을 보장하지 않는 것처럼 집단상담도 상담이 시작하는 시점에 비해 상담이 끝나는 시점에서 집단원이 자기 문제의 주제에 대해 더 많은 지식을 가지게 될 것이라는 것 이외에는 아무것도 보장하지 않는다. 변화는 하룻밤 사이에 혹은 8주 안에 일어나리라고 기대되지 않는다. 집단상담을 통해 얻은 지식과 새로운 방향성을 가지고, 변화는 시간과 함께 일어날 수 있다. 상담도 심리요법도 치료는 아니다. 그것들은 단지 방향을 제시할 뿐이다.

집단을 적절한 방향으로 이끄는 것이 집단상담자의 주된 과제이다. 집단의 계획은 각 집단상담 회기의 목표를 달성하기 위한 전략과 주제들, 그리고 그 주제들을 시행하기 위해 사용될 소재들을 나타내야 한다.

집단상담자가 한 걸음 뒤로 물러서서 자기가 맡은 집단이 어디로 가고 있는지 객관적으로 바라보는 것은 어려운 일일지도 모른다. 이러한 평가는 중요한 것인데, 이것이 공동 리더를 가지는 것이 왜 이득이 되는지에 대한 또 다른 이유이다. 공동 리더는 각 상담 시간이 적절한 방향으로 나아가고 있는지를 결정하는 것을 도울 수 있는 다른 관점을 제공한다.

03 기타 집단상담자의 임무

집단상담자는 집단을 이끄는 데 있어서 적절한 리더십을 발휘해야 한다. 그 리더십의 과제들에는 집단의 소통, 적극적인 듣기, 질문하기, 해석하기, 적절한 행동의 본보기가 되기, 문제해결하기, 연결 짓기, 과제를 부과하기, 검토하고 요약하기 등을 포함한다.

가. 소통

집단상담자는 집단원의 발언이 집단상담자에게만 향하지 않고 다른 집단원에게 향하게 하도록 장려해야 한다. 집단원은 집단상담자뿐 아니라 다른 집단원과도 상호작용을 해야 한다. 만일 집단원이 발언을 할 때 서로를 보는 것이 아니라 집단상담자를 바라보는 경향이 있다면, 그 집단은 충분히 기능적이지 못할 수 있으며 집단상담자가 의도치 않게 집단상담자에 의해 너무 통제되는 집단을 만들었을 수도 있다.

만일 집단원이 발언을 할 때 집단상담자를 바라보는 경향이 있다면, 집단상담자는 집단 내의 상호작용을 장려해야 한다. 첫 번째 집단상담 회기에 집단상담자가 상호작용이라는 단어를 사용하고 정의내리는 것은 좋은 생각이다. 이때 집단상담자는 다음과 같이 말할 수 있다.

> 우리가 여기에서 하려고 하는 일들 중 하나는 서로 상호작용을 하는 것입니다. 우리는 다른 사람이 말하는 것을 듣고 그에 대답을 할 때 상호작용을 하는 것입니다. 우리가 다른 사람의 말할 권리를 존중하고 다른 사람들이 우리가 말할 권리를 존중할 때 우리는 상호작용을 하는 것입니다. 우리가 상호작용을 할 때 우리는 우리가 들은 것에 관해 동의하거나 반대할 수 있습니다. 우리는 어떤 것에 대해 의견을 말함으로써 혹은 우리가 겪었던 경험을 서로 나눔으로써 반응할 수 있습니다. 우리가 상호작용을 할 때 우리는 질문을 하거나 질문에 대한 답을 할 수 있는데, 누군가가 말한 모든 것에 대해 모두가 다 동의하지는 않을 것이라는 것을 이해하는 것이 중요합니다. 도움이 되고자 하는 비판과 상처를 주려는 의도가 있는 비판 사이에는 차이점이 있다는 것을 아는 것도 중요합니다.

집단상담자의 메시지는 본질적으로 우리가 집단에 다른 사람들을 상처주거나 논쟁을 벌이기 위해 있는 것이 아니라는 점이다. 우리는 집단에서 문제들을 토론하고, 공통적인 문제에 대한 해결책을 찾고, 서로에게 도움이 되기 위해 있는 것이다. 집단의 상호작용만큼이나 중요한 것은 소통의 방법을 배우는 것이다. 소통의 부족은 왜 사람들이 상호작용에 문제를 겪고 있는지 그 근본적인 원인이라고 할 수 있다.

부모들은 자기의 자녀들이 자기와 소통하려 하지 않는다고 불평한다. 남편에 대해 환멸을 느끼는 아내는 자기 남편이 자기와 소통하지 않는다고 불평한다. 부족한 소통은 많은 사회적 혹은 대인관계적 문제들의 주요한 원인이라 할 수 있다.

소통체계에는 보내는 사람과 받는 사람이 있다. 언어적 소통의 경우에는 누군가는 이야기를 하고 누군가는 듣는다. 보내는 사람이 이야기를 하면 받는 사람은 그것을 듣고 또한 들은 것을 이해해야 한다. 이야기된 것에 대한 이해가 없이는 소통도 없는 것이다. 예를 들어, 부모가 자녀에게 이야기를 하는데 자녀가 대꾸를 안 하면 소통이 없는 것이다. 결국 좋은 소통이란 듣는 사람이 자기가 들은 것에 대해 반응을 하는 것을 포함한다.

말을 사용하지 않고도 소통을 하는 것은 가능하다. 얼굴 표정, 제스처, 침묵 등은 소통의 비언어적 방식들이다. 어떤 아동이 발을 질질 끌며 수업 시간에 늦게 들어와서는 자기가 지나쳐가는 모든 아동들을 건드리고 방해하며, 자기 자리에 구부정하게 앉아서 팔을 접고는 그렁거리는 소리를 내고, 얼굴을 찡그리고, 눈을 감고는 자는 척을 한다면, 그것은 그 아동이 아무 말도 하지 않았음에도 불구하고 일종의 소통이다. 그의 표현들은 "날 가만 내버려 둬. 나는 여기에 있는 것에 흥미가 없고 당신은 내가 주의를 기울이게 만들 수 없어."라고 말하고 있는 것인지도 모른다.

교사가 한 학생에게 질문을 했는데 그 아동이 침묵을 지키고 있으면, 그 학생은 사실 소통하고 있는 것이다. 그 학생이 하고 있지 않은 것은 관계 맺기이다. 집단상담자는 집단과 관계를 맺어야 하고 집단원은 서로 관계를 맺어야 한다.

우리는 반응을 보이고, 공감을 하고, 비록 그가 이야기하는 것에 동의하지 않을 때라도 말을 하고 있는 사람을 존중하는 태도를 보임으로써 관계를 맺는다. 소통하기와 관계 맺기의 차이점은 의미론적인 것일 수 있다. 그럼에도 불구하고 집단상담자는 집단원이 언어적으로 서로 관계를 맺도록 장려해야 한다.

나. 적극적 경청

적극적 경청은 실제 집단상담 동안에 집단상담자의 주된 임무라고 할 수 있다. 경청은 집단상담자가 무엇이 이야기되었는지 기억할 때에만 그 중요성을 가진다. 집단상담자가 집단상담 회기 동안에 이야기된 모든 것을 기억하리라고는 기대할 수 없기 때문에 집단상담 회기 중과 후에 필기를 하는 것이 필요하다. 하지만 집단상담 회기 동안에 필기를 하는 것은 이야기되고 있는 것들을 주의 깊게 듣는 능력을 감소시킨다. 비록 집단상담자가 집단에서 많은 이야기를 하지 않을지라도, 집단원은 집단상담자가 상담시간 동안에 무언가를 적는 것을 의식한다. 따라서 어떤 집단원에게는 집단상담자가 필기하는 것을 보는 것이 집중을 방해할 수도 있다.

경청이라는 것은 누군가 이야기하는 것에 귀 기울이는 것이다. 적극적 경청은 듣고, 이해하고, 들은 것에 대해 반응을 하는 것이다. 적극적 경청은 이야기된 것들을 우리의 기억 속에 집어넣고 우리가 나중에 그것을 기억할 수 있게 해준다. 적극적 경청을 통해서 집단상담자는 집단원의 상호작용 속에서 중요한 요점들을 따라가고 기억할 수 있다.

특히 유치원에서 고등학교까지 학교교육과 관계된 환경에서 집단상담자는 종종 집단에 참여하며 모든 사람들이 이야기한 내용을 알고 있어야 한다. 즉 집단상담자에게 무엇이 이야기되었는지 뿐만 아니라 누가 그 이야기를 했는지를 아는 것이 중요하다. 이는 집단상담자가 집단원이 지난번 집단상담 회기에서 이야기한 특정한 것들을 기억할 수 있는 것도 또한 도움이 됨을 의미한다. 집단상담자는 역할모델이기도 하기 때문에 적극적 경청은 집단원이 또한 적극적으로 듣는 사람이 되도록 격려한다.

다. 질문하기

적극적 경청을 연습하는 또 하나의 이유는 각 집단원과 집단 전체에 할 질문들을 형성할 수 있게 하기 위함이다. 질문들은 여러 가지 목적을 달성하기 위해 사용될 수 있다. 질문들은 어떤 집단원의 발언을 명확하게 하기 위해 사용될 수 있다.

표 3-1 질문의 목적과 예시

질문의 목적	질문의 예시
문제를 보다 깊이 탐색	아버지가 이제 너와 함께 살지 않아서 어떤 것들은 더 나아졌다고 말했는데 그것이 의미하는 것은 구체적으로 무엇이었니?
더 많은 정보를 조사	민수가 너랑 놀려고 하지 않았을 때 어떻게 했니?
집단의 문제해결 장려	유나가 숙제할 시간을 낼 수 있도록 도와줄 좋은 의견을 말해 줄 수 있는 친구?
집단에 느낌을 공유하도록 장려	수철이가 느끼고 있는 것처럼 느껴본 사람 있니?
집단 내의 상호작용을 이끌어낼 때	부모님께서 부모님 말씀을 듣지 않을 때, 왜 화를 내신다고 생각하니?

질문들은 답을 요구한다. 만일 집단상담자가 해당 집단에 질문을 하고 충분한 시간을 주었는데도 아무도 대답하는 사람이 없다면, 그 질문은 반복되어야 한다. 그리고 집단상담자는 질문이나 발언들이 집단원을 방어적이 되게 하거나 그들을 불편하게 느끼도록 만들지 않기 위해 주의해야 할 필요가 있다.

"유미야, 너는 우리가 이야기한 것들에 대해 비밀을 지키는 것에 대해 동의했어. 그런데 무엇 때문에 너는 그 약속을 지키지 않았니?"라는 물음은 유미를 방어적이 되게 만들 것이다. 유미에게 "우리가 지난주에 여기에서 했던 어떤 얘기를 네가 네 친구에게 했다는 것을 알고 있어. 이런 일이 다시는 벌어지지 않아야 한다는 데 동의하니?"라고 말하는 것은 유미가 한 행동이 옳지 않은 것이었으며 집단상담자가 실망했다는 것을 알려주지만, 유미에게 만회할 기회를 허락한다.

"난 네가 방금 한 말을 들었다는 것을 믿을 수가 없구나, 동훈아."라는 말은 동훈이가 불편하게 느끼도록 만들 것이다. 동훈이를 돕는 데에는 그 아동의 의견에 충격이나 불신을 보이는 것보다 더 좋은 방법들이 있다. "방금 네가 한 얘기는 흥미롭구나, 동훈아. 그에 대해 언제 너와 더 이야기를 나누고 싶어."라는 말은 동훈이가 자기가 한 이야기에 대해 죄책감을 느끼게 만들지 않을 것이다. 어떤 집단원의 생각에 대해 질문을 하는 것도 좋은 방법이다. "네가 그렇게 느꼈다니 실망이구나, 수나야."라는 식의 말은 수나가 자기 자존심을 지키는 대꾸를 할 수 없도록 만들 것이다.

라. 해석

해석은 개인상담이나 집단상담을 할 때 적극적인 상담교사들이 이용하는 가장 중요한 기술들 중 하나이다. 그것은 상담 대상이나 집단원이 이제까지 스스로는 몰랐던 자기 문제들의 가능성 있는 원인들을 이해하게 되도록 돕는 데 사용된다. 해석은 통찰력을 얻는 데에 기초를 형성할 수 있다. 통찰력은 문제의 근원을 알 수 있게 돕기 때문에 문제를 해결책들로 인도할 수 있다. 통찰력은 우리에게 설명과 방향을 모두 제시한다. 일단 통찰력을 얻고 나면, 우리에게는 선택이 생긴다. 우리는 어떤 상황을 변화시키는 데 필요한 일들을 할 수도 있고, 아무 일도 안 하기를 선택할 수도 있다. 효과적으로 행해졌을 때, 해석은 상담 대상이나 집단원이 "이제 그 이유를 알 것 같아요."라고 말할 수 있게 해준다.

해석은 상담교사들이 상담과정에서 자신이 하는 일을 설명할 때 자주 사용하는 용어는 아니다. 그러나 상담에서 일어나는 일을 해석이라고 부르느냐 마느냐 하는 것은 단지 의미론적인 문제일 뿐이다. 해석을 분명히 보여주기 위해 능숙한 상담교사는 어떤 학생이 왜 자기 능력 이하의 성적을 낼 수도 있는지, 왜 숫기가 없는지, 왜 또래들에게 공격성을 보이는지, 왜 능력 이하의 성적을 내고 있는지, 왜 형편없는 사회적 기술을 가지고 있는지 등에 대해 각각 최소한 다섯 가지의 이유들을 댈 수 있어야 한다. 상담교사는 논리적인 추론을 사용해서 그들은 어떤 특정한 문제의 원인이 될 수도 있는 것들에 대해 느낌을 발달시킨다.

상담교사와 집단상담자는 상담 대상자나 집단원이 전에 말한 것이 지금 말한 것과 어떻게 관련이 있는지를 보여줄 수 있다. 본질적으로, 상담교사는 상담에 있어서 해석을 사용하지만 학생들에게 그것이 해석이라고 불리지는 않는다. 왜 내담자가 저항을 보이는지, 왜 어떤 학생이 영어 과목에 낙제를 했는지, 아니면 왜 어떤 유치원생이 엄마가 교실을 떠나면 우는지 등에 대해 상담교사가 가능성 있는 설명들을 제공할 때, 그 상담교사는 해석을 사용하고 있는 것이다. 상담교사가 이야기한 것이 상담 대상자나 집단원으로 하여금 "흠, 그게 어쩌면 왜 내가 ~하는지를 설명해주는 지도 몰라"라고 이야기하게끔 한다면, 그 집단원은 상담교사의 해석을 통해서 통찰력을 얻게 된 것이다.

해석은 추측, 추정, 직관, 지식을 갖고 하는 추측 등을 포함한다. 그것은 인구학적 정보, 면담을 통해 얻어진 질적 자료, 집단상담자가 수집한 관찰들, 혹은 표준화된 테스트 점수로부터 얻어진 양적 자료와 같은 것들에 대한 지식에 기초한다. 또한 전문적인 훈련과 실습에서 얻어진 경험, 상담교사가 획득한 지식을 통해 이루어지기도 한다. 해석은 상담교사가 상담 대상자나 집단원에 대해 하는 모든 것들에 기반을 두고 결론을 도출하는 것을 수반한다.

이것을 설명하기 위한 한 예로 유미가 사회적 기술 집단원이라고 가정해 보자. 사전 면담에서 그녀는 상담교사에게 자기가 매우 사교성이 없다고 말했다. 처음 세 번의 상담에서 유미는 자기 자신과 자기의 사교성 없음에 대해 집단에 한 가지씩의 사실을 이야기했다. 우리는 이것들을 사실 A, B, C라고 부를 것이다.

이번 상담에서 집단상담자는 유미가 사실 D를 언급하는 것을 듣는다. 자신에 대한 이러한 사실들을 집단에 이야기한 사람이 그녀 자신이기 때문에 유미가 이 A, B, C, D를 알고 있다고 추정해야 한다. 이 사실들은 서로 고립되어 있을 수도, 관계되어 있을 수도, 어느 정도만 관계되어 있을 수도 있다. 사실 A, B, C, D를 안다는 것 자체는 유미에게 왜 자기가 사교성이 없는지 이해하도록 돕는 통찰력을 제공하지도 않고, 이런 사실들이 왜 자기의 문제들이 지속되어 왔는지 알 수 있게 하지도 않으며, 그것을 극복하려면 무엇을 어떻게 해야 하는지 설명해주지도 못한다.

집단상담자가 사실 A, B, C, D를 연결 짓고, 자기의 경험, 지식, 지적 추측을 통해 어떤 결론을 도출해서 유미에게 메시지 E를 주고, 또 유미가 이 메시지 E에 대해 곰곰이 생각하고서 "음, 그게 내가 왜 누군가에게 다가가서 '안녕'이라고 인사하거나 수업시간에 손을 들거나 하는 것을 못하는지 설명할 수 있는 것 같아."라고 말한다면, 그 집단상담자는 아마도 정확한 해석을 한 것일 테고 유미는 통찰력을 얻는 과정에 놓이게 된 것이다. 메시지 E를 배우고 이해하는 것은 유미가 자기의 문제를 극복하는 것을 도와주는 데 필요한 비결들 중 하나일 수 있다. 또한 그것은 유미가 사교성을 증진시키기 위해서 무엇을 하기 시작해야 할지 방향을 제시해줄 수도 있을 것이다.

그러나 통찰력 자체만으로는 문제들이 해결되지 않는다. 즉 문제의 원인을 아는 것이 자동적으로 그 문제에 대한 해결이 되지는 않는다는 것이다. 이것은 특히 아동들이 가진 문제의 근원이 그 아동들의 통제 너머에 있을 경우 더욱 그렇다. 자존감이 낮은 어떤 아동이 통찰력을 개발하고 부모와 형제들로부터의 감정적인 학대가 자신의 자아개념이 낮은 데 대한 중대한 이유라는 것을 알게 될 수 있다.

여기서 중요한 것은 환경이 변화하지 않는 한 해석을 통한 통찰만으로는 특정 아동이 자신에 대한 느낌을 바꾸지 못할 것이라는 점이다. 왜냐하면 그 아동은 문제를 야기 시키는 환경에서 계속해서 살아야만 하기 때문이다. 이런 상황에서 문제의 근원을 확인했다면, 해석을 통해 얻어진 통찰은 상담교사로 하여금 환경적 조정을 하도록 도울 것이다. 그 아동이 대처 기술을 배우고 자기의 통제를 벗어나 있는 어떤 상황을 다루는 방식들을 배우는 것을 돕는 것에 상담의 초점이 맞추어질 수도 있다. 또한 그 아동이 죄책감이 니 그 문제에 대한 책임감을 벗어버리도록 도울 수도 있다.

해석적인 발언을 하기 위해서 상담교사들은 아동·청소년의 발달에 대한 실용적 지식, 아동·청소년에게 나타나는 일탈적인 행동들의 원인에 대한 이해, 논리적으로 사유하고 인생 경험을 통해 합리적으로 생각할 수 있는 능력, 예민하게 인식할 수 있는 능력, 내담자 스스로 생각할 수 있는 능력에 대한 존중 등을 가져야 한다.

상담교사가 해석이 성격에 대한 이론들과 상담에 대한 이론들에 충분히 근거를 두고 있다는 사실을 아는 것은 중요하다. 예를 들어, 한 집단원이 지나치게 경쟁적이고 반항적이며 남을 부럽게 생각하는 것으로 보이고, 집단상담자가 그 집단원이 위아래로 형제가 있다는 것을 알게 된다면, 아들러(A. Adler)의 출생순위에 따른 성격특성을 기억해내는 것이 도움이 될 것이다. 만일 분노관리 집단의 한 집단원이 자주 심하게 아버지로부터 처벌을 받거나 형제 중 누군가로부터 고통을 받는다면, 프로이트(S. Freud)의 방어기제인 전치(displacement)를 통해 어떻게 공격성을 실제 근원으로부터 안전한 근원으로 옮기는지에 대해 해석할 수 있을 것이다.

해석이 통찰력의 획득이라는 결과를 도출할 것으로 기대되기 때문에, 이 기술은 아직 통찰력을 얻기에는 너무 어린 아동을 대상으로는 효과적이지 못할 것이다. 보편적인 원칙은 8세 미만의 아동은 통찰력을 개발하기 어렵다는 것이다. 따라서 통찰력을 이끌어낼 수 있는 해석의 사용은 3학년 이상의 아동에게로 제한되어야 한다. 이것은 집단상담자가 그보다 어린 아동에게는 자기 행동의 근원을 이해하도록 장려하지 못하게 하는 것이 아니라, 그 아동이 그 설명을 내면화하지 못할 수도 있기 때문이다.

마. 적절한 행동의 본보기를 만들기

아동들의 행동에 대한 하나의 설명은 '본 대로 한다(monkey see, monkey do)'로 표현될 수 있다. 만일 집단상담자가 집단이 존경과 공손함, 그리고 집단의 규칙에 언급되는 다른 행동들을 보이기를 기대한다면 이런 행동들에 대해 모범을 보이는 것이 중요하다.

집단원은 그의 행동이 "내가 하는 대로 행동하지 말고 내가 말하는 대로 행동해라."라고 말하고 있는 집단상담자를 존경하지 않을 것이다. 모델링은 관찰됨으로써 가르친다. 집단상담자는 집단의 규칙을 강화하는 행동들을 지속적으로 보여줘야 한다.

학령기 아동들은 쉽게 외부의 영향을 받는다. 집단상담자에 의해 본보기가 된 기술들과 행동들은 의식적 혹은 무의식적으로 집단원의 성격의 일부로 통합될 수 있다. 그렇지만, 어떤 집단원은 집단상담자를 따라 하기도 하지만 자기 또래들과 다른 집단원을 따라 하기도 할 것이라는 점은 주목되어야 한다. 집단 내에는 종종 카리스마가 있고 집단원으로부터 인기 있는 집단원이 있게 마련이다. 그런 집단원의 행동은 다른 집단원에게 긍정적이거나 부정적인 영향을 미칠 수 있다.

집단상담자가 부정적인 모델링을 통해 행동을 개선할 필요를 느낄 때, 모델링은 의도적인 전략으로 사용될 수도 있다. 부정적인 모델링은 어떤 주장을 하기 위해 일부러 부적절하고 용납할 수 없는 행동의 본보기를 보여주는 것이다. 예를 들어, 집단 내에서 다른 집단원의 발언을 중단하는 경우가 많을 때, 집단상담자는 어떤 집단원이 이야기할 때 본보기로 지나치게 자주 발언을 중단시킴으로써 집단에서 발언할 때 중단시키거나 방해를 하는 것이 얼마나 그 집단원을 힘들게 하는지를 보여줄 수 있다. 이때 중요한 것은 부정적 모델링이 끝나고 난 후, 집단상담자는 집단에 부정적 모델링의 목적과 앞으로 기대하는 적절한 행동들에 관해 설명해주는 것이다.

중・고등학생인 집단원은 예리한 관찰자들이다. 그들은 집단상담자가 혼란스러워 하거나, 어떻게 계속 진행할지 확신이 없거나, 체계적이지 못하거나, 불안해하고 있는 것 같을 때, 그것을 잘 감지한다. 집단상담자가 의도치 않게 부정적인 역할모델이 되는 것은 종종 그 집단이 무질서해지고 그 목표를 향해 나아가지 않게 되는 결과를 초래한다. 자신의 집단 지도력과 기술에 확신을 갖지 못하고 있는 초보 상담교사들은 스스로 집단을 효과적으로 운영하는 자기의 능력에 대해 자신감이 생길 때까지 경험 많은 집단상담자와 짝을 이루어 집단을 운영하는 경험을 많이 해야 한다.

한 명의 상담교사만이 있는 초등학교에서는 다른 초등학교의 상담교사와 공동 리더를 하게 될 때 그 기간 동안 학교에 상담교사가 한 명도 없게 될 것이기 때문에 어려울 수도 있다. 따라서 청소년상담센터 혹은 정신건강 기관에서 일하는 자격을 갖춘 사람에게 도움을 받는 것이 좋다.

바. 문제해결

태도나 행동의 변화는 상담의 궁극적인 목표이다. 변화는 문제해결 없이 일어나지 않는다. 집단상담에서 문제해결은 집단상담자의 도움을 받아 집단 자체에 의해 이루어진다. 문제해결을 위해 사용될 수 있는 모델들은 여러 가지가 있다. 학령기 아동들로 구성된 집단이 문제해결에 사용될 수 있는 모델이나 기술들을 잘 알고 있지는 않을 것이다. 그러므로 집단원이 자체적으로 모델을 개발하는 것은 시간적으로 효과적이지 않을 것이기 때문에 집단상담자가 문제해결의 모델을 제시해주는 것이 바람직하다.

학령기 아동들로 구성된 집단에 제시될 수 있는 간단하고 복잡하지 않은 문제해결의 모델은 다음과 같다.

① 감소되거나 해결되어야 할 필요가 있는 문제를 명확히 서술하도록 하라.
② 해결될 필요가 있는 문제를 결정했으면, 어떤 것이 이상적인 결과라 생각될 수 있는지 알아보라.
③ 이상적 결과에 대해 너무 많은 시간을 쓰지 말고 무엇이 실용적이거나

현실적인 결과가 될 것인지 정의하라.

④ 비현실적 혹은 비실용적이거나 성취하기가 불가능해 보이는 것일지라도 모든 가능한 해결책들을 브레인스토밍을 하라.

⑤ 비현실적 혹은 비실용적이거나 성취하기가 불가능한 해결책들을 제거하라.

⑥ 한두 개의 실행 가능한 해결책들에 도달하고 결국에 가서는 하나의 해결책을 결정하라.

⑦ 이 해결을 성취하기 위해 해야 할 일들이 무엇들인지 결정하라.

⑧ 이 일들을 하기 시작하라. 해야 할 일들은 적어 놓고 자주 검토되어야만 한다. 문제의 해결을 위해 방향과 필요한 체계를 제시하는 체크리스트를 개발하라.

집단을 문제해결에 집중시키기 위해 집단상담자는 토의 과정 중에 나오는 특정한 문제들을 어떻게 해결할 것인지 집단에 자주 물어보아야 한다. 예를 들면, 이혼 집단에 있는 민수가 집단에서 부모 두 명 모두와 함께 살지 않는 법을 배워야 할 뿐 아니라 수학과 영어 과목에서 낙제를 하고 있으며 이 두 과목 모두를 통과하지 못하면 학교 농구팀에서 경기할 자격을 얻지 못할 것이라고 말한다. 집단은 민수가 이 과목들을 통과하는 것을 도울 수 있는 계획을 짜도록 요구될 수도 있다. 그리고 언급한 모델을 사용하면서, 민수가 농구를 하기 위해 성적을 향상시키기를 원한다면 그가 해야 하는 특정한 일들을 제시할 수 있을 것이다.

이 모델이나 다른 어떤 모델을 사용한다고 해도 모든 문제들이 해결될 수 있는 것은 아니라는 것을 알아야만 한다. 어떤 문제들은 시간과, 상황의 수용, 어떤 상황에의 적응 등을 요구한다. 또 그 집단원의 통제 너머에 있는 문제들도 있다. 사랑하는 사람을 잃어버린 슬픔은 시간과 상황의 수용 그리고 적응이 필요한 문제의 경우들이다. 부모나 환경적인 문제들은 특정 집단원의 통제 너머에 있는 문제들의 예들이다.

어떤 문제에 맞닥뜨렸을 때 많은 학령기 아동들은 문제를 해결하기 위해 그들이 무엇을 할 수 있는지에 대해 전혀 생각하지 않는다. 지나치게 의존적인 아동들은 자신의 문제들을 다른 사람이 해결해주기를 바란다.

화가 나 있는 아동들은 문제해결에 무관심함을 보이고 자존감이 낮은 아동들은 자기의 문제해결 능력을 의심한다. 집단상담자가 집단이 문제해결 경험이 부족하다고 느낄 때에는 집단의 계획에서 벗어나서 문제해결을 위한 모델을 논의할 필요가 있다. 많은 인생 경험들이 해결이 필요한 문제들의 예로서 집단에 제시될 수 있을 것이다. 입문수준의 집단에서는 집단상담자가 문제해결을 연습하기 위해 다음과 같은 종류의 질문들을 해볼 수도 있다.

- 네가 집에 왔을 때 연기 냄새를 맡았다면 어떻게 하겠니?
- 만일 네가 점심값을 잊어버리고 안 가지고 왔다면 어떻게 하겠니?
- 학교에서 누군가가 너에게 나쁜 말을 한다면 어떻게 하겠니?
- 만약에 너희 빈에 헌 학생이 전학을 왔는데 네가 그 아동을 만나고 싶다면 어떻게 하겠니?
- 만일 선생님이 너를 꾸짖었는데 꾸지람을 받기 싫으면 어떻게 하겠니?

이와 같은 질문들은 앞서 제시한 문제해결 모델과 함께 사용될 수 있을 것이다. 집단이 연습문제들을 해결할 수 있음을 보인 후에는 집단원이 된 이유였던 주제들에 대해 고민해보도록 요구할 수 있다. 적극성 훈련집단에서 집단상담자는 "이제 우리는 연습문제들을 너무 잘 해결했어. 이제 너희들이 가지고 있는 문제, 그러니까 어떻게 더 적극적이 될 수 있는지에 대해 생각해보자. 우선 특정한 문제에 대해 구체적으로 이야기하여 보도록 하자. 그러고 나서, 이상적인 결과는 어떤 것인지 생각해보자. 그다음에 우리는 실용적이거나 현실적인 결과는 무엇이 될지 정할 거야. 그리고 모든 가능한 해결책들을 자유롭게 생각해볼 거야."라는 식으로 이야기할 수 있다.

사. 연결 짓기

연결 짓기는 집단상담자가 한 집단원이 이야기한 것을 다른 집단원이 이야기한 것에 관련을 지을 때 일어난다. 집단상담자는 집단원의 발언들이 어떻게 서로 비슷하거나 차이점이 있는지를 보여줌으로써 두 이야기들을 하나로 연결 짓는다. 집단으로 하여금 집단원이 때로 비슷한 생각을 하며 어떤 것에 대해 서로 다른 느낌이나 의견들을 가질 수 있다는 것을 자각하도록 할 필요가 있다. 연결 짓기를 위해서 집단상담자는 집단에서 이야기되는 것들과 이야기하는 사람들에 대해 주의를 기울여야 한다.

집단상담자는 집단원의 적극적 경청기술을 향상시키기 위해서 집단에 연결 짓기를 하도록 장려할 수도 있다. "누구 지금 동호가 이야기한 것과 비슷한 이야기를 누가 했었는지 기억하는 사람 있니?"라는 질문은 집단으로 하여금 집단회기 동안에 이야기되는 것들을 잘 듣고 누가 그 이야기를 했는지 기억하기를 기대한다는 것을 주지시킬 수 있다. 연결 짓기는 집단상담자가 집단원이 동의하거나 동의하지 않는 문제들을 확인하고 집단원이 서로의 대립적인 발언들을 지적하기를 원할 때 사용될 수도 있다. 앞에서 언급한 바와 같이, 과거의 발언들을 지금-여기에서 이야기된 것과 연결 짓는 것은 해석을 하기 위해 사용되는 기술이다.

아. 과제 부여하기

때때로 그리고 집단의 주제에 따라서 집단상담자는 과제를 부여할 수도 있다. 과제는 항상 집단원이 성취할 수 있고 집단의 목표를 향해 나아가도록 하는 것이어야 한다. 성공적인 과제는 집단원이 성취감과 성공의 느낌을 가지도록 장려할 수도 있다. 예를 들어, 이제까지 세 번 만남을 가진 우정 집단에서 집단상담자는 각 집단원에게 이제까지 한 번도 이야기를 나눠보지 못한 아동에게 인사를 하도록 과제를 내줄 수 있다.

집단은 이것이 가치 있는 과제라는 점에 동의해야 하며, 각 집단원은 이 과제를 수행하기 위해 노력할 것이 기대될 것이다. 다음 상담시간에 집단원은 자기의 경험과 과제에 성공했을 때 어떤 기분이었는지, 혹은 과제를 수행하지 못한 경우에는 무엇 때문에 과제를 하는 것이 어려웠는지에 대해 이야기를 나누게 될 것이다. 또 신체적으로 공격적이 되는 경향이 있는 아동들의 분노관리 집단에서 분노를 다루는 다른 대안들에 대해 토론을 거친 이후에 집단원은 한 주 동안 한번은 자기의 분노를 비신체적인 방식을 사용해 통제해보고 어떤 비신체적 방법을 사용했는지 그리고 그 후에 어떻게 느꼈는지 보고할 것을 과제로 받을 수 있다.

집단상담자는 모든 집단원이 과제를 완수하리라고 기대하지만, 현실적으로 모든 집단원이 자기의 과제를 완수하지는 않을 것이다. 학교 숙제를 안 하는데 익숙한 집단원이라든지, 그 집단을 심각하게 받아들이지 않는 집단원은 아마도 그 과제를 하지 않을 어떤 핑계들을 댈 것이다.

과제를 이행하는 데 성공하지 못한 집단원이 혼나거나 실패했다고 느끼도록 만들어서는 안 된다. 과제를 하지 않았다는 사실은 그 과제를 할 준비가 부족했다거나, 그럴 동기가 부족했다거나, 실패에 대해 두려움을 가지고 있었다거나, 민망해질까 봐 두려웠다거나, 그 집단의 목표에 대해 부정적인 태도를 가지고 있었던 것으로 여겨져야 한다. 집단상담자가 과제 불이행의 이유들을 이해하고 다음번에는 성공적이 되도록 그 집단원을 돕는 조치를 취하는 것이 중요하다. 해당 집단원과 개인적으로 이야기를 나누는 것이 종종 필요하다.

과제를 부여하는 것은 목적이 있다. 과제가 성공적으로 수행되었을 때, 집단원은 자신감을 얻고 자기 자신에 대해 더 좋은 기분을 느끼게 된다. 또한 과제수행의 성공은 집단원이 서로 공유할 경험을 가지게 되기 때문에 집단의 화합에도 도움이 된다. 성공적인 과제 부여는 집단원의 목표를 향한 하나의 단계로 인식될 수 있다.

자. 다른 집단원을 돕도록 장려하기

상담교사가 집단원의 기대에 대해 토의할 때 언급되어야 하는 것들 중 하나는 다른 집단원에게 도움이 되는 것의 중요성이다. 비록 학생들이 자신의 개인적인 문제를 극복하기 위해 집단원이 되는 것이지만, 자기와 같은 문제를 겪고 있는 친구들에게 도움이 될 수 있다는 사실을 이해해야 한다.

집단원은 직·간접적인 방식으로 동료 집단원에게 도움을 줄 수 있다. 만일 애도 집단에 속해 있는 성철이가 지수에게 "우리는 우리가 사랑했던 사람들의 기억을 언제나 간직할 것이라는 것을 잊어서는 안 돼."라고 말한다면, 성철이는 그 집단에 도움이 될 수 있는 어떤 것을 말하고 있는 것이다. 지수가 "현석아, 네가 무엇을 말하고 있는지 나는 이해해. 나도 우리 엄마가 항상 나와 함께 있다고 느껴."라고 말할 때, 지수는 현석이를 돕고 있는 것이다. 집단원들이 동료 집단원에게 공감과 이해를 보여줌으로써 위로를 제공할 때, 그들의 지지가 느껴질 것이다.

집단원은 자기가 처한 상황에 어떻게 대처해 왔는지 공유할 때 간접적인 도움을 제공한다. 보다 적극적이 되기 위한 집단에서 고등학교 졸업반인 민철이는 "나는 내 친구 용식이에게 끌려 다니는 데 지쳤어. 그래서 어제 난 스스로 '더 이상은 안 돼!'라고 말했어. 그래서 용식이가 학교가 끝난 다음에 자기를 집까지 자전거로 태워다 달라고 했을 때 '안 돼. 그건 나한테 불편한 일이야.'라고 말했어. 나는 한 번도 그 애한테 맞서서 안 된다고 말해본 적이 없어. 그리고 너희들한테 얘기하고 싶은 것은 그게 정말 기분이 좋았다는 거야."라고 말할 수도 있다.

다른 집단원이 이 말을 듣고 자신감이 없어지는 상황에 직면했을 때 '더 이상은 안 돼!'라고 스스로에게 이야기할 수 있기 때문에, 민철이가 이 상황에 대처한 방식은 다른 집단원에게 긍정적인 영향을 줄 수 있다. 집단원이 어떤 상황에 효과적으로 대처한 방식을 공유할 때마다 다른 집단원은 자기가 잠재적으로 사용할 수 있는 무언가를 듣고 있는 것이다.

집단상담자가 집단원이 동료 집단원을 돕도록 장려할 수 있는 또 다른 방법은 어떤 특정한 집단원을 도울 수 있는 제안이 있는 사람이 있는지 자주 물어보는 것이다. 도움이 되는 이야기들을 긍정적으로 보강시킴으로써 집단상담자는 도움이 될 만한 행동을 장려한다. "경서야, 네가 철수에게 이야기한 것은 아주 좋은 제안이었어. 너희들은 어떻게 생각해? 철수야, 너는 경서의 생각에 대해 어떻게 생각하니?"

집단상담자는 집단원에게 역할놀이를 하도록 함으로써 자극이 되는 상황들을 만들어줄 수도 있다. 분노관리 집단의 경우를 보면, 집단상담자는 종기와 현수에게 자기가 만들어주는 역할을 연기해보도록 할 수 있다. 집단상담자는 종기에게 "네가 네 분노를 통제하려고 노력하고 있다고 해보자. 너는 네가 터프하다고 생각하고 종종 싸움에 휘말리는 편이기 때문에 이건 네게 쉬운 일이 아니야. 학교가 끝난 후에 네가 좋아하지 않는 친구가 현철이 너한테 "넌 겁쟁이에 뚱뚱한 계집애 같은 자식이야."라고 말했다고 치자. 네가 이 상황에 어떻게 대처할 것인지를 우리에게 보여주렴. 기억해. 너는 분노를 통제하려고 노력하고 있는 중이야."라고 말할 수 있다.

종기와 현수 사이의 대화를 듣고 난 후에 집단상담자는 집단 전체에게

"너희들은 현철이가 이 상황에 대처한 방식에 대해서 어떻게 생각하니?"라고 물을 수 있다. 다양한 심리극을 사용하면서, 집단상담자는 집단의 주제와 관련된 시나리오를 사용해 집단원 사이에 장면들을 설정하고, 그 상황에서 무슨 일이 벌어졌는지를 토의할 수 있을 것이다. 역할놀이는 집단 전체에게 재미있는 일이고 집단원이 생각과 행동들을 연습해볼 수 있도록 도울 수 있다.

학교 집단상담의 이론과 실제

04장 chapter 집단상담의 기법

집단상담은 두 사람 이상의 집단원이 모여 상호작용을 통해 변화를 이끌어내는 것이다. 따라서 집단상담자는 집단상담 시작 단계의 불안하고 서먹한 분위기를 신뢰롭고 원만한 관계를 통해 상호작용이 활발히 일어날 수 있도록 촉진하고, 집단 방향의 제시와 집단규준이 세워지도록 도와야 한다. 그리고 집단의 흐름에 따른 분위기를 조성하고 모범을 보이며 집단원이 활발하고 적극적으로 집단활동에 참여할 수 있도록 돕고 때로는 집단원을 보호해야 한다.

이렇게 하기 위해서 집단상담자는 인간적 자질이 필수적으로 요구되지만 그와 함께 기본적인 기법들을 배우고 훈련해야 한다. 집단상담에서 요구되는 기법들은 개인상담에서 사용되는 기법 외에도 다양한 기법들을 사용해야 하는데 집단상담자는 언제, 어떻게 이러한 기법들을 사용해야 하는지 민감하게 인식하고 결정해야 한다. 기법들을 효과적으로 사용하기 위해서는 집단상담자 자신의 부단한 훈련과 노력이 필요하며 전문가의 지도 아래 전문 교육과정을 거쳐야 한다.

다음은 집단상담자가 습득해야 할 기법들이다. 이 기법들은 집단원이 일상생활에서 자주 경험할 수 없는 것들이기 때문에 그들의 변화를 위한 촉진제 역할을 하게 될 것이다. 그러므로 집단상담자는 훌륭한 인격 못지않게 다음의 기법들을 잘 습득해야 할 필요가 있다.

01 변화 요인 형성을 위한 기법

가. 적극적 경청

적극적 경청은 이야기의 내용, 목소리 그리고 말하는 사람의 몸짓까지 포함한다(Corey & Corey, 1997). 이것은 경청이 말의 내용을 단순하게 파악하는 것에서 벗어나 상대방의 몸짓, 표정 그리고 음성의 섬세한 변화를 알아차리고 그 저변에 깔려 있는 메시지의 감정까지 파악하는 것을 말한다. 적극적 경청을 통해 집단원은 비판받거나 무시당하는 두려움을 느끼지 않게 되어 자기개방을 촉진하게 되고 나아가서는 자기가 이야기하는 것이 무척 가치 있는 것이라고 느끼게 된다. 집단상담자는 타인에게 주의를 기울여 경청하는데 방해되는 저해 요인을 찾아내어 해소함으로 집단원의 적극적 경청기술을 개선할 수 있다.

적극적 경청의 저해 요인은 다른 사람의 말의 내용을 진지하게 경청할 의사가 없는 것, 다른 집단원의 이야기에 주의 집중하는 대신 자기가 다음에 하고 싶은 말을 생각하고 있는 것, 다른 집단원에게 자기가 어떻게 보이는지 혹은 자신의 역할에 지나치게 신경을 쓰는 것, 다른 집단원의 입장이 되어보지 않고 판단하고 평가하는 것 등이 있다. 훌륭한 집단상담자는 이러한 저해 요인을 제거할 수 있도록 돕고 집단원의 말, 자세, 몸짓, 음조 등에 유의해야 한다.

나. 반영

반영이란 집단원의 감정에 대한 명확한 파악을 포함하여 집단원의 진술을 반복하여 말하고 다시 표현하는 것이다(Hill & O'Brien, 1999). 이것은 집단원의 말에서 나타난 태도, 행동, 주요 감정의 내용을 집단상담자나 다른 집단원이 다른 참신한 말로 부연해주는 것이다. 따라서 반영의 목표는 말하고 있는 집단원이 자신이 무엇을 말하는가를 알 수 있게 돕는 것, 말하고 있는 사람의 감정을 이해하며 그 사람과 의사소통하는 것이다(Jacobs, Masson & Harvill,

2002). 이때 집단상담자는 집단원이 당시에 한 말이나 행동으로 표현한 것 이상 깊이 들어가지 않도록 주의해야 한다. 반영은 집단원에게 자신이 이해받고 있다는 느낌을 갖게 해줄 수 있으며 반영된 자신의 이야기를 통해 자신의 느낌과 사고에 대한 통찰력을 가질 수 있게 된다.

example

반영의 예

- 노란색 : 여기에서 무엇을 어떻게 해야 할지 모르겠어요. 이곳이 조금 불편해요. 그렇지만 제 삶의 새로운 변화를 위해 열심히 하고 싶어요.
- 집단상담자 : 노란색님은 이 집단에 대해 흥미를 가지고 참석은 했지만 불안한 느낌을 지니고 있는 것 같군요.

다. 명료화

명료화는 집단원이 말하고 있는 어떤 중요한 문제의 밑바닥에 깔려 있는 혼동되고 갈등적인 느낌을 가려내어 분명히 해주는 것이다(이형득 외, 2002). 이것은 집단원의 실제 반응에서 나타난 생각, 감정, 암시되어 있거나 내포된 관계 또는 의미를 분명히 해주는 것이다. 집단상담자는 명료화를 통해 집단원의 정리되지 않은 혼동된 느낌과 사고를 분명히 구분해주거나 양면적 감정을 경험할 수 있도록 도울 수 있다.

example

명료화의 예

- 분홍색 : 나는 엄마가 너무 미워요. 엄마는 너무 내 마음을 상하게 하기 때문에 이제 보기도 싫어요. 하지만 이런 생각을 할 때면 죄책감을 느끼게 됩니다. 왜냐하면 나는 또한 엄마를 사랑하고 있으며, 엄마가 나를 좋아하기를 바라기 때문이에요.
- 집단상담자 : 분홍색님은 어머니에 대하여 사랑과 미움의 두 가지 느낌을 동시에 가지고 있군요. 그리고 이런 두 가지 느낌을 동시에 가지고 있는 것은 바람직하지 못하다고 느끼고 있는 것 같군요.

라. 요약

집단은 때때로 여러 가지 주제의 이야기, 넓은 범위의 다양한 관점 가운데 놓이게 된다. 이럴 때 집단원은 이야기의 중요한 핵심내용이 무엇인지 몰라 집단의 방향이 흐트러지거나 방황하게 된다. 이때 집단상담자의 요약하기는 집단원이 하는 이야기의 핵심을 찾아주고 집단의 목적과 방향을 잡는데 도움을 준다. 또한 요약은 회기가 끝날 때 그날의 집단과정에 대하여 간략히 요약을 해주거나 집단원이 차례로 요약을 하도록 할 수 있다.

example

요약의 예 1

- 집단상담자 : 지금까지 우리는 우리의 행동에서 변화되고자 하는 것에 대한 이야기를 나누었습니다. 빨간색님과 초록색님은 진로선택에 대해 이야기했습니다. 보라색님은 선생님과의 관계를 회복하기를 원한다고 이야기했습니다. 어떤 사람은 다시 학교로 돌아가고 싶다고도 했습니다. 다른 분들은 더 행복해지기를 원하고 있습니다. 지금 나는 여러분이 원하는 변화에 대해 1분간 생각했으면 합니다. 무엇이 여러분들이 원하는 것을 얻지 못하게 방해하나요?

요약의 예 2

- 집단상담자 : 모임을 마치기 전에 여러분들 각자가 경험한 것에 대하여 간략하게 요약하여 이야기 나누어보겠습니다.

02 문제를 새로운 관점에서 보도록 돕는 기법

가. 해석

해석은 집단원이 명확하게 의식하지 못하는 행동에 대해 통찰할 수 있도록 돕기 위해 행동들 간의 관계나 의미에 대한 가설을 제시하는 것이다. 즉, 집단원 자신이 모르고 있거나 인정하기를 거부하는 모순에 대해 이를 알게 하고 받아들이게 하려는 기법이다. 집단상담자는 해석을 통해 집단원의 행동이나 느낌의 배후에 대하여 설명해 줌으로써 무의식적 동기나 갈등을 의식화할 수 있도록 하고 집단원 스스로 해석할 수 있도록 도울 수 있다.

example

해석의 예

- 집단상담자 : 내가 보기에 연두색님은 우리 중에 누구든 고통스런 일에 대해 이야기할 때마다 즉시 개입하여 어떤 방법으로든 그 사람의 고통을 경감하려고 노력하는 것 같은데, 이런 모습은 혹시 자신이 고통스러운 경험을 두려워하고 있다는 사실을 말해주는 것이 아닌가요?

나. 질문

질문은 집단원의 문제와 관련하여 구체적인 정보나 자료를 얻기 위해, 각 정보들 간의 관련성을 알아보기 위해, 또는 집단원의 생각이나 느낌을 더 깊이 탐색하기 위해 사용한다. 그래서 집단상담자들은 질문을 자주 사용하게 된다. 하지만 질문을 적절하게 사용하지 않거나 부주의하게 사용하면 집단원의 오해를 불러일으켜 불쾌감으로 인해 방어를 하거나 상처를 받게 되는 경우도 있기 때문에 적절한 방식의 질문을 사용하는 것이 중요하다.

질문의 종류에는 개방형 질문과 폐쇄형 질문, '왜'로 시작되는 질문, 직접 질문과 간접 질문, 이중질문, 질문공세가 있지만 '예' 또는 '아니오'의 대답을 하도록 하는 폐쇄형의 질문이나 잘못을 지적하거나 비난하려는 의도로 받아들여지기 쉬운 '왜'로 시작하는 질문보다는 '무엇을', '어떻게'의 형식으로 이루어지는 개방형의 질문이 경험을 강화시키는데 도움을 줄 수 있다.

또한 직접적으로 묻는 형태의 직접 질문은 단도직입적인 느낌을 주지만 간접 질문은 완곡한 어조로 넌지시 물어보는 형태를 취한다는 점에서 좀 더 효과적으로 활용할 수 있다. 그리고 이중질문은 집단원에게 두 가지의 선택밖에는 할 수 없도록 몰아가는 느낌을 주거나 반드시 하나는 선택해야 한다는 부담감을 주어 탐색의 폭을 제한하고 질문공세는 여러 가지 질문을 한꺼번에 하게 되어 집단원으로 하여금 대답할 여유를 갖지 못하게 하거나 대답에 대한 압박감을 주어 불안감을 초래하게 되기 때문에 집단상담에서 효과적이지 않다(강진령, 2010).

example **질문의 예**

- 개방형 질문과 폐쇄형 질문
  그 사람과 관계가 나빠진 것은 무엇 때문이었나요?
  그 사람과 관계가 나빠진 것은 오해 때문이었나요?
- '왜'로 시작하는 질문
  왜 이렇게 늦었나요?
  왜 학교를 그만두게 되었니?
- 직접 질문과 간접 질문
  이번 상담을 통해 무엇을 얻고 싶니?
  이번 상담을 통해서는 무엇을 얻고 싶은지 궁금하구나.
  왜 교사가 되고 싶었나요?
  교사가 되고자 했던 특별한 동기가 있었는지 궁금하군요.
- 이중질문
  당신은 졸업 후에 대학원 진학을 하고 싶은가요? 아니면 취직을 하고 싶나요?
  당신의 지금 기분은 좋습니까? 나쁩니까?
- 질문공세
  검은색님은 결국 그 일로 인해 친구를 불신하게 되었지요? 그 친구는 당신에 대해 어떻게 행동하던가요? 그리고 그 후에 두 사람의 관계는 어떻게 되었나요? 그러한 관계 때문에 검정색님이 고통 받았던 부분을 어떻게 설명하실 수 있나요? 검정색님이 그 사람과의 관계를 아직도 정리하지 못하는 이유는 무엇입니까?

다. 연결

연결은 집단상담자와 집단원보다 집단원 간의 관계를 촉진하기 위해 집단원을 연결하는 과정으로 집단상담자가 집단원 간의 공통점을 찾아 한 집단원의 말과 행동을 다른 집단원의 관심사와 연결될 수 있도록 도와주는 기법이다(Corey, Corey, Callanan & Russell, 2004). 이를 위해 집단상담자는 통찰력을 가지고 집단원이 가지고 있는 각각의 정보를 의미 있게 연결지을 수 있어야 한다. 연결은 집단원 서로가 공통의 관심사가 있음을 인식하게 하고 상호작용을 촉진시켜 응집력 수준도 함께 향상시키게 된다.

example

연결의 예

- 집단상담자 : 하늘색님, 내가 생각할 때 청록색님이 이전에 자신의 선생님에게 인정받기를 원한다고 말했던 것과 유사한 것 같군요. 하늘색님, 맞나요?
- 하늘색 : 선생님께서 말하기 전까지 그것에 대해 생각하지 않았지만 선생님의 말씀이 맞는 것 같아요. 우린 공통점이 있는 것 같아요.

라. 직면

직면은 집단원의 언어적 내용과 비언어적 행동 사이에 불일치하는 경우, 진술한 내용들 간에 상충되는 경우, 또는 집단의 기능을 방해하는 행동을 하는 경우에 사용하는 기법이다. 직면은 정확한 공감을 통해 이루어져야 하며, 사람 전체를 판단하는 것이 아니라 문제를 보이는 특정 행동에 대해서만 구체적으로 직면하는 것이 중요하다. 그리고 직면을 할 때에는 집단원의 행동이 어떠한지에 대해서만 이야기하는 것보다는 직면을 하고 있는 집단상담자 자신의 인식과 느낌, 그에 의해 받은 영향을 함께 표현하는 것이 효과적이다(Hill & O'Brien, 1999).

example

직면의 예

- 효과 없는 직면을 하는 집단상담자 : 당신은 정직하지 않은 것 같군요. 당신은 웃고 있지만 진실이 아닌 것 같아요.
- 효과적인 직면을 하는 집단상담자 : 검정색님, 당신을 신뢰하기가 어렵군요. 왜냐하면 당신은 이야기할 때 화가 나 있으면서도 웃고 있기 때문입니다. 그래서 어떤 것을 믿어야 할지 알기가 어렵군요

마. 지지

지지는 기본적인 상담기술로 집단 초기단계에 새로운 환경에 적응하면서 생기게 되는 불안에 대처할 때, 집단원이 위기에 처해 있을 때, 새로운 행동을 모험적으로 시도할 때, 혹은 바람직하지 못한 행동을 제거하고자 노력할

때, 저항 및 방어적 태도가 나타날 때, 집단원이 용기를 가지고 집단에 임할 수 있도록 격려해주는 것이다. 그러나 지지는 적절한 시기에 맞게 주어져야 한다.

만약 한 집단원이 갈등이나 고통스러운 느낌을 충분히 경험하기 전에 지지를 한다거나 다른 집단원의 도움을 구하려고 무기력한 행동을 할 때 지지하게 된다면 의존성을 불러일으키는 결과만을 초래하게 될 뿐이다. 비록 좋은 의도였지만 집단원에게 도움이 되지 않는 지지는 역기능적인 역할을 할 뿐임을 집단상담자는 유의해야 한다.

example

지지의 예

- 집단상담자 : 파란색님이 가진 아버지와의 갈등의 문제를 우리에게 이야기한다는 것이 얼마나 어려운 일인지 그런 사적인 얘기를 한다는 것에 두렵기도 하고 다른 사람에게 어떻게 비칠지 걱정이 되기도 한다는 것을 잘 알고 있습니다. 파란색님은 우리가 비판 없이 이야기를 듣는다는 것을 알게 될 것이라고 생각합니다. 우리는 파란색님이나 그 어떤 누구도 비판하지 않아요. 우리는 서로를 돕고 지지하려고 여기에 모인 것입니다.

03 집단원의 권리 및 인권보호를 위한 기법

가. 행동제한

집단상담자는 집단에서 바람직하지 못하고 비생산적인 행동을 하는 집단원이 그러한 행동을 하지 못하도록 통제하고 제한해야 한다. 즉, 집단과정에 부정적인 영향을 주거나 다른 집단원의 성장을 방해하는 말이나 행동에 집단상담자가 그 사람을 공격하거나 비난하는 것이 아닌 직접 개입을 통해 차단을 하는 것이다.

집단과정에 나타나는 문제행동은 크게 다섯 가지 형태로 구분될 수 있다. 이때 집단상담자는 ① 지나치게 계속 질문공세를 퍼부을 때 그러한 질문을 직접적인 진술문으로 만들어보도록 요청해야 한다. ② 제삼자를 험담할 때 직접적으로 당사자에게 그 이야기를 해보도록 한다. ③ 장황하게 이야기가 길어질 때 그 이야기가 지금 상황 및 느낌과 어떻게 관련이 있는지를 물어본다. ④ 집단 외부에서 일어난 일에 대해 이야기할 때 단호하지만 부드럽게 그 행동을 제한해야 한다. ⑤ 다른 집단원의 사적인 정보를 알고 싶어 집요하게 이야기할 것을 강요할 때 그러한 행동이 사생활 침범임을 지적함으로써 제한해야 한다(홍경자, 김태호, 남상인, 오익수, 1996).

example

행동제한의 예

- 초록색 : 난 그런 유형의 사람들에 대해 잘 알아요. 일은 언제나 제시간에 끝마치고, 항상 무언가를 하고 있어요. 그리고 선생님이 가장 사랑스러워하시는 아이죠.
- 빨간색 : 맞아요.
- 집단상담자 : 제가 틀릴지도 모르지만 만약 틀린다면 초록색님께서 말씀해주세요. 초록색님이 말하고 있는 동안 파랑색님을 흘깃 보던데 혹시 파란색님에 관한 이야기였나요?
- 초록색 : 그럴 수도 있겠죠.
- 집단상담자 : 그렇다면, 직접 파랑색님에게 초록색님이 어떻게 느끼고 있는지 정확하게 이야기할 수 있겠어요?

나. 진단

진단은 행동을 명명한다거나 증상을 밝혀내는 것과 어떤 사람이 어떤 범주에 해당하는지를 알아내는 것 외에 문제를 해결하기 위한 적절한 개입 전략을 선택하는 것도 포함된다. 만약 한 집단원이 마음에 깊은 분노가 있다고 진단을 했다면 그 집단원이 적절한 시기에 마음속에 있는 분노를 밖으로 드러내도록 판단하는 능력이 바로 집단상담자가 가질 수 있는 진단능력에 해당된다.

다. 현실검증

집단은 집단원이 새로운 행동이나 계획을 탐색하고 선택한 것들의 현실성을 검증해볼 수 있는 장소가 된다(이형득 외, 2002). 따라서 집단상담자는 집단원의 새로운 행동들을 집단에서 현실적으로 평가해볼 수 있도록 격려해야 하고 다른 집단원이 해당 집단원의 계획이 얼마나 현실적이라고 생각하는지 피드백을 주도록 하면서 현실검증의 과정을 진행해 나가면 더 효과적이다.

라. 평가

집단상담자는 현재 진행 중인 집단과정과 집단역동을 평가해야 한다. 집단의 회기가 끝나면 집단원의 내면과 집단원 간에 어떤 변화가 있었는지에 대해 그 결과를 평가해보고, 다음으로 어떤 중재가 이루어져야 할 것인지에 대해 생각해보는 것은 중요하다. 그래서 집단상담자는 늘 집단에서 어떤 종류의 변화가 어떤 결과로 나타날 것인지, 집단에서 어떤 것들이 치료적 효과를 나타내거나 혹은 나타내지 못하는 요인인지에 대한 질문을 스스로에게 늘 해야 한다.

한편, 평가는 집단원이 집단의 방향과 움직임을 평가할 수 있도록 집단상담자가 가르쳐야 할 기법으로 한 회기 혹은 여러 회기에 대한 평가 후에 어떠한 수정이 필요한지 집단원이 결정할 수 있게 된다.

example

평가의 예

- 집단상담자 : 저는 제가 늘 이 집단을 시작을 해야 한다는 것에 대해 부담이 느껴지는데 여러분은 제가 여러분들을 충전시켜 주기를 기다리고 있는 것 같군요. 저는 여러분들 각자가 자신의 행동에 대해 생각해보고 여러분들이 어느 정도로 개인적인 책임을 느끼는지 평가해 봤으면 좋겠어요. 그러면 이 집단을 변화시키기 위해 여러분들이 어떻게 할 것인지 생각해보세요.

마. 촉진

집단상담자는 집단원이 보다 활성화되고 의사소통의 장애가 되는 것들을 극복하며 열린 마음으로 적극적으로 집단과정에 참여하고 그들 자신을 표현하여 개인 목표와 집단 목표를 달성할 수 있도록 도울 수 있어야 한다. 이럴 때 사용할 수 있는 기법이 바로 촉진이다. 집단상담자는 집단원이 감정을 표현하고 직접 말할 수 있도록 다음과 같은 방법을 통해 촉진 기법을 사용할 수 있다.

집단원이 자신의 두려움이나 기대 등을 솔직하게 표현하도록 하고 서로를 신뢰하여 생산적으로 교류할 수 있는 안전하고 수용적인 분위기를 조성해야 한다. 집단원이 개인적인 문제를 탐색하거나 새로운 행동을 시도하려고 할 때 지지와 격려를 아끼지 않으며 가능한 한 많은 집단원이 집단 상호작용에 참여할 수 있도록 한다. 그리고 집단상담자에 대한 의존성은 감소시키고 갈등이나 의견의 불일치를 표현할 수 있도록 독려하며 직접적으로 의사소통을 하는데 걸림돌이 되는 것을 극복하도록 도와야 한다.

바. 공감

공감이란 자신이 직접 경험하지 않고도 다른 사람의 감정을 거의 같은 내용과 수준으로 이해하는 것이다. 즉 집단원이 말하는 것으로부터 그의 감성, 태도 및 신념 등에 대하여 정확하게 의미를 포착하는 것이라고 할 수 있다(이장호, 2005). 집단상담자는 이러한 공감 능력을 가지고 있어야 집단원이 경험한 것들을 이해할 수 있게 된다.

공감을 효과적으로 하기 위해서는 집단원을 아끼고 존중하는 태도를 바탕으로 적극적 경청과 집단상담자 자신을 그 집단원의 입장에서 놓고 생각하고 느껴 보아야 한다. 그런 후 집단원의 생각과 느낌을 가장 잘 나타낼 수 있는 단어를 찾아 집단상담자가 그 집단원을 잘 이해하고 있다는 사실을 구체적인 단어로 직접 말해주어야 한다. 이러한 공감은 집단원으로 하여금 자신의 감정이나 내적인 경험이 이해받고 있다는 사실을 체험하게 하여, 마음을 열고 마음 속 깊은 문제까지도 개방하여 탐색할 수 있도록 돕게 된다.

example

공감의 예

- 보라색 : 부모님이 이혼하게 되었어요.
- 집단상담자 : 이번 일로 충격이 매우 크겠구나. 어쩌면 부모님이 보라색을 돌보지 않은 채 떠나버릴 것 같아 불안하게 느껴지기도 하겠구나.

사. 자기노출

집단상담자는 적절한 때에 자기 자신에 대한 정보를 노출할 줄 알아야 한다. 집단원의 경험, 느낌과 관련된 집단상담자 자신의 생각, 경험 및 느낌을 솔직하게 노출시킴으로써 집단원으로 하여금 집단상담자에 대해 유사성과 친근감을 느낄 수 있도록 할 수 있다.

집단상담자의 자기노출은 집단원에게 모델이 되어 집단원의 자기노출을 증진시키고 더 깊이 있는 자기탐색을 하도록 돕게 된다. 따라서 자기노출은 가능한 한 구체적인 용어로 이루어져야 하고 집단원의 느낌이나 경험과 유사성이 있는 내용일 때 보다 효과적이 된다. 예를 들어 집단에 처음 참석한 사람이 불안해하고 있는 것을 보았을 때, 집단상담자는 자신의 불안감을 솔직히 털어놓음으로 집단원과 유사한 경험을 공유할 수 있다.

아. 피드백

집단상담자는 집단상담에서 피드백을 통해 집단원의 성장을 촉진시킬 수 있다. 피드백은 한 집단원에 대한 자신의 생각이나 느낌을 솔직하게 이야기해 줌으로써 집단원으로 하여금 자신이 타인에게 미치는 영향이나 자신이 변화시켜야 하는 것은 무엇인지에 대해 학습할 수 있게 한다. 따라서 집단상담자가 피드백을 잘 사용하게 되면, 집단원의 특정 행동의 변화에 도움을 줄 뿐만 아니라, 어떻게 피드백을 주고받는가에 대한 방법의 모델 역할도 할 수 있게 된다.

피드백을 효과적으로 하기 위해서는 ① 구체적으로 관찰 가능한 행동에 대하여 그 행동이 일어난 직후에 주어져야 하며, ② 변화 가능한 행동에 대해서만 주어져야 하고, 가능하면 대안까지 마련해주는 것이 좋다. ③ 내담자가 받아들일 준비가 되어 있을 때 주어져야 하며, ④ 생각이나 느낌을 나타내는데 그치거나, 상대방의 행동을 강제로 바꾸도록 하는 것은 좋지 못하다. ⑤ 도덕적 혹은 가치판단을 하기보다는 행동을 단지 지각적인 사실로 기술해야 한다. ⑥ 한 사람보다는 여러 사람에게서 온 피드백이 더 의미가 있다(홍경자, 김태호, 남상인, 오익수, 1996; 김헌수 외, 2002).

example

피드백의 예

- 하늘색 : 내가 조심스럽다고 한 뜻은 내가 하는 말에 대해서 조심해야지 그렇지 않으면 제 말이 잘못 받아들여질 수가 있다는 거예요.
- 집단상담자 : 난 네가 조심스러울 때엔 집단이 그것을 안다고 여기는 것 같구나.
- 하늘색 : 아마 그럴 수도 있겠지요. 하지만 그게 제 방식이에요. 제가 논쟁을 하게 될 때엔 그렇게 돼요.
- 집단상담자 : 네가 뜻하는 바를 탁 터놓고 정직하게 말하기가 어렵다고 말하고 있는 것 같구나.

자. 전이의 처리

집단상담의 상황에서는 전이의 가능성을 많이 가지고 있다. 전이는 프로이트(S. Freud)로부터 비롯된 개념으로 과거의 경험에서 억압된 느낌을 현재의 비슷한 대상에게 표현하려는 현상이다. 전이는 집단상담자뿐만 아니라 집단 내의 다른 집단원에게 투사할 수 있다.

이때 상담자는 집단원의 과거가 현재의 행동에 어떤 영향을 미치는지 살펴볼 수 있도록 하고 그러한 문제 상황을 극복하도록 도와야 한다. 집단상담자는 전이를 나타내는 집단원을 전통적인 분석적, 해석적 방법보다는 피드백을 통해 도와줄 수 있다(이형득 외, 2002).

example

전이 취급의 예

- 집단상담자 : 나에 대한 소망이의 반응이 조금 혼란스럽구나. 소망이가 내가 가지고 있지 않다고 여기는 어떤 권위를 내게 부여하고 있는 것 같구나.

차. 역전이의 처리

집단상담자들은 자신의 역전이가 집단 내에서 어려움을 일으킬 수 있다는 점에 유의해야 한다. 역전이는 집단원에 대한 집단상담자의 의식적 혹은 무의식적인 정서반응으로 집단상담자가 집단원을 이해하고 객관적으로 보는 데 어려움을 경험하는 현상이다.

역전이는 집단상담자가 과거 중요한 사람들에게서 비롯된 느낌, 바람, 갈등을 집단원이나 집단 그 자체에 전이할 때, 혹은 자신의 문제와 해결되지 않은 일들을 다루기 힘든 집단원에게 투사할 때 나타나는데 만약 집단상담자가 그러한 자신의 반응을 알아채거나 다루려고 하지 않는다면 그 집단은 어려움에 처하고 만다.

효과적인 역전이의 처리는 학자들마다 견해의 차이가 있지만 집단상담자가 자신에 대한 이야기를 하든지 혹은 하지 않든지 집단원은 지각할 수 있기 때문에 집단상담자는 자기노출을 통해 자신의 감정을 솔직하게 내어놓고 이야기하는 것이 좋다(Kaplan & Sadock, 1973). 결국 집단상담자의 효과적 역전이 처리과정은 집단원에게 각자가 가지고 있는 전이의 감정을 다루는데 좋은 모델이 될 수도 있다.

카. 저항의 처리

집단상담의 과정 중에는 수많은 반응들이 나타나는데 그중에서도 침묵, 은폐, 주저함, 지각 또는 상담이 끝나기 전에 가려고 하는 태도, 싫증, 비판적인 목소리, 논쟁 등은 일종의 저항이라고 볼 수 있다. 저항은 크게 참여하지 않기, 자기를 정당화시키기, 억압된 감정의 노출 등 세 가지 형태로 나타나게 된다. 이 모든 현상이 잘 처리되지 않으면 집단의 발전이 지연되거나 비효과적인 집단이 되고 말 것이다. 따라서 집단상담자는 이와 같은 저항을 처리하여 극복해야 한다.

타. 종결

집단상담자가 잘 사용해야 하는 기법 중의 하나는 집단상담을 종결하는 것에 대한 감각이다. 다른 모든 기법들이 그 시기가 적절해야 하지만 종결과 관련된 기법은 그 시기가 적절하지 못하면 역효과를 가져올 수 있으므로 유의해야 한다. 각 회기 또는 집단상담의 전 회기가 끝나는 무렵이 되면 집단상담자는 그 집단상담 이후에도 작업을 계속하려는 의지를 촉진할 수 있는 분위기를 창출해낼 수 있어야 한다.

이러한 종결 기술은 다음을 포함한다(홍경자 외, 1996; 김헌수 외, 2002). ① 집단에서 학습한 것을 집단 밖 그들이 소속된 환경에서 시도해보도록 제안한다. ② 집단원 간에 다음 회기와의 사이 혹은 그 집단상담 이후에 시도해 보고자 하는 계획과 그 계획을 위한 계약서를 만들고자 하는 의지를 촉진하는 분위기를 창출한다. ③ 집단을 떠나면서 직면할 수 있는 심리적인 문제에 대비하도록 한다. ④ 추후집단을 조정하고 준비한다. ⑤ 집단원이 어디에서 추가적인 도움을 받을 수 있는지 이야기해준다. ⑥ 집단을 종결하면서 개별적인 자문을 해줄 수 있다.

04 비언어적 기법

가. 눈의 사용

집단상담자는 집단을 이끌어 나갈 때 유용한 정보의 수집, 집단원에 대한 격려, 대화의 진행과 제지를 위해 눈을 유용하게 사용할 수 있다. 즉 네 가지 측면에서 비언어적 암시를 읽기 위해 눈을 사용할 수 있다. 예를 들면 비언어적 암시를 읽기 위해, 집단원이 다른 집단원을 주시하도록 하기 위해, 집단원이 말하도록 하기 위해, 집단원을 침묵시키기 위해 사용하는 경우가 그것이다(Jacobs, Masson & Harvill, 2002).

1) 비언어적 암시를 읽기 위해

집단상담자는 눈으로 집단을 관찰하면서 중요한 정보들을 수집할 수 있다. 만약 집단상담자가 말하는 사람만을 본다면, 집단을 촉진시키는데 유용한 정보를 놓칠 수도 있다. 따라서 집단상담자는 한 집단원이 이야기를 할 때라도 모든 집단원을 훑어보는 것을 배우는 것이 중요하다. 물론 말하고 있는 집단원에 대한 경청도 중요하지만 훑어보는 것을 통해 다른 집단원의 다양하고 즉각적인 반응을 알아내는 것도 못지않게 중요하다. 관찰을 위해 가장 중요하게 살펴볼 수 있는 비언어적인 암시 중에는 고개 끄덕임, 얼굴 표정, 눈물, 몸의 움직임이 있다.

① 고개 끄덕임 : 고개 끄덕이기는 누군가의 의견에 관심사를 설명할 때 동의나 반대를 암시하는 중요한 표현이다. 이때 집단상담자는 "바다님, 당신은 고개를 끄덕이고 있군요. 당신의 생각은 어떻습니까?" 하고 물어볼 수 있다.

② 얼굴 표정 : 고개 끄덕임이 이야기 주제에 대한 동의 또는 반대를 암시한다면 얼굴 표정은 집단원이 비슷한 경험을 가졌거나 그 이야기에 대한 긍정적 혹은 부정적인 것과 관계가 있다. 또한 반대, 당황, 지도자가 짚고 넘어가기를 원하는 등의 반응을 나타내기도 한다. 집단상담자는 집단원의 표정을 살핀 후 다음과 같이 반응을 나타낼 수 있다. "해피님, 당신의 표정으로 보아 아마도 구름님과 다른 사람들이 말하는 것에 대해 혼란스러워하고 있는 것 같군요."

③ 눈물 : 집단원이 눈물을 흘리는 것은 집단상담자에게 중요한 단서가 된다. 눈물은 집단원의 감정을 나타내기 때문에 그들이 눈물을 흘리는 것을 유심히 관찰해야 한다. 이때 집단상담자는 집단목표, 남은 시간, 눈물을 흘리는 사람, 눈물의 원인에 대한 추측 등의 여러 요인을 검토하여야 하며, 숙련된 집단상담자는 눈물을 통해 자신들의 고통을 조심스럽고 조용하게 표현하는 집단원의 행동을 찾아낼 수 있으며 지속적인 관심을 통해 집단역동을 활성화할 수 있다.

④ 몸의 움직임 : 집단은 때때로 혼란, 지루함, 초조함의 표현을 몸의 움직임을 통해 나타낸다. 그러한 반응을 관찰함으로써 그들의 감정과 그들을 다루는 전략을 개발할 수 있게 된다. 예를 들어 몇몇의 집단원이 당황해하고 있다면 집단상담자는 반영 또는 명료화의 기법을 사용하거나 정보제공 혹은 10분 정도 휴식 후 계속 진행할 수 있을 것이다.

2) 집단원이 다른 사람을 주시하도록 하기 위해

집단상담자는 집단원이 다른 집단원을 보게 하는 신호로서 눈을 사용할 수 있는데 집단상담자가 말하는 집단원 외의 다른 집단원을 보는 것은 집단원에게 주위를 돌아보라는 신호의 역할을 하는 것이다.

3) 집단원이 말하도록 하기 위해

집단상담자는 집단에 끌어들이려고 하는 특정 집단원과의 시선 접촉을 통해 그를 초대할 수 있게 된다. 때로 초보상담자들은 이야기하고 있는 집단원에게만 시선을 접촉하고 침묵을 지키는 집단원과는 시선을 접촉하지 않는 실수를 범하는데 집단상담자의 눈은 참여와 나눔을 위한 격려가 될 수 있다.

4) 집단원을 제지하기

집단원 중에는 가장 먼저 이야기하거나 수다스러운 집단원이 있기 마련이다. 이때 집단상담자는 눈을 사용하여 그 집단원을 통제할 수 있는데 질문이 시작되려고 할 때 집단원을 바라보거나, 다른 집단원을 둘러보면 서서히 그의 시선이 옮겨질 수 있도록 한다. 또한 수다스러운 집단원과는 눈을 마주침으로써 그의 발언을 끝내게 할 수도 있다.

나. 목소리 사용

집단상담자의 목소리(톤, 크기, 속도) 사용은 많은 집단상담자들이 놓칠 수 있는 기법으로 집단원의 분위기 조성, 활력, 속도에 영향을 준다(Jacobs, Masson & Harvill, 2002).

1) 분위기 조성을 위한 목소리 사용

집단상담자는 집단을 어떻게 이끌어 나갈 것인가의 말을 목소리 톤으로 전달할 수 있다. 만약 집단상담자의 목소리가 너무 엄격하면 집단원이 경직될 수 있고, 말을 할 수 없게 만들 수도 있다. 너무 단호하지 않으면 존경하지 않거나 신뢰하지 않을 수 있다. 하지만 따뜻하고 격려 어린 목소리는 불안하고 위축된 집단원에게 도움이 될 것이다.

2) 집단에 활력을 주는 목소리 사용

집단상담자의 열정적인 목소리는 집단원에게 활력을 제공하며 새롭게 시작하는 회기에는 흥미를 제공하기도 한다. 따라서 집단상담자는 자신의 목소리의 에너지 수준을 높이는 연습을 통해 집단이 효과적으로 진행될 수 있도록 해야 한다.

3) 집단의 속도 조절을 위한 목소리 사용

집단의 분위기와 에너지뿐만 아니라 집단의 속도 역시 집단상담자의 목소리에 의해 영향을 받을 수 있다. 말의 속도가 느리면 집단의 움직임이 느려져서 서서히 집단원에게 영향을 미칠 수 있는 것과 같이 집단상담자의 말의 속도 조절로 집단원의 속도를 조정할 수 있다.

05 문제 상황 다루기

집단을 이끌어 나갈 때는 많은 문제 상황들이 발생하기 마련이다. 이때 집단상담자는 당황하지 않고 집단의 역동에 방해가 되는 다양한 문제들에 대비해야 한다. 이번에는 아래와 같은 문제 상황에서 집단상담자가 사용할 수 있는 기법들을 알아보자.

가. 침묵하기

집단의 침묵에는 생산적 침묵과 비생산적 침묵이 있다. 생산적인 침묵은 집단원이 집단에서 이야기되거나 행하여진 것을 내면화할 때 생기고 비생산적인 침묵은 집단원이 말하는 것이 두렵거나, 고통스럽거나, 지루하거나, 귀찮게 여길 때 등 여러 가지 이유로 인해 말하기를 거부할 때 나타난다. 따라서 집단상담자는 집단이 침묵에 빠질 때 '이 침묵은 생산적인가? 비생산적인가?'를 자문해보아야 한다.

만약 그 침묵이 생산적인 것이라면 2~3분 정도 침묵을 깨지 말고 지켜보며 기다릴 수도 있고 "여러분들 대부분이 방금 있었던 일을 진지하게 생각하고 있었던 것 같은데 각자 어떤 생각을 했는지 함께 나누었으면 좋겠군요."라고 말하면서 침묵을 깨뜨릴 수도 있다. 만약 침묵이 생산적인 것임에도 불구하고 집단원 중에 누군가가 침묵을 깨려고 할 때는 "몇 분만 더 기다릴게요. 다른 사람들이 깊이 생각에 잠겨 있군요."라고 말하면서 침묵을 유지시켜 주는 것도 좋다.

그러나 침묵이 비생산적인 것이라면 상담자는 15~20초 정도 기다린 후 침묵을 깨뜨리는 것이 좋다. 집단원이 진지하게 생각하지 않고 누가 먼저 말하기를 기다리는 상황이라면 집단상담자는 "자, 이제 어떤 이야기를 나누는 것이 도움이 될까요? 오늘 주제로서 다룰 만한 것을 생각해보고 돌아가면서 한 마디씩 해볼까요?"라고 질문이나 생산적인 활동을 제안하면서 침묵을 깨뜨려야 한다(김헌수 외, 2002; Greenberg, 2003).

나. 화제 독점하기

집단상담 과정 중에 화제를 독점하여 말을 많이 하는 사람은 세 가지 부류로 나누어 살펴볼 수 있다. 먼저 신경질적인 사람으로 자신의 신경질적인 감정을 숨기고 자신을 통제하기 위해 말을 많이 한다. 두 번째는 장황하게 말하는 사람으로 단순히 수다스럽고 장황한 자신의 이야기가 다른 집단원에게 영향을 준다는 것을 알지 못하기 때문에 화제를 독점한다. 세 번째는 과시적인 사람으로 집단상담자와 다른 집단원에게 자신에 대한 깊은 인상을 남기고 싶어 말을 많이 하기를 좋아한다.

이렇게 화제를 독점하는 집단원을 다룰 때는 다음과 같은 여러 활동을 사용할 수 있다. 첫째, 집단상담자 자신이 화제를 독점하는 집단원과 짝이 되고 다른 나머지 집단원도 두 명씩 짝을 짓도록 한다. 그리고 "수다"에 대한 이야기를 나누도록 한다. 이렇게 함으로써 화제를 독점하는 집단원이 한 사람으로부터만 이야기를 들음으로 덜 난처하게 된다. 둘째, 화제 독점자에게 독점자에 대한 행동에 관하여 피드백을 하게 해주는 방법도 있다. 셋째, 화제 독점자가 말을 계속 많이 하면 직접적으로 표현하는 것도 효과적이다. 넷째, 집단원에게 집단활동에 대한 소감문을 써서 제출하도록 하고 집단상담자가 화제 독점자에게 피드백을 써서 돌려줄 수도 있다(Greenberg, 2003; Jacobs, Masson & Harvill, 2002).

다. 부정적인 생각하기

집단상담이 진행되는 동안 끊임없이 불평을 하거나 다른 집단원의 말에 부정적인 생각으로 맞서는 집단원이 있는 경우가 있다. 이런 부정적인 생각을 하는 집단원은 긍정적인 변화 작업을 하려는 집단의 목표에 반대가 되며 한 명의 부정적이고 불평이 섞인 말은 다른 집단원에게도 쉽게 전달되어 다른 집단원도 쉽게 부정적이 되게 되기 때문에 특히 문제가 된다.

이런 경우에는 다음과 같은 전략을 사용할 수 있다. 첫째, 집단이 끝난 후 집단 밖에서 부정적인 이유를 물어 알아보며, 집단을 생산적으로 만드는데 그 집단원의 협력을 요구하는 등 긍정적인 역할을 준다. 둘째, 집단 내에서는 동맹을 통해 긍정적인 집단원에게 말을 더 많이 하도록 하여 집단의 분위기를 긍정적으로 정립해야 한다. 셋째, 집단원에게 질문할 때 부정적인 집단원을 끌어들이지 않게 하기 위해 부정적인 집단원과는 시선 접촉을 피하는 것이 좋다(Jacobs, Masson & Harvill, 2002).

라. 저항하기

어떤 집단원은 집단 내에서 압력을 받기 때문에 저항을 하게 된다. 그래서 이러한 집단원에게 자신의 분노를 표현할 수 있는 기회를 준다면 저항이 조금씩 풀리는 경우가 있다. 그런데 이렇게 집단원에게 분노를 표현하게 하는 것은 집단의 분위기를 부정적으로 바꾸어 놓을 수 있고 그렇지 않을 수도 있기 때문에 집단상담자의 판단이 굉장히 중요하다. 그러나 저항하는 집단원이 자신의 저항을 다룰 때, 집단상담자는 친절하게 관심을 가져주어야 한다.

저항하는 집단원은 첫 회기 동안 자신이 왜 여기에 참여해야 하는지를 말하고, 그 집단이 자신에게 어떤 도움이 될 수 있을지 알지 못한다고 말하거나, 팔을 꼬고 앉아 강요하지 않으면 거의 참여하지 않는다. 그리고 항상, 영화, 스포츠, 또는 분명하지 않은 주제에 관심을 가지고 있으며 집단에 저항할 뿐 아니라 자신에 대한 변화에도 저항을 하는 특성을 가진다(홍경자 외, 1996).

이러한 저항을 다루기 위해서 집단상담자는 저항하는 집단원의 감정을 함께 나누도록 돕고, 2인 1조가 되어 회기 후 저항하는 집단원에게 이야기를 나누고 그가 저항을 다룰 수 있도록 돕도록 한다. 때때로 집단원은 집단이 아닌 집단상담자에게 저항하는 경우도 있다. 이때는 집단원이 집단상담자에게 초점을 맞추기보다는 다른 집단원과 함께 나눌 수 있는 소집단 체계를 이용할 수도 있다. 또는 저항하는 집단원과 도움이 되는 집단원을 묶어 저항하는 집단원이 관찰을 통해 배울 수 있도록 하는 방법도 있다.

마. 집단상담자를 곤란하게 하기

집단상담을 진행하다 보면 집단상담자를 곤란하게 만드는 집단원에 대비하고 있어야 한다. 집단상담자를 곤란하게 하는 행동으로는 주어진 지시를 따르지 않고, 집단상담자에게 난처한 질문을 하기도 하며, 집단상담자가 이야기하는 동안에 다른 집단원에게 말을 걸어 집단상담자를 방해하는 행동을 하는 것 등이 있을 수 있다.

이렇게 집단상담자를 곤란하게 만드는 집단원은 다음과 같은 경우에 발생하기 쉽다. 즉 상담자가 자신을 집단원 앞에서 난처하게 만들었다거나 말할 기회를 주지 않았을 때, 자신이 말한 문제 또는 그와 관련된 내용을 다시 다룰 것이라고 했으나 그렇게 하지 못했을 때, 혹은 집단상담자의 기술 부족으로 집단이 지루하게 되었을 때, 자기참조가 없어 집단상담자에게 좌절과 분노를 쏟아낼 때, 집단에 참여하는 것에 대한 두려움을 투사할 때, 상담자의 마음에 들고 싶지만 그렇게 되지 못했을 때 등이다.

일단 집단상담자를 곤란하게 하려는 집단원을 발견하면 집단상담자는 우선 그 집단원과 자신 사이의 힘겨루기로부터 초점을 이동시켜야 한다. 그래야 집단상담자를 곤란하게 하는 이유를 이해하려고 노력하게 된다.

그 외에 집단원에게 더 많이 주목하기, 집단원 자신의 문제로 되돌아오기, 집단원을 몰아붙이지 않고 있음을 확인시키기 등을 사용할 수 있다. 만약, 소용이 없다면 "여러분은 지금 집단이 진행하고 있는 방식에 만족합니까? 내가 어떤 말을 할 때마다 나무님이 항상 나와 논쟁하거나 의문을 제기합니다. 다른 분들은 나무님의 행동에 대해 어떻게 느끼지요?"라고 물어보면서 그 집단원의 불만 사항이나 행동에 대해 다른 집단원에게 피드백을 할 수 있도록 요청할 수 있다. 이렇게 하여 피드백 요청에 대한 반응을 얻게 되면 그 집단원은 혼자서만 집단상담자에 대한 공격을 하고 있으며 다른 집단원에게 방해가 된다는 것을 알게 된다(김헌수 외, 2002; 홍경자 외, 1996).

바. 구원하기

구원은 어떤 집단원이 다른 집단원이 경험한 부정적인 감정을 숨기고 수습하려는 태도라 할 수 있다. 이는 한 집단원이 당황했을 때, 다른 집단원 중에는 "너무 걱정하지 마세요. 잘 될 거예요." 또는 "네게 시간만 있다면 모든 일이 순조롭게 잘 될 거야."와 같은 말을 통해 집단원을 위로하기 위한 시도를 하게 된다. 이런 구원하기식의 말은 그 집단원에게 도움이 되지 않으며 오히려 고통 받고 있는 집단원의 문제해결을 방해하는 효과를 낳는다.

초기단계에서 구원하기가 발생하면 집단상담자는 집단원의 구원하기 행동에 대해 이해하지 못하고 있는 부분에 대해 가르쳐주며 개입해야 한다. 하지만 집단 후기에 이르면서 연습이 되었다면 상담자의 개입을 줄여가는 것이 필요하다(강진령, 2010; 이형득, 2002).

사. 적대적으로 공격하기

어떤 집단이든지 한 집단원은 다른 집단원을 싫어할 가능성이 있다. 싫어하는 것은 집단원 간의 논쟁, 의견 불일치, 침묵 등으로 표현된다. 때로는 집단을 시작하기도 전에 일어난 어떤 문제로 인해 서로 좋아하지 않은 채 집단에 참여하는 경우도 발생한다.

집단상담자는 집단이 시작하기 전 사전 면접에서 "당신이 싫어하는 사람이 있나요?" 혹은 "함께 집단에 있기를 원하지 않는 사람이 있나요?"라고 질문을 하는 것이 좋지만 집단이 진행되어 가는 과정 중에 싫어할 수 있기 때문에 완전히 적대적으로 공격하는 상황을 방지할 수는 없다.

이런 경우에 집단상담자는 유익하다는 판단이 생기면 이 문제를 집단에서 토의 문제로 제기할 수 있다. 서로 싫어하는 과정을 토론하는 것은 일상생활에서 타인을 더 잘 수용하는 데 도움이 된다는 점에서 유익하다. 또는 싫어하는 두 집단원을 서로 한 짝으로 묶어 활동을 같이 완수하도록 하거나 서로 싫어하는 점을 털어놓도록 도와주는 것도 필요하다. 하지만 혹 서로 너무 싫어하여 집단과정에 방해가 된다면 한 집단원 또는 둘 다를 제외시켜 다른 집단으로 배치하는 것이 다른 집단원을 위해 유익할 수 있다(Greenberg, 2003; Jacobs, Masson & Harvill, 2002).

아. 산만하게 행동하기

산만한 집단원은 다른 사람의 주의를 얻고자 하거나 자신에게 주목되는 것을 피하려고 산만한 행동을 한다. 이들은 관계없는 주제나 분명하지 않은 질문을 하여 그 집단의 과제에서 회피하려고 한다. 또한 이들은 소음을 내거나 주위를 분주히 움직이면서 집단원을 혼란스럽게 만들기도 한다. 이런 경우에는 그 집단원에서 개별적으로 말하고 다음 회기 동안 그의 의견이나 행동을 무시하여 혼란을 최소화하는 것이 도움이 된다.

자. 울기

집단활동을 하다 보면 사랑하는 사람의 죽음, 부모님의 이혼, 질병, 친구와의 싸움, 혼란, 우울, 공허감, 불안, 혹은 행복에 이르기까지 다양한 정서로 인해 울음을 터뜨리는 경우가 있다. 누군가 울기 시작하면 집단상담자는 집단의 초점을 다른 집단원으로 돌리고 집단이 끝난 후에 그와 이야기하거나 집단원을 2인 1조로 짝을 짓고 상담자가 우는 집단원과 짝이 되어 고통을 더 탐색하는 것이 좋다.

우는 집단원을 다룰 때 유의할 점은 남아 있는 시간을 고려하지 않고 우는 집단원에게 초점을 맞추어 다른 집단원을 충분히 다루지 못한 채 집단을 마치거나 우는 집단원의 고통에 계속 초점을 맞추다가 집단의 의도된 목적을 벗어나는 실수를 범하지 않도록 해야 한다는 것이다.

경우에 따라 우는 집단원에게 초점을 맞추어야 하는 경우에는 자신의 문제를 다루기 원하는지, 마음의 준비가 되었는지, 자신의 문제를 다루는 것에 부담감은 없는지에 대한 확인을 하고 시작하여야 한다. 혹은 이 집단원이 다른 집단원이나 집단상담자로부터 동정을 얻고자 하는 것은 아닌지 잘 살펴보아야 하며 동정받기 원하는 집단원을 다른 집단원이 무작정 감싸 안지 않도록 하는 것이 바람직하다. 어떤 집단원이 고통스러운 문제로 울기 시작했을 때 다른 집단원이 별 관계없는 질문을 하지 않도록 개입하여 그런 질문들을 막는 것이 필요하다.

집단이 격렬한 감정과 관련된 것을 다룰 준비가 되기 전인 첫 회기나 두 번째 회기 동안에 집단원이 울기 시작하면 다음 회기에 참여하는 것을 부담스러워할 수 있고 다른 집단원은 이러한 격렬한 정서적 작업에 대한 부담감을 가질 수 있기 때문에 집단상담자는 첫 회기와 두 번째 회기의 고통과 정서를 다루는데 어느 정도로 다룰 것인가에 대한 계획과 주의가 필요하다. 하지만 집단원 대부분이 준비가 되었을 때는 한 집단원의 아픈 감정을 다루는 것도 좋다(김헌수 외, 2002).

차. 성적인 감정 표현하기

때때로 집단원 사이에서는 서로 성적으로 매력을 느낄 수 있다. 이런 경우 서로 인상적인 이미지를 보여주기 위해 함께 나누기를 주저하거나 혹은 다른 집단원과의 공유에 질투심을 가지거나 방해하고 화를 낼 수 있다. 이런 역동은 서로에게뿐만 아니라 집단 전체 역동에 이롭지 못하다. 그러나 집단상담자는 이러한 성적 매력이 어느 곳에서건 일어날 수 있다는 점을 이해해야 한다.

이러한 일들은 경우에 따라서 집단에 방해가 되지 않는 관계를 형성하기도 하고 집단 내에서는 아니지만 집단 밖에서 문제를 일으키기도 한다. 집단을 방해하는 상황이 생기면 집단상담자는 그러한 문제에 대해 직접적으로 말할 수 있을 것이고, 다른 집단원에게 방해가 된다고 느끼면 이 문제를 집단 내에서 제기할 수도 있다. 이러한 상황을 집단상담자가 잘 다루기란 어려운 일이지만 간과해서도 안 되는 일이기에 심각한 경우에는 한 집단원을 집단에서 제외시키는 것이 최선의 해결책이 될 때도 있다(Jacobs, Masson & Harvill, 2002).

카. 도덕군자 또는 설교자 다루기

집단상담에서는 세상에 대한 선입관을 가지고 있거나 편협한 그리고 도덕군자나 설교자처럼 행동하려 하는 집단원을 만날 수 있다. 이러한 상황은 집단상담자에게 어려운 상황일 수밖에 없다. 왜냐하면 집단상담의 목적 중 하나가 다른 집단원의 관점을 들음으로 다양한 관점을 인정하고 다른 사람을 수용하고 관용하는 방법을 배우는 것이기 때문이다.

만약 한 집단원이 어떤 일에 대해 말하고 있고 다른 집단원이 그것이 어떻게 나쁘고 잘못된 것인지에 대해 말하기 시작했다면 집단상담자는 즉각적으로 그 집단원의 이야기를 중지시켜야 하며 다른 사람들은 각자가 다른 관점을 가졌다는 것을 그 집단원에게 이해시켜야 한다. 집단상담자는 집단원의 차이점에 대해 관대하게 대하되 다른 집단원에 대한 비평이 너무 편협하여 집단에 해가 될 때는 개입하는 것이 필요하다.

타. 집단원 탈락시키기

앞의 여러 가지 문제 상황에서 살펴보았듯이 집단원이 그 집단의 기능을 방해하는 정도가 지나칠 경우에는 집단의 탈락을 고려할 필요가 있다. 물론 집단상담자는 집단원을 탈락시키기 전에 이들을 다루어보려고 노력해야 하며 이러한 노력이 아무런 효과 없이 다른 집단원의 권리를 계속 짓밟고 간섭하면 집단을 떠날 것을 요청할 수 있다.

집단에서 탈락시키는 것이 집단을 위한 것이라는 결정을 내리면 집단상담자는 언제, 어떻게 이것을 말할 것인지 고려해야 하는데 휴식시간이나 집단 회기를 마친 후에 말하는 것이 바람직하다. 하지만 집단 중간에라도 집단을 재정비하고 집단원이 도움을 받을 수 있도록 해야 할 때는 집단 전체에게 이와 같은 상황을 설명하고 "바위님, 당신은 집단을 너무 심하게 깨뜨리고 있습니다. 집단을 떠나주십시오."라고 말할 수 있다.

하지만 그러한 경우는 자발적인 참여와 집단원의 탈락이 집단상담자의 판단에 의해 내려질 수 있는 상황일 때 가능하다. 만약 집단원의 의무적인 참여와 집단상담자가 탈락시킬 권리가 없는 상황이면 그 집단원에게 조용히 앉아 있거나 집단으로부터 떨어져 앉아 있도록 할 수 있는 방법도 있다(김헌수 외, 2002).

05장 chapter 집단의 발달과 기본과업

집단상담은 상담자와 내담자의 일대일 관계를 중심으로 이루어지는 개인 상담에 비해 집단의 역동적 과정을 바탕으로 하여 훨씬 더 복잡한 양상으로 전개된다. 그러므로 집단상담자는 집단의 역동과 발달과정에 대한 풍부한 임상적 경험과 통찰력을 지녀야 한다. 유능한 집단상담자는 적극적으로 참여하는 사람임과 동시에 관찰자가 되어야 한다.

집단상담자가 관찰하여야 하는 집단활동은 내용과 과정이라는 두 가지 측면으로 나뉜다. 내용적 측면은 '집단이 지금 무엇에 대하여 토의하고 있는가?' 에 대한 관찰이고 과정적 측면은 '그 집단이 지금 어떤 방식으로 의사소통하고 있는가?', '누가 얼마나 많이, 그리고 누구에게 말하고 있는가?' 에 대한 관찰이다. 집단에 대하여 생각할 때는 내용적인 측면에 치중하기가 쉽다. 하지만 집단의 발달에는 과정적인 측면이 보다 중요하다는 사실을 유념해야 한다.

집단의 발달은 두 사람 혹은 그 이상의 사람들이 한 집단으로 구성되어 공동의 목표를 위해 서로 영향을 미치면서 변화 혹은 발전해 나가는 현상이다. 이러한 집단의 발달은 일련의 연속선상에서 이루어지기 때문에 한 단계에서 다음 단계로 넘어가는 명확한 구분이 정해져 있지 않다. 그러나 집단을 이해하고 효과적으로 발달시키기 위해 여러 학자들마다 각 단계를 나누어 그 특징을 각기 다르게 설명하고 있다. 그런데도 각 단계의 특징은 공통적인 부분을 나타내는 경향이 있다. 여기서는 집단의 회기를 시작하는 초기 단계에서부터 집단의 종결 회기까지를 초기단계, 전환단계, 작업단계, 종결단계로 구분하여 각 단계의 특징 및 기본과업에 대하여 살펴보고자 한다.

01 초기단계

초기단계는 집단의 시작과 함께 집단원이 서로를 알아가기 시작하고 집단이 기능하는 방식을 학습하며 집단에서의 기본 규칙과 행동 규범들을 설정한다. 그리고 집단원이 희망과 기대뿐만 아니라 두려움과 주저함을 표현한다는 특징이 있다. 이러한 초기단계에서는 집단의 성격과 목적, 집단과정에 대한 충분한 안내를 통해 집단 참여자들이 집단에 적극적으로 참여할 수 있도록 동기를 유발하고 자신의 성장을 위해 집단경험을 최대한 활용할 수 있도록 준비시키는 것이 주요 목표이자 기본과업이다. 그러면 초기단계에는 어떤 특징과 기본과업들이 있는지 구체적으로 살펴보도록 한다.

가. 초기단계의 특징

1) 불안감

초기단계에서는 집단상담자와 집단원 모두 어느 정도의 불안감을 갖는다. 집단상담자는 집단이 어떠한 모습을 나타내는지, 집단에서 일어나는 일을 어떻게 효과적으로 다룰 수 있을지, 처음 마주하는 사람들이 서로 신뢰를 형성하려면 어떻게 할 수 있을지 염려한다. 또한 집단원은 새로운 사람들과 만나 새로운 상황에 있게 되는 것과 자신을 드러내야 하는 것, 집단에서 무슨 일이 어떻게 일어날지에 대한 불확실성, 자신이 다른 집단원과 결합하여 잘 적응해 나갈 수 있을지, 다른 집단원이 자신을 좋아하는지 싫어하는지에 대한 걱정으로 불안해한다.

이런 경우 집단원은 지도자의 행동을 관찰하고 집단의 안정성을 가늠하기 때문에 집단상담자에 대한 신뢰감 형성 및 다른 집단원에 대한 신뢰감 형성을 위해 초기단계에서 나오는 이야기 및 감정들은 일시적인 것이라는 점을 인식하도록 하는 것과 부정적인 반응들을 적극적인 경청을 통해 열린 마음과 수용적인 태도로 다루어주는 것이 중요하다. 그리고 집단상담자는 불안감을 해소하기 위해 처음에는 집단원을 두 사람씩 짝지어서 다음에는 네 사람씩 이야기하는 방식으로 운영하여 불안을 서로 나누고 탐색하도록 촉진함으로써 집단이 안전하고 편안한 공간으로 인식될 수 있도록 한다(Corey & Corey, 2006).

2) 침묵과 주저함

집단의 조기에는 침묵이 흐르는 어색한 순간이 생기게 된다. 집단원은 집단경험으로부터 무엇을 얻기 원하는지에 대해 불분명하고 집단구조와 분위기 등이 아직 불확실하기 때문에 집단 내의 행동에 대해 서로가 조심스럽게 눈치를 본다. 그리고 집단에 깊이 관여하기를 주저하는 현상이 나타나는데 집단원 중에는 집단상담자를 두려워하거나 의심을 하기도 하며, 집단이 자신의 문제를 해결하는데 도움이 되는지 확신을 갖지 못하고, 혹은 자신의 중요한 주제를 말할 자유가 있다고 믿지 못해 조용히 앉아 관찰만 한다.

이런 경우 집단상담자가 너무 조급한 마음으로 서두르면 초기단계부터 집단을 상담자 중심으로 이끌고 가게 되기 때문에 집단원이 수동적인 태도를 보이게 된다. 따라서 집단상담자는 집단원의 침묵하고 주저하는 마음과 행동에 민감하게 반응하고 개방적이고 완전히 표현할 수 있도록 촉진해야 한다(Corey, Corey, Callanan & Russell, 2004).

3) 자기-초점과 타인-초점

이 시기에 자주 보이는 특성 중의 하나는 다른 사람이나 집단 밖의 사람 또는 상황에 대해 이야기하는 것이다. 일상적인 상황이나 사람에 대해 이야기하면서도 집단원 중에는 다른 사람에게 초점을 맞추어 이야기를 많이 하면서도 자신이 집단에 성실하게 잘 참여하고 있다는 착각에 빠지기도 한다. 그리고 자신이 겪고 있는 어려움이 다른 사람들 때문에 생겼다고 생각하고 이야기한다. 집단상담자는 이러한 집단원이 자신의 경험과 반응에 대해 방향을 전환하여 자기 자신에게 초점을 맞추도록 해주어야 한다.

4) 지금-여기 초점과 그때-거기 초점

초기단계의 또 다른 특징 중의 하나는 집단 내에서 일어나고 있는 일에 초점을 맞추어 진행하는 지금-여기의 초점이 아니라 집단 밖에서 발생했던 그때-거기에 초점을 맞추어 사건에 대해 이야기를 나누는 것이다. 개인적인 문제나 사건을 의미 있게 탐색하기 위해서는 지금-여기에 초점을 두는 것이 무엇보다 중요한데 집단원이 집단에서 현재 보이는 행동양식이 집단 밖에서 다른 사람들과 상호작용하는 방식을 반영하기 때문이다.

그로 인해 집단원이 집단상담 중에 보이는 행동양식을 탐색하게 되면 그들 자신이 일상생활에서 기능하는 방식에 대해 이해할 수 있게 된다. 집단상담자는 집단원이 지금-여기에 초점을 맞추도록 하기 위해 집단원으로 하여금 순간순간 자신의 생각, 느낌, 그리고 행동에 주의를 기울이도록 촉진해야 한다.

나. 초기단계의 기본과업

1) 집단원 소개와 예기불안의 취급

집단의 성격과 목적에 관한 준비교육이 끝나면 집단상담자는 집단원의 자기소개와 집단원의 예기불안을 다루는 활동 단계로 들어간다. 먼저, 집단원의 자기소개에 들어가기에 앞서 집단상담자는 간략한 인사말을 통해 자신을 소개하는 시간을 갖는다. 이때 집단상담자로서의 자신의 자질, 경력 및 집단에 대한 열의 등을 말한 후, 매번 새로운 집단을 만날 때는 기대와 함께 예기불안을 경험한다는 점을 솔직하게 표현함으로써 시범을 보인다(이형득 외, 2002).

이어서 집단원이 자신을 소개하는 시간을 갖도록 하는데 이때 자기를 소개하기 전에 앞서 소개한 사람의 이름을 반복하고 자기를 소개하는 방법, 짝을 지어 서로의 파트너를 소개하는 방법, 주어진 시간 동안 소집단 내에서 파트너를 바꾸어 가며 소개하고 전체집단에서 공유하는 방법을 활용할 수 있다. 집단상담자는 이러한 다양한 방법 중에서 집단의 크기, 집단의 목적, 집단원 간의 사전 친숙도 등에 따라 선택하여 활용할 수 있다.

집단원의 자기소개 활동이 진행될 때 집단상담자는 모든 집단원이 한 번 이상씩 말 할 수 있는 기회를 가지도록 해야 하며 집단원의 자기소개 과정을 통해 집단원 각자가 어떻게 자기소개를 하는지, 서로에 대해 어느 정도의 관심을 나타내는지, 서로 얼마나 감정을 공유하는지, 주어진 주제에 대해 집단원이 개별적으로 그리고 전체적으로 어떤 반응을 보이는지 등에 대해 자세히 관찰할 필요가 있다. 이런 관찰을 통해 집단상담자는 참여자 개개인이 집단을 받아들일 준비가 어느 정도 되어 있는지, 집단에서 각자가 담당하고자 하는 역할은 무엇인지 등에 대한 단서를 얻을 수 있다(이장호, 김정희, 1992).

예기불안은 자기소개 활동에 포함할 수도 있으나 끝난 다음에 이어서 집단원의 지금－여기의 느낌을 나누면서 별도로 취급할 수도 있다. 집단상담자는 집단원에게 집단에 참여하기 전과 현재 집단에 참여하고 있는 느낌에 대한 가벼운 질문을 통해 집단원의 느낌을 공감, 반영해주어 불안감과 두려움을 표현하고 도움을 받을 수 있도록 안정된 분위기를 조성해주어야 한다.

2) 신뢰감 형성

신뢰를 형성하는 것은 집단의 초기단계에서 수행해야 할 가장 중요한 과업이다. 집단 초기단계에서 집단상담자가 모범을 보이고 집단상담자의 행동을 통해 올바른 태도를 보여주는 것의 중요성은 아무리 강조해도 지나치지 않다.

집단상담자의 사람됨, 특히 집단회기 중에 집단상담자가 집단작업과 집단원에 대해 보여주는 태도는 집단을 신뢰할 수 있는 공동체로 만드는 데 가장 중요하다. 집단상담자는 자기 자신을 하나의 모델로 활용할 때 가장 효과적으로 가르칠 수 있다. 이렇게 집단상담자의 특정한 태도나 행위는 집단의 신뢰감 수준을 높이는데 이러한 태도와 행위에는 주의집중과 경청, 언어적 메시지와 비언어적 메시지의 이해, 공감, 진실성, 자기노출, 존중, 그리고 관심 어린 직면 등이 포함된다(Corey & Corey, 2006).

신뢰감의 형성은 집단의 초기단계에 성취해야 할 기본적인 과업이지만 한 번 형성된 신뢰감이 계속적으로 지속될 것이라는 것은 잘못된 생각이다. 집단이 발전되는 과정 가운데 친밀감이 더 깊어짐에 따라 신뢰감 역시 새로운 수준에서 형성되어야 한다.

3) 집단의 구조화

집단의 구조화는 집단발달의 전 과정을 통하여 이루어져야 하지만 참여자들이 무엇을 해야 할지 또는 어떻게 처신하는 것이 바람직한지 궁금해하고 불안해하는 집단 초기에는 더욱 필요하다(이형득 외, 2002). 집단의 구조화를 위해서는 먼저 집단의 성격과 목적을 집단원에게 설명해주어야 한다. 예컨대, 대인관계 집단상담의 경우, 집단의 목적이 집단 참여자 개인의 대인관계 향상을 위한 것에 있다는 점을 설명하고 대인관계 집단상담의 의미와 대인관계 향상을 위해 필요한 태도와 능력 그리고 이번 집단에서 이런 태도와 능력을 증진시키는 데 초점을 둘 것이라는 점을 제시해줄 수 있다. 다음으로 집단상담자는 자신의 주된 역할에 관하여 간단히 언급하고 집단원이 집단상담자에게 기대할 수 있는 것들이 무엇인지 명확하게 제시해야 한다. 집단상담자의 역할소개가 끝나면 집단상담자는 집단원에게 집단에서 지켜야 할 기본 규칙에 대해서 제시해야 한다.

집단의 규준이란 집단의 순조로운 진행과 안정된 분위기 유지를 위해 필요한 기본적인 제반 규칙들을 의미한다(김헌수 외, 2002). 집단규준에 포함시켜야 할 대표적인 내용으로는 집단 참여 시간에 대한 약속 지키기, 집단활동의 적극적인 참여, 집단원의 개인적인 정보에 대한 비밀보장, 집단에서의 음식물 섭취나 흡연 금지, 다른 집단원에 대한 비난과 공격 행위 금지 등이 포함될 수 있다. 이러한 집단의 기본 규칙은 집단상담자가 제시하고 설명한 다음 다른 집단원에게 더 필요한 규칙들을 생각해보게 하여 제시하게 할 수도 있고 혹은 처음부터 함께 만들어 나갈 수도 있다. 기본 규칙들은 서약서 형식을 갖추어 사전에 준비하거나 다음 회기에 준비하여 서명하게 하여 집단의 기본적인 규칙을 지킬 것에 대한 형식적인 절차 과정을 가질 수도 있다.

4) 목표의 확인과 명료화

초기단계의 또 다른 중요한 기본과업 중의 하나는 집단의 목표와 집단원 각자의 구체적인 목표를 확인하고 설정하도록 하는 것이다. 집단 전체의 목표나 각 집단원의 의미 있는 목표가 설정되지 않으면 집단이 불필요하게 헤매는 경우가 발생할 수 있으며 집단원 자신이 왜 집단에 참여하였으며 자신의 목표를 성취하기 위해 집단을 어떻게 활용할 수 있을지에 대해 분명히 알지 못하면 집단에서 진정한 성장이 일어나지 않기 때문에 집단 전체의 목표와 집단원 각자의 목표를 설정하는 일 모두가 필요하다.

집단의 일반적인 목표에는 신뢰하고 수용하는 분위기의 조성, 의미 있는 자기노출의 촉진, 위험 감수를 장려하는 것이 포함된다(Corey & Corey, 2006). 집단의 목표를 수립할 때는 집단원을 참여하게 해야 하는데 이렇게 집단원이 참여하여 목표를 수립하게 되면 그 달성을 위한 집단원의 적극적 참여를 유도할 수 있기 때문이다. 그리고 집단의 목표가 설정되면 집단상담자는 집단원 개인의 목표설정을 하도록 도와야 하는데 개인이 도움을 받고자 하는 특정 문제나 집단상담에 응하고자 하는 주된 이유를 탐색함으로 시작할 수 있다. 흔히 집단원은 각자의 목표에 대해 모호하게 진술하는 경향이 있는데 집단상담자는 집단원이 자신의 생각을 보다 명확하게 정리하여 진술할 수 있도록 도와야 한다.

목표를 설정하는 일은 새로운 집단의 초기나 집단이 발전하고 각각의 목표가 성취되는 시점에서나 모두 다 중요하고 지속적인 과정이다. 집단상담자는 집단상담을 진행하면서 집단원 각자의 목표가 달성된 정도를 평가해보고 필요한 경우에는 목표를 적절하게 수정하도록 도와야 한다. 그리고 집단원 자신도 다른 집단원과 함께 논의하면서 자신에게 필요한 목표를 추가하거나 수정할 수 있다.

02 전환단계

전환단계는 집단이 작업단계라고 하는 더 깊은 수준으로 발전해 가는 과정 중에 발생하는 과도기적인 단계로서 그 구분이 명확하지 않다. 하지만 일반적으로 이 단계에서 집단은 불안, 방어와 저항, 주도권 경쟁, 집단원 간 갈등, 상담자에 대한 도전 및 상담자와의 갈등, 그 밖의 문제행동의 다양한 특징을 지닌다. 그래서 이 단계의 기본적인 과업은 집단에 참여하는 과정에서 일어나는 의존성이나, 저항, 방어 등을 자각하고 정리하도록 도와주며 집단원 간의 응집성을 발달시켜 주는 것이다. 그러면 전환단계의 특징과 기본과업들에 대해 구체적으로 살펴보면 다음과 같다.

가. 전환단계의 특징

1) 불안

과도기적인 전환단계 동안에 집단원과 집단의 불안수준은 고조되는 경향을 나타낸다. 이러한 특징이 나타나는 원인은 다음과 같다. 집단원이 자기개방 수준이 높아짐에 따라 다른 집단원이 자신을 비판 또는 판단을 하게 되는 것을 의식하는 것, 통제력 또는 자제력을 상실하게 될까 두려움을 가지는 것, 자신의 무지하고 어리석은 모습이 노출될 것에 대한 염려, 집단상담자나 다른 집단원의 거부 또는 따돌림에 대한 두려움, 자신이 웃음거리가 되지는 않을까 하는 염려 때문이다. 그러므로 집단상담자는 집단원의 불안감을 고조시키는 원인이 무엇인지 면밀히 파악하여야 한다(강진령, 2010).

집단원의 불안감을 해결하려면 집단상담자가 신뢰감 형성을 위해 노력해야 한다. 신뢰감 형성은 초기단계의 중심과제이기도 하지만 집단원은 과도기적인 이 단계에서도 집단의 안전에 대해 계속 궁금해한다. 신뢰수준이 높아지면 집단원은 판단을 받거나 비판을 받는 것에 대한 두려움 없이 자신을 드러내게 되고 한 집단원의 자기개방에 대한 위험의 감수는 다른 집단원의 자기개방도 용이하게 하기 때문에 자기개방은 더 깊은 신뢰감 형성에 큰 도움이 된다.

2) 방어와 저항

집단원은 자신의 두려움과 싸우면서 그동안 불편한 상황을 다룰 때 오랫동안 자신이 사용해 왔던 방어에 의존하게 되고 이러한 문제행동은 여러 가지 방식으로 표현된다. 이렇게 표현되는 저항은 집단발달 과정에 있어 정상적인 것이며 생산적인 탐색으로 발전할 수 있게 하는 중요한 자료가 된다(Corey & Corey, 2006).

이러한 방어와 저항은 집단원의 집단 밖의 대인관계 패턴을 나타내주는 중요한 단서가 되기 때문에 집단상담자는 집단원의 방어적인 태도를 회피하기보다는 저항적인 행동을 탐색하고 이해하고자 한다는 것을 표현해주어야 집단이 보다 더 발전할 수 있게 된다.

3) 주도권 경쟁

전환단계의 주요한 특징 중의 하나가 집단원 사이에서의 주도권 경쟁을 벌이는 것이다. 각 집단원은 스스로 만족할 만한 주도권이나 세력을 확보하려고 하며, 이러한 경쟁의 결과로 집단 내에서 일종의 사회적 위계질서가 세워지게 된다(윤관현, 이장호, 최송미, 2006). 이때 집단원은 다른 집단원을 비판하거나 부정적인 면을 이야기하기도 하며 자신의 장점을 내세워, 보다 지배적인 위치에 있으려고 한다. 그래서 다른 집단원에 대한 이해나 수용보다는 지배적인 위치를 차지하기 위한 충고나 조언을 하기도 한다.

이러한 과정 중에 집단상담자는 주도권 경쟁에 대한 주제를 집단의 표면으로 가지고 와서 이야기를 나누어야 한다. 이야기를 나눌 때 집단상담자는 방어적인 자세를 갖지 않고 수용적으로 받아들이며 주도권 경쟁은 스스로를 보호하기 위한 것이라는 이해를 도와야 한다.

4) 집단원 간 갈등

초기단계에서 집단원은 서로 직접적으로 말하는 것은 피하고 좋은 모습, 최선을 다하는 모습, 수용하고 이해하는 모습을 보이게 된다. 하지만 전환단계에 오게 되면 본래 자신의 모습을 보이게 된다. 이때 집단원은 서로 오해하기도 하고 갈등을 겪게 된다. 집단상담자나 집단원 모두 갈등은 부정적인 모습을 보이는 것이라는 생각에 해결하려 하기보다는 회피하고 싶어 한다. 그러나 집단 내의 상호관계에서 갈등은 피할 수 없는 것이며 갈등을 회피하는 태도가 오히려 갈등을 문제로 만드는 것이 된다.

집단원 간의 갈등이 발생되면 집단상담자는 갈등에 직면하여 이러한 갈등이 정상적이라는 것을 이해시키며 일어나고 있는 사건을 분명하게 하여 해결해 나가야 한다. 갈등이 차단되지 않고 표현되어 건설적인 방법으로 해결되면 집단원은 그들의 관계가 신뢰를 바탕으로 다른 이야기를 하더라도 안전하고 격한 감정이 표현되더라도 받아질 수 있을 만큼 견고하다는 것을 알게 되어 응집성이 높아지기 시작한다(Corey, Corey, Callanan & Russell, 2004).

5) 상담자에 대한 도전 및 상담자와의 갈등

전환단계의 마지막 특징은 상담자에 대한 도전과 갈등이다. 집단상담을 시작할 때 집단원은 집단상담자가 전능한 신과 같은 존재가 아니라는 것을 안다. 하지만 은연중에 집단상담자에게 기적적이고 비현실적인 기대를 하게 된다.

과도기적인 전환단계에서 집단원은 상담이 진행됨에 따라 자신의 기대와는 다른 상담자의 개인적인 모습과 전문적인 모습에 불평을 하기 시작하고 집단상담자의 능력에 대해 도전을 하게 된다. 이러한 집단원의 모든 도전이 집단상담자에 대한 공격으로 가정하는 것은 바람직하지 않으며 도전하는 집단원에 대한 집단상담자의 반응은 다음 단계로 넘어가는 과정 가운데 집단상담자에게 신뢰를 가질 것인지 아닌지에 영향을 준다.

따라서 도전이 집단상담자에게 있어 편안한 것은 아니지만 집단의 신뢰수준에 중대한 영향을 미친다는 점에 유의하여 집단원의 표현에 개방적으로 반응하고 다른 집단원의 반응도 함께 탐색하면서 건설적인 대안을 함께 논의해보는 것이 좋다. 또한, 집단상담자에 대한 도전은 집단원이 집단상담자를 시험하여 상담자의 인정에 덜 의존적이게 될 수 있는 중요한 첫 단계임을 인식할 필요도 있다(Corey & Corey, 2006).

나. 전환단계의 기본과업

1) 의존성 다루기

전환단계에서의 첫 번째 기본과업은 의존성을 다루는 것이다. 초기단계에서 주로 집단상담자가 주도적인 역할을 해왔기 때문에 집단원은 전환단계에서도 집단상담자에게 의존하려는 경향을 계속 보인다. 그래서 집단상담자에게 안내자, 지시자, 조언자, 평가자의 역할에 대해 기대하게 된다. 하지만 집단상담자는 집단활동의 책임을 점차 집단으로 옮기는 것이 바람직하다.

만약 어떤 집단원이 질문을 하면 집단상담자가 직접 대답해주기보다는 다른 집단원에게 질문에 대한 응답을 돌린다. 이러한 방식으로 집단상담자는 집단원이 서로 공감해주고 관심을 가지고 반응할 수 있도록 함으로써 집단에 집단상담자의 지도성을 나누어 가지도록 학습시킬 수 있게 된다. 집단활동 중 집단상담자가 개입을 하고 싶은 순간이 있더라도 집단상담자는 집단원 중에 그 역할을 할 사람이 나타날 것을 기대하고 집단의 과정을 신뢰하고 관망함으로써 집단원의 의존성을 해결해 나가야 한다(Knowles, 1964).

2) 저항 다루기

두 번째 기본과업은 저항을 다루는 것이다. 저항이란 집단과정 중에 집단원이 어떠한 이유에서든 불편함을 느낄 것을 회피하거나 그것으로부터 벗어나고자 하는 집단원의 행동이라고 할 수 있다(김헌수 외, 2002). 이러한 측면에서 볼 때 대부분의 집단원은 집단상담자가 주도적인 상황인 초기단계를 지나 전환단계에 이르면서 개인적인 이야기를 주제로 하여 밀접한 대인관계를 맺는다는 것에 긴장과 불안을 느끼게 될 것이다. 그리고 잘 모르는 사람들에게 자신을 드러낸다는 것이 두렵기도 할 것이다.

이런 상황으로 인해 집단원은 집단활동에 주저하게 되기도 하고 조심스럽게 반응하기도 하면서 침묵과 저항을 보이게 된다. 이러한 저항은 일종의 자기 보호를 위한 노력이라고 볼 수 있는 것이다. 따라서 집단상담자는 저항반응을 집단의 하나의 반응으로 인정해줄 필요가 있다.

저항을 다루기 위해서 집단상담자는 저항을 집단원이 어떤 모험을 감행하기 전에 자연스럽게 나타내는 반응으로 이해하고 존중하는 한편, 그것을 스스로 인정하고 처리하도록 격려하는 개방적인 집단분위기를 조성해야 한다(이형득 외, 2002).

3) 갈등 다루기

앞서 살펴보았듯이 집단상담에서의 갈등은 집단원 간에도 발생할 수 있고 집단상담자와 집단원 간에도 발생할 수 있으며 집단이 기대하던 방식으로 진행이 되지 않을 때 집단원은 집단상담자에 대한 실망감, 다른 집단원에 대한 판단과 비난으로 이어져 갈등이 발생된다. 하지만 이러한 갈등은 집단효율성의 정도, 집단의 건강 정도를 검증하는데 도움이 되며 심리적 상처나 적대감이 발생될 수도 있지만 창조적인 통찰을 통해 이전보다 더 밀접한 관계를 가질 수 있도록 하는 계기가 된다.

집단의 발달에 있어 갈등이라는 상황이 부정적인 면만 있는 것이 아니라 긍정적인 면으로 발전을 하는데 도움이 되기 때문에 갈등을 잘 다루는 것은 전환단계의 중요한 과업이라 할 수 있다. 그러므로 집단상담자는 갈등 상황에서 생산적인 효과를 얻기 위하여 집단의 갈등은 필수적인 것이며 건설적인 해결을 통해 집단이 더 건강하고 발전하는데 도움이 되는 것이라는 사실을 알 수 있도록 하며 서로의 생각과 느낌을 표현하게 함으로써 갈등을 해결해 나가도록 해야 한다(이형득 외, 2002).

4) 응집성 발달시키기

앞의 저항과 갈등을 효과적으로 잘 다루고 나면 집단의 응집성은 자연스럽게 발달되어 나간다. 응집성이란 지지하는 분위기, 유대감, 매력, 경험의 공유, 한 집단 내에서의 교류, 집단원의 결속감, 융합, 단결, 소속감, 온정과 친근함 그리고 배려와 수용 등의 내용을 포함하고 있다(Corey, 1995). 응집성이 집단상담에 필요한 많은 개념을 포함하고 있다는 점에서 살펴볼 때, 집단의 응집성을 형성하여 촉진하는 것은 전환단계에서 이루어 나가야 할 가장 중요한 기본과업이라 할 수 있다.

이러한 기본과업을 이루기 위해서는 집단상담자의 역할이 중요하다. Liberman(1980)의 연구에 의하면, 집단상담자가 응집성과 같은 목표행동에 대해 빨리 반응해주고 개입을 단순하게 하고, 직접적으로 집단원에게 반응해주고, 자극하거나 선동하기보다는 강화해주고, 집단상담자가 지나치게 말을 많이 함으로 집단원을 싫증나게 하지 않을 때 바람직한 수준의 응집성이 보장된다.

그 밖에 집단의 응집성을 촉진하는 방법에는 집단상담자의 진솔성, 공감, 무조건적 긍정적 존중 등과 같은 태도가 필요하며, 각 집단원의 독립성과 신뢰받을 수 있는 행동을 촉진하는 집단규준에 대한 이해와 실행방법들에 대한 집단상담자의 모델링, 협동적인 상호작용을 촉진, 집단원의 상호 소속감, 상호영향 및 상호애정에 대한 요구들의 충족, 집단에 대한 불안 감소, 집단상담자의 지지, 자기노출의 촉진, 고통스럽고 부적응적인 행동패턴에서 벗어나 변화하도록 돕는 것이 필요하다(Friedman, 1989).

03 작업단계

작업단계는 그동안 형성된 신뢰와 응집성을 바탕으로 각자의 문제를 내어 놓고 상호 간에 그 문제들을 탐색하고자 하는 노력과 생산적인 대안행동을 학습하고 실천하는 것이 주된 특징이다. 작업단계에 이르렀다는 중요한 신호는 바로 집단원의 자발적인 참여인데 이 시기에 이르면 집단원은 집단상담자에게만 의존하지 않게 되고 자발적인 자기개방과 피드백을 교환하게 된다.

이 단계에서는 지금-여기 상황에 초점을 두며 다른 갈등이 발생하면 억누르지 않고 직면을 통하여 직접적이고 의미 있는 상호작용을 한다. 이러한 특징이 나타나는 작업단계에서는 집단상담의 궁극적인 목적인 집단원의 행동변화를 촉진하는 것에 대한 집단원 상호 간에 도움을 주고받으므로 행동변화를 일으키는 것이 기본과업이다. 이러한 과업을 위한 작업단계에 필요한 과정이 바로 자기노출과 삼성의 정화, 비효과적인 행동패턴 다루기, 바람직한 대안행동 다루기이다. 그러면 작업단계의 특징과 기본과업들에 대해 구체적으로 살펴보면 다음과 같다.

가. 작업단계의 특징

1) 신뢰감과 응집력

작업단계에서는 집단원이 신뢰할 수 있는 집단을 만들기 위해 서로 노력하고 치료하면 응집성이 증가한다. 작업단계에서의 신뢰감은 초기단계의 신뢰보다 더 깊은 수준에서 스스로를 탐색하도록 격려하며 응집력은 문제나 어려움을 나누는 과정을 통해 그 수준을 더 높여나간다. 집단원 간의 신뢰감과 응집력의 수준이 높아질수록 집단원은 비판을 두려워하거나 자신의 실수를 두려워하지 않는 높은 수준의 자기개방을 이끌어 낸다. 이렇게 점차 저항과 방어적인 태도가 줄어들어 집단 내에서 자신의 고통과 문제들을 토의하고 이를 직접적이고 효율적으로 다룰 수 있게 된다(Corey & Corey, 2006; Corey, Corey, Callanan & Russell, 2004).

2) 자기개방과 피드백 교환

작업단계에서는 자기개방과 피드백 교환이 자발적으로 이루어진다는 것이 두 번째 특징이다. 집단원은 집단상담자에게 의존하는 것이 아니라 스스로 자신이 가지고 있는 것을 내어 놓고 집단상담자의 개입이 없이도 피드백이 자유롭게 이루어진다. 그리고 이러한 피드백은 어떠한 방어나 저항 없이 정직하고 직접적으로 주고받는다. 이는 앞서 살펴본 신뢰감과 응집성의 수준이 높아짐에 따라 집단원이 각자의 삶에서 겪고 있는 심각한 문제까지도 집단에 내어 놓고 자신에게 피드백을 주는 집단원의 이야기를 기꺼이 받아들일 수 있게 되었기 때문이다.

3) 지금-여기 초점

이 단계에서는 지금-여기에 초점을 두는 것을 특징으로 한다. 작업단계에서 생산적인 집단의 신호는 집단원이 자신들이 현재 느끼고, 하고 있는 것에 대해 이야기하는 것이다. 혹 집단원이 집단 외부의 사람들과의 문제를 탐색한다 할지라도, 집단원은 문제에 대한 자신의 현재의 느낌과 생각을 다룬다. 또한 집단원은 삶에서 중요한 사람들이 마치 현재 이 방에 있는 것처럼 상징적으로 다룸으로써 과거로부터의 문제를 현재로 가져올 수 있게 된다.

4) 갈등의 불가피성 인정과 적극적 해결

전환단계를 지나오면서 집단원은 서로 간의 갈등에 대해 더 깊이 이해하게 되고 그것에 대해 토의하며 해결되는 과정을 배우게 된다. 즉 갈등이 발생해도 집단원은 그 갈등을 회피할 필요가 없다는 것을 배우게 되는 것이다.

그리고 작업단계에서 다른 집단원과의 더욱더 활발한 상호작용에 의해 갈등이 발생된다는 것을 인정하게 된다. 즉, 갈등을 최소화하거나 회피하지 않고 집단원 간 혹은 집단원과 집단상담자 간의 적극적인 해결을 위해 노력하게 된다.

이러한 측면에서 볼 때 작업단계에 이르러서는 갈등이라는 것이 무시되어야 하는 것이 아닌 집단상담 활동의 핵심이 된다는 것을 깨닫게 된다. 만약 다른 집단원을 비난하거나 분위기를 흐리거나 문제행동을 보이는 집단원이 있을 경우, 그 문제행동을 없애기 위해 중지하도록 하거나 그 집단원을 배제하는 것보다는 그러한 문제행동에 대해 집단원이 대처하는 방식을 배울 수 있도록 자연스럽게 두는 것이 좋다(Corey & Corey, 2006).

5) 새로운 행동에 대한 도전과 실천

초기단계와 전환단계로부터 작업단계를 구분하는 주된 특성은 새로운 행동에 대한 도전과 실천으로 집단원은 이제 자신의 문제를 집단에 이야기할 수 있게 되고 문제의 해결을 위한 집단상담자와 집단원의 새로운 대안들을 신뢰하고 그 대안들을 따르는데 덜 방어적이 된다. 집단원 간의 자유로운 의사소통을 통해 새로운 행동에 대한 대안을 탐색하고 결정하여 집단에서의 연습을 통해 집단 밖의 상황에서 도전과 실천을 할 수 있게 된다.

6) 정서의 교환

작업단계에서 집단원은 자신에 대해서 신뢰할 뿐만 아니라 다른 집단원에 대해서 자신의 마음을 보다 쉽게 표현하게 된다. 집단원은 정서의 표현과 관련된 작업에 참여하고 건설적인 방식으로 표현된 정서를 볼 기회를 가지게 되어 자신의 감정표현에 대해 정직하게 이야기하고 의미 있는 상호작용이 이루어진다.

나. 작업단계의 기본과업

1) 자기개방과 감정의 정화

다른 집단원에게 자신을 알리고자 하는 의지는 집단상담의 모든 단계마다 나타나지만 작업단계 동안에는 좀 더 자주 나타나게 된다. 집단상담자는 자기개방을 통해 집단원이 다른 사람들에게 자기 스스로를 가장 잘 알릴 수 있는 방법을 가르치고 촉진시킬 필요가 있다. 자기개방 자체가 중요한 것은 아니지만 자기개방은 집단 내의 대화를 터주는 수단이 되며, 집단원은 자신을 개방함으로써 더 깊은 자기를 인식할 수 있게 된다.

작업단계에서 한 집단원이 개인적인 문제를 드러낼 때 집단은 공감과 자기개방을 통해 그 문제와 관련된 여러 가지 억압된 감정을 표출하고 풀 수 있도록 도울 필요가 있다. 감정의 정화를 경험하는 것은 기분 좋은 일이고 그 자체만으로도 치료의 효과를 가진다(Yalom, 1975; Wheeler et al., 1992).

감정의 표현은 신뢰감과 응집성을 높이기 때문에 집단상담에서 중요하기는 하지만 감정 정화 작업만이 진정한 작업이라는 선입관은 바람직하지 않다. 이는 감정을 표현하지 않는 집단원으로 하여금 자신이 집단에 참여하지 못한다는 생각을 하도록 할 수 있기 때문이다. 때때로 집단상담 과정 중에 감정을 표현하는 집단원에게 위로하고 지지하는 반응을 통해 상처를 싸매려 하거나 충고나 해결책을 제시하려고 하는 집단원이 있다면 이러한 행동을 나타내는 집단원에 대해서는 부드럽게 저지하고 감정을 표현한 그 집단원이 집단에서 충분히 수용되는 경험을 하도록 도와야 한다.

억압된 감정을 가지고는 자신이나 타인 또는 주변 환경에 대해 객관적으로 인식하고 통찰하기 힘들다. 그러므로 집단상담자는 집단원의 문제를 다룰 때, 집단이 여유를 가지고 그 감정에 공감을 해주도록 돕고 유사한 자신들의 경험을 내어 놓도록 격려하여 억압된 감정을 충분히 표현하고 정화하도록 촉진해주어야 한다.

2) 비효과적인 행동패턴 다루기

감정의 표현을 통해 북받쳐 오르는 감정을 계속 작업해 나가는 것은 매우 중요하다. 나아가 그러한 경험이 갖는 의미를 이해하고 그 이해를 바탕으로 이제는 집단원으로 하여금 당면한 문제에 대한 자신의 비효과적인 행동패턴을 탐색하고 이해하여 수용하도록 하는 작업을 하도록 도와야 한다.

집단원이 이제까지 타인이나 주변 환경에 초점을 두어 감정을 토로하였다면, 이제는 초점을 자신에게로 돌려 행동을 탐색하여야 한다. 그러기 위해서는 집단상담자가 직면을 하거나 효과적인 피드백을 통해 집단원으로 하여금 비효과적인 행동패턴을 탐색, 이해하고 수용하는 단계까지 갈 수 있도록 도와야 한다. 처음에는 누구든지 직면과 피드백을 회피하려고 한다.

집단상담자는 이때 집단원이 자기이해를 위해 자신의 문제를 취급받기 원하는지에 대한 확인을 통해 동의를 구해야 한다. 동의를 구한 집단원의 문제를 가지고 직면과 피드백을 할 때 집단상담자는 상대방을 판단하거나 공격하는 것이 아니라 자신의 반응을 나누어 가지는 방식으로 도와야 한다. 이를 위해서는 집단상담자가 시범을 보이는 것이 효과적이다(이형득 외, 2002).

3) 바람직한 대안행동 다루기

집단원이 자신의 감정을 정화하고 비효과적인 행동의 패턴을 깨닫고 수용한 이후에는 바람직한 대안행동을 탐색하여 선택하고 학습하는 작업을 가져야 한다. 대안행동을 효과적으로 다루는 것은 작업단계의 핵심적 과제라 할 수 있다. 집단상담의 궁극적인 목적은 집단원의 바람직한 행동으로의 변화를 위한 것이기 때문이다.

집단원이 문제에서 빠져나올 대안행동을 찾고자 할 때 집단은 문제해결을 위해 바람직한 대안행동을 함께 찾기 시작할 수 있다. 브레인스토밍을 통해 자유롭게 대안을 제시하고 가능성과 효과성을 논의하여 적절한 대안행동을 선정한다. 바람직한 대안행동이 선정되면 대안행동에 대한 학습을 위해 집단상담자는 집단원으로 하여금 자신 및 상대방이 되어 역할연기를 통해 넓은 시각을 가질 수 있도록 도와야 한다.

이러한 일련의 과정을 통해 집단상담자는 집단원으로 하여금 변할 수 있다는 믿음인 희망을 가질 수 있도록 격려하는 것이 좋다. 그리고 과거의 희생양이 아니라 새로운 결정을 내릴 수 있는 존재라는 것을 통해 선택에 대한 자신감과 변화할 수 있고 앞으로 더 나아질 수 있다는 확신을 심어주어야 한다.

집단의 지지와 격려로 집단원이 바람직한 행동을 학습하게 되면 집단은 그로 하여금 새로 학습한 대안행동을 집단 밖의 문제 상황에서 조심스럽게 시도해보도록 한다. 이를 위해 집단상담자는 과제를 부여하거나 다음 모임 때 실천여부와 실천결과에 대하여 다른 집단원에게 보고하도록 할 수 있다. 실천결과를 보고하게 하는 것은 집단원으로 하여금 집단과 집단상담자의 기대에 부응하고 인정을 받고 싶어 하는 동기를 자극하여 실천 가능성을 높일 수 있다. 그리고 집단원의 보고를 들은 후에는 성취한 결과에 대해 아낌없는 인정과 격려를 해주어야 하며 부족한 점은 다시 논의하고 연습하는 과정을 통해 새로운 대안행동을 완전히 익힐 수 있도록 도와야 한다(Corey & Corey, 2006; Corey, Corey, Callanan & Russell, 2004).

04 종결단계

집단원이 초기에 내어놓았던 문제에 대한 해결책을 찾았거나 통찰하게 되어 안정된 상태에 이르게 되면 집단상담은 종결단계에 이르게 된다. 집단상담에 있어 초기단계만큼이나 종결단계도 중요하다. 왜냐하면 새로운 대안행동에 대한 학습이 공고하게 되고 행동계획이 형성되는 시기이기 때문이며 그리고 집단원이 자신들에 대해 알게 된 것과 결정을 내리는 일에 충분한 시간을 갖지 못한다면 집단원은 배운 것을 사용할 수 있는 기회가 감소되기 때문이다. 또한 집단원이 혹시 해결하지 못한 문제들을 어떻게 종결해야 하는지에 대한 방향도 없이 떠날 수 있기 때문이다(Corey, 1995). 이처럼 종결의 중요성을 감안할 때 종결단계에서는 아래와 같은 중요한 기본과업들을 가지게 된다.

가. 종결단계의 특징

1) 복합적 감정 소유

종결단계에 이르면 집단원은 지금까지 함께 해온 집단원과 헤어져야 하는 데서 오는 분리감과 상실감을 경험하게 된다. 이러한 경우에는 그 감정에 대해 초점을 맞추어 확인하고 탐색해야 한다. 그리고 분리감과 상실감 외에도 집단에서 새롭게 형성한 대안행동들을 실제 생활에서 잘 적용할 수 있을지에 대해 두려움과 의구심을 갖게 되는 동시에 집단에서의 성취감, 앞으로의 삶에 대한 기대감이 섞여 복합적인 감정을 가지게 된다. 이처럼 복합적인 감정을 가지고 있는 집단원에게 집단상담자는 이러한 감정을 자유롭게 표현하고 감정을 직면할 수 있도록 도와주며 앞으로의 실제 생활에서의 적용에 대해서 지지와 격려를 해주어야 한다(Corey & Corey, 2006).

2) 소극적 참여

종결단계에 접어들면서 집단원은 이제 집단의 마지막을 예상하여 집단활동에 소극적인 참여를 하게 된다. 그래서 집단활동의 강도가 점점 줄어들게 되는데 이는 종결을 앞두고 새로운 문제에 대한 제시를 꺼리게 되거나 앞서 살펴본 복합적인 감정으로 말미암아 현실 수용을 거부하려는 일종의 저항이 나타나기 때문이다. 집단상담자는 이러한 경우에 이별에 대해서 받아들이고 또 다른 시작을 알림으로 집단에서 새롭게 배운 행동들을 실제 생활에서도 계속적으로 확장해 나갈 수 있도록 도와야 한다.

나. 종결단계의 기본과업

1) 분리 감정 다루기

집단상담의 초기단계에서는 집단상담자가 집단원에게 두려움이나 기대감을 이야기하도록 격려하여 집단원 간의 신뢰를 형성하는데 주력했다면, 상담이 종결에 이르면서도 집단원이 자신의 감정을 표현하는 것은 매우 중요하다. 집단원은 분리에 대해 두려움이나 불안감을 가질 수 있기 때문이다.

처음으로 집단에 참여하여 불안했던 집단원이 있었다면 집단을 떠나는 것도 처음 집단에 참여하는 것만큼 두려운 일이기 때문이다. 이 시기에 집단상담자는 집단원에게 이러한 느낌을 표현할 수 있도록 시간을 주고 집단원 간에 아쉬움을 공유하도록 도와야 한다. 그리고 이렇게 느끼는 일체감은 집단활동을 열심히 한 결과라는 것을 인식시켜 줄 필요가 있다(이형득 외, 2002).

2) 집단상담의 효과 검토하기

집단이 종결단계로 향해 갈 때 집단상담자는 모든 집단원에게 집단에서 자신이 배운 것은 무엇이고 어떻게 그런 점을 배우게 되었는지 돌아보게 하여 집단원이 자기성장 또는 행동변화를 각자 검토해보도록 하는 일은 중요하다. 이 집단이 어떤 면에서 최고였는지, 깨달은 사실 중에 가장 의미 있는 것은 무엇인지, 집단경험 중에 떠오르는 것은 무엇인지, 어떤 면에서 변화되었다고 생각하는지에 대한 질문을 통해 집단원이 기꺼이 무엇을 하고자 하는지 보다 잘 결정하게 할 수 있다(Corey & Corey, 2006).

그리고 집단상담자는 위와 같은 다양한 질문을 통해 집단원의 경험을 보다 명확히 하고 자신들이 스스로 깨닫게 된 것을 구체적이고 명확한 용어로 표현하게 함으로 자신들이 깨우친 것을 일상에 더 쉽게 적용하고 유지할 수 있도록 할 수 있다.

3) 미해결 과제 다루기

집단을 떠날 때는 집단경험에 대한 긍정적인 느낌과 학습한 대안행동을 실제 생활에서 실행할 수 있다는 기대감과 희망을 가지고 떠나도록 하는 것이 바람직하다. 이를 위해서 집단상담자는 집단원 간의 관계나 집단의 과정 및 목표에 관련한 미해결 과제 또는 미진사항이 없는지를 확인하고 작업하는데 시간을 할애해야 한다. 아직 자신의 문제가 완전히 해결되지 못한 집단원에게는 그 문제를 토의할 수 있도록 격려해야 한다.

미해결 과제가 있는 집단원 중에는 이미 늦었기 때문에 접어두자는 태도를 보이거나 늦었지만 노출하여 다루자는 생각을 할 수도 있다. 이때 자신의 과제가 미해결되어 노출된 경우 전체 마무리에 영향을 줄 수 있어 무시하거나 중단시키기보다는 지금 이대로 끝나게 되면 매우 후회가 될 것 같이 느끼고 있는 집단원에게 어떤 점이 가장 후회가 될 것 같은지, 후회가 될 내용을 구체적으로 물어서 집단원의 마음을 공감해주고 지금 이 시기에는 충분히 다루기가 어렵다는 것을 이해시켜야 한다.

그럼에도 불구하고 계속 다루어주어야 하는 문제인 경우에는 집단이 끝난 후 개별적으로 도와주거나 다른 전문가에게 의뢰하는 것이 바람직하다. 모든 사람들을 만족시키기에는 늦었을지라도 미해결 문제로 인해 집단원을 애태우게 놔두는 것은 바람직하지 않으므로 집단원이 편안한 마음으로 집단을 떠날 수 있도록 도와주어야 한다(이형득, 1979; Corey, Corey, Callanan & Russell, 2004).

4) 피드백 주고받기

피드백은 집단상담 매 회기마다 주고받는데 이때 주고받는 피드백은 타인에 대한 자신의 실험적 행동을 평가하는데 도움이 되지만 종결단계의 피드백은 지금까지 관찰해온 집단원의 행동변화를 최종적이고 종합적으로 표현하는 것이 특징이다.

집단상담자는 통합에 초점이 맞추어진 분명한 피드백, 개인에게 마무리를 지을 수 있는 기회를 제공하는 방향으로의 건설적인 피드백이 주어질 수 있도록 도와야 한다. 이제 와서 가슴에 담아둔 부정적인 생각을 풀어놓는 것은 바람직하지 못하며 긍정적인 측면에 초점을 두고 피드백을 할 수 있도록 하는 것이 바람직하다.

피드백을 주고받는 방법에는 여러 가지가 있지만 그중에서도 한 집단원을 두고 집단상담자와 다른 집단원이 한 명씩 돌아가면서 피드백을 해주고 해당 집단원은 감사한 표시만 한 후 마지막에 종합적으로 요약하여 반응하는 형식으로 진행하는 것이 효과적이다(이형득, 1979; Corey & Corey, 2006; Corey, Corey, Callanan & Russell, 2004).

5) 추수과정 인식과 작별인사

집단의 종결 후 집단원은 지지집단 없이 새로운 환경에서 집단에서 배운 것을 매일의 생활에 적용하는데 어려움을 겪기도 하고 좌절을 하게 될 수도 있다. 그래서 집단상담의 마지막 시간에는 집단원이 상담을 통해 새로운 시작을 계속해 나가도록 돕기 위해 앞으로의 다짐을 쓰게 할 수 있다.

이 다짐은 집단원이 상담이 끝난 후 자신들의 목적을 성공적으로 달성하기 위한 대략적 계획이 된다. 그리고 집단 내에서 한 집단원을 골라 다른 집단원에게 자신의 진척 상황을 알리게 함으로써 책임감뿐만 아니라 지지해주는 시간을 통해 용기와 도움을 받을 수 있도록 해주는 것은 좋은 방법이다. 혹은 추수모임이 계획된다면 각 집단원은 다시 모여 자신들의 다짐을 재평가하는 것도 좋은 방법이 된다. 그래서 집단원에게 후속 모임에 참여하는 것이 얼마나 중요한 것인지를 강조하는 것이 필요하다(Corey & Corey, 2006).

최종 마무리에 앞서 집단상담자는 집단원에게 이번 집단상담은 하나의 계기에 불과하며 행동을 변화시키기 위해서는 지속적인 노력이 필요하다는 것과 학습한 행동을 가정, 직장, 사회에서 실행할 때는 지혜롭게 천천히 시작하며 주위로부터 오해를 사거나 배척받을 가능성도 있다는 사실에 대해 언급한다. 그러고는 모두가 손을 잡고 이별을 위한 또는 앞으로의 다짐을 위한 노래를 하거나 집단상담자와 집단원이 서로 언어적, 비언어적 반응을 통해 작별인사를 나눔으로 집단의 전 과정을 마감한다.

06장 chapter 초등학교 집단상담

01 초등학교 집단상담의 이론적 배경

가. 초등학교 상담자의 역할

초등학교는 집단상담을 하기에 이상적인 장소라고 할 수 있다. 초등학교는 1년 동안 평균 30명 정도의 아동들을 1명의 담임교사가 가르치게 된다. 그러므로 교사는 누구보다 학생들과 오랫동안 함께 공부하며 생활하게 되고 하루 동안 가장 많이 보게 되는 얼굴이 된다. 이러한 친밀한 환경에서 교사들은 각 아동들의 장·단점, 요구, 가족 형태, 가정 상황 등을 알게 된다.

중·고등학생들보다 초등학생들의 수가 적기 때문에, 초등학교 상담교사는 학교의 모든 교사와 학생들을 잘 알 수 있다. 또한 학교장, 교사, 학부모를 자주 접할 수 있다. 그렇기 때문에 초등학교 상담교사는 학생들에게 상담 서비스를 하는 데 사용할 수 있는 많은 정보를 쉽게 접할 수 있다.

초등학교 상담교사의 초점은 치료보다는 문제의 개념화와 예방이다. 그럼에도 불구하고, 초등학교 상담교사들은 학생들의 학업적, 사회적, 정서적 측면에 심각하게 영향을 주는 문제를 나타내는 아동들을 도우려고 한다. 초등학교에서 한 명의 상담교사가 맡아야 할 학생 수는 30에서 1,000명 이상이 될 수 있다. 혼자서 상담을 맡게 된 상담교사는 종합적인 생활지도와 상담 프로그램을 개발하여 실시해야 할 책임을 단독으로 지게 되거나 다소 고립되었다는 느낌을 가질 수도 있다.

그러나 학교에서 한 명의 절친한 동료교사도 없고 직업적으로 고립되어 소외감을 느끼는 초등학교 상담교사는 학교 일정 내에서 이웃하는 3~4개의 초등학교 상담교사와 협의체를 만들 수 있을 것이다. 이러한 협의체는 자문이나 협력이 요구되는 상담사례나 상황을 논의하기 위해 주말이나 방과 후에 만날 수 있을 것이다. 또한 각 학교에서 번갈아가면서 만날 수도 있고 이메일이나 전화로 연락을 취할 수 있을 것이다. 필요할 때 도움을 받을 수 있다는 사실은 상담교사에게 직업적으로 안전하고 바람직하다.

중・고등학교 상담교사에 비해 초등학교 상담자는 보다 개인상담, 집단상담, 그리고 교실 내 생활지도를 더 많이 하게 된다. 그들은 교사들을 자문하고 학부모를 상담하고 특수아들을 도울 수 있는 학생들을 배정하는 일을 맡게 된다.

교육적 혹은 사회적으로 8~13세의 시기는 아동들의 삶에 가장 왕성하고 활발한 시기라 할 수 있다. 학교에 대한 태도는 중・고등학교에 입학하기 오래전부터 형성된다. 초등학교 상담교사들이 학습에 대한 긍정적인 태도를 형성하도록 돕는 것은 아동의 학업적 성공에 있어 매우 중요하다. 초등학교 시기에 사회적 기술이 형성된다. 초등학교 상담교사는 아동들의 사회성 발달을 점검하여 바람직한 사회적 기술을 획득하도록 조력할 필요가 있다.

집단상담은 초등학생들이 그들 또래에 의해 쉽게 영향을 받는다는 점에서 강력한 상담개입이 될 수 있다. 교사나 부모 등 어른들의 간섭을 완전히 거부하거나 약간 반항적인 아동도 또래로부터의 제안을 종종 받아들인다는 점에서 그러하다. 아동의 요구가 또래 상호작용을 통해 가장 잘 충족되기 때문에, 같은 시간 동안 한두 명의 아동을 상담하는 것보다 예닐곱 명과 함께 집단상담을 하는 것이 보다 효율적이다.

나. 초등학교 집단상담의 장점

집단원은 다른 집단원도 자신과 같은 문제를 모두 경험하고 있다는 것을 깨닫게 되는 보편성의 개념이 초등학교 아동들에게는 매우 중요하다고 할 수 있다. 부모 이혼이나 별거 혹은 사랑하는 사람의 죽음을 경험한 학생들은 집단에서 집단상담을 통해 필요한 지지를 받을 수 있다. 학교 내에서 같은 감정과 경험을 나눌 수 있는 누군가가 있다는 안도감은 상당히 교육적이며 고립감을 줄일 수 있을 것이다.

또한 집단상담은 아동들에게 이혼이나 죽음과 같은 삶의 사건을 사실적 정보로 받아들일 수 있는 나눔의 장을 제공하고 혼자만 마음으로 앓고 있는 신화나 잘못된 믿음을 줄일 수 있다. 예를 들어, 이혼을 경험한 아동들은 부모 이혼의 책임이 자신에게 있다고 생각할 수 있다. 아동 자신이 이혼의 원인이라는 오해를 가진 아동들은 부모가 재결합하기 위해서는 자신이 많은 일을 해야 한다고 느낀다. 스스로가 부모님의 재결합에 어떤 영향도 미치지 못한다는 사실을 깨달을 때, 그들은 종종 죄책감을 경험한다. 이러한 이유에서 집단상담은 잘못된 인식을 바로잡을 수 있는 기회를 제공할 수 있다.

집단상담의 분위기가 지지적이고 비심판적이어야 학생들이 자신의 감정과 생각을 표현하도록 격려할 수 있다. 집단상담은 내적 동요로 인해 주의가 분산되어 자신이 느끼고 있는 스트레스에 제대로 대처하지 못하는 학생들에게 구원의 손길이 될 수 있다. 스트레스는 흔히 학생들에게 필요한 만큼의 시간과 에너지를 학업수행에 쏟지 못하게 만들어 결과적으로 학생들이 자신의 실제 능력에 못 미치는 수준의 학업성취도를 달성하게 만든다. 그런데 학생들에게 삶 속에서 일어나는 일, 특히 자신을 소진시키거나 혼란스럽게 하는 일에 대해서 자신이 느끼고 있는 바를 표현할 수 있는 기회가 부여된다면 그들 대부분은 보다 바람직한 감정을 지닌 채 교실로 복귀할 수 있게 되고 학교생활에 보다 더 많이 집중할 수 있게 될 것이다.

교사들이 보고한 바에 따르면, 학생들은 집단상담에 참여한 결과로써 집중력이 향상될 뿐만 아니라 학습에 대한 보다 긍정적인 태도까지 갖게 되는 것으로 파악되고 있다. 또한 집단상담이 초등학생들의 대인관계 능력을 향상시킨다는 사실도 초등학교 집단상담을 통해 얻을 수 있는 이점이라고 보고되고 있다.

다. 초등학교 집단상담의 주제

초등학생들에게 적절한 주제들이 있을지라도 정기적으로 제공되어야 할 몇 가지 집단상담 주제들이 있다. 이는 대다수의 학생들이 직면하고 있는 문제들을 나타내기 때문이다. 2002년 결혼대비 이혼율을 살펴보면, 미국 51%, 스웨덴 48%, 한국 47.4%, 노르웨이 44% 순이었다(한국일보 2003년 12월 29일). 최근 통계청(2009)의 자료에 따르면, 우리나라 이혼 건수는 1970년 11,615건에서 116,535건으로 약 10배 증가하였다(통계청, 2009). 2008년 이혼 통계 결과, 현재 우리나라의 이혼비율이 50%를 초과하고 있어 모든 초등학교에서는 절망감을 경험한 아동들을 도울 필요가 있다. ADD나 ADHD로 진단받는 아동들이 증가하고 있는 현실은 그 같은 진단에 대한 학생들의 이해 및 유용한 대응전략 개발에 도움을 줄 수 있는 집단이 필요함을 말해주고 있다. ADD나 ADHD로 진단받은 학생들 대부분은 학습능력 발휘, 사회적 상호작용 수행, 주어진 과제의 체계적 정리, 교실 내 행동 조절 등에 있어 어려움을 겪는데 집단의 목표도 그러한 사안들에 초점을 맞추어야 할 것이다. 한편, ADD나 ADHD 증상의 아동들은 친교에 있어 빈번한 문제들에 봉착하는데 이러한 점에서 그들을 소위 친교 또는 사회기술 훈련집단에 참여하도록 유도할 수 있을 것이다.

친교 또는 사회기술 훈련집단(friendship or social skills group)은 모든 초등학교에 반드시 구성돼 있어야 하는 또 하나의 집단이다. 발달론적 관점에서 볼 때, 유치원 시기부터 6학년까지에 속하는 아동들에겐 사회기술 훈련이 기본적인 초점이 되고 있다. 해당 아동들은 또래와 적극적이고 건설적이며 유용한 방식으로 상호작용하는 방법을 막 배우기 시작한 단계에 있다고 할 수 있다. 예를 들어, 의견을 나눔에 있어 '정직이 최선의 방책(honesty is the best policy)'이란 가르침을 우선적으로 배운 아동들은 이제 친교 또는 사교의 차원에서 자신들의 말을 언제, 어떠한 식으로 재치 있으면서도 적절하게 표현해야 되는지를 배워야 할 필요가 있다. 이 과정에서 등장하는 타인에 대한 감정이입, 타인에 대한 민감성 같은 개념들은 아동들에게 생소하게 느껴질 수 있는데 이 같은 점에서 친교 또는 사회기술 훈련집단은 감정이입과 민감성의 표출 방법을 하나의 중점 영역으로 결부시킬 수도 있을 것이다.

암 발생 증가, 심장마비에 의한 사망 등이 증가하면서 이제 아동들도 사랑하는 사람이나 친구의 죽음으로 인한 상실감을 빈번히 경험하고 있다. 오늘날, 대도시와 도심 학교들에서는 일상적 살인사건들, 무차별 살인이 수반된 사건들, 노상 폭행사건들 등등에 대한 매스컴의 보도가 흘러넘치고 있다. 그런데 그 같은 사건들의 피해자 중에는 아동이 포함돼 있을 수도 있으며 특히 그러한 피해아동이 상담자가 재직 중인 학교의 학생이거나 그러한 학교에 그 아동의 가족 집단원이 근무를 하고 있을 수도 있다.

또한 최근 수많은 청춘 남녀들이 이런저런 이유로 결혼을 미루고 있는 추세이고, 이로 인하여 출산율이 지속적으로 낮아지고 있다. 이는 곧 40대의 나이에 초등학생 자녀를 둔 부모들이 증가하는 결과로 이어지고 있는데 이러한 가족 상황 속의 아동들은 조부모의 죽음을 경험할 확률이 매우 높다. 아동에게 있어 죽음이란 것은 매우 혼란스럽고 이해하기 힘든 개념이다. 죽음의 경험은 흔히 아동의 정상적인 기능수행에 일시적 혼란을 가져올 뿐만 아니라 아동의 학교생활, 또래관계, 개인적 감정 등에도 영향을 끼칠 수 있다. 그리고 그러한 경험이 주는 슬픔은 아동으로 하여금 공포, 불안, 의심 등의 감정을 갖게 하거나 주의가 쉽사리 분산되게 만들 수 있다. 이러한 상황일 때 소위 슬픔 치료집단(grief group)의 구성 및 활동은 아동에게 자신의 감정을 표현할 수 있게 해주며 아동으로 하여금 자기 혼자만이 슬픔을 겪고 있는 것은 아니라는 사실을 깨닫게 해준다. 슬픔 치료집단의 구성 및 활동은 심리적 귀결점에 도달하도록 도움을 제공한다는 점에서 상실감을 경험한 아동들에게는 대단히 중요한 것이 될 수 있다.

대다수의 학교가 교육에 있어서의 수월성(excellence)을 강조하고 있다. 그래서 학업 성과 달성에 대한 압박이 존재하고 있고 학년을 불문하고 모든 학생들의 학습능력 개발의 필요성에 초점이 맞춰져 있다. 이에 따라 소위 학습기술 훈련집단(study skills group)도 교사와 학부모들로부터 환영을 받고 있다.

한부모 가정, 정신없이 돌아가는 가정 내 일과, 방과후의 무수한 활동 참여, 부모의 이혼 또는 별거, 텔레비전 폭력물에의 일상적 노출 등은 오늘날 아동들의 분노, 좌절감, 과다한 스트레스 등을 증가시키는데 일조하는 요인들로 파악되고 있다. 인지론적 관점에서 볼 때 전술한 상태의 아동들은 나이가 너무 어려서 전술한 요인들과 적대적 내지 역기능적 행동 사이에 존재하는 인과관계를 제대로 이해하지 못한다. 즉, 나이가 어린 아동들은 여전히 자신들의 감정을 말로 표현하는 법을 배우는 과정에 있으며 자신의 감정을 드러내 보일 때는 흔히 눈물을 보이거나 주먹을 쥐거나 짜증을 내거나 거친 단어를 내뱉거나 하는 정도의 수준에 머물러 있다. 이런 상황에서 소위 분노조절 집단(anger management group)에의 참여는 아동에게 자신의 감정들을 분류하고 그중 어떤 것이 자신의 폭발적 반응을 초래하는지를 파악하는데 도움을 줄 수 있다. 그리고 집단상담을 통해 아동들은 실효성 있는 대응기법을 습득하고 그것을 또한 실천해볼 수가 있다. 한편, 학교폭력의 증가 양상은 학교 관리자 및 교사들로 하여금 학생들에게 갈등 해소의 방안을 교육시키는데 중점을 두도록 만들었는데 분노조절 집단이 폭력적이고 공격적인 행동을 취할 위험이 있는 것으로 파악된 학생들에게는 구원의 손길이 될 수 있다.

라. 담임교사와의 협력

상담교사가 담임교사로부터 협력을 얻어 내는 것은 집단상담에 있어 매우 중요하다. 학년 초에 담임교사가 가정환경조사를 할 때 필요한 집단을 파악하기 위하여 요구조사를 하도록 요청하는 것은 집단상담에 교사들을 바로 참여시키는 것이 된다. 상담교사가 학습지도부, 생활지도부, 교무기획부, 특수교육부 등의 부서 모임에 참여하는 것은 교사들에게 상담교사를 학생들과•관련된 공통 관심사를 함께 나눌 수 있는 한 사람의 동료교사로 인식할 수 있는 기회를 제공한다. 담임교사는 학생의 학업성취도, 교실 내 행동, 또래관계, 특정한 감정 반응 등에 관한 정보를 제공해줄 수 있는 중요한 원천이다. 상담교사는 담임교사가 제공하는 정보에 대해 감사와 존경을 표하게 되면 담임교사도 대개 상담교사에게 호의적으로 협력을 해준다. 학생이 교실을 벗어나서 편리하게 상담을 받을 수 있도록 날짜와 시간에 대해서는 담임교사와 상담교사가 미리 협의하는 것이 좋다. 그리고 상담교사는 학생들에게 가장 적절하다고 여겨지는 집단에 참여할 수 있도록 담임교사가 제시한 정보를 고려대상으로 삼아야 한다. 한편, 담임교사를 위한 요구조사의 예시는 다음과 같다.

표 6-1 집단상담 요구조사(담임교사용)

존경하는 선생님께

이번 학년도에 소그룹 집단상담을 실시하고자 합니다. 이를 위해 여러 선생님께서 맡고 있는 학생들을 위해 특별히 필요한 집단상담의 주제가 있다면 제안해주시면 적극 반영하도록 하겠습니다. 그리고 선생님께서 맡고 계신 학급에서 필요한 생활지도 프로그램이 있으시면 아래에 표시해주시기 바랍니다.

응답지는 학년별로 취합하셔서 상담실에 제출해주시면 됩니다. 바쁘신 중 협조해주셔서 감사합니다.

_____ 사회적 기술/교우기술(친구를 만들고 지키고 친구가 되는 기술)
_____ 이혼/별거(현재나 과거에 가족이 깨지는 경험을 한 아동을 상대로 정신적 외상과 감정을 극복할 수 있도록 돕는다)
_____ 학습기술(아동들이 자기능력 이하의 성적을 내거나 그들의 잠재력을 이용하지 못할 때)
_____ 학습계획(아동들이 학습계획이나 일에 대해서 보다 효율적으로 스케줄을 짜도록 돕기)
_____ 분노조절(아동들이 화 또는 공격성을 보이는 것은 본인은 물론 학교 공동체에서 문제가 될 수 있음을 느끼도록 돕기)
_____ 죽음, 임종, 그리고 상실(슬픔을 경험한 아동들을 위해)
_____ 걱정 그리고 스트레스 관리(다양한 문제를 유발하는 과도한 스트레스에 노출된 아동을 위해)
_____ 기타, 자세히 써주세요 ______________________________
특별한 생활지도 수업을 위한 요구______________________________

____학년 ____반 담임교사 ______________ (인)

※ 학년별로 취합하여 상담실로 제출해주시면 감사하겠습니다.

학생들을 대상으로 유사한 요구조사를 실시해야 한다. 읽기 능력이 결여된 아동들이 있는 학급의 경우에는 담임교사가 학급 전체 학생들에게 해당 조사의 항목들을 직접 읽어주어도 된다.

표 6-2 집단상담 요구조사(학생용)

학생 요구조사

나에게 관심 있는 모든 항목에 √ 표시하세요. 그러면 공통된 관심사를 가진 아동들과 함께 이야기를 나눌 수 있도록 하기 위해 집단상담 프로그램을 마련할 것입니다.

_____ 우정 : 친구를 만들고 유지하는데 문제가 있다. 나는 다른 사람과 잘 지내는 것을 배우고 싶다.
_____ 바나나 쪼개기 : 부모님의 별거 또는 이혼으로 매우 힘들다.
_____ 학습과 학습계획 세우기 : 때때로 학업에 집중하고 초점을 맞추기가 어려워 더 나은 도움을 얻고 싶다.
_____ 주의집중 문제 : 나의 자리에 앉아 있는 것과 선생님 말에 주목하는 것이 힘들다. 주변 사람들은 내가 주의력결핍장애라고 말한다.
_____ 죽음과 슬픔 : 가족 중에 누군가 또는 나와 매우 가까운 사람이 사망하여 너무 힘들다.
_____ 걱정 : 많은 걱정이 있다. 걱정을 줄이고 싶다.
_____ 두려움 : 어떤 것과 나를 괴롭히는 것에 두려움을 느껴서 두려움을 없애고 싶다.
_____ 분노조절 : 화가 많이 난다. 때때로 나는 내 기분을 조절하는 것이 어렵다.
_____ 기타 : ______________________________

학반________________ 이름________________ (인)

※ 작성한 용지는 담임선생님께 제출하거나 상담실 앞 상담 신청함에 넣어주세요.

마. 집단원 모집

상담교사가 계획을 잘 세웠다면 집단상담을 위해 학생들을 모집하는 것은 상대적으로 쉽다. 집단상담을 시작하기 한 주 전, 상담교사는 집단상담에 참여하는 집단원인 아동의 명단을 각 담임교사에게 통보하여야 한다. 또한 상담교사는 담임교사에게 각 집단회기의 시작 시간과 종료 시간, 집단상담 실시 요일, 계획된 회기 수, 그리고 집단이 시작하는 날과 종료일을 알려야 한다. 그래야 담임교사가 체험학습, 수학여행, 중간고사, 기말고사 등의 일정과 중복되는지를 즉시 상담교사에게 알릴 수 있게 된다.

학생들에게 집단상담을 위해 상담실을 방문해야 하는 일자와 시간을 상기시켜 주는 간편 회람(appointment skips)이 집단상담 당일 아침에 해당 학생들의 담임교사에게 전달되는 것이 좋다. 이렇게 하는 것은 교사와 학생 모두에게 예정된 집단상담을 기억하도록 하는데 보다 효과적이다. 한편, 상담교사가 상담에 출석한 집단원에게 상담에 불참한 집단원을 불러오도록 요청해야 하는 경우가 생길 수도 있다. 이 경우 대부분의 초등학생들은 그와 같은 식으로 상담교사를 돕는 데 적극적이다. 1, 2학년 학생들의 경우는 흔히 상담교사가 직접 교실을 방문하여 상담 대상인 집단원을 모아 와야 할 필요가 있다. 이때는 상담실에서 가장 멀리 떨어져 있는 교실부터 시작하는 것이 좋은데, 대상 학생들이 복도에서 낭비하는 시간을 최소화할 수 있기 때문이다.

바. 집단상담 시간

집단모임 시간의 스케줄 짜는 것은 종종 집단상담의 가장 어려운 측면이다. 상담교사는 집단상담에 참여하는 학생들의 국어, 영어, 수학 등 주요 교과의 수업시간표와 재량 시간, 점심시간, 쉬는 시간의 일과표를 아는 것이 필수다. 또 국어, 영어, 수학 등 주요 교과 시간에 집단상담 시간을 잡는 것은 피해야 한다.

상담교사는 쉬는 시간이나 체육 시간에 집단상담을 계획하는 것도 피하는 것이 좋다. 즉 학생들이 체육 활동이나 쉬는 시간 친구들을 사귈 수 있는 기회를 놓칠 수 있다는 것을 고려해야 하는 것이다. 또한 표준화된 교육청 시험을 치는 시간에 집단상담을 잡는 것도 바람직하지 않다. 담임교사는 교실에서 철저한 준비 때문에 시험을 치기 이전에 학생들을 집단상담에 참여시키는 것을 주저할 수도 있다.

사. 집단 크기

집단을 구성함에 있어 상담교사는 질적인 측면과 양적인 측면을 함께 고려할 필요가 있다. 초등학생의 경우 한 집단의 집단원 수를 6명으로 하는 것이 최대의 효과를 발휘하는데 이상적이다. 6명이면 소위 보편성(universality)의 힘을 경험하면서도 집단원 한 사람 한 사람이 집단 내 토의에 적극 동참할 기회를 충분히 갖게 하는데 알맞은 숫자이다. 집단원의 수는 5명에서 7명까지 가능하다. 성별에 있어서는 가능하면 남녀 동수로 하는 것이 가장 좋다. 동질집단 즉, 집단원이 모두 남자이거나 아니면 모두 여자인 경우에도 그 효과는 매우 클 수 있다.

학년이 중복된 집단을 구성할 필요가 있을 경우, 1학년과 2학년, 3학년과 4학년, 5학년과 6학년 등과 같은 식으로 묶는 것이 가장 좋다. 그러한 식으로 학년을 묶어야 인지발달 단계상 학생들 간의 상호교류가 충분한 수준으로 이루어질 수 있다.

한편, 우리나라 전국 초등학교에는 병설유치원이 함께 있는 경우가 많다. 그러나 초등학생을 대상으로 하는 집단상담에 유치원생을 포함시키는 것은 권할 만한 것이 아니다. 왜냐하면 유치원생들의 경우 이제 막 초등학교 환경이라는 것을 익히기 시작하는 단계에 있음으로 해서 무언가 새로운 상황이 주어지게 되면 대부분이 불안감을 갖게 되기 때문이다. 유치원생들을 그들이 평소 안전하고 든든하게 느끼고 있던 기존의 교실, 또래, 교사로부터 분리시키는 것은 비생산적인 일이 될 뿐만 아니라 그들의 불안감만 증폭시킬 수 있다. 유치원생들을 집단상담에 포함시키지 않는 또 하나의 이유는 5세 아동들의 경우 그저 현재 교실에 속해 있는 것으로 사회적 기술이라든가 교실 내에서의 적절한 행동에 대해 가장 잘 배울 수 있기 때문이다. 따라서 유치원생들에겐 기존 교실 내에서의 지도가 매우 바람직하며 그 같은 지도만으로도 집단상담 시간에 제공되는 정보나 수행되는 활동과 유사한 것들을 경험하게 할 수 있다.

집단상담은 8회 정도로 실시하는 게 이상적이다. 상담 대상 집단의 집단원 간 결속감과 신뢰감은 집단상담이 최초 3회기를 거치는 동안 형성되며 4회기부터 8회기까지는 집단원 간 공유와 협력의 정도가 심화된다. 8회기에 걸친 집단상담은 4월에 1회기를 시작하여 7월 여름방학이 시작될 무렵에 마지막 8회기가 마무리된다. 그런 다음에는 제2회차 집단들을 대상으로 여름방학이 시작되는 7월말 다시 1회기를 시작하여 여름방학이 끝날 무렵인 8월 말에 마지막 8회기를 마무리할 수 있다.

아. 집단상담 규준

집단상담의 1회기 때 집단상담자는 집단원에게 집단구성의 목적을 설명하고 집단상담 중 수행해야 할 활동들에 대해 개괄적으로 설명해야 한다. 그런 다음 클럽이나 게임의 경우와 마찬가지로 집단에 적용될 규준을 정하는 것이 중요함을 집단원에게 설명해야 한다. 이때 그러한 규준을 집단원이 직접 수립해보도록 권유하는 것이 바람직하다. 이렇게 함으로써 집단원은 정해진 규준이 곧 자기 자신의 것이라는 느낌을 갖게 될 뿐만 아니라 자신들이 소속 집단에 일정한 기여를 하고 있다는 생각을 가지게 된다.

규준 내용들 중에 다른 집단에서 적용되었던 내용이 들어 있다면 그러한 사실도 집단상담자와 집단원이 함께 공유해야 한다. 한편, 집단에 적용되는 규준에는 '모두가 의견 공유 및 집단 참여의 기회를 고루 가질 수 있도록 집단원이 교대로 발언할 것', '다른 집단원이 이야기하고 있는 도중에 끼어들지 말 것', '비밀을 유지할 것' 등의 내용이 포함될 수 있다. 여기서, 집단상담자는 집단원 모두가 비밀유지의 개념을 이해하고 있는지 확인해보면서 집단 내에서 이야기된 내용은 집단 내에서만 머물러야 한다는 점을 집단원에게 주지시켜야 한다. 더불어 집단원 간에 비밀유지에 대한 토론을 해보게 할 필요가 있다. 이 과정에서는 집단 내에서 이야기된 내용을 집단에 속하지 않은 누군가에게 발설하는 것이 왜 나쁜 것인가를 보여주는 사례들을 제시해 보여주는 것이 좋다. 이러한 토론은 집단 내에서 집단원 간의 감정이입을 촉진시키는 좋은 기회가 될 수 있다.

한편, 집단상담자는 집단이란 것이 누구라도 감정을 솔직하게 공유할 수 있는 편안한 공간이 되어야만 한다는 점을 집단원에게 강조하면서 각 집단원에 대해 동일집단 내 다른 집단원을 도울 수 있는 자세를 갖추도록 독려해야 한다. 이 과정에서는 소위 지지체계(support system)라는 것이 무엇인지 그 개념을 설명해주면 좋다. 더불어 집단상담자는 집단원에 대해 기존에 수립돼 있는 규준이 아닌 또 다른 규준을 구상해볼 수 있도록 허용하면서 그로부터 새로이 도출된 내용들을 기록해 두어야 한다.

집단상담자는 각 집단원별로 포트폴리오를 만들기 위한 폴더(double-pocket folder)를 준비하는 것이 좋다. 거기에는 집단에 적용되는 규칙과 집단상담

각 시기의 계획 내용이 담기게 될 것이다. 해당 폴더는 집단상담자로 하여금 집단원에 대한 기록을 충실히 작성, 유지해 나갈 수 있게 해줄 것이다. 집단상담의 각 시기를 시작하는 바람직한 방법 중 한 가지는 집단원에게 규준내용을 제시한 후 그중 하나를 읽어보도록 하는 것이다. 예를 들면, 집단원의 규준 중 하나인 비밀유지에 대해 언급하게 하고 거기에 더하여 비밀유지가 의미하는 바가 무엇인지 설명해보도록 하는 것이다.

집단원으로 하여금 '집단 내에서 이야기된 내용은 집단 내에서만 머물러야 한다.'라는 문장을 이구동성으로 읽도록 하는 것이 비밀유지를 강조하는 하나의 방법이 될 수 있다. 집단상담의 초기단계에서는 이런 저런 규준이 왜 중요한지 이야기해보도록 집단원에게 질문을 던져볼 수도 있는데 이 과정은 몇 분 정도밖에 소요되지 않으면서도 집단원이 규준내용에 대해 서로 가르쳐 주고 보완해주는 행동들을 취할 수 있게 해준다.

자. 집단 이름 정하기

집단원은 그들 집단의 이름을 정할 수 있다. 집단상담자는 집단의 이름을 정하기 위해 집단원으로부터 추천을 받을 수 있을 것이다. 각 학생들에게 집단의 이름을 제안할 기회를 준 후, 순서를 정해 다수결로 결정할 수 있다. 집단상담자는 가장 많은 표를 받은 집단의 이름을 정한다. 학생들이 추천하여 정할 수 있는 집단의 이름의 예시를 살펴보면, 감정 클럽, 우정활동 클럽, 작은 방 큰 테이블 클럽, 마음 클럽, 멋진 우정 클럽, 청룡 클럽, 평화 만들기 클럽, 좋은 우정 클럽 등이 있다.

차. 예상되는 특정한 문제들

1, 2학년 아동들은 장시간 오래 앉아 있는 것을 힘들어한다. 하지만 만들기 과제를 포함시키거나 멀티미디어를 이용한 발표 과정을 포함시키면 40분에 달하는 시간이라도 견뎌낼 수 있다. 게임이나 몸을 움직일 수 있게 하는 활동들도 그들의 관심을 유지시키는데 효과적인 전략이 될 수 있다. 주의집중 시간이 짧은 1, 2학년 아동들의 경우 장시간의 깊은 대화를 해낼 수 있

는 능력이 없다. 그들에게는 집단규칙에 포함되어 있든 없든 교대로 발언을 해야 한다는 점과 다른 누군가가 이야기하는 도중에 끼어들어서는 안 된다는 점을 상기시켜 주어야 하며 이것이 그나마 실효성이 가장 큰 방안이라 할 수 있다.

한편, 집단원에게 충실한 경청자가 되어야 한다는 점과 집단상담 주제와 관련된 자신의 경험을 다른 집단원과 공유해야 한다는 점도 상기시켜 주어야 한다. 또한 나이가 어린 아동들을 대상으로 하는 집단상담에서는 매 회기마다 오로지 한 가지 주제에만 초점을 맞추면서 아동들에게 주제와 관련된 실질적 경험들을 충분히 해볼 수 있도록 해야 한다.

집단원 중에는 이따금 집단 내에 다루어지고 있는 주제에 자신이 매달릴 필요가 없다는 이유를 들면서 집단에 머무르기를 원하지 않는다고 말하는 경우도 있을 수 있다. 그 같은 집단원에 대해서는 일단 기존에 진행 중인 집단상담 회기 동안에는 집단 내에 머물러 있도록 독려해야 한다. 이후 며칠이 경과한 다음 집단상담자가 해당 집단원과 개별적으로 만나 집단을 떠나고 싶어 하는 이유가 무엇인지 이야기를 나누어보아야 한다. 다만, 집단에 참여하지 않겠다는 의사를 굽히지 않는 경우에는 그 같은 결정을 존중해 주어야 한다. 집단에 머무르지 않겠다는 집단원이라도 집단상담자가 긍정적 상호작용을 해 두면 그것이 해당 집단원으로 하여금 앞으로 있을 집단상담 참여나 개인상담에 참여할 수 있도록 하는 토대가 될 수 있다.

나이가 아주 어리거나 끊임없이 몸을 움직이거나 주의력이 결핍돼 있는 학생들은 집단상담을 실시하기가 대단히 어렵다. 그러한 학생들을 다루는데 있어 효과적인 방법 중 한 가지가 빙고 칩(bingo chips)을 활용하는 것이다. 이야기에 귀를 잘 기울인다든지 눈 마주침을 행한다든지 집중하고 있는 상태임을 몸짓으로 표출해 보이는 등의 적극적인 친교 기법을 이용하는 아동이 있을 경우 그 아동 앞에 놓인 테이블에 빙고 칩 하나를 주는 것이다. 이와 관련하여 집단상담자는 집단원이 행할 수 있는 바람직한 행동이 무엇인지 특정해서 명시할 수 있으며 그와 같은 바람직한 행동을 취할 시 빙고 칩을 통해 묵시적 인정이 주어질 것이라는 점을 집단원에게 말해줄 수 있다. 또한 집단원에게는 빙고 칩과 관련해 '빙고 칩을 옮기면 그 순간 빙고 칩을 잃게 된다.'라는 규칙을 알려주어야 한다. 이는 빙고 칩을 만지지 못하게 함으로써 빙고 칩 자체가 주의력 분산의 수단이 되지 못하도록 하기 위한 것이다.

끝으로 집단상담자는 집단상담이 마무리 되는 시점에 자신 앞에 놓인 빙고 칩의 개수를 세어서 집단상담자에게 알려주어야 한다는 점을 집단원에게 주지시켜야 한다. 빙고 칩의 개수는 집단상담자가 집단상담 참석자 목록에 나열된 각 집단원의 이름 옆에다 기록하게 될 것이다. 그런데 집단원 중에 빙고 칩의 개수를 헤아리지 못하는 경우가 있을 경우에는 집단상담자가 그 집단원이 지켜보는 가운데 빙고 칩의 개수를 대신 세어준다. 집단상담자는 이상에 서술된 과정을 계속적으로 실시해 나가야 하며 집단상담이 7회기에 이르렀을 때, 각 집단원이 지금까지 획득한 빙고 칩의 총 개수를 집계해야 한다.

집단원은 집단상담의 1회기에 가장 많은 빙고 칩을 확보한 아동에게 집단상담 최종 시기 때 있을 파티에 사용할 다과를 직접 고를 수 있도록 할 것이라는 사실을 미리 알려주어야 한다. 파티는 집단상담 마지막 회기의 마지막 20분 동안 진행된다. 파티의 목적은 집단원의 노력을 축하하고 그들이 배운 모든 것을 인정하는 데 있다. 이에 대해서도 집단원에게 미리 설명해주어야 한다.

각 집단원별 빙고 칩의 총 개수를 파악하기에 앞서 집단상담자는 집단원과 소위 바람직한 스포츠맨십의 요소들을 함께 고찰해보는 것이 좋다. 이와 관련하여 집단상담자는 집단원에게 "여러분들 중 누가 가장 많은 빙고 칩을 갖고 있다고 생각하나요?", "훌륭한 스포츠 선수라면 가장 많은 빙고 칩을 가진 집단원에게 어떤 말을 해줄까요?", "훌륭한 스포츠 선수라면 '아, 나는 일등을 하고 싶었고 그래서 기쁨에 발을 구르거나 입을 삐죽 내미는 행동을 해보고 싶었어!'라고 말하지 않을까요?" 등과 같은 질문들을 집단원에게 던져볼 수 있을 것이다. 최종 집계된 빙고 칩의 개수를 발표하기에 앞서 전술한 바와 같은 과정을 짤막하게나마 거치게 되면 이후 가장 많은 빙고 칩을 지닌 것으로 판명된 집단원은 정말로 순수한 축하의 기쁨을 느끼게 될 것이다.

빙고 칩의 사용은 집단상담에서 집단원의 적극적 행동을 강화시킬 수 있고 집단상담 시의 과제와 관련되지 않은 경우에도 집단원의 행동이 긍정적인 양상으로 나타나도록 하는데 도움을 줄 수 있다. 또한 집단원에게 수 세기(counting)를 학습할 수 있는 기회와 바람직한 스포츠맨십에 바탕을 둔 자질을 습득하고 실천해볼 수 있는 기회를 제공해줄 수 있다.

가장 많은 빙고 칩을 가진 것으로 확인된 집단원은 다과 선택에 있어 종종 나머지 집단원의 도움을 구하게 되는데 집단상담자 입장에서는 그와 같은 협력과정을 바람직한 스포츠맨십에 바탕을 둔 자질과 적극적 친교 기법이 발휘되는 사례로 간주해 그것을 지속적으로 권장, 강화해 나가도 좋을 것이다.

02 집단상담 실시

가. 첫 회기

많은 내용들이 첫 회기에 언급되어질 필요가 있는데, 대표적인 것은 다음과 같다.

- 집단에 집단 목적을 언급하기
- 집단에 집단상담의 횟수, 일시를 안내하기
- 집단상담 회기 동안에 하게 될 활동들을 설명하기
- 다른 집단원에게 집단원 자신을 소개하도록 요청하기
- 집단을 운영할 집단규준을 설정하여 기록하기
- 집단 이름 정하기
- icebreaking 활동에 참여하기
- 집단의 주제에 관하여 사전에 정한 주제를 돌림차례법으로 이야기 나누기
- 집단 참여를 위해 필요한 동의서를 배부하기
- 오늘 집단상담에서 배운 한 가지를 이야기하면서 마무리하기

한 가지 배운 것이란 다른 집단원으로부터 배운 것이나 친밀감 형성을 위한 신체활동으로부터 배운 것이 될 수 있다. 그리고 상담자는 집단상담 각 회기를 마치고 상담실을 나가기 위해 줄을 서 있을 때 사탕, 책갈피, 스티커를 주는 것이 좋다.

나. 중간 회기

모든 집단회기에 규칙적으로 사용할 패턴을 형성해 놓는 것이 좋다. 이것은 집단의 구조화를 돕고 집단원이 구조화된 패턴에 빨리 적응할 수 있게 한다. 구조화된 패턴은 다음과 같다.

- 항상 각 집단원을 개별적으로 기쁘게 맞이하기
- 동의서를 받기
- 집단규준을 집단에 언급학고 각 규준을 안내하기
- 전 회기의 활동을 요약하고 집단이 배운 개념을 강조하기
- 집단의 주제와 관련하여 집단토의를 시작하기, 이때 집단상담자의 질문으로 시작하거나 집단원에 의해 자발적으로 시작할 수 있음
- 집중 시간이 짧은 아동들을 위해 집단 주제와 관련하여 몇 가지 활동을 계획하기
- 집단의 목표와 관련된 주제에 관하여 돌림차례법으로 이야기 나누기
- 매 회기 새롭게 배운 것과 관련하여 학생이 진술한 것과 관련된 마무리 활동하기

집단상담자는 집단상담의 매 회기가 끝난 후, 10～20분 정도의 시간을 할애하여 회기에 대한 요약서와 각 집단원별 참여 정도를 서술한 노트를 작성하는 것이 매우 중요하다. 그와 같은 요약서 및 노트 작성은 집단상담자로 하여금 각 집단원별 진전 수준을 판단할 수 있게 해줄 뿐만 아니라 아동의 행동 중에서 특히 교사나 학부모와 의견을 함께 나누어 볼 만하다고 여겨지는 유의한 행동을 파악할 수 있게 해준다. 부모가 아동의 집단 내 수행 정도에 대해 문의를 할 경우 집단상담자는 해당 아동에 대해 서술해 놓은 노트를 다시 찾아보면 된다. 분명한 것은 집단상담자가 여러 집단을 동시에 다루고 있을 경우 자신의 기억에 의존해 개개 집단원의 수행 정도를 상기해 내는 일이 불가능하다는 사실이다. 한편, 집단원별로 작성해 놓은 노트는 상담교사가 팀 미팅, 부모와의 상담, 그리고 집단원을 관찰해온 외부 치료사와의 협의 등에 참석할 때에도 활용할 수 있다.

한편, 집단상담자로서는 집단상담 회기 중 집단원의 활동 결과물들을 모

두 보관해 두고 싶을 것이다. 이것을 가능하게 해주는 것이 각 집단원별로 준비되어 있는 폴더이다. 집단상담의 매 회기가 끝난 후, 집단원인 아동들로 하여금 그들 자신의 폴더를 집에 가져갈 수 있도록 허용하지 말아야 한다. 이는 폴더를 분실할 경우 비밀유지의 어려움과 활동의 지속성을 방해한다는 점에서 그러하다. 폴더를 사용할 경우에는 한쪽에는 집단원인 학생의 활동 결과물을 보관하고 나머지 한쪽에는 각 회기별 집단상담 주제에 관한 설명을 담은 요약서(summary sheet)를 넣어두면 된다. 요약서는 집단상담의 각 회기에 행해진 일들을 아동의 부모에게 개괄적으로 알려주는 역할을 한다. 집단상담이 종결되는 시점에서 각 집단원은 자신의 폴더를 집으로 가져갈 수 있다. 또한 요약서는 집단상담에 대한 궁금증에 대해 답을 제시해준다는 점에서 부모들이 상담교사에게 전화를 거는 횟수를 실질적으로 줄이고 학교상담에 대한 신뢰감을 높일 수 있게 된다.

다. 마지막 학기

상담자는 6회기에 집단원에게 단지 2회기가 남아 있다는 것을 언급해야 한다. 7회기에는 집단상담의 마지막 회기가 바로 다음 주라는 것을 알려서 집단원이 집단 종결을 준비하도록 하는 것이 중요하다. 마지막 회기의 주요 활동은 다음과 같다.

- 집단원을 개별적으로 기쁘게 맞이하기
- 전 회기의 활동을 간단히 요약하기
- 주제와 관련하여 간단한 활동하기
- 집단 주제나 활동과 관련하여 느낌을 나누기
- 집단상담 평가서를 배부하여 완성하기, 만약 문자해독이 어려운 아동이 있다면, 집단상담자가 집단상담 평가서를 그 아동에게 읽어주어 집단상담 평가서를 완성하도록 돕기
- 집단원의 집단상담 중 활동 내역을 담은 폴더를 각 집단원에게 배부하기
- 집단상담을 마무리하는 과정으로서 집단원으로 하여금 소속 집단에 대해 마음에 들었던 점과 집단이 자신들에 어떤 식으로 도움이 되었는지에 관해 이야기 나누기
- 축하 파티하기

라. 친밀감을 위한 활동

친밀감을 형성하기 위한 다양한 활동인 icebreaker는 집단원의 마음을 편안하게 해주고 집단원 사이의 결속력을 촉진시키며 재미있는 활동이 집단경험의 출발점이 되도록 해준다. 초등학교의 상담교사는 아동들을 상담하는 데 창의성을 겸비할 필요가 있다. 상담교사에게 있어서 실효성 있는 icebreaker를 개발하는 일은 어렵지만 자신의 창의적 능력을 드러내 보이는 기회이기도 하다. 아동들의 즐거움을 이끌어 낸 icebreaker의 예시를 들어보면 다음과 같다.

① 백지 위에 그 공간을 가득 채울 정도의 크기로 방패 그림을 하나 그린다. 그런 다음 방패 그림 안에 상하좌우로 수직선을 그어 그림을 4개의 동일한 칸으로 나눈다. 4개 칸으로 구성된 방패 그림을 담고 있는 백지를 충분한 수량으로 복사하여 집단원 모두에게 배포한다. 그러고 나서 집단원에게 "옛날 사람들은 팔 보호장구로 지칭되던 방패를 지니고 다녔답니다. 당시, 방패는 그것을 지닌 사람에 대해 여러 가지를 알려주는 역할을 했습니다. 이제 여러분은 다른 사람들에게 알리고 싶은 자신에 관한 내용들로 방패를 꾸며주길 바랍니다. 우선, 방패 그림 속의 첫 번째 칸에는 여러분의 가족에 대한 내용을 그림으로 그리거나 글로 표현하면 됩니다. 가족이 여러분 자신을 돕는 내용을 표현해도 좋고 여러분이 가족 전체나 또는 가족 내 특정 집단원에 대해 좋게 생각하고 있는 바를 표현해도 좋아요. 두 번째 칸에는 여러분이 정말로 잘하는 것을 그림이나 글로 표현하면 됩니다. 야구든 축구든 미술이든 음악이든 쿠키 만들기든 다 좋답니다. 세 번째 칸에는 여러분이 최근에 읽었던 좋은 책을 그림이나 글로 표현하면 됩니다. 만약 집에서 읽었던 책이 없다면 여러분의 선생님이 학교에서 읽어주셨던 책도 괜찮아요. 끝으로 네 번째 칸에는 여러분이 많은 재미를 느끼며 행하고 있는 것에 대해 그림이나 글로 표현하면 됩니다."라고 이야기해준다. 방패 그림 속 네 칸을 채우는 과정이 끝나고 나면 각자가 표현한 것을 집단 내 모든 집단원이 차례로 돌려서 보게 하는 소위 공유의 과정을 갖는다. 집단원의 수가 많지 않기 때문에 공유의 과정에는 많은 시간이 들지 않는다.

② 종이 한 장을 세 칸이 나오도록 3등분으로 접는다. 세 칸의 맨 위에 각각 '학생', '교사', '부모'라고 제목을 붙인다. 이제 종이를 모든 집단원에게 나눠준다. 집단원에게 학생, 교사, 부모가 각자 해야 할 역할이 무엇인지 떠올려보게 한 다음 그러한 일들 중 2가지씩을 해당되는 칸별로 적어보게 한다. 그런 다음 각 집단원에게 다른 집단원 2명을 만나게 하여 그들이 각각 생각하는 학생, 교사, 부모의 역할 2가지씩을 추가하게 한다. 이제 각 집단원이 지닌 종이에는 학생으로서의 자신의 역할 6가지가 기록돼 있는 셈이 된다. 끝으로 집단원으로 하여금 종이를 서로 돌려보며 공유하게 하는데 이때 모든 사람에게 어떤 식으로 역할이 주어져 있는가에 관한 토론이 이루어질 수 있다. 이상의 과정은 소위 학습능력 및 구조화 기술(study and organization skills) 훈련집단에 적합할 것으로 판단된다.

③ 다양한 감정을 드러내는 얼굴 그림들을 그리거나 찾아서 포스터 위에 붙인다. 그림에서 표출되는 감정에는 행복감, 슬픔, 분노, 공포감, 호기심 등이 있을 수 있다. 이제 포스터를 테이블 가운데에 올려놓는다. 한 집단원에게 빙고 칩 하나를 건네주고 그것을 포스터 속 얼굴 그림 중 하나에 내려놓게 한다. 그런 다음 칩을 내려놓은 그림 속에 표현된 감정에서 어떤 상황이 연상되는지 그 감정을 불러일으키는 일에는 어떠한 것이 있는지 집단 전체를 대상으로 이야기를 해보게 한다. 이상의 과정을 집단원 모두가 한 사람씩 차례대로 행하게 한다. 한편, 상담자가 자신이 빙고 칩을 처음 내려놓는 역할을 하고 그런 다음 칩을 내려놓은 그림 속에 표현된 감정을 모든 집단원 앞에서 직접 지어 표현해보는 것도 괜찮다.

④ 사람의 전신을 그릴 수 있도록 A4 용지를 나누어주고 집단에 다음과 같이 말한다. "먼저 그려진 사람의 배 부분에 네가 걱정하는 것에 대해 그리거나 써라. 오른쪽 다리 부분에 친구들의 이름을 써라. 왼쪽 다리 부분에 너를 화나게 만드는 것을 써라. 머리 부분에는 네가 고민하고 있는 것을 쓰고, 왼쪽 팔 부분에 누군가가 너를 미치게 하는 것이 무엇인지 써라. 그리고 오른쪽 팔 부분에 때리거나 육체적인 상처 없이 너의 화를 표현하는 방법을 써라." 이 활동은 분노조절 집단을

위해 특히 유용하다. 신체 각 부위에 적을 수 있는 내용은 집단의 주제에 따라 얼마든지 다양할 수 있다.

초등학교 상담교사가 부모 별거나 이혼을 경험한 아동들을 위해 집단을 운영하는 것은 바람직하다. 상담교사 입장에서는 담임교사들로부터 피드백을 받아보고 싶을 수도 있을 것이다. 상담교사는 각 시기별 집단상담의 주제를 개괄한 요약서를 담임교사들과 공유함으로써 학생들이 어떤 주제와 어떤 능력에 초점을 맞춰 집단상담에 참여했었는지를 담임교사들이 파악하게 할 수 있다. 그리고 상담교사로서는 학생들이 집단상담 후 교실 내에서 주목할 만한 행동변화를 보였는지 담임교사들에게 답변을 요청할 수도 있다.

마. 집단상담을 위한 일반적 고려사항

초등학교 상담교사가 집단상담을 계획, 실행, 평가할 때 일반적 고려사항을 살펴보면 다음과 같다.

① 실수를 두려워하지 않는다. 집단상담자가 아동들에 대해 적극적 이해와 진정한 배려의 자세를 표출해 보인다면 아동들은 집단상담자의 실수에 대해 용서의 자세로 대응을 할 것이다. 초등학교 아동들은 대체로 무엇인가에 대해서 판단을 내리려 하기보다는 그것을 용인하려 하는 쪽에 가깝다. 아동들에 대한 배려와 관심에 있어 진정성을 표출해 보이는 것, 그것은 집단상담자와 아동들 사이에 긍정적 관계가 수립될 수 있도록 하는 강력한 토대이다. 아동들은 집단상담자의 진정성을 쉽게 감지해내며 그것에 대해 신뢰와 열린 마음으로 보답한다. 이 신뢰와 열린 마음은 집단의 효율성에 있어 필수적인 요소들이다.

② 준비하고 또 준비한다. 집단상담 시작에 앞서 8회기에 달하는 집단상담 회기 전체에 대한 진행계획을 완벽하게 마련해 두어야 한다. 그런 다음 매 회기 집단상담 때마다 해당되는 진행계획에 대한 5～10분간의 사전 재검토 시간을 갖는다.

③ 집단상담에 필요하다고 판단되는 모든 자료들을 모아서 손이 쉽게 닿을 수 있는 곳에 둔다. 아동들은 무엇인가를 만지기 좋아하고 또 호기

심이 많기 때문에 눈에 보이는 것들에 대해 질문을 던질 것이다. 집단 내에서 사용될 자료들은 실제 사용되기 전까지 집단원에게 일부러 보여줄 필요는 없다.

④ 집단역동과 집단원의 개인차에 대해 인식한다. 집단원 중에는 집중을 잘 못 하고 쉽게 주의가 산만해지는 아동이 있기 마련이다. 이러한 아동을 집단상담자 바로 옆자리에 앉혀두면 더욱더 자기가 속한 집단으로부터 벗어나려 할 수도 있다. 한편, 집단상담자에게는 어떤 행동에 노력을 쏟고 있는 아동 옆 자리에 그 행동을 이미 숙달한 상태에 있는 집단원을 역할모델로서 앉힐 필요가 있다. 그리고 부끄럼을 타는 아동의 경우 상담자의 바로 옆자리에 앉혀두면 심적으로 더 편안함을 느끼게 될 수도 있다.

⑤ 집단상담자는 집단상담 장면에서 집단원 간의 정보 교환의 촉진자이어야 한다. 아동들에게는 또래로부터 배우는 것이 성인의 지도를 통해 배우는 것보다 더 효과적일 뿐만 아니라 그 같은 효과도 더 오래 지속된다.

⑥ 각 집단원은 저마다의 장점을 지니고 있으며 다양한 정보를 집단 전체와 나눌 수 있는 능력을 가지고 있다. 유능한 집단상담자는 집단원 간의 공유 폭이 최대가 될 수 있도록 해주는 방식으로 집단 내에서의 활동을 계획하고 토론을 이끌어야 한다.

⑦ 집단상담자는 집단원에게 전달되는 내용 중 중요한 사항은 반복적으로 이야기해야 하고 집단원이 나타내는 반응에 대해서는 칭찬을 해주어야 한다. 또한 집단 내에서 토의된 내용을 요약 정리해야 하고 집단원이 지닌 문제에 대해 집단원 자신이 그 해법을 직접 찾아보도록 조력해야 한다.

⑧ 아동은 모델로부터 배우기 때문에 집단상담자는 중요한 역할모델이다. 따라서 집단상담자는 적극적 경청 기법의 모범이 돼야 하고 집단원을 존중의 자세로 대해야 한다. 뿐만 아니라 집단원을 비난해서는 안 되고 집단원이 방해받지 않고 자신의 의사를 표현할 수 있게 해주는 환경을 조성해야 한다. 집단상담자에 의한 모델 역할은 집단원에게 특정 행동을 자신들의 대인관계 기법의 한 영역으로 결부시키게 하는 자극제가 된다.

⑨ 집단상담자는 일부 집단원에겐 집단이란 환경이 처음 경험하는 것일

수도 있지만 그 같은 집단원도 진정으로 관심을 보여주는 사람에게는 자신들의 생각과 감정을 진솔하게 드러내 보인다는 사실을 인식해야 한다. 또한 집단상담자는 집단원이 집단상담 과정에서 접하게 되는 대인관계 기법들이 성인들이 아동들을 대할 때 일상적으로 사용하는 대인관계 기법들과는 확연히 다를 수도 있다는 사실을 기억해야 한다. 이와 같이 확연히 다른 대인관계 기법들을 접하게 될 경우 집단원은 서로 다른 의사소통 유형들이 그 효과에 있어 어떤 차이점이 있는지 비교해볼 수 있는 기회를 제공받게 된다.

표 6-3 담임교사 평가서 예시

담임교사 평가서

수신 : 교사 이름 일자 :
발신 : 상담자 이름
안건 : 집단상담
주제 :

다음 학생 ○○○은/는 상기 주제에 따른 8주간의 집단상담 과정에 참여하였습니다. 집단상담 과정이 마무리되어 각 회기별 주제와 활동내용을 개괄한 요약서(summary sheet)를 별도로 첨부하였습니다. 선생님께서 집단상담에 대한 평가 의견을 제공해주시길 부탁드리며 해당 학생의 태도나 행동에 주목할 만한 변화가 있었는지에 대해서도 말씀해주시기 바랍니다. 이와 관련, 다음 질문들에 답변해주시기 바랍니다.

1. 나는 유의한 개선/변화를 목격하였다(해당 학생의 이름을 적어주십시오).
2. 나는 약간의 개선/변화를 목격하였다(해당 학생의 이름을 적어주십시오).
3. 나는 아무런 개선/변화도 목격하지 못했다(해당 학생의 이름을 적어주십시오).

요약서는 보관하셔도 됩니다. 단, 본 평가서에 대해서는 답변을 하신 후 제게 제출하여 주시거나 상담실 우편함에 넣어주십시오. 바쁘신 중이신 데도 선생님의 협조에 감사드리며 선생님이 맡으신 학급의 학생이 집단상담에 성실히 참여할 수 있도록 해주신 점에 대해서도 감사를 드립니다.

2011년 ○월 ○일
○○초등학교 상담교사 ○○○ 드림

바. 학습과 조직화 기술

상담교사는 만일 학생들이 공부하지 않는다면 어떤 일이 발생할지, 좋은 교육을 받는 것이 왜 중요한지에 대해 토의할 수 있을 것이다. 효과적인 학습기술과 교사기대는 집단에서 토의를 위한 좋은 주제이다. 좋은 공부습관을 위한 제안들은 다음과 같다.

① 학업에 관한 토의 : 누가 일을 하나요? 왜 우리는 일을 해야 하죠? 부모님은 어디서 무슨 일을 하시는지 생각해보세요. 숙제, 공부, 역할분담, 책임 등과 같이 학교에서 하기로 기대되는 여러분의 일에 대해 생각해보세요. 여러분의 부모님이 일을 하기 위해 직장에 가는 것과 마찬가지로 여러분도 똑같이 여러분의 일을 해야겠지요. 그런데 여러분의 일은 학교에서 배우고 여러분이 할 수 있는 한 좋은 성적을 얻는 것이지요.

② 학업을 위해 매일 규칙적으로 정해진 시간을 계획하라. 여러분 자신에게 충분한 시간을 주고 숙제와 공부가 끝날 때까지 다른 것은 하지 마라. 학업을 가장 우선순위에 두어라.

③ TV, 컴퓨터 게임, MP3, 스마트폰, 라디오 등 주위를 산만하게 하는 것들을 곁에 두지 마라. 텔레비전을 보고 음악을 듣거나 여러분을 산만하게 하는 어떤 것을 하면서 공부를 하지 마라.

④ 한번 공부하기로 마음먹고 앉았을 때 가능하면 모든 숙제를 해라. 그러나 만일 피곤하다 느낄 때는 5분 정도 쉬어라.

⑤ 공부하기 편안한 장소를 선택하라.

⑥ 조도를 밝게 하여 공부하라.

⑦ 공부할 때, 포스트잇을 이용하여 자신의 말로 필기하면서 읽어라.

⑧ 공부한 것을 이해했는지 확인하라. 이해하지 못했다면 다시 읽고 읽은 것에 집중하라.

⑨ 모든 숙제가 완료되었는지 확인하라. 부모님 또는 보호자에게 숙제를 확인 받아라.

⑩ 학교를 나가기 전에 부여된 모든 숙제를 알고 있는지 확인하라. 공책에 부여된 숙제를 적어두는 것이 좋으며 각 숙제의 마감 일자를 기록하라.

학업을 조직화하는 것이 중요한 이유, 조직화하지 않았을 때의 결과, 몇몇 사람들에게 조직화가 어려운 이유, 어떻게 더 잘 조직화할 것인지에 대해 토의하라. 집단원 중 한 사람에게 "조직화를 잘하는 누군가를 알고 있나요?", "그 사람이 조직화를 잘하도록 만드는 것은 무엇인가요?", "여러분이 보다 조직화를 잘하기 위해 어떻게 해야 할까요?"라고 질문하라. 집단원에게 어떻게 조직화 되었을 때 공부를 잘하고 있다고 느끼는지, 보다 조직화를 잘하기 위해 무엇을 시작할 수 있는지를 질문하라.

집단원에게 자신의 책상을 정리 정돈하도록 하는 것도 하나의 과제가 될 수 있다. 먼저 집단원이 어떻게 자신의 책상을 정리 정돈할 것인지 질문해야 한다. 여기서 중요한 것은 먼저 계획을 세워야 무엇을 할 것인지를 알게 된다는 점이다. 담임교사에게 이러한 과제에 대해 알려야 하고 해당 학생의 과업을 확인하도록 요청하고 확인 후 피드백을 주도록 요청할 수 있다.

좋은 학습기술과 조직화하는 방법에 대한 학습은 교실 생활지도에서 중요한 주제가 된다. 때때로 담임교사는 학생들 스스로 공부와 정리 정돈하는 법을 알고 있을 것이라 생각한다. 그러나 실상은 그렇지 않다. 학교에서 좋은 공부습관의 형성은 빈번히 간과하거나 덜 강조된다. 이러한 주제에 관한 학교차원의 학급 생활지도 지침은 학급 생활지도 프로그램의 하나로서 상담교사에 의해 고려되어야 할 중요한 것이다.

사. 도전

초등학교 상담교사는 학생, 교사, 학교행정가를 위해서 중대한 역할을 한다. 초등학교 상담교사는 바쁘고, 아동들의 삶을 다루면서 아동들의 가족에게도 영향을 끼치는 일을 하는 직업에 종사한다. 그들은 가정과 학교 사이에서 가교 역할을 한다. 초등학교 상담교사의 철학은 만남을 통해 어떤 방식으로든 아동들에게 유익할 수 있도록 하는 것에 기초하고 있다. 초등학교 상담은 중・고등학교 상담에서 일어나는 상담 유형의 하위 버전이 아니다. 초등학교 상담과 중등학교 상담은 분명 유의미한 차이가 있다. 초등학교 상담은 독특하고 특성화되어 있다. 초등학교 상담교사의 도전은 중・고등학교에서 오히려 악화될 수 있는 문제를 정의하고 예방하는 것이다. 집단상담은 종합적인 생활지도와 상담 프로그램의 중요한 부분이다. 초등학교 상담교사는 학교의 교육목적 달성을 위한 중요한 역할을 맡고 있다.

07장 chapter 초등학교 집단상담 프로그램

01 '멋진 우리' 집단상담 프로그램

가. 목적

본 프로그램은 학생들이 지향해야 할 대표적인 덕목들 중 정직, 배려, 자기조절에 중점을 두고 이러한 덕목들을 인지, 정서, 행동의 3가지 영역에서 균형 있게 익힐 수 있도록 구성하였다. 이를 통해 덕목 실천의 동기와 의지를 키우고, 생활 속에 적용할 수 있는 구체적인 행동방법을 익히는 데 있다.

나. 프로그램 회기별 활동내용

회기	프로그램명	활동주제	활동내용
1	반갑다, 친구야	프로그램에 대해 이해하기	• 본 프로그램의 목표와 프로그램 활동과정에서 필요한 규칙이 무엇인지 안다.
2	신기한 문방구	진실한 마음, 더불어 사는 마음, 자기를 다스리는 마음 배우기	• 정직, 배려, 자기조절과 같은 덕목이 기본 바탕이 되어야 함을 깨닫는다.
3	훌훌 터는 기쁨	진정한 친구가 되기 위해, 거짓말을 하지 않기 위해 노력하기	• 거짓말의 의미, 심리적 배경 등에 대해 이해한다.
4	혼자는 이제 그만	서로의 관심과 노력을 통한 배려의 진정한 힘 깨닫기	• 혼자됨의 의미와 어려움을 인식하고, 서로에 대한 관심과 노력을 통해 배려의 필요성과 기쁨을 이해한다.
5	관심은 기본	상대에 대한 관찰과 더불어 관심, 배려의 즐거움 깨닫기	• 상대방의 관찰 경험을 통해 타인을 새롭게 인식하는 계기를 갖고, 집단원 서로 간에 배려의 즐거움과 유익함을 깨닫는다.
6	더불어 사는 마음	타인과의 더불어 사는 마음을 알기	• 배려받고 싶은 상황에 관한 역할극을 통해 더불어 사는 마음을 실천하는 것이 무엇인지 안다.
7	잠깐맨	'화'를 다스릴 수 있는 방법을 익히기	• 화나는 감정을 다스리는 방법과 화가 나는 상황에서 조절하는 방법을 배워 학교생활에 적용한다.
8	수호천사	타인에게 배려하는 행동과 도움 주는 행동의 의미 깨닫기	• 수호천사 게임을 통해 친구들에게 배려받는 행동과 도움 주는 행동의 값진 의미를 깨닫는다.
9	멋진 우리	자신의 긍정적인 자아상 찾기	• 프로그램의 참여를 통해 자신에 대해 새롭게 느낀 점, 변화된 점, 앞으로의 결의를 확인하고 다지는 시간을 갖는다.

다. 프로그램의 실제

제1회기 : 반갑다, 친구야!

<table>
<tr><td>프로그램명</td><td colspan="2">반갑다, 친구야!</td><td colspan="2">1회기</td></tr>
<tr><td rowspan="2">활동 주제</td><td colspan="2" rowspan="2">• 자신에 대해 생각해보는 시간을 가짐으로써 정서인식 능력과 표현능력을 발달시킨다.
• 자기개방의 기회를 가질 수 있으며, 집단원 간에 사회적 관계 형성 기술을 발달시킨다.</td><td>장소</td><td>상담실</td></tr>
<tr><td>시간</td><td>40분</td></tr>
<tr><td>활동 목표</td><td colspan="4">• 본 프로그램의 목표 및 프로그램 진행과정에 대해 이해한다.
• 자기소개와 촉진 활동시간을 통해 집단원 간에 관심을 갖게 된다.
• 우리의 다짐 시간을 통해 프로그램의 활동과정에 필요한 규칙이 무엇인지 안다.</td></tr>
<tr><td>지도 단계</td><td colspan="2">활 동</td><td>시간(분)</td><td>준비물</td></tr>
<tr><td>도입</td><td colspan="2">1. 본 프로그램의 목표 및 프로그램 진행과정에 대해 이야기한다.
2. 프로그램 내용을 안내한다.</td><td>10</td><td></td></tr>
<tr><td>전개</td><td colspan="2">1. 자기소개 통! 통! 통! <활동지 1-1>
-먼저 지도자가 시범을 보이고 한 집단원에게 공을 넘겨주면서 자연스럽게 활동을 시작한다.
-고무공을 가진 집단원은 자신의 이름, 별칭, 집단상담 참여 동기, 집단상담에 대한 기대 등을 포함하여 자유롭게 자기소개를 한다.
-그러고 나서 소개를 듣고 싶은 다른 집단원을 향해 간단한 말이나 질문을 건네면서 고무공을 가볍게 던진다.
-공을 받은 집단원은 질문에 대해 간단한 응답을 하고 나서 자기 소개를 한 후 다른 집단원에게 질문을 하면서 공을 건넨다.

2. 느낌 나누기
-자기소개 내용을 떠올리면서 어떤 생각과 느낌이 들었는가?
-친구의 자기소개 내용을 들으면서 어떤 느낌과 생각을 가졌는가?

3. 우리의 다짐 <활동지 1-2>
-집단원은 1회기가 끝날 때, 활동지에 있는 '우리의 다짐'의 내용을 읽는다.
-각 집단원은 이 프로그램에서 지켜야 할 규칙이 무엇인지, 그러한 규칙이 왜 필요한지 함께 이야기를 나눈다.
-프로그램을 경험하는 도중에도 필요에 따라 규칙을 새로 정하거나 추가할 수 있다.
-규칙에 대한 합의가 끝나면 각자 서명한다.

4. 느낌 나누기
-자리에 앉아 차분한 마음으로 프로그램 활동을 하면서 얻은 생각과 느낌을 생각한다.
-각자 느낀 점을 이야기하고 그 공통점과 차이점을 비교해보면서 본 프로그램의 의미가 무엇인지 정리하는 시간을 갖는다.</td><td>25</td><td>활동지, 필기도구</td></tr>
<tr><td>정리</td><td colspan="2">1. 활동내용 정리하기
2. 다음 회기 내용에 대해 공지한다.</td><td>5</td><td></td></tr>
</table>

제2회기 : 신기한 문방구

프로그램명	신기한 문방구	2회기	
활동 주제	• 진실한 마음, 더불어 사는 마음, 자기를 다스리는 마음을 배운다.	장소	상담실
		시간	40분
활동 목표	• 마음을 사고 파는 구매과정을 통해 학생들이 생각하는 진정 멋있는 사람이 되기 위해서는 진실(진실한 마음), 배려(더불어 사는 마음), 자기조절(자기를 다스리는 마음)과 같은 덕목이 기본 바탕이 되어야 함을 깨닫는다.		
지도 단계	활 동	분	준비물
도입	1. 활동목표를 제시한다. 2. 프로그램 진행내용을 설명한다.	5	필기도구, 이름표
전개	1. 활동 -집단원이 모두 볼 수 있는 자리에 무대를 마련하고 지도자는 문방구의 주인이 되고 문방구의 특징을 소개한다. -집단원 각자 멋있는 사람으로 성장하기 위해 문방구에서 살 수 있는 자신에게 필요한 마음이 무엇인지 탐색한다. -문방구 주인은 무대 위에 올라온 집단원이 어떤 마음을 원하는지 구체적으로 말하게 하고, 원하는 마음을 얻고 난 뒤의 상태를 상상하게 한 후 그 사람에게 마음을 준다. -그 대신 집단원은 멋있는 사람이 되는데 방해가 되는 자신의 마음 한 가지를 주인에게 되판다. 2. 문방구 체험 정리하기 -앞서 칠판에 쓴 내용들을 보며 누가 어떤 마음을 샀는지 다시 한 번 살펴본다. 이때, 지도자는 집단원이 선택한 마음들이 대부분 '진실한 마음', '더불어 사는 마음', '자기를 다스리는 마음'이라는 3가지 마음과 기본적으로 통한다는 것을 설명한다. -지도자는 진실한 마음, 더불어 사는 마음, 자신을 다스리는 마음을 적은 색도화지를 칠판에 붙인다. -집단원이 산 마음이 3가지 마음 중 어디에 속하는지 자유롭게 발표한다. 3. 마음의 유목화 방법 **<활동지 2-1>** -집단원은 신기한 문방구에서 다양한 마음을 요구할 수 있다. 이러한 마음을 3가지 기본적인 마음과 곧바로 연결하는 것은 부자연스러울 수 있다. 따라서 신기한 문방구를 실시할 때 집단원들이 사고 싶은 마음을 마음껏 사게 한다. 그 대신 지도자는 그 마음들이 3가지 기본적인 마음과 어떻게 연결될 수 있는지를 염두에 둔다. * 집단원이 산 마음을 유목화하는 방법 : '신기한 문방구' 활동을 실시하는 과정에서 집단원이 문방구에 와서 사고 싶은 마음을 말할 때 그 이유를 자세히 묻고 그 내용을 토대로 유목화한다.	30	활동지, 편안한 음악, 집단원 수만큼의 색도화지, 굵은 펜
정리	1. 느낌 나누기 -자리에 앉아 눈을 감고 이 시간의 프로그램 활동에 대해 충분히 돌아보고 본 프로그램의 의미를 정리한다. 2. 다음 회기 내용에 대해 공지한다.	5	

제3회기 : 훌훌 터는 기쁨

프로그램명	훌훌 터는 기쁨	3회기	
활동 주제	• 진정한 친구가 되기 위해 거짓말을 하지 않도록 노력한다.	장소 시간	상담실 40분
활동 목표	• 거짓말 투표를 통해 평소 가장 자주 그리고 쉽게 하는 거짓말이 무엇인지를 무기명 투표형식을 통해 알아봄으로써 거짓말을 하게 되는 상황을 객관적으로 볼 수 있게 한다. • 사람들이 거짓말을 하게 되는 심리적인 배경에 대한 이해와 함께 거짓말의 이면에 있는 긍정적 동기를 깨닫고 이를 다른 방식으로 실현하는 방법을 찾아본다. • 마음속에 담아두었던 거짓말의 기억을 고백 쪽지에 적은 뒤 찢어버리는 의식을 행함으로써 앞으로 거짓말을 하지 않기 위해 노력하겠다는 의지를 다진다.		
지도 단계	활 동	분	준비물
도입	• 자신이 평소 자주 하는 거짓말이 무엇인지 알아보고, 거짓말을 하게 되는 심리적인 배경에 대한 이해와 함께 마음속에 담아 두었던 거짓말을 고백해보고 앞으로는 거짓말을 하지 않을 수 있도록 한다.	5	
전개	1. 거짓말 투표 <활동지 3-1> -지도자는 집단원에게 미리 준비한 활동지를 나눠준다. -평소 자기가 또는 친구들이 가장 자주 그리고 쉽게 하는 거짓말이 무엇인지 쓴다. -집단원이 다 쓰면 잘 접어서 바구니에 담도록 한다. 투표결과를 보기 전에 무슨 거짓말이 1등을 차지했을지 맞춰보도록 한다. -투표용지를 개봉해서 결과를 본다. 과연 1등은 무엇인지, 누가 정답을 맞혔는지 등 집단원의 흥미를 유발할 수 있는 게임적인 요소를 강조한다. -지도자는 다양한 거짓말들을 5, 6가지로 유목화한다. -정답을 맞힌 사람은 상품을 받는다. -투표결과를 칠판에 정리하고 그 결과에 대해 생각하는 시간을 갖는다. 2. 느낌 나누기 3. 우리는 왜 거짓말을 할까? -집단을 3개조로 나눈다. 한 집단은 거짓말 투표에서 1위를 한 거짓말에 대해 왜 그런 거짓말을 할 수밖에 없었는지 변호를 하고, 다른 집단은 거짓말을 해서는 안 되는 이유에 대해 논박한다. 나머지 한 집단은 양쪽의 주장을 관찰하면서 어느 쪽의 주장이 더 타당한지 평가하는 역할을 한다. -세 집단의 역할을 바꿔가면서 해보거나 다른 거짓말을 놓고도 논박을 벌인다. -세 집단이 각각의 경험을 해본 뒤, '왜 거짓말을 하게 될까?'에 대해 생각을 정리하고 그중에서 긍정적인 동기를 찾아본다. -그와 같은 동기를 거짓말 이외의 다른 방법으로 충족할 수 있는 대안행동에 대해 논의한다.	30	활동지, 거짓말 투표용지, 고백 쪽지, 바구니
정리	• 다음 회기 내용에 대해 공지한다.	5	

제4회기 : 혼자는 이제 그만

<table>
<tr><td>프로
그램명</td><td>혼자는 이제 그만</td><td colspan="2">4회기</td></tr>
<tr><td rowspan="2">활동
주제</td><td rowspan="2">• 서로의 관심과 노력을 통한 배려의 진정한 힘을 깨닫는다.</td><td>장소</td><td>상담실</td></tr>
<tr><td>시간</td><td>40분</td></tr>
<tr><td>활동
목표</td><td colspan="3">• 외톨이의 입장과 외톨이를 만드는 입장을 각각 현실감 있게 느껴보고 배려 행동의 필요성을 깨닫는다.
• 서로에 대한 조그만 관심과 노력을 통해 불가능해 보이는 일이 성취 가능한 상황으로 바뀌는 과정을 경험하면서 배려의 진정한 힘이 무엇인지 깨닫는다.</td></tr>
<tr><td>지도
단계</td><td>활 동</td><td>분</td><td>준비물</td></tr>
<tr><td>도입</td><td>• 외톨이 게임, 벽뚫기 게임, 춤추는 세탁기 게임을 하는 이유와 목적을 설명한다.</td><td>5</td><td>이름표,
스티커,
필기구</td></tr>
<tr><td>전개</td><td>1. 외톨이 게임
-가위바위보로 집단원 중 한 사람을 술래로 정한다.
-술래가 아닌 집단원은 동그랗게 둘러선 다음 모두 밖을 향해 돌아선다.
-술래는 원 안에 들어간다. 게임이 시작되면 집단원 한 사람 한 사람에게 다가가서 팔을 잡거나 말을 걸면서 그 집단원이 자신과 눈을 맞추도록 노력한다.
-이때, 술래가 아닌 집단원은 술래가 다가오면 얼굴을 높이 쳐들거나, 고개를 숙이는 등 눈을 맞추거나 쳐다보지 않는다. 또한 술래가 어떤 행동을 하더라도 몸을 다른 방향으로 돌려버리고 술래가 말을 걸어와도 대답을 해서는 안 되며, 술래가 손을 잡거나 매달리면 손을 빼거나 뿌리치려고 노력한다.
-만약 집단원이 술래와 눈을 마주치거나 말대꾸를 하게 되면 술래가 된다. 술래를 교체한 후 또다시 술래를 제외한 다른 사람들이 둥근 원을 만들고, 밖을 향해 돌아서면서 게임을 진행한다.
2. 벽뚫기 게임
-가위바위보로 집단원 중 한 사람을 술래로 정한다. 술래가 아닌 집단원은 동그랗게 둘러선 다음 모두 어깨동무를 해서 술래가 안으로 들어가지 못하도록 원형의 벽을 만든다.
-술래는 밖에서 틈을 엿보면서 집단원 사이를 벌리고 벽을 뚫고 들어가려고 애쓴다.
-술래가 안으로 들어가면 다른 사람을 술래로 지적하고 또다시 나머지 집단원이 둥글게 원을 만들고 게임을 진행한다.
3. 춤추는 세탁기 <<b>활동지 4-1</b>>
-집단원은 동그랗게 서서 양손을 잡아 원을 만든다.
-먼저 얼굴이나 옷차림을 통해 오른쪽과 왼쪽에 어떤 친구가 서 있는지 확인한다.
-이제부터 집단원은 춤추는 기능을 가진 세탁기 속의 빨래가 되는데, 지도자가 '시작' 하고 외치며 신나는 음악을 틀면, 집단원들은 손을 놓고 맘껏 빙글빙글 춤을 추며 돈다.
-춤을 추며 돌다가 지도자가 '그만' 하고 외치면, 그 자리에 멈춰선 후 처음에 자신의 양쪽에 서 있던 친구를 찾아서 손을 잡는다.
-손을 놓지 말고 잡은 손 위를 넘어가거나 잡은 손 아래로 고개를 숙이고 지나가면서 본래의 원을 만든다.</td><td>30</td><td>활동지,
신나는
음악,
잔잔한
음악</td></tr>
<tr><td>정리</td><td>• 다음 회기 내용에 대해 공지한다.</td><td>5</td><td></td></tr>
</table>

제5회기 : 관심은 기본

프로그램명	관심은 기본	5회기	
활동 주제	• 상대를 관찰하고 관심을 기울여 봄으로써 배려의 즐거움을 안다.	장소	상담실
		시간	40분
활동 목표	• 상대방의 모습을 유심히 관찰하는 경험을 통해 새롭게 인식하는 계기를 갖는다. • 집단원이 서로 관심을 기울이는 과정에서 배려의 즐거움과 유익함을 깨닫게 한다.		
지도 단계	활 동	분	준비물
도입	• 칭찬세례 방법에 대해 알려준다.	5	이름표, 스티커, 필기구
전개	1. 칭찬세례 -서로 잘 보이도록 동그랗게 둘러앉는다. -둘러앉은 집단원은 한 사람 한 사람 주의를 기울여 바라보면서 어떤 장점을 갖고 있는지 생각해본다. -집단원은 4박자 박수 규칙을 연습한다. -4박자 박수 : 양손을 들고 동시에 무릎 위를 치고 나서 손바닥을 마주 친다. 그다음 왼손부터 엄지를 위로 향해 펴고 나머지 손가락은 접고, 마지막으로 오른손을 들어 엄지를 위로 향해 펴고 나머지 손가락은 접고, 마지막으로 오른손을 들어 엄지를 위로 향해 펴고 나머지 손가락을 접는 방식으로 진행한다. '하나 둘 셋 넷, 하나 둘 셋 넷' 소리를 내면서 두 번 연습한다. -4박자 박수에 맞추어 다함께 '친구 장점 말하기', '친구 장점 말하기'를 두 번 외친 뒤 먼저 지도자가 집단원 중 한 사람의 이름을 부른다. -이름을 불린 친구의 오른쪽에 앉아 있는 집단원으로부터 이름을 불린 친구의 장점을 4박자 박수에 맞추어 말하고, 이어 오른쪽으로 한 바퀴 돌아가면서 집단원 모두가 이름을 불린 친구에게 칭찬세례를 한다. -한 친구에 대해 장점 말하기를 한차례 다하고 나면, 칭찬세례를 받은 친구가 다음에 칭찬세례를 받을 친구의 이름을 외친다. 그러면 호명받은 친구의 오른쪽에 앉은 집단원으로부터 4박자 박수에 맞추어 앞서 소개한 방법대로 칭찬세례를 실시한다. 이와 같은 방식으로 집단원 모두가 칭찬세례를 받는다.	30	의자
정리	1. 느낌 나누기 -자리에 앉아 잠시 심호흡을 하고 눈을 감고 차분한 분위기를 조성한다. -본 프로그램의 의미가 무엇인지 정리하는 시간을 갖는다. -집단원의 장점을 생각하면서 느낀 점은 무엇인가? -여러 집단원으로부터 칭찬세례를 받으면서 느낀 점은 무엇인가? 2. 다음 회기 내용에 대해 공지한다.	5	

제6회기 : 더불어 사는 마음

<table>
<tr><td>프로그램명</td><td colspan="2">더불어 사는 마음</td><td colspan="2">6회기</td></tr>
<tr><td rowspan="2">활동 주제</td><td rowspan="2" colspan="2">• 타인과의 더불어 사는 마음을 안다.</td><td>장소</td><td>상담실</td></tr>
<tr><td>시간</td><td>40분</td></tr>
<tr><td>활동 목표</td><td colspan="4">• 배려받고 싶은 상황에 관한 역할극을 통해 더불어 사는 마음을 실천하는 것이 무엇인지 이해한다.</td></tr>
<tr><td>지도 단계</td><td colspan="2">활 동</td><td>분</td><td>준비물</td></tr>
<tr><td>도입</td><td colspan="2">• 몸과 마음을 편안하게 풀 수 있는 촉진게임을 실시한다.</td><td>5</td><td>이름표,
스티커,
필기구</td></tr>
<tr><td>전개</td><td colspan="2">1. 활동 <<b>활동지 6-1</b>>
-집단원은 동그랗게 둘러앉고 조용히 눈을 감는다.
-아주 사소한 일이라도 도움을 받고 싶었던 일을 한 가지 정도 떠올린다. 이때 지도자는 집단원이 충분히 생각할 시간을 주고 소재의 가능성을 많이 열어놓는 것이 필요하다.
-집단원이 돌아가면서 생각한 상황에 대해 간단하게 소개한다.
-이때 지도자는 집단원에게 '우리들 중 누가 한 이야기를 역할극으로 해보면 가장 도움을 받을 수 있을까? 혹은 가장 도움을 주고 싶은 친구가 있나요?' 등의 질문을 던져 집단원이 스스로 어떤 사례를 역할극으로 꾸밀 것인지 결정하게 한다.
-사례가 결정되면, 집단원은 가장 도움을 받고 싶었던 상황에 대해 한 장면 혹은 두 장면 정도의 내용을 꾸민다. 누가 주인공을 할 것인지 주변 인물을 누가 할 것인지 배역을 정하고 색도화지에다가 배역명을 적고 가슴에 붙여 누가 어느 역할을 담당했는지 알 수 있게 한다.
-역할극을 실시한다.
-역할극을 실시하고 나서 지도자는 각 역할에서의 생각, 감정을 표현하게 한다.
-지도자는 느낌을 나누는 과정에서 '지금 여기서 어떻게 주인공에게 도움을 줄 수 있는지'를 집단원에게 물어보고, 한 사람씩 자신이 생각한 적절한 도움 행동을 주인공에게 직접 하게 한다.

2. 느낌 나누기
-자리에 앉아 잠시 쉬면서 눈을 감고 차분한 분위기를 조성한 뒤 활동에서 경험한 느낌, 생각을 떠올린다.
-각자 입장에서 느낀 점을 토론하고 정리한다.</td><td>30</td><td>활동지,
잔잔한
음악,
필기도구,
색연필,
색도화지,
양면
테이프</td></tr>
<tr><td>정리</td><td colspan="2">• 다음 회기 내용에 대해 공지한다.</td><td>5</td><td></td></tr>
</table>

제7회기 : 잠깐맨

프로그램명	잠깐맨	7회기	
활동주제	• '화'를 다스릴 수 있는 방법을 익힌다.	장소	상담실
		시간	40분
활동목표	• 화가 났을 때, 어떻게 표현하고 '화'라는 감정을 어떻게 다스릴 수 있는지를 역할연습을 통해 배운다. • 화나는 상황을 일시적으로 지연하고 조절하는 방법을 배워 학교생활에 적용한다.		
지도단계	활 동	분	준비물
도입	• 자신이 화가 나는 일들을 떠올려보면서 생각해본다.	5	필기도구, 이름표
전개	1. 활동 <활동지 7-1> -집단원이 동그랗게 둘러앉은 상태에서 조용히 눈을 감는다. 최근 친구나 부모님 혹은 다른 사람 때문에 화가 났던 상황을 한 가지만 떠올린다. -집단원이 돌아가면서 자신이 경험한 화가 났던 상황과 그때 어떻게 행동했는지에 대해 이야기한다. -지도자는 집단원이 말한 사례 중에서 가장 관심을 많이 끈 사례를 1~2가지 선택한다. -지도자는 주인공과 상대방 그리고 주인공의 두 가지 마음인 잠깐맨(약 2명), 계속맨(약 2명)의 역할에 대해 설명하고 결정된 사례를 어떻게 역할극으로 꾸밀지 이야기한다. -주인공의 상대방(친구, 엄마, 아빠) 배역 및 잠깐맨, 계속맨의 역할을 누가 할 것인지 결정한다. 이때 잠깐맨과 계속맨의 역할은 나머지 집단원을 비슷한 인원수로 나누어 선정한다. -화나는 상황의 내용과 각 역할이 해야 할 행동이나 대사를 꾸미게 한다. 2. 역할극 -먼저 주인공과 상대방이 화가 나는 장면의 대사를 시작하고 적당한 시점에 잠깐맨과 계속맨이 끼어들어 주인공에게 말을 건낸다. 이때 주인공은 잠깐맨과 계속맨이 하는 대사를 듣고 자신의 마음을 잘 표현해주는 말과 행동이 있으면 그대로 따라 하면서 극을 이어간다. 주인공이 어느 정도 자신의 양쪽 마음을 충분히 듣고 이해했다고 느껴지면 '이제 그만' 하고 손을 들어서 역할극을 마무리한다. -지도자는 잠깐맨, 계속맨을 양쪽 끝에 세운다. 주인공을 가운데 세우고 주인공에게 어느 입장으로 마음이 더 기울어지는지 기울어지는 정도만큼 가까이 다가가게 한다. 그리고 그렇게 결정한 이유에 대해 설명하게 한다. -지도자는 주인공의 소감을 들으면서 그 의견을 존중해주되, 계속맨을 선택한 경우에는 뒤따를 수 있는 상황에 대해 생각해보게 한다. 그리고 잠깐맨을 선택한 경우, 자신의 감정을 잠깐 지연하고 다른 선택을 한 것에 대해 지지해준다.	30	활동지, 양면테이프, 잔잔한 음악
정리	1. 자리에 앉아 잠시 쉬면서 눈을 감고 차분한 분위기를 조성한 뒤 활동하면서 느낀 점을 생각한다. 2. 각 역할(주인공, 상대방, 계속맨, 잠깐맨, 관찰자, 지도자)의 생각이나 감정을 충분히 표현한다. 3. 전체 프로그램 중 두 회기가 남았음을 공지하여 적극적인 참여를 유도한다.	5	

제8회기 : 수호천사

<table>
<tr><td>프로그램명</td><td colspan="2">수호천사</td><td colspan="2">8회기</td></tr>
<tr><td rowspan="2">활동 주제</td><td rowspan="2">• 타인에게 배려하는 행동과 도움 주는 행동의 의미를 깨닫는다.</td><td colspan="2">장소</td><td>상담실</td></tr>
<tr><td colspan="2">시간</td><td>40분</td></tr>
<tr><td>활동 목표</td><td colspan="4">• 친구들의 수호천사가 되어 직접 배려 행동을 실천한다.
• 수호천사로부터 받은 여러 가지 배려 행동을 돌아보고 친구들에게 배려하는 행동과 도움 주는 행동의 값진 의미를 깨닫는다.</td></tr>
<tr><td>지도 단계</td><td>활 동</td><td colspan="2">분</td><td>준비물</td></tr>
<tr><td>도입</td><td>• 몸과 마음을 편안하게 풀 수 있는 촉진게임을 실시한다.</td><td colspan="2">5</td><td>필기도구, 이름표</td></tr>
<tr><td>전개</td><td>1. 활동
-지도자는 6회기에서 실시했던 활동을 상기시킨다.
-집단원은 서로 바라보며 자신의 수호천사가 누구라고 짐작되는지 마음속으로 떠올려본다.
-'하나, 둘, 셋!'이라는 지도자의 지시에 따라 마음속으로 떠올렸던 수호천사를 동시에 지목한다.
-자신이 생각한 수호천사가 실제 수호천사와 일치했던 경우와 자신이 생각한 수호천사가 달랐던 경우를 각각 손을 들게 하고, 지도자가 집단의 상황을 한꺼번에 파악해본다.

2. 느낌 나누기
-자신이 떠올린 수호천사는 누구이며 어떤 행동이 그렇게 느껴졌는지, 배려를 받았을 때 어떤 기분이 들었는지를 생각하여 표현한다.
-수호천사는 자신이 노력한 행동들을 구체적으로 설명하고 친구를 배려하면서 어떤 기분이 들었는지, 오랜 시간을 지속한다는 것이 어떤 심정이었는지 느낀 점을 이야기한다.
-자신이 떠올린 수호천사와 실제 수호천사가 달랐을 경우에는 서로의 심정을 이야기하고 어떤 점에서 달랐는지 의견을 나누도록 한다.</td><td colspan="2">30</td><td>색종이, 나무 젓가락, 풀</td></tr>
<tr><td>정리</td><td>• 자신만의 수호천사가 나에게 가지는 의미에 대해 각자 생각해보고 이야기를 나누어본다.
• 다음 회기가 프로그램의 마지막 회기라는 것을 공지한다.</td><td colspan="2">5</td><td></td></tr>
</table>

제9회기 : 멋진 우리

<table>
<tr><td>프로그램명</td><td colspan="2">멋진 우리</td><td colspan="2">9회기</td></tr>
<tr><td rowspan="2">활동 주제</td><td colspan="2" rowspan="2">• 자신의 긍정적인 자아상을 찾는다.</td><td>장소</td><td>상담실</td></tr>
<tr><td>시간</td><td>40분</td></tr>
<tr><td>활동 목표</td><td colspan="4">• 스스로에게 상장을 주어 자신의 장점이나 칭찬받을 만한 행동들을 찾아봄으로써 긍정적인 자신의 모습을 인식한다.
• 나에게 보내는 글을 작성하여 이제까지 품성계발 프로그램을 통해 자신에 대해 새롭게 느낀 점, 변화된 점, 앞으로의 결의 등을 확인하고 다지는 시간을 갖는다.</td></tr>
<tr><td>지도 단계</td><td colspan="2">활 동</td><td>분</td><td>준비물</td></tr>
<tr><td>도입</td><td colspan="2">• 몸과 마음을 편안하게 풀 수 있는 촉진활동을 실시한다.</td><td>5</td><td rowspan="2">필기도구, 이름표</td></tr>
<tr><td>전개</td><td colspan="2">1. 활동
-프로그램의 마지막 시간임을 상기하고, 이제까지의 활동들 중에 어떤 것들이 기억에 남는지 떠올려본다. 또한 프로그램을 마무리하고 내 자신을 돌아보며 정리할 수 있는 시간임을 염두에 두면서 그동안의 기억들을 되새겨본다.
-지도자는 앞면에는 내용이 없는 상장, 뒷면에는 자기 자신에게 보내는 글을 쓸 수 있는 활동지를 한 장씩 나누어준다.
-프로그램에서 이제까지의 자신의 모습을 돌아본 후에 칭찬받을 만한 행동이나 모습들을 떠올려본다.
-상장을 모두 작성한 것을 확인한 후 오른쪽 옆의 친구에게 자신의 상장을 건넨 후 돌아가면서 친구의 상장을 직접 수여하고 박수를 쳐주는 시간을 갖는다.
-상장 수여가 끝난 후에는 뒷면으로 돌려서 자기 자신에게 쓰는 편지를 작성한다. 이때는 프로그램을 하면서 느낀 점과 앞으로 노력해야 할 점들을 쓸 수 있도록 한다.
-집단원이 모두 따라 부를 수 있는 노래를 다 함께 부르며 프로그램을 마친다.

2. 평가지 작성과 수료식을 한다.</td><td>30</td></tr>
<tr><td>정리</td><td colspan="2">• 느낌 나누기 <활동지 9-1>
-상장을 쓰면서 어떤 느낌이었는지, 상장 문구는 잘 생각이 났는지, 자신이 쓴 상장을 친구에게 직접 받을 때 어떤 심정이었는지를 집단과 함께 나눈다.
-자기 자신에게 쓴 글을 다 마무리한 후에는 어떤 이야기를 썼는지 함께 나눈다. 이때 간단한 다과 파티를 이용할 수도 있다. 지도자는 집단원이 자신의 심정을 충분히 이야기할 수 있도록 격려하며 프로그램을 진행하는 동안 뒤로 빠져 있었던 아동들이 있었다면 이들이 자신의 의견을 표현할 수 있도록 돕는다.</td><td>5</td><td>활동지</td></tr>
</table>

1. '멋진 우리' 집단상담 프로그램 활동지

활동지 1-1	자기소개 통! 통! 통!	별칭	
		날짜	월 일

나를 소개합니다

1. 나는 (　　)학년 (　　)반　(　　　)입니다.
2. 나는 여기에 (　　　　　　　　　　)로 오게 되었습니다.
3. 나는 여기에서 (　　　　　　　　　　　　　)을 했으면 좋겠습니다.

활동지 1-2	서약서	별칭	
		날짜	월 일

우리의 다짐

1. 나는 프로그램에 열심히 참여하도록 노력하겠습니다.
(만약, 특별한 사정이 있을 경우 다른 참여자나 지도자에게 미리 알립니다.)
2. 나는 다른 친구들의 말을 주의 깊게 듣고 내 생각과 다르더라도 그 의견을 존중하겠습니다.
3. 나는 솔직하게 나의 이야기를 하도록 노력하겠습니다.
4. 나는 이 프로그램에서 들은 친구들의 이야기를 밖에서 말하지 않겠습니다.

20　　년　　월　　일　　　　서　명 :

활동지 2-1	마음의 유목화	별칭	
		날짜	월 일

〈사고 싶은 마음〉 〈사려는 이유〉 〈  〉

* 솔직함 : 다른 사람에게 자신의 있는 그대로를 표현하려 함 → 진실한 마음
* 여유로움 : 자신을 꾸미지 않는 편안한 마음을 갖는 것 → 진실한 마음
* 친절 : 다른 사람을 기쁘게 하려는 마음이 바탕이 됨 → 더불어 사는 마음
* 유머 : 다른 사람들에게 즐거움을 주려는 마음이 바탕이 됨 → 더불어 사는 마음
* 똑똑함 : 공부를 잘하고 싶다. 친구의 유혹에 빠져 놀러 다니느라 공부를 잘 못한다.
→ 자신을 다스리는 마음
* 굳은 의지 : 무엇을 하겠다고 마음먹었는데 늘 작심삼일 → 자신을 다스리는 마음

활동지 3-1	거짓말이란……	별칭	
		날짜	월 일

◈ 거짓말 투표 ◈

-집단원이 자기 잘못을 고백해야 되는 것 아닌가 하는 부담을 느끼지 않도록 최대한 즐겁고 가벼운 분위기를 유지한다.
-지도자도 집단원과 마찬가지로 거짓말을 할 때가 있다는 사실을 적절한 사례를 통해 말함으로써 집단원의 긴장감을 감소시킨다.

◈ 우리는 왜 거짓말을 할까 ◈

-지도자가 중립을 지키는 것을 잊지 않는다.
-너무 빨리 결론을 이끌어내려고 서두르거나 일방적인 강의가 되지 않도록 주의한다.

◈ 고백 쪽지 ◈

-집단원이 자신의 비밀이 철저히 보장된다는 확신을 갖도록 한다.
-'앞으로는 절대 거짓말을 안 한다.'가 아니라 '거짓말을 하지 않도록 최선의 노력을 한다.'에 초점을 맞춘다.

활동지 4-1	신나는 게임 활동	별칭	
		날짜	월 일

★ 외톨이 게임 실시

◈ 활동 시 유의사항 ◈

술래나 다른 집단원이 상대방에 대해 지나친 말이나 과격한 행동을 하지 않도록 사전 지도에 유념한다.

★ 벽뚫기 게임 실시

◈ 활동 시 유의사항 ◈

-실시 도중 술래가 포기하지 않도록 사전 지도에 유념한다.
-술래가 벽을 뚫는데 시간이 너무 소모될 수 있으므로 제한 시간을 두고 게임을 실시할 수도 있다.

★ 춤추는 세탁기 게임 실시

◈ 활동 시 유의사항 ◈

-집단원 수가 많은 경우, 본래의 원으로 돌아가는 과정에서 잘 안 풀릴 수도 있다. 이를 예방하기 위해서는 처음에 왼쪽에 서 있는 사람과 오른쪽에 서 있는 사람을 구뷴하여 확인하는 것이 중요하다.
-집단원의 숫자가 적을 때에는 너무나 쉽게 잘 풀려서 프로그램의 의미를 제대로 경험하기도 전에 게임이 끝나는 경우가 생길 수 있다. 이런 경우에는 모두 둥글게 손을 잡은 상태에서 한 사람을 선두로 손 위 아래로 넘나들면서 헝클어진 실타래처럼 복잡하게 얽는다. 지도자가 '그만' 하고 외치면, 다시 원래의 모양대로 풀어나가는 형식으로 게임을 이어나가며 충분히 경험할 수 있게 진행할 수 있다.
-프로그램이 단순한 놀이로 끝나지 않기 위해서는 느낌을 나누는 시간에 먼저 실시된 벽뚫기 게임 혹은 외톨이 게임, 춤추는 세탁기 게임의 의미와 차이를 비교하여 느낀 점을 의논하는 것이 필요하다.

활동지 6-1	역할의 선정	별칭	
		날짜	월 일

★ 도움을 받고 싶었던 상황의 장면을 자세하게 떠올려보고 시나리오를 만들어요.	
◈ 주인공의 '대사'	
◈ 등장인물의 '대사'	
◈ 배경이나 소품 등 기타 역할의 '대사'	

활동지 7-1	잠깐맨, 계속맨	별칭	
		날짜	월 일

★ 화났던 일의 내용을 아래의 칸에 적어보세요.	
◈ 잠깐맨이 해준 말과 행동	
◈ 계속맨이 해준 말과 행동	
◈ 나의 선택	

활동지 9-1	상장 수여식	별칭	
		날짜	월 일

상 장

배려상 성명 : ○ ○ ○

위의 사람은 프로그램에 참여하는 과정에서 예전과는 달리 친구들에게 많은 관심을 가지게 되었으며, 친구들의 수호천사가 되어 친구가 준비물을 가지고 오지 않았을 때 즐거운 마음으로 준비물을 빌려주는 배려 행동을 실천하였으므로 이에 배려상을 수여합니다.

년 월 일

상장주는 이 ○○○

02 집단따돌림 예방 프로그램

가. 목적

본 프로그램은 학급 집단원 간의 상호 친밀감 조성으로 함께 이해하고 도울 수 있게 하여 집단따돌림 현상을 미연에 방지하고 대처할 수 있도록 한다.

나. 프로그램 회기별 활동내용

회기	프로그램명	활동주제	활동내용
1	나를 소개하기	서로에 대한 소개 친밀감 형성하기	• 짝끼리 서로 소개하기
2	마음을 모아요	다른 사람의 어려움 생각하기	• 김밥말이, 장애 체험하기 -협력게임
3	힘 되어주기와 힘 얻기	친구에게 힘 되어주기란 무엇인가 이해하기	• 부정적 경험하기 -인사 외면하기 힘 되어주기
4	우리의 선택	따돌림 상황의 대처방법 함께 생각하기	• 우리의 선택 -역할극 실시하기
5	단점이나 고민 말하기	나-전달법의 대화방법을 익혀 원만한 대인관계 갖기	• 달팽이 길 찾기 • 친구의 단점이나 고민 말하기
6	전기가 찌르르	협동심과 단결심 기르기	• 전기가 찌르르, 원뿔 돌리기 -협력게임
7	갈등 상황에서 타협하기	별칭 부르기 갈등 상황 대처방법 익히기	• 등대고 걷기 • 허물없음에 대처하기
8	이럴 땐 이렇게	친구에게 힘 되어주기 1, 2, 3 역할극을 하며 실생활에 적용하기	• 상황극 만들기 역할극 실시하기
9	나를 사랑해요	나의 장점 발견 및 남의 장점 찾기	• 장점 찾기 • 핸드폰 문자메시지 보내기
10	나는 우리 반이 좋아요	우리 반의 장점을 찾아 자부심 가지기	• 학급자랑 작품제작

다. 프로그램의 실제

제1회기 : 나를 소개하기

<table>
<tr><td>프로그램명</td><td>나를 소개하기</td><td colspan="2">1회기</td></tr>
<tr><td rowspan="2">활동주제</td><td rowspan="2">• 프로그램 소개를 통해 서로를 이해한다.</td><td>장소</td><td>상담실</td></tr>
<tr><td>시간</td><td>40분</td></tr>
<tr><td>활동목표</td><td colspan="3">• 서로를 소개하며 친구에 대하여 알고 친밀감을 느낄 수 있다.</td></tr>
<tr><td>지도단계</td><td>활 동</td><td>분</td><td>준비물</td></tr>
<tr><td>도입</td><td>1. 이름표를 나누어주고 각자 잘 보이는 위치에 단다.

2. 전체 프로그램명이 '친한 친구 프로그램'이라는 것을 알리고 1회기 프로그램인 '내 짝은요'의 목적 등을 간단히 설명한다.

3. 표 (1)~(5)를 미리 칠판에 붙이고 하나씩 짚어본다. <활동지 1-1>

4. 친밀감 형성게임
-친구의 취향 알아보기: 두 명씩 짝을 지어 종이에 친구가 좋아하는 가수, 색깔, 음식, 발 사이즈, 장래희망 등 5-6가지를 적어 맞추게 한다.
-조별로 소지품 길게 잇기: 정해진 시간에(2-3분) 소지품을 가장 길게 연결한 팀이 우승. 시간을 정확히 지키도록 하고 묶인 상태를 확인하기 위하여 길이를 비교한다.
-1등 스티커 5장 등을 붙여준다.</td><td>5</td><td rowspan="2">활동지, 이름표, 스티커, 필기도구</td></tr>
<tr><td>전개</td><td>1. 내 짝은요
-2명씩 짝을 이룬다.
-짝에게 들은 이야기를 가지고 최대한 짝을 자랑스럽게 소개한다. 2명씩 모둠별로 모두 소개한 후 팀별 대표팀을 1-2개 정한다.
-정해진 팀이 전체 앞에 나와서 소개한다.</td><td>30</td></tr>
<tr><td>정리</td><td>1. 느낀 점 발표하기

2. '친한 친구'로 4행시 지어오기

3. 평가지 작성

4. 개인평가

5. 성적을 확인(모둠별)하여 분발하도록 하고 다음 회기를 예고하며 마친다.</td><td>5</td><td>평가지, 사탕</td></tr>
</table>

제2회기 : 마음을 모아요

프로그램명	마음을 모아요	2회기	
활동 주제	• 타인의 어려움 알아갈 수 있도록 한다.	장소	상담실
		시간	40분
활동 목표	• 협력게임을 통하여 서로 마음을 모으고 다른 사람의 어려움에 대하여 생각한다.		
지도 단계	활　동	분	준비물
도입	1. 제작: 제목(마음을 모아요) * 색상지를 적당한 크기로 잘라 만든다. 2. 제목(마음을 모아요)과 활동목표를 제시한다. 3. '이것만은 지켜요.'를 다 같이 읽고 기본약속을 환기시킨다. 4. 각 게임별 스코어에 따른 스티커 점수를 다 같이 확인하고 시작한다.	5	필기도구, 이름표
전개	1. 김밥말이: 10분 -1개 소씩 나와시 하면 소요시간을 초시계로 잰다. -매트리스를 깔아 놓은 위에 1번 주자 1명만 빼고 모든 조원이 서로 최대한 밀착하여 눕는다. 1번 주자가 누워 있는 조원들 위를 누워서 굴러간다. 끝까지 가면 마지막에 이어서 눕고 다른 사람이 굴러간다. 마지막 사람까지 가는 데 걸리는 시간을 잰다. -특히 남학생은 과격하게 굴러가서 위험할 수 있으므로 반칙 시 모둠별 스티커에서 1장을 떼어 경각심을 준다. 나로 인하여 모둠에 해가 가지 않도록 미리 주지시킨다. -최대한 앞쪽에서 시작해서 뒷부분의 공간을 확보해 놓아야 굴러가서 누울 수 있다. -최대한 공간을 길게 확보하도록 한다. 2. 장애체험: 20분 -눈 가리고 친구 도움받아 훌라후프에 공 넣기	30	매트리스 2매, 초시계, 훌라후프, 배구공, 안대
정리	1. 느낀 점 발표 (김밥말이, 장애체험을 실시하며 느낀 점 발표하기) 2. 싱직을 확인히여 부진한 조는 분발하도록 하고 다음 회기를 예고하며 마친다.	5	

제3회기 : 힘 되어주기와 힘 얻기

프로그램명	힘 되어주기와 힘 얻기	3회기	
활동주제	• 타인에서 힘이 되어주고 일상생활에 적용한다.	장소 시간	상담실 40분
활동목표	• 친구에게 힘 되어주기란 무엇인가를 이해하고 실제 생활에서 적용할 수 있도록 한다.		
지도단계	활 동	분	준비물
도입	1. 제작 제목 - 힘 되어주기와 힘 얻기 <활동지 3-1> 2. 제목(힘 되어주기와 힘 얻기, 친구에게 충고하기, 듣기)과 활동목표를 제시한다. 3. 인사 외면하기(부정적, 긍정적 경험하기) -둘씩 짝을 지어 한 사람은 정중하게 인사를 하고 한 사람은 인사를 하는 순간 고개를 옆으로 돌려 외면한다. 한 줄씩 역할을 정하고 진행자가 "인사"라고 이야기하면 한 줄은 다 같이 "안녕하세요." 하며 인사를 하고 다른 줄은 동시에 고개를 돌리면서 외면한다. 서로 역할을 바꾸어본다. -이번에는 거꾸로 "인사" 하면 한 줄이 인사를 하고 다른 한 줄도 허리를 굽혀 정중하게 인사를 같이 하며 받는다. -두 가지 경우의 느낌에 대하여 차이점을 이야기해본다. 몇 사람이 발표하며 느낌을 공유한다.	5	필기구, 활동지
전개	1. 힘 되어주기와 힘 얻기 -상황극을 만들어 시연하며 보여준다. 〈예〉 *진실 : 하나야, 너 기말고사 성적 잘 나왔니? *하나 : 나? 너는 어떤데? *진실 : 나 또 떨어졌어. *진실 : 응, 정말 걱정이야. 지난 중간고사 때 10등 떨어졌거든. 그런데 이번에 또 7등 떨어졌어. 갈수록 성적이 떨어지는데 어떻게 해야 할지 모르겠어. *하나 : 나는 이번에는 그저 그렇게 나왔는데 너 때문에 걱정이다. 어떻게 하니? *진실 : 지난번에 아버지와 이번 시험은 꼭 잘 보겠다고 약속까지 했거든……. *하나 : 너희 아버지까지 기대를 하셔서 네가 더 부담스럽겠구나! *진실 : 아버지가 뭐라 하실지 정말 막막하다. *하나 : 진실아 너무 걱정하지 말고 힘내. 아버지께서도 이번 상황을 이해해 주실 거야. 2. 같은 상황이지만 어떻게 이야기를 하느냐에 따라 친구에게 힘이 되어주기도 하고 더 이상 이야기하고 싶지 않아지기도 한다는 것을 알도록 한다. 3. 친구에게 충고하기, 듣기 -상황극을 만들어 시연하며 보여준다.	30	
정리	1. 느낀 점 발표 2. 친한 친구 4행시 결과발표 및 시상 3. 평가지 작성 4. 개인평가 5. 성적을 확인(모둠별)하여 분발하도록 하고 다음 회기를 예고하며 마친다.	5	

제4회기 : 우리의 선택

<table>
<tr><td>프로그램명</td><td colspan="3">우리의 선택</td><td>4회기</td></tr>
<tr><td rowspan="2">활동 주제</td><td rowspan="2" colspan="2">• 따돌림 상황에서의 올바른 대처방법을 안다.</td><td>장소</td><td>상담실</td></tr>
<tr><td>시간</td><td>40분</td></tr>
<tr><td>활동 목표</td><td colspan="4">• 따돌림 상황이 발생하는 경우 대처방법을 함께 생각한다.</td></tr>
<tr><td>지도 단계</td><td colspan="2">활 동</td><td>분</td><td>준비물</td></tr>
<tr><td>도입</td><td colspan="2">1. 제목과 활동목표를 제시한다.

2. ‘이것만은 지켜요.’(규칙)를 다 같이 읽고 기본약속을 환기시킨다.

3. 가해자나 피해자보다는 나머지 학생(방관자) 입장에서 어떻게 행동할 것인가에 초점을 맞춰 생각하도록 한다.

4. 모두 참여하여 협력을 잘하는 팀을 긍정적으로 평가함을 알린다.</td><td>5</td><td>활동지,
이름표,
스티커,
필기도구</td></tr>
<tr><td>전개</td><td colspan="2">1. <활동지 4-1>을 나누어주고 5가지 해결방법과 결과를 함께 의논해본다.

2. 시간을 자주 알려주어 시간 내에 활동을 할 수 있도록 돕는다.

3. 모둠별 활동이 덜 끝났더라도 시간이 되면 다음 단계로 넘어간다.

4. 역할분담 및 연습
-5가지 방법 중 가장 바람직하다고 생각하는 방법 한 가지를 선택하여 역할극을 준비한다.
-명함지를 인원수만큼 나누어주고 맡은 역할을 명함지에 써서 이름표에 붙인다.

5. 발표
-참여하지 않는 학생이 없도록 협동을 잘하는 조에 스티커를 준다.
-발표하는 내용이 잘 들리고 보이도록 마이크를 준비하는 등의 배려를 한다.</td><td>30</td><td>활동지,
마이크,
명함지</td></tr>
<tr><td>정리</td><td colspan="2">1. 모둠별 등위를 결정하며 내용을 정리해준다. 선택한 방법에 대한 부정적 평가는 되도록 삼간다.

2. 느낀 점 발표
-따돌림에 대한 생각과 느낌, 차후 발생하게 되는 경우 나의 태도 등에 대하여 이야기한다.

3. 다음 회기를 예고하고 마친다.</td><td>5</td><td></td></tr>
</table>

제5회기 : 단점이나 고민 말하기

프로그램명	단점이나 고민 말하기	5회기	
활동주제	• 나-전달법의 대화방법을 익혀 원만한 대인관계를 갖도록 한다.	장소	상담실
		시간	40분
활동목표	• 나-전달법을 실생활에서 직접 활용해본다.		
지도단계	활 동	분	준비물
도입	1. 제목과 활동목표를 제시한다. 2. '이것만은 지켜요.'를 다 같이 읽고 기본약속을 환기시킨다. 3. 달팽이 길 찾기 -두 명씩 짝을 지어 한 사람은 상대편이 연필로 길을 찾아갈 수 있도록 위, 아래, 왼쪽, 오른쪽 등 말로 방향을 설명한다. 또 한 사람은 안대를 하고 설명을 들으며 그림에 닿지 않도록 연필로 선을 그리며 길을 찾아간다. 4. 설명할 때의 느낌, 설명을 들으며 길을 찾을 때의 느낌 등을 공유한다.	5	이름표, 스티커, 필기구
전개	1. 활동지의 '당신이 위의 학생이라면 어떻게 할 것인가'를 각자 써보도록 한다. 2. 각자 적은 것을 몇 사람 발표한다. 3. 같은 상황이지만 어떻게 말하느냐에 따라 감정이 달라지는 것을 알도록 한다. 4. 나-전달법과 너-전달법을 시연해본다. <**활동지 5-1**> 5. 듣는 기술 -말을 하는 기술 못지않게 상대의 이야기를 듣는 기술도 대화에 있어 중요함을 설명한다. -내 이야기만 하려 하지 말고 상대의 말하고 싶어 하는 마음을 읽어주는 것도 중요함을 안다.	30	활동지
정리	1. 느낀 점을 발표한다. 2. 성적을 확인(모둠별)하여 분발하도록 하고 다음 회기를 예고하며 마친다.	5	

제6회기 : 전기가 찌르르

프로그램명	전기가 찌르르	6회기	
활동주제	• 협동심과 단결심을 기른다.	장소	상담실
		시간	40분
활동목표	• 협력게임을 통하여 '우리는 하나'라는 협동심과 단결심을 경험할 수 있다.		
지도단계	활 동	분	준비물
도입	1. 제목과 활동목표를 제시한다. 2. '이것만은 지켜요.'를 다 같이 읽고 기본약속을 환기시킨다. 3. 점수기준 확인:1등 스티커 5장, 2등 3장, 3등 1장임을 확인한다.	5	필기도구, 이름표, 스티커
전개	1. 전기가 찌르르:10분 -모둠별로 앉아 손을 책상 밑으로 내린 상태에서 서로 서로 손을 잡는다. -주사위를 던져(교사) 홀수가 나오면 가만히 있고, 짝수가 나오면 스타트(1번) 학생이 왼손을 쥐었다 놓는다. 다음 사람이 계속 왼쪽으로 사인을 돌려 맨 마지막 사람이 사인을 받으면 가운데 공간에 놓여 있는 인형을 빨리 집어오는 팀이 승리하는 게임이다. -가운데 공간에서 가장 가까운 자리에 앉아 있는 학생을 1번으로 정한다. -시간을 보아가면서 몇 차례 실시한다. ※ 유의사항 : 반칙을 방지하기 위해 게임 시작 전, 팀끼리 모여 사인을 정한다. 이 게임을 3회 실시한다면 1회가 끝날 때마다 모여 다시 사인 횟수를 정해서 들어간 다음 1번 학생만 눈을 뜨고 나머지 학생은 눈을 감은 상태에서 주사위를 던지며 게임을 시작한다.	30	주사위, 안대, 인형
정리	1. 느낀 점을 발표한다. 2. 성적을 확인(모둠별)하여 분발하도록 하고 다음 회기를 예고하며 마친다.	5	

제7회기 : 갈등 상황에서 타협하기

<table>
<tr><td>프로
그램명</td><td colspan="2">갈등 상황에서 타협하기</td><td colspan="2">7회기</td></tr>
<tr><td rowspan="2">활동
주제</td><td colspan="2" rowspan="2">• 갈등 상황에서의 타협하는 법을 배운다.</td><td>장소</td><td>상담실</td></tr>
<tr><td>시간</td><td>40분</td></tr>
<tr><td>활동
목표</td><td colspan="4">• 별칭 부르기, 갈등 상황에 대처하는 방법을 익힌다.</td></tr>
<tr><td>지도
단계</td><td colspan="2">활　　동</td><td>분</td><td>준비물</td></tr>
<tr><td>도입</td><td colspan="2">1. 제목과 활동목표를 제시한다.

2. '이것만은 지켜요.'를 다 같이 읽고 기본약속을 환기시킨다.

3. 등대고 걷기
-한 팀씩 나와서 실시한다.
-둘씩 짝을 지어 각자 팔짱을 끼고 서로 등을 맞대고 선다.
-눈을 감고 상대의 등이 서로 떨어지지 않게 천천히 걸으며 등의 따듯함을 느낀다.
-실시할 때 서로 배려하며 말은 하지 않고 좌, 우, 앞, 뒤로 천천히 걷는다.
-한 팀당 3분 정도씩 실시한다.

※ 상대편과 서로 팔을 끼고 밀면서 장난을 치는 경우가 있으므로 빨리 하지 않고 천천히 하며 느낌을 가져보도록 한다.</td><td>5</td><td rowspan="2">필기도구,
이름표,
스티커,
활동지</td></tr>
<tr><td>전개</td><td colspan="2">* 갈등 상황에서 타협하기 <활동지 7-1>
1. 학생들은 활동지를 가지고 작업한다.

2. 먼저 교사가 아래 문장을 읽어주고 활동지에 느낌을 적는다.

3. 갈등 상황에서 타협하기 예시를 통해 발표하고 의견을 주고받는다.

4. 갈등해결의 3가지 결과를 제시한다.
-제1의 방법 : 나 만족(너 패배)-(선생님께 이른다. 또는 야! 하지 마.)
-제2의 방법 : 너 만족(나 패배)-(그냥 참는다.)
-제3의 방법 : 나와 너 모두 만족(우리는 친구다.)</td><td>30</td></tr>
<tr><td>정리</td><td colspan="2">1. 느낀 점을 발표한다.

2. 성적을 확인(모둠별)하여 분발하도록 하고 다음 회기를 예고하며 마친다.</td><td>5</td><td></td></tr>
</table>

제8회기 : 이럴 땐 이렇게

프로그램명	이럴 땐 이렇게	8회기	
활동주제	• 친구에게 힘 되어주기 역할극을 수행할 수 있도록 한다.	장소	상담실
		시간	40분
활동목표	• 지금까지 배운 친구에게 힘 되어주기를 적절히 이용하여 역할극을 하며 실제 생활에 적용할 수 있도록 한다.		
지도단계	활 동	분	준비물
도입	1. 제목과 활동목표를 제시한다. 2. '이것만은 지켜요.'를 다 같이 읽고 기본약속을 환기시킨다.	5	필기도구, 이름표, 스티커
전개	1. 상황을 주고 모둠별로 의논하여 역할극을 한다. <활동지 8-1> 2. 친구 사귀기 5개 항목(활동지) 중에서 어느 기술을 사용할 수 있는지 생각해보고 해결방법을 의논하고 적는다. 3. *상황 1: 적용할 수 있는 기술-충고주기 *상황 2: 적용할 수 있는 기술-충고주기, 나-전달법, 경청하기, 허물없음에 대처하기 *상황 3: 적용할 수 있는 기술-힘 되어주기, 위로-격려, 경청하기 *상황 4: 적용할 수 있는 기술-충고주기, 고민 말하기, 나-전달법, 갈등타협 4. 갈등 4개를 모두 하기 어려우면 모둠별로 선택하여 하도록 한다(시간이 가능한 범위 내에서 1~2개 정도만 할 수도 있다). 5. 발표: 전원이 참여하는 팀에게 스티커를 주어 다 같이 협동하도록 한다.	30	활동지, 마이크
정리	1. 느낀 점을 발표한다. 2. 성적을 확인(모둠별)하여 분발하도록 하고 다음 회기를 예고하며 마친다. 3. 전체 프로그램 중 두 회기가 남아 있음을 알리고 적극적인 참여를 유도한다.	5	

제9회기 : 나를 사랑해요

<table>
<tr><td>프로
그램명</td><td>나를 사랑해요</td><td colspan="2">9회기</td></tr>
<tr><td rowspan="2">활동
주제</td><td rowspan="2">• 나의 장점과 타인의 장점 발견한다.</td><td>장소</td><td>상담실</td></tr>
<tr><td>시간</td><td>40분</td></tr>
<tr><td>활동
목표</td><td colspan="3">• 나의 장점을 발견하고 남의 장점도 격려해주며 자신감을 가질 수 있다.</td></tr>
<tr><td>지도
단계</td><td>활 동</td><td>분</td><td>준비물</td></tr>
<tr><td>도입</td><td>1. 제목과 활동목표를 제시한다.
2. '이것만은 지켜요.'를 다 같이 읽고 기본약속을 환기시킨다.</td><td>5</td><td>필기도구,
이름표,
스티커</td></tr>
<tr><td>전개</td><td>1. 장점 찾기 <활동지 9-1>
-색종이를 반으로 잘라 모둠별로 1인당 10장 정도씩 나눈다.
-자신의 장점이나 모둠 친구의 장점을 색종이 1장에 한 가지씩 적는다. 5분 동안 최대한 많이 적는 팀이 우승한다.
이때 신체적 장점이나 사소하다고 생각하는 것 등 무엇이든 다 장점으로 칭찬해줄 수 있음을 충분히 강조하여 짧은 시간에 많은 장점을 적을 수 있도록 한다.
-적은 색종이를 모둠별로 모두 모아서 각각 장점의 주인공에게 준다. 주인공은 각자 색종이를 적당한 모양으로 자르거나 접는 등 자신의 장점을 잘 나타낼 수 있도록 스스로 해당 신체 부위에 붙이거나 하여 독창성 있게 꾸민다.
-조별로 각자 자기 장점을 모두 소개하고 가장 개성 있게 자기 장점을 잘 표현한 사람을 뽑아 대표로 정한다.
-대표는 전체 앞에 나와 행동으로 보이거나 상징적인 행동, 색종이로 표현, 그림으로 나타내기 등을 통하여 자기의 장점을 나타내고 다른 조에서는 그 장점을 알아맞힌다.
-개성 있게 가장 잘 표현한 조에 점수를 주어 2차 평가를 한다.

2. 핸드폰으로 문자 메시지 보내기
-장점 찾기를 통해 듣고 느낀 친구의 장점이나 칭찬해주고 싶은 말을 핸드폰에 적어서 보낸다.
-모둠별로 2명씩 짝을 지어 서로 핸드폰 용지 메시지 난에 친구의 장점이나 칭찬을 한 장씩 써서 전한다. 각자 자기 것을 받아 해석 난에 해석을 써본다. 나의 장점을 새로운 방식으로 친구에게 전해 들음으로써 더욱 긍정적인 감정을 느끼고 자신감을 가질 수 있다.</td><td>30</td><td>활동지,
색종이,
가위,
테이프</td></tr>
<tr><td>정리</td><td>1. 느낀 점을 발표한다.

2. 성적을 확인(모둠별)하여 분발하도록 하고 다음 회기를 예고하며 마친다.

3. 1주간 학급의 자랑거리나 장점에 대하여 생각해보도록 한다.</td><td>5</td><td></td></tr>
</table>

제10회기 : 나는 우리 반이 좋아요

프로그램명	나는 우리 반이 좋아요	10회기	
활동주제	• 나의 학급에 대한 장점 알아보고 자부심을 가진다.	장소	상담실
		시간	40분
활동목표	• 미처 몰랐던 우리 반의 장점에 대하여 생각하고 정리하며 학급에 대한 자부심과 사랑하는 마음을 가질 수 있다.		
지도단계	활 동	분	준비물
도입	1. 제목(학급자랑)과 활동목표를 제시한다. 2. '이것만은 지켜요.'를 다 같이 읽고 기본약속을 환기시킨다.	5	필기도구, 이름표, 스티커
전개	1. 색종이를 6×6cm 정도 크기로 잘라 개인당 5장 정도씩 나누어준다. 2. 각자 우리 반의 자랑거리를 색종이에 1장당 1개씩 적는다. 3. 모둠별로 모아 비슷한 것끼리 모은다. 4. 전지에 모은 색종이를 정리하여 붙이며 그림도 그리고 글씨도 써 넣어 우리 학급자랑 작품을 멋있게 꾸민다. 5. 한 모둠씩 가지고 나와 칠판에 붙이고 1명이 설명한다. ※ 유의사항 : 발표를 마친 후 작품을 버리지 말고 교실 한쪽에 게시하여 학급을 사랑하는 마음을 갖도록 한다.	30	색종이, 풀, 사인펜, 크레파스, 전지, 상품, 상장
정리	<활동지 1> 1. 느낀 점을 발표한다. 2. 평가지 작성 : 평가지를 나누어주고 작성하도록 한다. 3. 프로그램 전체(1-10회기)를 정리하고 평가한다. 4. 성적을 확인(모둠별)하여 모둠별 1, 2, 3위와 개인 시상을 한다.	5	활동지

2. 학교생활적응력 향상을 위한 집단상담 프로그램-집단따돌림 예방 프로그램

활동지 1-1	활동을 시작하면서……	별칭	
		날짜	월 일

규칙(표1)
◈ 이것만은 지켜요!!!
* 비난하지 않아요.
* 떠들지 않아요.
* 열심히 참여해요.

상의 종류(표2)
◈ 누가 누가 잘하나
* 정열의 여인상 (적극적으로 열심히 참여한 사람)
* 요조숙녀상 (조용히 질서를 잘 지킨 사람)
* 신사임당상 (남을 배려하고 도와준 사람)

개인평가표(표3)			
이 름	정열의 여인상	요조 숙녀상	신사 임당상
김나리			
홍길동			

모둠평가표(표 4)		
우리 모둠 파이팅		
모둠명	활동	태도

제목(표 5)
친한 친구 프로그램
(전체 제목)↑
(1회기 제목)↓
내 짝은요……

활동지 3-1	상황극 실습해보기	별칭	
		날짜	월 일

힘 되어주기와 힘 얻기

상황 1
내 친구 영심이는 글씨를 못 쓰기 때문에 창피하게 생각한다. 그것에 대해서 나에게 여러 차례 고민을 털어놓았다. 그럼에도 불구하고 매사에 성실한 것 같다. 그러던 차에 영심이가 다시 글씨를 못 쓰는 것 때문에 창피하다고 하소연한다. 당신이라면 영심이에게 뭐라고 말하며 격려해 줄 것인가?

* 영심이 : 소라야, 나는 글씨가 엉망이어서 걱정이야. 나중에 논술에서도 글씨를 잘 써야 유리하다던데 정말 걱정이야.
* 소 라 : (당신이 소라라면 어떻게 말해줄 것인지 써보세요.)

* 짝에게 칭찬이나 축하, 위로 등 힘이 될 만한 말을 한 가지씩 해본다.

친구에게 충고하기, 듣기

상황 2
진실이와 혜수는 짝궁이다. 그런데 혜수는 지난번 가출한 것으로 인하여 선생님에게 찍혔다. 혜수가 가출하고 학교에 돌아온 이후로 선생님이 혜수를 지목하기 시작했다. 그런데 가만히 살펴보니 혜수가 선생님으로부터 지적받는 것을 보면 혜수가 조금은 지나치게 행동하는 면도 있는 것 같다. 예컨대, 선생님이 혜수의 복장을 이야기하면 혜수는 자신의 복장을 생각하지도 않고 선생님에게 고개를 쳐들고 반항한다. 혜수의 입장에서 보면 이해할 수 없는 바도 아니나, 다른 면에서 생각하면 혜수가 더 많은 상처를 입을 게 뻔한데도 선생님과의 힘겨루기를 할 것 같다.

* 당신이 진실이의 입장이라면 어떻게 할 것인가요?

---

* 연습 : 평소에 친구에게 충고하고 싶었던 말이 있다면 각자 써보도록 한다.
(전하는 것은 각자 알아서 한다.)

활동지 4-1	우리의 선택	별칭	
		날짜	월 일

중학교 2학년인 진실이는 친한 친구 5명과 항상 같이 지냈다. 그러나 어느 날부터인가 5명 중 1명인 영자가 자신을 따돌리기 시작했고 자신은 친구들 사이에서 고립되게 되었다. 자기 자신은 친구들에게 따돌림받을 이유가 없다고 생각한다. 영자는 진실이를 보면 트집을 잡고, 재수 없다고 하며 진실이가 다른 친구들과 이야기하면 그 친구를 데리고 가서 진실이가 아무하고도 놀 수 없도록 만들었다고 한다. 진실이는 친구들이 따돌릴 때마다 혼란스럽다. 내가 무엇을 잘못했기에 그런 대접을 받나? 또한 학교 가기가 무섭다고 한다. 학교에 가려면 친구들의 흘기는 눈초리가 떠오르기도 하고 친구들의 '재수 없어'라는 말이 귀에 쟁쟁거린다. 최근에는 공부를 하려고 해도 집중이 되지 않고, 아무도 없는 곳으로 도망가 버리고 싶기도 하다. 때로는 죽는 것이 더 편안하겠다는 생각이 든다.

집에 가서 어머니에게 이야기를 해도 나를 이해해주기보다는 네가 잘하라는 빤한 이야기만 하셔서 더 이상 이야기하고 싶지도 않다. 담임선생님에게 말씀드렸지만 우리 5명을 모두 불러 주의를 주셔서 오히려 더 사이가 안 좋아졌다.

* 5명 중 나머지 3명의 친구들은 진실이와 영자의 관계를 보며 이러지도 저러지도 못하고 있다. 진실이를 편들어주자니 영자에게 따돌림당할 것 같고 그냥 있자니 진실이가 더욱 주눅이들고 힘들어하는 것 같다.
* 우리가 나머지 3명의 친구 입장이라면 어떻게 행동할 것인지 의논해보세요. 5가지 방법을 생각해보고 그 방법과 결과를 써보세요.

1. --
2. --
3. --
4. --
5. --

활동지 5-1	나 전달법, 너 전달법	별칭	
		날짜	월 일

초등학교 때부터 친하게 지내던 친구 영심이가 있다. 영심이도 날 좋아한다. 그런데 최근에 영심이와 다니면서 나도 모르게 열등감을 느낀다. 영심이는 날씬하고 얼굴도 이쁘고 말도 잘한다. 영심이와 비교하면 나는 좀 뚱뚱하고 자신감이 떨어진다. 물론 공부는 내가 더 잘하지만 열등감을 더욱더 자극하는 것은 내가 좋아하는 진성이와 그 친구가 매우 친하게 지낸다는 것이다. 내가 옆에 있는데 장난치고 웃고 떠든다. 그러면 나는 영심이가 야속하고 밉다. 물론 부럽기도 하다. 이럴 때는 친구들에게 속을 터놓고 이야기하고 싶기도 하고 그냥 지나쳐야 하는가 하는 생각도 든다.

* 당신이 위의 학생이라면 어떻게 할 것인지 써보세요.

----

* I-MESSAGE(나－전달법)

자신의 감정을 '나'를 주어로 해서 이야기한다.
예) 10분 이상 늦었구나. 추운 데서 기다렸더니 짜증이 나더구나. (상대의 행동 + 나에게 미친 영향 + 나의 감정)

* YOU-MESSAGE(너－전달법)

자신의 감정을 말하기보다는 상대편을 비난한다.
예) 넌 왜 만날 지각하니? 너 때문에 신경질 나 죽겠다.

* I-MESSAGE 연습하기
  - 야! 장난 좀 치지 마! 너는 왜 매번 그렇게 약속을 안 지키니? 등

활동지 7-1	허물없음에 대처하기	별칭	
		날짜	월 일

(이야기의 줄거리 요약 : 친구들과 어울리는 것을 어려워하는 소심이가 학급의 친구들에게 자주 들은 놀림말과 비속어로 인해 속상해서 깊은 상처를 받고 이사를 가게 된다. 아동들은 그때야 소심이가 깊은 상처를 받게 되었음을 알게 된다. 그리고 시간이 지나서 소심이도 그때 친구들이 악의 없이 한 말들이었음을 알게 된다.)

1) 이야기를 듣고 난 느낌이나 생각은?

---

2) 태도 및 방법 익히기

〈태도〉

◆ 놀림말(별칭), 속어, 비어, 쌍소리 등은 친구 간의 격의 없음을 나타내기 위해서 사용하는 말임을 인식하는 것이 좋다.
◆ 친구 간의 격의 없는 말에 대해서 당신의 반응은 당신에게 독특한 것일 수 있음을 이해하고 당신이 느끼는 감정이나 반응에 대해서 친구들에게 솔직하게 이야기한다.
◆ 가능한 한 놀림말, 비어, 속어는 그것으로 이해해야 하며 그것으로 인하여 자존심이 상하거나 상처받지 않도록 한다.

〈방법 익히기〉

◆ 너무 소심하게 생각할 필요 없음
◆ 상담 등의 도움 청하기
◆ 서로 오해를 풀기 위해 대화 나누고 나의 솔직한 심정 이야기해보기
◆ 별칭에 대해 너그럽게 생각하기

활동지 8-1	이럴 땐 이렇게	별칭	
		날짜	월 일

〈상황 1〉

친구 열심히는 성격이 활발하여 사람을 잘 사귀고 이야기하는 것을 매우 좋아한다. 열심히는 나와 같은 교회를 다니는데 그 애는 항상 친구와 함께 교회에 와서 설교 시간이건 무슨 시간이건 가리지 않고 수다를 떤다. 더군다나 괜찮은 남학생만 보면 티를 내며 수군덕거리며 주변 사람들의 눈총을 산다. 앞자리에 앉았던 친구들로부터 충고를 해주라는 말도 듣긴 했지만 어떻게 이야기를 해야 할지 모르겠다.

(1) 적용할 수 있는 기술 : ______
(2) 해결방법 : ______
(3) 발표 및 토의 : ______

〈상황 2〉

친구 변태희는 성이 변 씨이기 때문에 친구들로부터 억울하게 '변기통', '변태' 등의 별칭을 듣는다. 유난히 놀리는 아동들이 5-6명 있는데 그때마다 태희는 예민하게 반응하며 속상해한다. 나에게 하소연을 하는데 내가 어떻게 도와주어야 할지 모르겠다.

(1) 적용할 수 있는 기술 : ______
(2) 해결방법 : ______
(3) 발표 및 토의 : ______

활동지 9-1	장점 찾아보기	별칭	
		날짜	월 일

장점 찾기 예문

신체	발톱이 예쁘다, 웃는 상이다, 이마가 넓다, 귀가 잘 생겼다, 머릿결이 좋다, 눈이 좋다, 키가 알맞다, 손이 예쁘다, 코가 오뚝하다, 몸매가 날씬하다.
성품	마음이 넓다, 양보를 잘한다, 온순하다, 거짓말을 안 한다, 의리가 있다, 약속을 잘 지킨다, 용기가 있다, 심부름을 잘한다, 양보를 잘한다, 깨끗하다, 정리정돈을 잘한다, 공부를 잘한다, 친절하다, 청소를 잘한다.
특기, 취미	춤을 잘 춘다, 공을 잘 다룬다, 종이접기를 잘한다, 음식을 잘 만든다, 노래를 잘한다, 운동을 잘한다, 그림을 잘 그린다.

활동지 10-1	상장 수여식	별칭	
		날짜	월 일

***상장 예시**

정열의 여인상	요조숙녀상	신사임당상
성명 :	성명 :	성명 :
위 학생은 친한 친구 프로그램에 적극적인 모습으로 열심히 참여하였기에 이 상장을 수여합니다.	위 학생은 친한 친구 프로그램에 적극적인 모습으로 열심히 참여하였기에 이 상장을 수여합니다.	위 학생은 친한 친구 프로그램에 적극적인 모습으로 열심히 참여하였기에 이 상장을 수여합니다.
20○○. 상담교사	20○○. 상담교사	20○○. 상담교사

학교 집단상담의 이론과 실제

08장 chapter 중학교 집단상담

01 중학교 집단상담의 이론적 배경

중학교 시기는 생각이나 감정에서 고립감을 느끼거나 개인적인 문제로 어려움을 겪는 많은 청소년들에게 외로운 시기이다. 따라서 중학생들은 교사와 상담교사에게 힘든 대상이기도 하다. 이들은 자신들의 삶의 많은 부분에서 불안감을 느낀다. 이 시기 중학생들은 자유를 추구하면서도 상당히 의존적인 모습을 보인다. 또한 타인이 자신을 성숙하다고 생각해주기를 원하면서도 동시에 미숙한 생각과 행동을 보이기도 한다.

중학생들은 신체적, 정신적 변화 모두를 동시에 경험하고 있기 때문에 자의식이 강하면서 외모에 많은 관심을 기울이며 자부심이 낮은 편이다. 또한 변덕스러우면서도 스스로가 잘못되었다는 것을 인식하지 못한다. 그러므로 개인 및 집단상담은 원활한 의사소통능력을 기를 수 있게 하며 지적 성장을 이루게 하기 때문에 중학생들에게 매우 효과적이다.

가. 중학생의 발달 특성

중학생은 발달 단계상 청소년기에 속한다. 청소년기의 시작은 보통 12~

13세경이며 이후 24세까지로 10년간 지속된다. 청소년기로 입문하는 중학생들의 특징을 보면 신체적으로 사춘기의 시작이고 사회, 정서적으로는 부모로부터 독립하기 시작하며 대인관계에 관심이 높아지는 시기이다.

1) 신체적, 성적 성숙

중학생들은 사춘기를 맞이하면서 신체적, 성적 변화를 겪게 된다. 이 시기에는 급격한 신체발달이 진행되며 제2차 성징이 나타난다. 체중과 신장이 급성장하는 성장급등을 여학생은 11세경, 남학생은 13세경부터 시작해 4년 정도 지속하게 된다. 이러한 변화는 다양한 개인차를 갖는데 같은 학년의 중학생이라 해도 성인과 같은 체형을 갖춘 학생이 있는가 하면, 아직 초등학생 티를 채 벗지 못한 아동의 모습을 한 학생들도 있다.

이러한 조숙과 만숙은 중학생 시기의 성격 및 사회적 행동에 중요한 영향을 미친다. 또한 제2차 성징으로 성호르몬 분비에 의해 여성은 여성다워지고 남성은 남성다워지는 성적 성숙을 겪는다. 이러한 성적 성숙으로 인해 중학생들은 혼란을 겪으면서도 이성에 대한 높은 호기심을 갖게 되는 심리적 변화를 겪는다.

2) 심리적 변화

급격한 신체적 변화는 성적 성숙 이외에도 심리적 혼란을 주기도 한다. 대부분 중학생들은 어떤 부분보다도 외모에 관심이 높으며 한편으로는 자신의 신체에 대해서 매우 불만스러워한다. 그 이유로는 신체 각 부위의 발달이 동일하지 않은 신체 불균형과 발달상 개인차인 조숙과 만숙, 그리고 성적 욕구에 관련된 것이 있다.

신체상은 자신의 신체에 대한 느낌, 즉 자신의 신체에 대해 얼마나 만족스러워하는지를 말한다. 사춘기 시절은 이 신체상이 왜곡되기 쉬우며 특히 여학생들이 남학생보다 신체상이 낮다. 신체상은 자기존중감과 정적인 상관이 있는데 자신의 신체에 대하여 긍정적 느낌을 가지지 못한다면 낮은 자기존중감을 형성할 가능성이 높다. 따라서 상담교사는 중학생들에게 그들의 발달단계가 신체발달이 급격하게 이루어지는 시기임을 이해시키고 건전한 자기존중감과 긍정적 자아상을 형성하도록 하는 것이 중요하다.

3) 자아정체감 형성

사회, 정서적 발달 측면에서 자아정체감 확립이 가장 중요한 시기라고 할 수 있다. 청년기의 정체감 형성은 아동기의 정체감을 성인기의 성숙함으로 이어주는 발판이 된다. 따라서 청년기 이후 전 생애에 영향을 미치기 때문에 중학교 시기의 건전한 정체감 형성은 중요한 의미를 갖는다. 에릭슨(E. H. Erikson)은 심리사회 발달이론에서 만 12세에서 18세의 청소년 시기를 정체감 대 역할 혼미의 단계라고 말한다(Carver & Scheier, 2000).

청소년들은 부모로부터 심리적으로 독립하고, 신체적으로 성숙해짐에 따라 '나는 누구인가'에 대한 고민을 시작하면서 자신의 고유한 존재가치를 의심하게 된다. 이러한 정체감 위기를 성공적으로 해결하지 못한 청소년은 정체감 혼미를 경험하는데 에릭슨(E. H. Erikson)의 정체감 혼미 개념이 소개되기 전에는 이러한 청년들을 비행청소년으로 인식하기도 했다. 하지만 정체감 혼미라는 개념이 인식되면서 모든 청소년들이 정체감 위기를 경험한다는 것을 이해하게 되었다.

이러한 정체감 상태는 연령과도 관계가 있는데 청년 초기인 중학생 시기에는 정체감으로 인한 혼돈을 경험하고 청년 후기인 고등학생 시기나 대학생 시기가 되어서야 정체감 성취에 이른다. 따라서 중학생 시기가 자아정체감으로 인한 혼돈이 가장 높다고 할 수 있다.

우리나라 중·고등학생 1,000명과 그들의 부모 1,000명을 대상으로 한 연구(이승국, 1999)에서 청소년의 자아정체감 발달에 영향을 미치는 생태학적 변인들은 부부관계, 가정의 사회 경제적 지위, 친구관계, 교사와의 관계, 부모의 교육적 기대, 부모의 양육태도, 가족의 지지, 친구의 지지 등으로 나타났다.

여러 변인들 중에서 학교에서 통제할 수 있는 변인으로는 교사와의 관계, 친구관계가 있다. 청소년기에 개인적 성공에 대한 부모나 사회의 강화나 지원이 없을 경우, 부정적 정체감을 형성하게 되면 비행청소년이 될 수 있다. 따라서 상담교사는 자기발견, 자기이해, 자기수용 등의 학교상담 프로그램을 개발해 집단상담을 계획해야 하며 중학생들이 자아정체감을 긍정적으로 형성하도록 돕는 역할을 해야 한다.

4) 자기중심성 및 대인관계 관심 급증

자기중심성이 강한 청소년기의 중학생들은 다른 사람들이 늘 자기 자신에게 집중하고 있다고 인식하고 있으므로 다른 사람의 눈에 비치는 자기의 모습에 지나치게 예민하다. 이러한 자기중심성은 상상적 청중(imaginary audience)이나 자기신화(personal fable)로 나타난다. 상상적 청중은 모든 사람이 자신에게 관심이 있고 자신을 지켜보고 있다고 생각하는 것이다. 따라서 외모에 관심을 두며 또래의 유행에 민감하게 된다.

또한 또래 수용과 또래관계에 상당한 관심을 가진다. 집단상담은 중학생들에게 또래와 관계를 맺고 인식하는 기회를 통해 현실적인 또래 체험을 제공할 수 있는 효과적인 상담이다. 집단으로 구성된 상담구조는 집단에 참여하는 중학생들에게 편안하고 신뢰적인 분위기 속에서 서로를 공유하고 수용하도록 도와준다. 참여자들은 이러한 경험을 통해 다른 친구들에게 도움을 줄 때 자신이 소중하고 가치 있다고 느끼게 된다.

자기중심성은 또한 자기신화로도 나타난다. 자기신화는 다른 사람에게 일어날 수 있는 일들이 마술적으로 자신에게는 일어나지 않을 것이라고 믿는 것이다. 영화 속 주인공처럼 자신은 위험한 행동을 하더라도 결코 다치거나 죽지 않을 것이며 성관계를 맺더라도 임신되지 않는다는 생각을 하게 된다.

따라서 중학생 상담에는 청소년들이 자신을 있는 모습 그대로 객관적 인지를 하도록 조력하는 것이 필요하다. 이러한 인지는 교사나 상담교사보다는 또래의 모습을 통해 자각도록 하는 것이 보다 효과적이다. 그러므로 집단상담은 교사나 부모가 아닌 또래로부터 학습과 자아 성장의 기회를 탐색할 수 있도록 하는 효율적 상담이 될 수 있다.

나. 집단상담의 교육적 효과

중학교 교과과정의 주요 행동 목표 중 하나는 학생들에게 협력적인 학습집단 내에서 배울 수 있는 기회를 제공하는 것이다. 집단상담은 학생들이 보다 훌륭하게 문제를 해결하도록 도우며, 그들의 의사결정 기술을 강화시키고 의사소통능력을 향상시키며, 스스로에 대한 감정을 평가하도록 도울 수 있다. 이러한 모든 요소들은 집단이 문제해결 전략을 세우고 수행하는 것에 집중할 때 나타나게 된다.

성공적인 집단상담은 학생이 학교 내에서든 외부에서든 느끼는 성공감에 직접적인 영향을 미치게 된다. 집단상담 경험은 학생들에게 현실에 대한 자아인식을 시험하는 기회를 제공하며, 현실적인 삶의 상황들을 대략적으로 앎으로서 새로운 행동들을 체험할 기회를 준다.

02 중학교 상담교사의 자질과 역할

가. 중학교 상담교사의 자질

중학교 상담교사들은 청소년들과 함께하는 도전을 즐기며 사춘기 청소년들의 사고방식, 행동, 그리고 기대사항을 잘 파악하고 있어야 한다. 효과적인 중학교 상담에서 요구되는 상담교사의 몇 가지 자질은 다음과 같다.

- 학생들이 신뢰할 수 있는 인간성
- 유머감각의 유지
- 비밀을 지켜내는 수련과 스트레스 극복
- 인내심과 지지 그리고 이해심
- 현실적 기대 가지기
- 동정심 가지기
- 호기심과 보살핌의 태도 보이기
- 판단하지 않기
- 잘 경청하기
- 완벽함을 기대하지 않기
- 공정심으로 학생을 대하기
- 다양성에 대한 존중 보이기
- 일반 교사 및 학부모와 좋은 관계 맺기
- 주어진 시간에 많은 과업을 처리하는 능력
- 스스로의 한계를 인식하기

- 융통성과 수용성 보이기
- 좋은 역할모델이 되기

청소년들이 자신을 누구와 동일시하느냐 하는 것은 정체성의 형성과 발달에 매우 중요한 영향을 미친다. 상담교사는 중학생들에게 좋은 역할모델이 되어 긍정적 정체감 형성에 영향을 미칠 수 있다.

나. 공동 지도자 및 보조 지도자

1) 공동 지도자

중학교에서 집단상담을 진행할 때는 공동 지도자들을 활용하는 것이 바람직하다. 중학교 상담교사는 일과 업무 중에 예견할 수 없는 사건, 사고들을 자주 만나게 된다. 그러한 일들은 계획하기가 불가능하기 때문에, 한 명의 집단상담자가 매 회기마다 참여하는 것이 불가능할 때도 있을 것이다. 이때, 모든 집단회기에 함께 참가했던 공동 지도자는 다른 공동 지도자의 부재 시 집단을 어떻게 이끌어 나갈지를 알고 있어야 한다. 두 공동 지도자가 모든 집단회기에 참가할 수 있도록 최선을 다해야 하지만, 필요할 경우를 대비해 유사시 항상 실행 가능하도록 체계가 준비되어 있어야 할 것이다.

공동 지도자들이 각각의 회기를 함께 계획하고 회기 진행 후에 집단 내에서 어떠한 일이 있었는지에 대해 함께 검토하는 것이 좋다. 그룹 내에 여학생들과 남학생들이 있는 경우, 남성과 여성으로 구성된 공동 지도자가 함께 하는 것이 좋다. 또한 집단상담자는 집단에 있어서 역할모델이기 때문에, 집단활동 내에서 공동 지도자를 두는 것은 집단 참여자들에게 한 명 이상의 지도자를 관찰할 수 있는 기회를 주게 된다. 공동 지도자들은 집단 참여자들이 특정기술을 개발하는 데 도움을 주는 본보기가 됨으로써 집단의 집중을 도모할 수 있다.

우리나라 학교현장에서는 각 학교마다 1인의 상담교사만 두고 있기 때문에 공동 지도자를 두기가 어려울 수 있다. 이때 이웃하고 있는 학교의 상담교사가 공동으로 집단상담을 계획하고 운영할 수 있다. 특히 한 중학교에서는 집단상담의 대상이 3명이고 다른 중학교에서는 5명일 때 공동으로 집단상담을 운영한다면 두 명의 집단상담자가 공동 지도자가 될 수 있다.

각 회기 진행 후에, 공동 지도자들은 회기 내에서 있었던 일들을 논의해야 한다. 논의되어야 할 내용에는 다음 사항들을 포함한다.

- 집단 내의 역동과 참여를 장려한 가장 성공적인 활동은 무엇이었나?
- 집단 내의 역동과 참여를 장려하는 데 있어서 가장 덜 성공적이었던 활동은 무엇이었나?
- 어떤 집단원이 가장 적극적으로 참여하였나?
- 어떤 집단원이 가장 덜 참여하였나?
- 다음 회기를 개선시키기 위해 할 일은 무엇인가?
- 다음 회기에서도 계획된 목표를 유지해야 하나?
- 다음 회기를 시작하는 가장 효과적인 방법은 무엇인가?

2) 보조 지도자

중학교 집단상담에서 보조 지도자가 있다면 보다 유익하다. 보조 지도자는 주 지도자가 집단상담을 원활하게 진행하도록 지원을 한다. 가령 참가 학생의 지각, 결석, 귀가지도, 과제수행 등 집단 진행의 부수적인 관리를 도울 수 있다. 또한 진행 중 참가 학생이 흐름에 방해를 주거나 몸이 아픈 경우 등의 문제가 발생할 때 보조 지도자가 이를 해결해주어야 주 지도자가 차질 없이 집단상담을 진행할 수 있다. 즉 보조 지도자는 집단상담 진행에 필요한 자료 등을 준비하고 참여자들에게 나누어주는 역할을 하여 보다 효율적인 집단상담을 도울 수 있으며 주 지도자가 집단 참여자들에게 역할극 등의 예시를 보여줄 때 주 지도자의 파트너 역할도 할 수 있다.

특히, 집단상담의 주 지도자가 외부의 다른 기관에서 파견된 상담자일 경우 학교 내부의 보조 지도자가 필요하다. 보조 지도자는 두 기관의 중간자로서 연락과 촉진자 역할을 해야 한다. 이때 보조 지도자는 주 지도자를 위하여 참가 학생 및 해당 학교의 특성 등을 알려주며 집단상담을 원활하게 할 수 있도록 자료준비 등을 도와야 한다. 주 지도자와 보조 지도자는 집단 참여자들에게 이상적인 모델로서의 역할을 하기 때문에 화합하여 상호협력적인 관계를 유지해야 한다.

우리나라 학교상담 현장에서는 보조 지도자를 두는 것이 어렵지만, 학교 밖 상담자원봉사자를 대상으로 학교장이 위촉하여 보조 지도자로 활용하는 것이 좋다. 그러나 학부모 상담자원봉사자를 활용할 경우 집단 내에서 이루어지는 것에 대한 비밀유지의 어려움이 있을 수 있다.

다. 비자발적 집단

중학교 집단상담에서는 자발적 그리고 비자발적 집단이 존재한다. 비자발적 집단은 교사, 학교운영자, 그리고 학부모들이 상담교사에게 특정 학생들을 집단에 참가시킬 것을 요청할 때 구성된다. 집단원이 되는 것은 학생들의 의지와는 관계가 없지만, 그렇게 참여하게 된 집단 내에서 이 학생들의 소속감은 자발적이지 않다. 모든 집단원이 비자발적인 참여자들로 이루어진 집단은 집단상담을 자발적으로 선택한 참여자들의 집단과는 다를 것이다. 두 집단 모두 집단의 목표를 가질 수 있지만, 집단상담자는 비자발적 집단이 자발적 참여자들과 같이 집단의 목표를 성취하기 위한 동기를 가졌다고 기대해서는 안 된다.

보통 비자발적 집단들은 자발적 집단과 같은 응집력이 없다. 한 집단이 자발적인 학생과 비자발적인 학생들로 이루어지는 경우는 일반적으로 흔하다. 비자발적 집단 참여자들은 집단규준에 동의할 때 자발적 참여자들로 구성된 집단에 참여할 수 있다. 따라서 비자발적 참여자들이 집단원과 잘 적응하도록 격려하기 위해 개인상담을 통해 참여 동기를 높이는 것이 좋다.

집단에 배치된 비자발적 학생들을 상담할 때, 참여자들에게 집단 참여가 벌칙이 아니므로 불쾌한 경험으로 느낄 필요가 없다고 알려주는 것이 중요하다. 교육적 집단에서는 참여자들에게 학습 경험뿐 아니라, 문제의 원인이 된 사건들을 인식하고 변화하는 기회를 제공한다.

비자발적 참여의 예로 분노조절 집단상담을 들 수 있다. 중학생들은 자주 분노를 표출하며, 그들의 분노를 항상 적절하게 조절할 수 없다. 분노문제를 가진 것으로 인식된 학생들은 계속해서 문제를 일으키며, 일반적으로 중재 없이는 자신들의 행동을 변화시키지 못할 것으로 보이기 때문에 분노조절 집단상담에 참여하도록 요청되거나 배치된다.

장기간 학업문제를 가진 청소년들 또한 효과적인 학습전략을 획득할 수 있고, 자신들의 학업성취의 부족에 대한 이해를 도모할 수 있는 집단에 참여하도록 요청되거나 배치된다. 학업부진 학생들을 위한 집단상담은 저학년부터 계획되어 실시되어야 한다. 비자발적 참여자들로만 구성된 집단을 다룰 때는 8회기 정도로는 부족할 수 있다. 따라서 이러한 집단들은 심지어 개방적 집단이 되어 학기 단위 또는 학년 단위로 진행될 수 있다. 개방적 집단에서는 집단상담자의 재량에 따라 새로운 집단원이 언제든 새로 들어올 수 있고 기존 집단원이 집단상담을 떠날 수도 있다.

비자발적 집단은 집단상담자에게 있어서 부담스러운 도전과제가 될 수 있다. 심지어 비자발적 참여 학생들이 집단상담자에게 분노를 표출함으로 인해 어려운 상황에 빠질 수도 있다. 이와 반대로 비자발적 참여자들이 자신의 문제를 부정하면서 냉담하고 무관심한 태도로 감정표출을 숨기는 경우도 많다는 것을 인식하고 있어야 한다.

라. 그 외 집단상담의 장애요소

1) 참여자들의 무관심

집단상담자는 참가한 중학생들이 집단활동에 무관심할 경우 어려움에 직면하게 된다. 이때는 집단원이 참여에 대해 열중하지 않고 있다는 것을 말로 표현하면서 집단 서약서를 강조할 필요가 있다. 또한 집단상담의 성공과 실패는 참여자들의 관심 여부에 있다는 것을 설명할 필요가 있다.

2) 집단이 소란스럽거나 혼란스러운 경우

서로 다른 개성을 가진 중학생들이 모였기 때문에 집단상담 중 소란스럽고 진행에 방해가 되는 행동들이 나타날 수 있다. 이때 집단상담자는 먼저 단호한 태도를 보이는 것이 필요하다. 그러나 이러한 태도만으로 한계가 있다면 소란을 일으키는 특정 학생에게 벌칙을 주거나 집단상담이 진행되는 공간 밖으로 내보낼 수도 있다. 이런 경우 공정하고 규칙에 근거한 태도를 유지하여 집단원에게 신뢰감 있는 분위기를 형성하는 것이 중요하다.

03 중학교 집단상담의 빈번한 주제들

중학교 시기는 청소년기 전체를 통틀어서 내적 갈등이 가장 높은 시기라고 할 수 있다. 청소년기 초기에는 자아정체감의 혼돈을 경험하며 이러한 혼돈은 연령이 증가하여 청소년기 후기가 되면 정체감 확립이 되면서 안정을 얻게 된다. 중학생들은 아직 자신의 존재가 무엇인지, 무엇을 해야 할지 내적 통합을 이루지 못한 상태에서 외부 상황과 충돌할 때 다양한 문제에 직면하게 된다. 또한 아동기를 벗어나 자신의 미래와 연결된 상급학교로의 진학의 문제에도 직면하게 된다. 이러한 문제는 비행, 일탈 이외에도 진로, 부적응의 다양한 분야에서 나타날 수 있다.

가. 진로

우리나라 15~24세 청소년들은 '공부'와 '직업' 문제로 가장 많이 고민하고 있으며 재학생 중 대학 이상 교육을 받고자 하는 이유를 질문한 결과 '좋은 직업을 갖기 위해서'가 50.9%로 가장 높았다(통계청, 2010). 이처럼 청소년들은 자신의 미래에 높은 관심을 가지고 있고 현재 교육의 목적을 미래에 두고 있음을 알 수 있다. 따라서 교육현장에서 이러한 미래에 대한 기대와 목적을 보다 구체화시키는 집단상담이 필요하다.

중학생들을 위한 진로지도의 목적은 진로에 대한 자각을 높이고 진로를 탐색하도록 동기를 부여하는 데 있다. 상담교사는 진로검사를 통한 적성, 능력, 성격 및 흥미의 측정결과를 기초로 학생 개개인의 진로방향을 탐색하도록 하는 효율적인 프로그램을 설계하여야 한다. 또한 청소년기 초기부터 자신에게 의미 있는 직업세계를 탐색하며 자신의 생애를 계획하도록 지도해야 하며 보다 구체적인 정보를 제공하여 학생들이 자아탐색과 직업세계에 대한 정보를 얻을 수 있도록 조력해야 한다.

나. 학업부진

지속적인 학업부진을 겪는 학생은 학교생활에 대한 무관심, 우울, 장기결석, 학습된 무기력의 문제를 동반하게 된다. 학업부진은 기초학력 부족, 정서적 불안, 권위에 대한 저항, 인지능력의 부족 등 다양한 원인이 있을 수 있다. 또한 지속적인 학습의 실패 경험은 낮은 자기효능감을 형성하여 청소년기뿐만 아니라 성인기의 삶의 태도에도 영향을 미친다.

상담교사는 학생의 학업부진의 원인을 파악하고 실패와 좌절로 학습된 무기력에 빠진 학생들을 긍정적 지지와 신뢰로 이끌어주는 태도가 필요하다. 따라서 학생 스스로가 자신의 장점과 흥미를 찾도록 하여 자신에 대한 자부심을 높이며 체계적인 계획수립과 실행을 도와 작은 성공경험들을 축적하도록 하는 프로그램의 개발이 필요하다.

다. 흡연

최근 우리나라 청소년들의 흡연율은 증가 추세에 있고 여학생의 경우는 중2때부터 성인 여성의 흡연 수준을 넘어서는 것으로 나타났다(질병관리본부, 2007). 급격한 신체 성장을 이루는 청소년 시기의 흡연은 신체 성장을 저해시킬 수 있다. 또한 조기에 흡연을 할수록 니코틴에 대한 의존성이 높아져서 금연실패율이 높다. 상담교사는 흡연이 건강에 미치는 사례와 금연정보를 제공하며 금연을 실천할 수 있는 프로그램을 개발하여 흡연 학생들을 위한 집단상담을 계획할 수 있다.

라. 학교폭력

학교폭력은 학교 안팎에서 발생하는 신체적, 심리적, 언어적 위해를 가하는 행위라 할 수 있는데 그 형태가 다양하다. 구체적으로는 학생 상호 간에 발생하는 개인이나 집단에 의한 신체적 폭력, 괴롭힘, 따돌림, 금품갈취, 위협이나 협박, 폭인, 욕설 등이 있다. 통계자료에 따르면 중학생 폭력사건은 2천 445건으로 전체 3천 749건의 65.2%를 차지한다(교육과학부, 2009). 이는 같은 기간 고등학교 폭력사건 수치의 두 배에 달하는 것으로 중학교 학교폭력의 심각성을 알 수 있다.

학교폭력 원인은 부모와 가정환경의 영향이 가장 높다. 청소년 대상 학교폭력 원인을 조사한 연구(김정옥, 박경규, 2002)를 보면 부모가 폭력적이고 자녀에게 신체적, 언어적 학대나 유기를 하는 가정의 청소년일수록 학교폭력의 가해자가 되는 것으로 나타났다. 따라서 학교폭력 집단상담에서는 가해자 학생의 가정 내 근본 원인을 이해하고 심리적으로 결핍된 요소를 살펴주는 것이 필요하다.

발달상 폭력성의 원인을 보면 중학생 시기는 정신적인 정보 습득능력이 최고로 발달하는 시기이며 감수성이 민감한 시기이다. 이때 인터넷 게임 등 폭력적인 정보에 노출되면 분노조절 능력이 떨어지게 된다(한국교총, 2010). 또한 학부모들 역시 자녀가 중학교에 진학하면 과거보다 폭력적 정보를 통제하는 것에 대하여 관심을 덜 기울이게 된다. 한편 중학교 진학은 본격적으로 학원을 보내는 등 대외활동의 분기점이 되는 시기이기 때문에 해로운 정보들에 무분별하게 노출된다. 이렇게 폭력적 정보에 노출되어 여과 없이 정보를 습득하는 중학생들은 비판능력 없이 폭력성에 대해 무뎌질 수 있다.

또한 현재 우리나라 중학교는 의무교육이라 중학생에게 퇴학 처분은 내려지지 않기 때문에 제도적으로 중학생들을 통제할 특별한 방법이 없는 점도 또 하나의 원인이 되고 있다. 따라서 날로 심각해지는 중학교 학교폭력 문제를 해결하기 위해서는 상담교사의 노력뿐만이 아니라 제도적 장치가 필요할 것으로 보인다.

마. 집단따돌림

집단따돌림은 학내 문제 중에서도 심각한 사회문제로 대두되었다. 집단따돌림을 당한 학생들은 자기존중감의 훼손과 대인관계 능력의 상실을 경험하며 이는 성인기의 사회생활에도 심각한 영향을 미친다. 상담교사는 이러한 학생들이 좀 더 사교적이고 수용받을 수 있도록 돕기 위한 집단상담 프로그램을 개발해야 한다. 학교따돌림 집단상담 프로그램을 계획할 때는 가해자와 피해자를 함께 집단원으로 선정하여 가해자와 피해자 입장을 모두 체험하도록 하는 것이 효과적이다. 특히 피해자나 가해자들로만 집단을 구성하지 않고 학내 모범적인 학생 리더들도 참여시키도록 하여 집단상담 참여가 낙인효과(stigma effect)로 나타나지 않도록 하는 것이 중요하다.

바. 인터넷 중독

인터넷 게임중독 여부는 게임을 하는 절대 시간보다 얼마나 게임에 집착하고 조절하지 못하느냐를 가지고 판가름할 수 있다. 게임중독에 시달리는 학생들은 학교생활을 제외한 여가시간인 약 7~8시간의 절반 이상을 게임을 하는데 시간을 소비한다고 한다(국민일보, 2011년 5월 25일자).

인터넷 중독은 심리적 문제에서 원인을 찾을 수 있는데 우울 수준이 높을수록, 자기존중감이 낮을수록, 충동성이 높을수록 인터넷 중독성향이 높은 것으로 나타났다(김진희, 김경신, 2003). 또한 인터넷 중독성향과 감각추구성향이 높을수록 사이버비행의 정도가 높은 것으로 나타났다.

인터넷 중독은 청소년들이 현실과 가상공간을 구분하지 못하게 하고 언어적, 사고적, 성적 통제를 어렵게 한다. 특히 청소년기 인터넷 중독은 영양공급 및 사회적응 등 성장과정에 큰 악영향을 미치므로 학교에서 담임교사와 상담교사의 세심한 관찰과 적극적인 개입이 필요하다.

사. 자살

자살은 특히 15~19세 사이 연령대의 사망 원인 2위를 차지할 만큼 심각한 수준이다. 청소년의 경우 성인보다 자아강도가 약하기 때문에 좌절경험이나 자존심에 상처를 받을 경우 이러한 스트레스를 견딜 능력이 부족하다. 특히 사춘기 시기는 인지적으로는 미성숙하고 정서적으로는 매우 예민하기 때문에 자살에 대하여 성인보다 충동적일 수 있다. 또한 환경에 민감하기 때문에 또래나 유명인의 자살은 청소년에게 자살의 충동을 줄 수 있다.

자살의 원인으로는 자기비하, 학교폭력, 성적 비관 등이 있다. 청소년들은 자신의 고통을 밖으로 호소하기 위하여 자살을 시도하기도 한다. 그러므로 자살을 예측하는 행동 특징들을 파악하여 우울감이 있는 학생에게 이러한 행동이 나타날 경우 상담교사 및 담임교사의 관심과 즉각적인 예방조치가 있어야 한다. 또한 생명존중사상과 삶과 죽음에 대한 건전한 철학을 갖도록 하는 교육 프로그램이 필요하다.

아. 성개방 문제

성에 대해 개방적인 사회 분위기의 변화와 성관련 매체의 발달은 청소년의 성에 대한 인식을 바꾸어 놓았다. 그러나 스스로의 비판능력이 아직은 부족한 중학생들은 성 매체의 과장되고 왜곡된 성 정보를 여과 없이 받아들일 수 있다. 이러한 결과로 최근 우리 사회는 청소년의 원조교제, 이른 성경험, 임신과 낙태 등 성관련 문제들을 경험하고 있다.

청소년을 대상으로 하는 성교육에서는 과학적 지식, 인지적 지식의 전달과 더불어 정신적으로 건전한 성 의식을 갖도록 하는 것이 매우 중요하다. 따라서 과학적이고 합리적인 성지식을 기본으로 하여 성에 대한 가치관, 성 정체감, 생명 존엄성, 책임의식, 올바른 의사결정을 할 수 있는 능력을 기르도록 하는 프로그램의 개발이 필요하다.

이 이외에도 다룰 수 있는 중학교 집단상담 주제는 다음과 같다.

- 교우관계
- 가족과의 융화
- 친구 또는 사랑하는 사람의 죽음
- 부모의 이혼이나 별거
- 스트레스 관리
- 분노조절
- 자기존중감 관련 문제
- ADD(주의력결핍증)와 ADHD(주의력결핍 및 과잉행동장애) 관련 학생
- 새로 전학 온 학생
- 학습장애 학생
- 사회적 기술관련 문제
- 학습전략 기술
- 다문화 관련 문제
- 자기주장 관련 문제

04 중학교 집단상담의 주요 사항들

가. 집단원 수, 학년, 남녀 구성, 진행시간

1) 집단원 수 및 학년

중학교 집단상담의 집단원 수는 6~8명이 적합하다. 한 집단을 위한 최소 참여자 수는 4명이 되어야 한다. 참여자가 작아서 2~3명만으로 구성된다면 집단의 역동을 기대할 수 없고, 15명 이상이 된다면 집단이 집단원에게 압도될 수 있다. 초등학교 수준에서는 한 집단 내에 여러 학년의 참여자들로 구성되는 것이 가능하지만, 중학교 내에서의 집단은 특정한 한 학년에 한정하여 구성하는 것이 바람직하다.

2) 남녀 구성

집단상담에서 남학생, 여학생의 성비를 고려할 때, 남학생 또는 여학생으로만 구성하거나 특정 경우에 한정하여 집단을 구성하는 경우가 있다. 예를 들면 오늘날 우리 사회 여성의 신체에 대한 이미지에 초점을 맞춘 섭식장애를 다룬다면 여학생 집단이 적합할 것이다. 이와 반대로 주제가 오늘날 사회 내에서 남성들이 직면하고 있는 문제들이라면 남학생들로 구성된 집단이 적합할 것이다.

상담교사 역시 여자 상담교사는 여학생 집단을 지도하고 남자 상담교사는 남학생 집단을 지도하면 좋다. 하지만, 집단 내에 여학생과 남학생 또는 여러 특성을 지닌 부류의 학생들을 함께 포함시킴으로써 현실 경험을 활용할 수 있도록 해야 한다. 중학생 시기는 이성에 대한 관심과 이성이 자신을 어떻게 인식하는지에 관심이 높다. 따라서 이성 간에 상호교류가 없으면 이런 점을 오해할 수도 있기 때문에 혼성집단으로 구성하여 현실적 상황을 체험하도록 하는 것이 좋다.

3) 진행시간

집단상담은 40분 동안 진행되며 추가적으로 5분을 줌으로써 학생들이 다음 수업으로 넘어갈 수 있도록 한다.

나. 학교행정과의 연계

1) 수업일정 관리

중학생들은 졸업을 위한 성적관리에 그다지 압박을 받지 않기 때문에 중학생들의 수업일정은 고등학교보다는 융통성이 있다. 대부분의 교사들은 상담 프로그램을 지지하며, 집단상담의 참여를 학교경험의 일부로 본다. 각 학급의 교사들은 집단상담 시간을 정하는 데도 관여하며 일부 중학교는 상담시간에 융통성을 주기 위해 순환되는 수업일정을 가지는 경우도 있다. 이것은 학생이 같은 수업을 지속적으로 결석하지 않도록 해주기 때문에 교사에게나 학생에게나 장점이 있다.

2) 학부모와의 협력

중학생들을 대상으로 집단상담을 계획할 때는 학부모들의 협력도 필요하다. 어떤 집단에 참여하기로 한 학생들의 학부모에게는 집단상담의 주제를 알릴 필요가 있다. 예를 들어 언제, 어느 정도의 기간 동안, 그리고 어떠한 횟수로 만날 것인지, 그리고 누가 집단을 진행해 나갈 것인지를 알릴 필요가 있다. 상담교사가 집단경험에 관련된 모든 질문에 답해줄 수 있는지 또한 알릴 필요가 있다.

집단에 참여하기로 한 학생은 집단상담이 시작되기 전에 부모로부터의 허락이 필요하다. 상담교사는 학부모들의 염려를 고려하여, 그들의 자녀가 집단상담 참여 때문에 놓치게 될 학업을 따라잡아야 할 책임이 있다는 것과, 교사들은 이러한 과제를 도와줄 준비가 되었다는 것을 알릴 필요가 있다.

마지막으로, 집단상담은 치료적인 것이 아니라 교육적 성향을 가지고 있다는 것을 학부모들에게 강조할 필요가 있다. 집단상담의 일반적인 목표는 학생들이 스스로에 대해 더 배우고, 그리고 학교 내부 및 외부에서 보다 성공적일 수 있도록 전략 및 기술을 개발하는 것이다.

3) 교사, 교장과의 협력

중학교에서 성공적인 집단상담 프로그램을 위한 핵심사항 중 하나는 상담교사들이 구조화가 잘되고 잘 조직된 시스템을 개발해내는 것이다. 이를 위해 학생, 교사, 그리고 학부모들이 집단에 대해 잘 알고 있어야 한다. 참여 학생의 담임교사와 과목 담당 교사 및 교장에게는 첫 번째 집단상담 이전에 참여자 명단이 제출되어야 하며, 이때 집단이 어디에서 그리고 언제 만나게 될지에 대한 계획 또한 같이 제출되어야 한다.

참여자 명단은 비밀로 지켜져야 하며 오직 관계된 교사와 교장만 볼 수 있어야 한다. 이를 통해 교사들은 어떠한 학생이 집단상담으로 인하여 결석하게 될지를 알게 되며, 교장과 교감 또한 학부모가 교장에게 연락을 취할 경우를 대비하여 이러한 정보를 알 필요가 있다. 그리고 집단상담 참여를 취소하거나 만나는 시간, 날짜를 변경하지 않기 위한 모두의 노력이 필요하다.

4) 보충 학업지도

집단상담자는 집단상담 초기부터 참여자들에게 빠진 수업의 과제를 보충해야 한다는 것을 분명히 해야 한다. 또한 수업의 과제를 완수하기로 한 약속을 잘 따르고 있는지를 해당 교사를 통해 정기적으로 확인한다는 점을 명확하게 말해 두어야 한다. 대부분의 경우 교사들은 학생들이 자신의 과제를 완료할 수 있도록 적극적으로 도울 것이다. 참여 학생들은 방과 전후 또는 점심시간 때 자신들의 담임교사를 만날 수 있다. 또한 하교 시 귀가지도 등에 대한 관리도 필요하다. 같은 반에서 온 몇몇 학생들의 경우, 집단상담으로 놓친 학업을 보충하기 위해서 담임교사와 함께 학습 소모임을 형성해서 만날 수도 있다.

때때로, 상담교사가 학생들이 놓친 학업을 마치도록 도와줄 필요도 있다. 상담교사들은 방과후 일주일에 한 번 과제를 위한 모임을 운영할 수도 있다. 교사들은 놓친 학업을 따라잡기 위해 열심히 노력하는 학생들을 볼 때 더 협력하게 된다. 하지만 학생들이 해야 할 과제를 제시간에 마치지 못했거나 집단상담에 참여했던 학생들이 학업 태만으로 더욱 문제가 되는 경우도 있다. 따라서 집단상담에 참여했던 각 학생들이 빠졌던 수업에서 주어진 과제를 매일 기록하도록 하는 등의 관리체계를 만들 수 있다.

만약 학생이 반복적으로 학교 과제를 등한시하거나 책임을 회피하지 않도록 관리하기 위한 한 가지 방안은 상담교사가 학생과 교사와 함께 만남의 시간을 갖는 것이다. 진행자 역할을 할 상담교사는 해당 학생이 해야 할 과제를 잘 수행하고 있는지 등을 교사를 통해 알게 된다. 또한 상담교사는 멘토로서 집단 참여 학생이 자신들의 과업을 잘 수행하도록 격려할 수 있다.

다. 첫 회기 시작

상담교사는 각 학기가 시작될 때 교사와 학생의 상담 관련 요구사항들을 미리 검토해야 한다. 상담교사는 학생들을 대상으로 하는 요구조사를 통해 자신이 참가하고 싶은 상담집단을 제안할 수 있다. 요구조사는 다음의 첨부를 참조하면 된다.

1) 요구조사 및 홍보

상담교사는 학급을 방문해서 학급 전체 학생들을 대상으로 설문을 할 수 있다. 이때 설문조사 이외에도 상담 프로그램에 대해 간략한 홍보시간을 가질 수도 있다. 상담교사들은 집단상담을 통한 경험을 강조하고 참여 학생들에게 어떤 긍정적인 결과가 있는지를 강조해야 한다. 설문조사로부터 수집된 정보로 인하여 상담교사들은 학생들의 요구사항과 직접적으로 연결되는 맞춤형 상담과 안내 프로그램을 만드는데 보다 많은 준비를 할 수 있으며, 집단상담을 위한 주제를 결정할 수 있게 된다.

표 8-1 학생을 대상으로 하는 요구조사 양식

상담 요구조사지

이 설문조사는 여러분이 상담 선생님과의 만남에 관심이 있는지를 알아보고, 여러분이 상담을 통해 도움을 받을 수 있는 사항이 무엇인가를 파악하기 위한 것입니다. 상담 선생님과 개인적으로 이야기를 나누거나 집단상담에 참가하기를 원할 수도 있을 것입니다. 다양한 주제에 대한 집단상담이 곧 구성될 것이며 여러분이 필요한 하나에 참여하시기를 바랍니다.

이름 : 학반 : 날짜 :

아래에 있는 주제로 구성된 집단상담에 참여하고자 하는 경우 첫 번째 칸에 √를 넣으세요. 이 주제에 대해 상담 선생님과 개인적으로 얘기하고자 하는 경우 두 번째 칸에 √를 넣어주세요. 원하는 주제 모두에 √를 넣을 수 있습니다.

	이 주제에 관해 집단에 참여하는 데 관심 있다.	이 주제에 관해 개인적으로 참여하는 데 관심이 있다.
1. 친구 만들기		
2. 자부심 갖기		
3. 놀림이나 괴롭힘을 당하는 문제해결		
4. 친구 또는 사랑하는 사람의 죽음		
5. 가족과 잘 지내기		
6. 보다 체계적 생활하기		
7. 학습방법 개선하기		
8. 시험 불안 줄이기		
9. 부모의 이혼 또는 별거		
10. 좀 더 자기주장 표현하기		
11. 스트레스 다루기		
12. 약물, 알코올에 대한 염려		
13. 화 조절		
14. 우울증/자살		
15. 기타		

▶ 또한 다음 주제에도 관심이 있다(적용되는 곳에 모두 체크하세요) :

( ) 저학년 학생들 돕기
( ) 또래 중재 프로그램
( ) 한국어에 익숙하지 않은 학생들을 돕는 활동
( ) 공동체 내에서 봉사하기
( ) 기타 :

▶ 상담 선생님에게 하고 싶은 질문 :

또한 상담교사들은 교사들로부터 특정 학생들의 강점과 단점을 알기 위해 각 학년의 회의에도 참여할 수 있다. 상담교사에게 상담을 의뢰하는 사람은 학교운영자, 교사, 학부모, 그리고 보건교사 등이 될 수 있다. 상담교사들은 수업시간 및 쉬는 시간, 점심시간, 그리고 방과 전후로 학생들을 관찰하여 집단상담이 필요한 학생들을 파악할 수 있다.

2) 집단상담 사전 동의

집단상담을 시작하기에 앞서 집단지도자 또는 보조 지도자는 예정된 집단 참여자들과 면담을 한다. 만약 한 학생이 어떤 집단에 적합하다고 생각된다면 학부모의 동의를 위해서 집단상담에 대한 안내문과 동의서를 집으로 보내야 한다. 각각 참가 예정자들로부터의 동의서는 첫 회기 이전에 받아야 한다. 만약 동의서를 받아오지 않은 학생에 대해서는 별도로 집으로 전화할 준비도 해야 한다.

상담교사들은 학생들의 집단상담 참여를 위한 허락을 구할 때 학교의 원칙을 따라야 한다. 그리고 첫 회기 전날이나 당일 날 아침에 집단상담 회기의 날짜, 시간, 그리고 장소를 참가 예정자들에게 알려주어야 한다.

3) 집단상담 공간 확보 문제

모임을 위해 적합한 장소를 찾는 것은 하나의 문제가 될 수 있다. 대부분의 중학교에서 여섯 명 이상의 인원이 편하게 앉을 만한 공간이 부족한 경우가 많다. 일부 집단상담은 공간 내에서 신체활동을 하기 때문에 충분한 공간 확보가 필요하다. 집단상담 장소가 정해지고 나면 상담교사는 그 장소에 대해 학교 측의 허가를 받도록 한다.

또한 집단상담을 실시한 장소의 문 앞에 '집단상담 진행 중 : 관계자 외 출입 금지'라는 안내판을 붙여둔다. 회기진행에 방해를 받지 않기 위해서는 집단 참여자들이 앉은 곳에 책이나 개인적인 물건은 두지 않도록 한다. 집단상담을 위해 사용 가능한 장소들에는 임원 회의실, 빈 교실, 강당, 집단 회의실 등이 있다. 허가를 받을 수 있다면 교사 휴게실, 교장의 회의실도 가능하며 사용하지 않을 때는 식당도 가능하다. 날씨가 좋다면 야외도 적합하다.

표 8-2 집단규칙 서약서

집단규칙 서약서
1. 나는 집단상담 참여 과정에서 나온 모든 내용들을 비밀로 지키겠습니다. 따라서 집단 안에서 내가 듣는 모든 것은 이 집단에 참석하지 않은 사람과는 공유하지 않겠습니다. 2. 나는 다른 사람이 하는 이야기를 존중하겠습니다. 욕설이나 비난을 하지 않겠습니다. 3. 나는 모든 사람이 자신의 감정과 의견을 말할 자격이 있다고 믿겠습니다. 4. 나는 집단의 모든 참여자들을 지지하겠습니다. 5. 나는 말하고 있는 참여자를 방해하지 않겠습니다. 6. 나는 집단에서 논의되는 것 중에 말하지 않을 권리도 가질 수 있습니다. 7. 나는 집단 프로그램에 지각하지 않을 것이며, 모든 회기에 참석할 것입니다. 8. 나는 결석한 집단원 또는 이 집단원이 아닌 학생들에 대해 얘기하지 않을 것입니다. 이 집단의 한 집단원으로서, 나는 이 모든 규칙에 따를 것에 동의합니다. 서명____________________ 날짜 ____________________

라. 중학교 상담교사의 도전과제

중학교에서의 집단상담은 집단 참여자뿐만 아니라 상담교사들에게 있어서도 아주 보람된 경험이 될 수 있다. 집단을 만들어내는 데에는 아주 많은 계획과 협력이 필요하다. 논리적 문제들은 인내심과 이해심, 조정, 그리고 상식적 해결책이 요구된다. 중학교 상담교사들은 이따금 다루기 힘든 시기를 겪거나 호기심 및 관심수준이 아주 높은 학생들을 상담하게 된다.

각 학년들 간에는 아주 다른 성숙도를 보인다. 각 학년 모두 집단상담에 잘 호응하나 상담교사에게는 하나의 도전과제가 될 수 있다. 중학교 상담교사에게 도전은 학생들과 효과적으로 활동할 수 있는 방법을 찾아내는 것이다. 학생들은 신체적 변화와 감정의 변화를 동시에 경험하고 있기 때문에, 자신들의 감정을 솔직하게 말하지 않는다. 학생들은 실제보다 스스로에 대해 잘 알고 있는 것처럼 보인다. 이러한 연령대의 청소년들은 미래를 향해 나아가기를 갈망하며 현재에 대한 자신들의 불안감을 부정하는 것처럼 말하는 과도기에 있다.

표 8-3 집단상담 평가서

집단상담 평가서

다음 질문들에 답해주세요.

1. 이 집단상담 경험이 가치 있었다. 그렇다 ____ 아니다 ____
2. 나의 친구들에게 집단상담을 추천할 것이다. 그렇다 ____ 아니다 ____
3. 이번 집단상담에서 목표를 달성해냈다. 그렇다 ____ 아니다 ____
4. 이 집단상담에서 가장 좋았던 점 :
5. 이 집단상담에서 가장 좋지 않았던 점 :
6. 집단상담의 향상을 위해 제안할 점 :

이름 : 날짜 :

09장 chapter 중학교 집단상담 프로그램

01 학교폭력예방 프로그램

가. 목적

본 프로그램은 중학생을 대상으로 한 학교폭력 예방 프로그램을 구성하여 현장에서 실제로 운영해봄으로써 학교폭력을 예방하고 학생들의 학교생활 적응에 도움을 주고자 한다.

나. 프로그램 회기별 활동내용

회기	프로그램 명	활동주제	활동내용
1	함께해요!!	• 모둠원과 친밀감 형성 • 프로그램 소개 및 동기화	• 평화열차 7979 게임 • 학교폭력 4행시
2	폭력심의위원회	• 폭력의 개념 및 범위 재정립	• 폭력 단어카드 분류하기 • 드라마 대본 다시 읽기 • 슬라이드 '폭력개념'
3	우리들의 일그러진 영웅	• 폭력의 피해 심각성 인식	• 비디오(제3교실) • 폭력피해 예측하기
4	두 개의 시선	• 관점의 차이 이해하기	• 비디오 - 프린스, 프린세스 • 슬라이드 - 늑대이야기
5	폭력 트라이앵글	• 피해 / 가해 / 방관 입장 이해하기 • 피해 / 가해 / 방관 입장별 해결책 및 결과 예측 해보기	• 비디오 - 교실이야기 • 입장별 질문 & 대답 • 선택 & 결과 예측하기 • 폭력에 대한 입장별 Tip
6	숨은 갈등 찾기	• 갈등 원인 파악하기	• 슬라이드 - 갈등개념 • 숨겨진 욕구 - 스머프 만화
7	나는 어떤 유형?	• 갈등해결 유형 알아보기	• 슬라이드 - 갈등해결 유형 • 갈등 단어카드 분류하기
8	마음 다스리기	• 분노의 원인양상 이해하기	• 비디오 - 성질 죽이기 • 신체 이완훈련 • 슬라이드 - 분노표출 과정 • 합리적 VS 비합리적 사고
9	내 마음을 들어줘!	• 경청의 중요성 이해하기 • 경청기술 연습하기 • 나 - 전달법 이해하기 • 주장적 표현 연습하기	• 경청훈련(말 전하기) • 대화기술, 대본 다시 읽기
10	우린 평화를 원한다.	• 정화적 갈등해결 • 개념 / 중요성 인식하기 • 중재 역할의 중요성 • 평화수호천사 선서	• 비디오 - 시금치밭 • 비디오 - 학교폭력 개입사례 • 수호천사 임명식

다. 프로그램의 실제

제1회기 : 함께해요!!

<table>
<tr><td>프로그램명</td><td colspan="2">함께해요!!</td><td colspan="2">1회기</td></tr>
<tr><td rowspan="2">활동 주제</td><td rowspan="2">• 프로그램 소개 및 목표를 설정한다.</td><td>장소</td><td colspan="2">상담실</td></tr>
<tr><td>시간</td><td colspan="2">45분</td></tr>
<tr><td>활동 목표</td><td colspan="4">• 모둠원과의 친밀감 형성, 프로그램 소개 및 동기화를 시킨다.</td></tr>
<tr><td>지도 단계</td><td>활 동</td><td>시간(분)</td><td colspan="2">준비물</td></tr>
<tr><td>도입</td><td>1. 학생들과 인사를 나누고 프로그램의 내용과 목적을 소개한다.
2. 본 프로그램의 진행방식에 대해 설명한다.</td><td>5</td><td colspan="2"></td></tr>
<tr><td>전개</td><td>1. 평화열차판과 주사위를 나눠준 후 평화열차 7979 게임을 소개한다. <활동지 1-1, 1-2>
〈평화열차 7979!! 진행방법〉
-주사위를 던질 모둠 대표를 뽑은 후 앞으로 나오게 한다.
-한 모둠씩 차례대루 주사위를 던지면 나온 숫자만큼 말을 진행시킨다. 연두, 빨강, 파랑색 칸에 말이 걸리면 주머니에서 질문지를 뽑고 질문에 대한 답을(집단원 또는 모둠 전체) 한다.
-노란색 칸에 말이 걸리면(질문지를 뽑지 않고) 쉬어간다.
-가장 먼저 도착하는 모둠이 승리한다.

2. 평화열차 7979 게임판을 칠판 위에 올려놓고 모둠별로 순서를 정해 돌아가면서 주사위를 돌린다.

3. 승리한 모둠에게 스티커를 붙여준다.
* 진행 시 유의사항
-주사위를 던지는 집단원은 대표 한 사람으로 할 수 있고 집단원이 돌아가면서 할 수도 있다.
-모둠 대표가 질문카드의 내용을 읽으면 집단원들이 돌아가면서 질문에 답한다. 단, 질문 내용이 좋거나 함께 고민해볼 필요가 있다고 여겨지면 모둠 전체가 답을 해도 좋다. 게임 진행을 속도감 있게 하기 위해 주사위를 던질 때마다 질문카드를 뽑지 않고 2~3회에 한 번씩 질문카드를 뽑는 방법이 있다.
-질문 유형은 세 가지로 반 친구들이 잘 알 수 있는 '일반적 사항'에 대한 질문지(빨강)와 '자기존중감'에 대한 질문지(연두), 그리고 '폭력'과 관련된 질문지(파랑)로 구성되어 있다.</td><td>35</td><td colspan="2">활동지, 주사위, 평화열차 7979 게임판, 스티커, 질문카드</td></tr>
<tr><td>정리</td><td>1. 이번 회기를 정리하면서 '폭력예방'에 대한 4행시를 짓게 한다.

2. 교재에 4행시를 각자 적게 한다.

3. 모둠별로 가장 마음에 드는 것을 정해서 발표한다.

4. 참신한 아이디어를 격려해준 후, 다음 회기를 소개하며 마친다.</td><td>5</td><td colspan="2"></td></tr>
</table>

제2회기 : 폭력심의위원회

프로그램명	폭력심의위원회	2회기	
활동 주제	• 폭력의 정의 인식하기	장소	상담실
		시간	45분
활동 목표	• 폭력의 개념을 이해한다. • 신체적 폭력과 언어적 폭력, 관계적 폭력을 이해한다.		
지도 단계	활 동	시간(분)	준비물
도입	• 지난 회기 내용을 간단히 정리하고 이번 회기의 내용을 설명한다.	5	
전개	〈폭력단어카드 분류하기〉 <활동지 2-1> 1. 모둠별로 폭력단어카드를 골고루 나누어준다. 2. 카드의 단어를 보고 모둠별로 의논하여 폭력행동과 비폭력행동을 구분한다. 3. 칠판에 폭력 분류판을 제시하고 모둠별로 비폭력행동이라고 고른 카드를 붙이게 한다. 4. 이번에는 모둠별로 남아 있는 단어카드(즉, 폭력행동이라고 생각한 카드)를 분류하되, 이것이 신체적 폭력인지, 언어적 폭력인지, 관계적 폭력인지를 의논하게 한다. 5. 5분 정도 시간을 주고 모둠별로 의논하게 한 후, 모둠 대표가 나와 모둠의 의견대로 해당 칸에 카드를 붙인다. 6. 붙인 단어카드를 보면서 정답을 이야기해준다. 이때, 다르게 생각한 내용에 대해서는 이유를 묻거나 다른 사람의 의견을 듣기도 한다. 〈폭력심의위원회〉 1. '폭력심의위원회' 활동에 대해서 설명하고 모둠별로 대본을 나눠준다. 2. 모둠별로 많은 대본을 읽으면서 폭력적 상황이나, 대사, 장면들을 체크해 보도록 한다. 3. 등장인물과 심의관(2명) 배역을 정한 후, 대본 읽기의 형식으로 발표한다. 4. 심의관 중 한 사람은 대본 읽기 중간에 폭력적인 장면이 나올 때 5~6회 종을 흔들고 다른 한 사람은 '폭력 심의판'을 높이 들어올린다. 5. 발표를 하면서 중간 중간 다른 모둠의 의견을 들어본다.	35	활동지, 폭력 분류판, 폭력단어카드, 대본, 보드 마카펜, 폭력 심의판, 종, 슬라이드
정리	1. 슬라이드 '폭력개념 : 평화는 힘이 세다'를 다함께 본다. 2. 이번 회기에 대한 소감을 적게 한 후 학생들의 이야기를 들으며 마무리한다.	5	

제3회기 : 우리들의 일그러진 영웅

프로그램명	우리들의 일그러진 영웅	3회기	
활동주제	• 폭력의 피해와 심각성에 대해 알아본다.	장소 시간	상담실 45분
활동목표	• 학교폭력의 실태를 알아본다. • 폭력으로 인한 피해를 예측함으로써 문제의 심각성을 깨닫는다.		
지도단계	활 동	시간(분)	준비물
도입	• 지난 회기 내용을 간단히 정리하고 이번 회기의 내용을 설명한다.	5	
전개	<폭력실태 비디오 시청> 1. 비디오를 시청한다. -비디오 자료 "제3교실, 학교폭력"을 말한다. 2. 비디오를 보고 난 느낌을 학생들에게 간단히 질문한다. 3. 학교폭력의 실태를 소개하며 학교폭력 문제의 심각성을 강조한다. <예측 피하기> 1. '피해 예측판'을 칠판에 걸어 놓은 후, '폭력의 피해'가 발생하는 네 가지 영역(때린 친구/맞은 친구/가족/학교)을 모둠별로 할당한다. 2. 할당된 영역에서 발생할 수 있는 '폭력의 피해'를 모둠별로 함께 의논하여 예측하게 한다. 3. 교재에 작성한 '폭력의 피해'를 접착 메모지 한 장에 하나씩 옮겨 적는다. 4. 모둠별 '폭력의 피해' 작성이 끝나면, 모둠 대표가 한 사람씩 나와서 자신들이 예측한 폭력의 피해를 한 가지씩 이야기한다. 5. 각 모둠이 제시하는 피해(접착 메모지)를 '폭력피해 예측판'에 한 가지씩 붙이면서 설명한다. 6. 모둠별로 돌아가면서 얘기할 때, 대답이 막힌 모둠은 탈락하며 끝까지 남은 모둠들에게 스티커를 붙여준다. <가해 인터뷰 비디오 보기> 1. 모둠별 발표 내용을 정리하면서 비디오를 소개한다. 2. 학교폭력 가해자에 대한 인터뷰 비디오를 본다. -비디오 자료 : "제3교시, 학교폭력"을 말한다.	35	활동지, 비디오, 피해 예측판, 접착 메모지, 스티커판 & 스티커
정리	• 비디오 인터뷰 내용과 학생들이 발표한 내용을 정리하면서 폭력의 심각성을 다시 한 번 강조하여 마무리한다.	5	

제4회기 : 두 개의 시선

<table>
<tr><td>프로
그램명</td><td>두 개의 시선</td><td colspan="2">4회기</td></tr>
<tr><td rowspan="2">활동
주제</td><td rowspan="2">• 관점의 차이 이해하기</td><td>장소</td><td>상담실</td></tr>
<tr><td>시간</td><td>45분</td></tr>
<tr><td>활동
목표</td><td colspan="3">• 문제마다 다양한 관점이 존재한다는 것을 이해한다.
• 비폭력적인 해결책의 중요성을 강조한다.</td></tr>
<tr><td>지도
단계</td><td>활　　동</td><td>시간
(분)</td><td>준비물</td></tr>
<tr><td>도입</td><td>• 지난 회기 내용을 간단히 정리하고 이번 회기의 내용을 설명한다.</td><td>5</td><td></td></tr>
<tr><td>전개</td><td><비디오 보기-마녀의성><활동지 4-1>
1. 비디오를 시청한다.
-비디오 자료 : 마녀의 성(프린스 & 프린세스 중)
비디오를 보고 난 후 주인공이 어떻게 해서 마녀의 성을 열게 되었는지 교재에 적어보게 한다.
-주인공이 마녀의 성에 들어가게 된 방법은 무엇이었나요?
-왜 왕자들은 마녀의 성을 폭력적인 방법으로 열려고 했을까요?
-주인공과 왕자들의 가장 큰 차이점은 무엇일까요?

2. 몇몇 학생들의 이야기를 듣고 '관점의 차이'를 설명한다.
<늑대이야기>
1) 모둠별 발표 내용을 정리하면서 비디오를 소개한다.
2) 학교폭력 가해자에 대한 인터뷰 비디오를 본다.
-비디오 자료 : "제3교실, 학교폭력을 말한다."
3) 비디오 인터뷰 내용과 학생들이 발표한 내용을 정리하면서 폭력의 심각성을 다시 한 번 강조하여 마무리한다.</td><td>35</td><td>활동지,
비디오
(프린스 &
프린세스),
스케치북,
매직,
슬라이드
(늑대이야기)</td></tr>
<tr><td>정리</td><td>1. 이번 회기를 통해 느낀 점을 적게 한 후, 몇몇 학생들의 소감을 듣는다.

2. 다음 회기를 소개하며 이 회기를 정리한다.</td><td>5</td><td></td></tr>
</table>

제5회기 : 폭력 트라이앵글

<table>
<tr><td>프로그램명</td><td>폭력 트라이앵글</td><td colspan="2">5회기</td></tr>
<tr><td rowspan="2">활동주제</td><td rowspan="2">• 폭력 트라이앵글의 아름다운 해결책 및 결과 예측해보기</td><td>장소</td><td>상담실</td></tr>
<tr><td>시간</td><td>45분</td></tr>
<tr><td>활동목표</td><td colspan="3">• 폭력에 관련된 세 가지 입장(피해자/가해자/방관자)의 관점 차이를 이해한다.</td></tr>
<tr><td>지도단계</td><td>활 동</td><td>시간(분)</td><td>준비물</td></tr>
<tr><td>도입</td><td>• 지난 회기 내용을 간단히 정리하고 이번 회기의 내용을 설명한다.</td><td>5</td><td></td></tr>
<tr><td>전개</td><td><비디오 시청> <활동지 5-1>
1. 비디오를 시청한다.
-비디오 자료 : '교실이야기'

2. 비디오 시청 후, 세 가지 입장(피해자/가해자/방관자)에 대해 설명한다.

3. 각각 입장에서 모둠을 균등하게 선정한다.
"비디오를 보고 난 소감이 어떤가요? 여러분이 보았듯이 여기에서는 세 가지 입장이 나타납니다. 폭력의 피해를 당한 피해자, 폭력을 행사한 가해자, 폭력이 일어나는 것을 묵인하고 개입하지 않은 방관자의 입장으로 나눠집니다. 그렇다면, 여러분이 본 비디오에서 피해자와 가해자는 누구입니까? 또, 방관자는 누구입니까? (학생들의 대답을 듣는다) 그렇다면 여러분은 어떤 입장을 취해보고 싶나요?"

4. 모둠별 입장이 정해지면 질문카드를 한 사람 앞에 한 장씩 모둠별로 나눠준다.

5. 각자 받은 질문에 대한 응답을 생각한 후, 모둠의 의견을 모아 정리한다.

6. 가해자 → 방관자 → 피해자 순서대로 입장별 의견을 발표한다.</td><td>35</td><td>활동지,
비디오
(교실
이야기),
질문카드,
스케치북,
매직</td></tr>
<tr><td>정리</td><td>1. 각 입장에 대한 소견을 학생용 교재에 적어본다.
-내가 만약 0 0 (피해자)였다면 이렇게 했을 텐데…….
-내가 만약 0 0 (가해자)였다면 이렇게 했을 텐데…….
-내가 만약 0 0 (방관자)였다면 이렇게 했을 텐데…….

2. 학급에서 몇 명의 소감을 발표한 후 다음 회기를 소개하고 마무리한다.</td><td>5</td><td></td></tr>
</table>

제6회기 : 숨은 갈등 찾기

<table>
<tr><td>프로그램명</td><td>숨은 갈등 찾기</td><td colspan="2">6회기</td></tr>
<tr><td rowspan="2">활동 주제</td><td rowspan="2">• 갈등의 원인 파악하기</td><td>장소</td><td>상담실</td></tr>
<tr><td>시간</td><td>45분</td></tr>
<tr><td>활동 목표</td><td colspan="3">• 갈등이 무엇인지 알아본다.
• 갈등의 원인이 되는 숨겨진 욕구를 이해한다.</td></tr>
<tr><td>지도 단계</td><td>활 동</td><td>시간 (분)</td><td>준비물</td></tr>
<tr><td>도입</td><td>• 지난 회기 내용을 간단히 정리하고 이번 회기의 내용을 설명한다.</td><td>5</td><td></td></tr>
<tr><td>전개</td><td><갈등개념 이해하기>
1. 갈등의 개념에 대해 질문한다.
2. 슬라이드 '갈등 개념'을 보여준다.

<갈등 찾아내기>
1. 슬라이드 '신문기사'를 다함께 본다.
2. 학생용 활동지 '신문기사'를 참고로 하여, 각 기사내용에서 대립되는 양쪽 입장을 찾아내고 각각의 입장과 요구사항이 무엇인지 적게 한다.
3. 모둠별로 돌아가면서 발표한다.

<말풍선 채워 넣기> <활동지 6-1>
1. 말풍선 그림(실선)과 생각풍선 그림(점선)을 보여준다.
2. 대사가 비워진 만화용지를 나누어준다(모둠별).
3. 모둠별로 들어갈 내용들을 의논하여 대사를 채워 넣게 한다.
4. 논의가 진행되면 모둠별로 발표지를 뽑아 발표한다.</td><td>35</td><td>활동지, 슬라이드 (갈등개념, 신문기사), 만화용지, 스케치북, 매직</td></tr>
<tr><td>정리</td><td>1. 이번 회기에 느낀 점을 나눈다.
2. 다음 회기를 소개하면서 이번 회기를 정리한다.</td><td>5</td><td></td></tr>
</table>

제7회기 : 나는 어떤 유형

<table>
<tr><td>프로
그램명</td><td colspan="2">나는 어떤 유형</td><td colspan="2">7회기</td></tr>
<tr><td rowspan="2">활동
주제</td><td rowspan="2" colspan="2">• 갈등의 해결 유형 알아보기</td><td>장소</td><td>상담실</td></tr>
<tr><td>시간</td><td>45분</td></tr>
<tr><td>활동
목표</td><td colspan="4">• 나의 갈등 대처 유형을 알아본다.
• 갈등 대처 유형별 장점과 단점을 알아본다.</td></tr>
<tr><td>지도
단계</td><td colspan="2">활 동</td><td>시간
(분)</td><td>준비물</td></tr>
<tr><td>도입</td><td colspan="2">• 지난 회기 내용을 간단히 정리하고 이번 회기의 내용을 설명한다.</td><td>5</td><td></td></tr>
<tr><td>전개</td><td colspan="2"><갈등해결 유형 파악하기>
1. 활동지에 있는 '내 유형을 찾아보다'를 풀게 한다.
2. 자신의 갈능해결 유형을 확인한다.
-다섯 가지 갈등해결 유형(거북이, 사자, 곰돌이, 여우, 부엉이)의 점수를 모두 확인한 후, 점수가 가장 높게 나온 유형이 자신의 유형이다.
3. 슬라이드를 이용해서 다섯 가지 갈등해결 유형의 특징을 설명한다.
-느긋한 거북이형 : 갈등을 피하기 위해 상황 자체를 회피하는 유형
-열정적인 사자형 : 어떤 상황에서도 자신의 목표를 포기하지 않는 유형
-다정한 곰돌이형 : 관계를 유지하기 위해서 목표를 포기하는 유형
-영리한 여우형 : 중간 지점에서 타협하는 유형
-지혜로운 부엉이형 : 모든 부분의 욕구와 목표를 만족시키기 위해 끝까지 노력하는 유형
4. 사례를 통해 다섯 가지의 갈등해결 유형에 대해 어느 정도 이해했는지를 점검한다.
-사례에 나타난 갈등해결 유형이 각각 어떤 유형인지 생각해보게 한다.
-주어진 상황에 어떤 유형이 가장 적절한 대처방법인지 의논해보게 한다.
5. 모둠별로 의논한 내용을 발표한 후 정답을 공개한다.
6. 정답을 확인하면서 다섯 가지 갈등해결 유형을 다시 한 번 정리한다.

<갈등해결 유형 이해하기>
1. 단어카드를 모둠별로 하나씩 나눠준 후 각 모둠에서 맡을 유형을 한 가지씩 정한다.
2. 모둠별로 맡은 유형과 관련된 단어들을 다함께 의논하여 찾게 한다.
3. 찾은 단어들을 활동지의 '갈등해결 유형표'에 적게 한다.
4. 한 모둠씩 나와서 목록을 어떻게 분류했는지 발표한다.
5. 모둠 발표가 끝나면 정답을 공개하고 가장 정확하게 맞힌 모둠에게 스티커를 준다.</td><td>35</td><td>활동지,
슬라이드
(갈등해결
유형),
갈등단어
카드
(상황-결과
-특징),
스케치북,
매직,
스티커판
&
스티커</td></tr>
<tr><td>정리</td><td colspan="2">1. 이번 회기에 대한 소감을 쓰게 하고 몇 명의 이야기를 듣는다.
2. 다음 회기를 소개하며 이번 회기를 정리한다.</td><td>5</td><td></td></tr>
</table>

제8회기 : 마음 다스리기

<table>
<tr><td>프로그램명</td><td colspan="2">마음 다스리기</td><td colspan="2">8회기</td></tr>
<tr><td rowspan="2">활동주제</td><td colspan="2" rowspan="2">• 분노의 원인 양상 등 이해하기</td><td>장소</td><td>상담실</td></tr>
<tr><td>시간</td><td>45분</td></tr>
<tr><td>활동목표</td><td colspan="4">• 화났을 때의 신체적 변화 및 분노와 관련된 문제를 이해한다.
• 분노가 표출되는 과정을 이해한다.
• 합리적 사고와 비합리적 사고의 차이를 이해하고 연습한다.</td></tr>
<tr><td>지도단계</td><td colspan="2">활 동</td><td>시간(분)</td><td>준비물</td></tr>
<tr><td>도입</td><td colspan="2">• 지난 회기 내용을 간단히 정리하고 이번 회기의 내용을 설명한다.</td><td>5</td><td></td></tr>
<tr><td>전개</td><td colspan="2"><화날 때의 특징> <활동지 8-1>
1. 학생들에게 자신만의 스트레스 해소법을 물어보면서 칠판에 적는다.
2. 이어서 화가 날 때의 특징에 대해 모둠끼리 의견을 나누게 한다.
3. 모둠별 대답을 칠판에 적은 후, 슬라이드 '화가 날 때'를 보여준다.
-목소리 : 커짐, 거칠어짐, 날카로워짐 등
-얼굴 : 눈이 커짐, 째려 봄, 빨갛게 됨 등
-자세 : 손가락질, 허리에 손을 올림, 고개를 돌림, 팔짱을 낌 등
-말투 : 욕, 과장하기, 비꼬기, 비난하기 등
4. 슬라이드 '화가 날 때'를 계속 보면서 화를 낼 때 발생하는 문제를 설명한다.

<분노표출 과정 & 비합리적 사고>
1. 슬라이드 분노표출 과정을 보고 그 과정을 설명한다.
2. '세라 이야기' 슬라이드를 보여주며 '표현'과 '결과'의 차이를 설명한다.
3. 트리거 생각 단계에서 발생하는 비합리적 사고에 대해 설명한다.
-당위적인 생각 : "-는 반드시 -해야 한다."
-극단적인 생각 : "언제나", "절대로", "한번도", "참을 수 없는"
-이분법적 생각 : "-는 -한 사람이고", "-는 -한 사람이다."

<비합리적 사고의 예>
-좋은 친구는 절대로 화를 내서는 안 된다.
-나를 좋아하는 사람은 착한 사람이고, 나를 싫어하는 사람은 나쁜 사람이다.
-모든 사람이 다 나를 좋아해야 한다.
-완벽한 능력이 있고 성공한 사람만이 가치 있는 사람이다.

<합리적 사고게임>
1. '합리적/비합리적 사고판'을 모둠별로 나눠준다.
2. 준비한 여러 가지 문장을 들려준다.
3. 주어진 문장이 합리적 사고인지 비합리적 사고인지 생각해보고, 해당되는 '생각판'을 들게 한다.
4. 먼저 '생각판'을 드는 모둠에게 문제를 맞히는 기회를 준다.
5. 비합리적 사고일 경우에는 합리적 사고로 바꾸게 한다.</td><td>35</td><td>활동지,
슬라이드
(화가 날 때),
비디오
(성질 죽이기),
배경음악</td></tr>
<tr><td>정리</td><td colspan="2">1. 이번 회기에 대한 소감을 쓰게 한 후, 몇몇 학생들의 이야기를 듣는다.
2. 다음 회기를 소개하며 이번 회기를 정리한다.</td><td>5</td><td></td></tr>
</table>

제9회기 : 내 마음을 들어줘!

<table>
<tr><td>프로그램명</td><td colspan="2">내 마음을 들어줘!</td><td colspan="2">9회기</td></tr>
<tr><td rowspan="2">활동주제</td><td rowspan="2" colspan="2">• 경청의 기술과 주장적 표현 연습하기</td><td>장소</td><td>상담실</td></tr>
<tr><td>시간</td><td>45분</td></tr>
<tr><td>활동목표</td><td colspan="4">• 경청의 중요성을 이해한다.
• 경청의 다양한 기술을 배우고 익힌다.
• 나-전달법에 대해 배운다.</td></tr>
<tr><td>지도단계</td><td colspan="2">활 동</td><td>시간(분)</td><td>준비물</td></tr>
<tr><td>도입</td><td colspan="2">• 지난 회기 내용을 간단히 정리하고 이번 회기의 내용을 설명한다.</td><td>5</td><td></td></tr>
<tr><td>전개</td><td colspan="2"><대화기술 설명하기>
1. 슬라이드 '대화할 때'를 보여준다.
* 대화 장애물 : 끼어들기 - 판단하기 - 놀리기 - 비난하기 - 충고하기-주제 바꾸기

2. 슬라이드를 계속 보여주면서 3가지 대화기술에 대해서 설명한다.
* 효과적인 대화기술
1) 경청 : 눈 맞추기, 자세, 표정, 몸짓 등
2) 요약 : 사실 VS 감정
3) 명료화 : 개방형 질문

<주장적 표현 연습하기>
1. 슬라이드를 이용하여 나-전달법과 주장적 표현과의 관련성을 설명한다.
-공격적 표현 : 나의 입장만 고집하고 상대방의 입장을 무시하는 표현
-수동적 표현 : 나의 입장을 무시하고 상대방의 입장만 생각해주는 표현
-주장적 표현 : 상대방의 입장을 들으면서 나의 입장을 설명하는 것

2. 드라마 대본을 나누어준다.

3. 드라마의 대본을 주장적 표현으로 고치는 방법을 설명한다.

4. 모둠별 논의가 끝나면, 대표를 뽑아 한 모둠씩 논의한 내용을 발표한다.

5. 발표한 내용을 가지고 주장적 표현을 다시 확인하면서 내용을 정리한다.
* 생각해보기 활동 <<b>활동지 9-1, 9-2</b>></td><td>35</td><td>활동지,
슬라이드
(대화할 때,
100명의 마음),
경청카드,
영화 포스터,
배경음악</td></tr>
<tr><td>정리</td><td colspan="2">1. 이번 회기에 대한 소감을 정리하는 시간을 주고, 학생들의 발표를 듣는다.

2. 다음 회기를 소개하며 이번 회기를 정리한다.</td><td>5</td><td></td></tr>
</table>

제10회기 : 우리 평화를 원한다

<table>
<tr><td>프로
그램명</td><td colspan="2">우리 평화를 원한다</td><td colspan="2">10회기</td></tr>
<tr><td rowspan="2">활동
주제</td><td rowspan="2" colspan="2">• 평화적 갈등해결의 개념과 중요성 인식하기</td><td>장소</td><td>상담실</td></tr>
<tr><td>시간</td><td>45분</td></tr>
<tr><td>활동
목표</td><td colspan="4">• 평화적 갈등해결의 개념을 이해한다.
• 평화적 갈등해결 방법을 생각해본다.</td></tr>
<tr><td>지도
단계</td><td>활 동</td><td>시간
(분)</td><td colspan="2">준비물</td></tr>
<tr><td>도입</td><td>• 지난 회기 내용을 간단히 정리하고 이번 회기의 내용을 설명한다.</td><td>5</td><td colspan="2"></td></tr>
<tr><td>전개</td><td><비디오 시청>
1. 비디오를 다함께 본다.
-비디오 자료 : “제3교실, 학교폭력을 말한다.”(출처: LG 복지재단)

2. 비디오 내용을 정리하면서 평화적 해결방법에 대해 강조한다.

3. 교재에 나와 있는 학교폭력 사례를 읽어본다.

4. 우리 학급이 그러한 상황에 처했다면, 어떻게 평화적인 방법으로 해결할 것인가를 논의하여 적는다.

5. 논의가 진행되면, 모둠별로 발표자를 뽑아 발표한다.

6. 외국의 사례 영상자료를 함께 시청한다.
-비디오 자료 : “올베우스의 개입이론”(자녀 안심하고 학교 보내기 운동 중)
(출처 : 서울지방검찰청, 자녀 안심하고 학교 보내기 운동 본부)

<수호천사 임명식>
1. 슬라이드 ‘평화를 지키는 사람들’을 보여준다.

2. 수호천사 임명식을 갖는다.

3. 수호천사 임명장을 나눠준 후, 자기 이름을 적게 한다.</td><td>35</td><td colspan="2">비디오,
슬라이드
(세 글자 퀴즈),
스티커판,
스티커</td></tr>
<tr><td>정리</td><td>1. 이번 회기에 대한 소감을 정리하는 시간을 주고, 학생들의 발표를 듣는다.

2. 폭력예방을 다시 한 번 강조하며 전체를 마무리한다.</td><td>5</td><td colspan="2"></td></tr>
</table>

1. 학교폭력예방 프로그램 활동지

활동지 1-1	안녕하세요	별칭	
		날짜	월 일

☺ 이번 시간의 목표는……

1. 다른 친구의 말을 중간에 자르지 않는다.
2. 다른 친구가 이야기할 때에 잘 듣는다.
3. 자기 의견과 달라도 상대방의 의견을 존중한다.
4. 감정적인 대응은 하지 않는다.

☺ 우리가 토론할 때 시켜야 할 기본 규칙은?

1. 프로그램의 목적과 진행방식을 이해한다.
2. 친구들 간에 응집력과 유대감을 키운다.
3. 프로그램 동안 지킬 약속을 정하고 지킬 수 있다.

활동지 1-2	빙고게임	별칭	
		날짜	월 일

BINGO GAME

☞ 우리 반 친구들의 별칭을 골고루 칸에 배치한다.
☞ 별칭이 불린 친구는 자신의 소개를 한 후, 다른 친구의 별칭을 부른다.
☞ 가로, 세로, 대각선 등 먼저 5줄을 맞추면 빙고라고 외친다.

활동지 2-1	폭력! 아하 이런 거구나……	별칭	
		날짜	월 일

★ 폭력카드의 단어를 분류해 보자.

☹ 폭력 ☹	☺ 비폭력 ☺

★ 폭력의 종류에 대해 분류해 보자.

신체적 폭력	언어적 폭력	심리적 폭력
몸을 다치게 하거나, 물건을 망가뜨리는 등 신체적 해를 입히는 행동	말이나 욕설 등으로 감정을 상하게 하거나 상대방을 인격적으로 모욕하는 행동	정신적으로 부정적인 반응을 일으키는 행동

활동지 3-1	폭력의 진실 혹은 거짓!	별칭	
		날짜	월 일

★ 진실에는 O표를 하고, 거짓에는 X표를 하세요.

번호	진실 혹은 거짓	표시
1	사소한 행동이나 장난으로 친구를 놀리거나 괴롭히는 것까지 폭력이라고 보는 것은 지나친 생각이다.	
2	폭력매체의 노출 정도가 학교폭력 발생에 영향을 준다.	
3	주위를 보면 진짜 맞을 만한 짓을 하는 친구들이 있다.	
4	재미로 괴롭히거나 때리는 행위는 정말 비열한 것이다.	
5	내 생각이 옳다면 나와 생각이 다른 친구들은 때려서라도 설득해야 한다.	
6	자주 맞는다면 분명 맞는 친구에게 문제가 있거나 무능할 것이다.	
7	친구들이 괴롭힐 때 조금만 참으면 언젠가 사이가 좋아질 것이다.	
8	때리거나 괴롭힐 때 '싫어'라고 얘기하는 것은 반사적인 반응일 뿐이다.	
9	여자를 때리는 것은 비겁하지만 남자들끼리는 괜찮다.	
10	때론 말보다 주먹이 훨씬 효과적이다.	
11	친구들과 친해지려면 하기 싫어도 다른 사람을 괴롭혀야 한다.	
12	힘이 세다는 것을 꼭 남에게 알릴 필요는 없다.	
13	화날 때 폭력을 쓰면 더 화가 난다.	
14	폭력에는 폭력을 쓰면 더 화가 난다.	
15	많이 사람들이 편하기 위해 소수의 사람이 희생되는 것은 어쩔 수 없다.	
16	부모님이나 어른이 아셨다는 것을 때린 친구가 알면 더 괴롭힘을 당하게 될 것이다.	

활동지 4-1	두 개의 시선	별칭	
		날짜	월 일

❤ **주인공은 어떻게 마녀의 성을 열게 되었을까?**

주인공이 마녀의 성에 들어가게 된 방법은 무엇일까?

왜 왕자들은 마녀의 성을 폭력적인 방법을 통해서 열려고 했을까?

주인공과 왕자들의 가장 큰 차이점은 무엇일까?

활동지 5-1	나는 어떤 유형일까?	별칭	
		날짜	월 일

◆ **다음의 질문들은 갈등 상황에 대해 대처 유형을 나타낸 문장입니다.**

1=전혀 그렇지 않다. 2=그렇지 않다. 3=때때로 그렇다. 4=자주 그렇다. 5=언제나 그렇다.

각 문장에 대해 어느 정도 옳다고 생각하는지 점수를 괄호 안에 적어주세요.

	문 장	A	B	C	D	E
1	싸움은 피하는 것이 상책이다.	( )				
2	내 생각대로 사람들을 설득하는 것은 능력이다.		( )			
3	부드러운 말은 무자비한 마음을 푼다.			( )		
4	이에는 이, 눈에는 눈!				( )	
5	한 사람의 생각보다 여러 명의 의견이 더 낫다.					( )
6	두 사람이 다툴 때 먼저 침묵을 지키는 사람이 더 훌륭하다.	( )				
7	힘이 곧 정의다.		( )			
8	친절한 사람은 적이 없다.			( )		
9	아주 없는 것보다는 조금이라도 있는 것이 낫다.				( )	
10	솔직함, 정직함, 믿음이 있으면 산이라도 옮긴다.					( )
11	뜻이 다른 사람과는 가까이하지 않는 것이 좋다.	( )				
12	싸움에서는 무조건 이겨야 한다.		( )			
13	오 리를 가자고 하면 십 리를 간다.			( )		
14	선물은 좋은 친구를 만든다.				( )	
15	갈등은 해결될 수 있다.					( )
16	갈등을 다루는 최선의 방법은 피하는 것이다.	( )				
17	세상에는 승자와 패자 두 종류의 사람이 있다.		( )			
18	받는 것보다 주는 것이 낫다.			( )		
19	둘 다 중간이라면 공평하게 얻은 것이다.				( )	
20	시간이 걸려도 모두 만족하는 방법을 찾아야 한다.					( )
총점 : 점수를 세로로 더해주세요. 내 유형 점수는?						

활동지 6-1	이것이 문제였구나!	별칭	
		날짜	월 일

갈등 상황에서
내가 느낀 감정을
적어보세요!

활동지 7-1	다섯 가지 갈등해결 유형	별칭	
		날짜	월 일

A형 : 느긋한 거북이형
장점과 단점

B형 : 열정적인 사자형
장점과 단점

C형 : 다정한 곰돌이형
장점과 단점

D형: 영리한 여우형
장점과 단점

E형 : 지혜로운 부엉이형
장점과 단점

활동지 8-1	하나, 이렇게 해보면 어때?	별칭	
		날짜	월 일

❤ 화가 났을 때 이렇게 해보는 것은 어떨까요?

성질 죽이기

1. 지연 작전
   1) 화가 난 상황을 잠시 피해 있는다.
   2) 심호흡을 한다.
   3) 눈을 감고 구구단을 외운다.
   4) 긴장된 근육을 이완시킨다.

2. 화난 감정 차분히 들여다보기
   1) 편안한 물건을 껴안고 화난 감정을 받아들이기
   2) 화난 감정 직면하기
   3) 화가 난 감정을 충분히 느끼기

3. 화난 이유 생각해보기
   1) 화가 날 수 있다는 것을 인정하고 받아들이기
   2) 화가 난 이유를 차분히 생각해보기

❤ 다 같이 호흡 시작~

호흡 1단계	호흡 2단계
1. 몸을 가볍게 풀어주고 편안한 자세를 한다. 2. 눈을 가볍게 감고 한손은 배꼽 위에 다른 한 손은 가슴 위에 놓는다. (되도록 위의 손은 움직이지 않고 배 위의 손이 움직이도록 호흡한다.) 3. 가슴 위의 손은 내리고 배 위에만 손을 놓고 호흡한다. (자신의 배의 움직임에 집중하면서 호흡을 하도록 한다.)	1. 온몸의 긴장을 되도록 풀고 호흡한다. 2. 들숨과 날숨을 고르게 한다. 3. 배를 이용한 호흡이 어느 정도 익숙해지면 내쉴 때, 속으로 '편안하다'라고 되뇌면서 온몸의 긴장이 이완되었다는 느낌을 연상한다. 특히 어깨와 목의 힘을 빼면서 숨을 내쉰다. 4. 어느 정도 숙지했을 경우, 3분 정도의 지속적인 훈련을 2회 정도 하여 종합적인 느낌을 들어본다.

활동지 8-2	둘, 이렇게 해보면 어때?	별칭	
		날짜	월 일

■ **비합리적 사고를 합리적 사고로 바꿔 봅시다.**

❤ 우리 엄마는 내가 용서를 빌어도 절대로 용서하지 않으실 것이다.
➔ 엄마는 내가 솔직하게 용서를 빌면(벌을 주시긴 하겠지만) 용서를 해주실 것이다.

❤ 우리 가족에게는 항상 좋은 일만 있을 것이다.
➔ 우리 가족에게 항상 좋은 일만 있는 것은 아니다.

❤ 예쁜 사람들은 친구가 많고, 얼굴이 예쁘지 않은 사람들은 친구가 적다.
➔

❤ 친구를 잘 사귀려면 항상 웃고 다녀야 한다.
➔

❤ 시험 때는 절대로 머리를 감지 말아야 시험을 잘 볼 수 있다.
➔

❤ 영희가 항상 웃고 다니는 걸 보니 항상 즐거운 일만 있을 것이다.
➔

❤ 머리가 나쁜 사람은 아무리 노력해도 성적이 나쁘다.
➔

❤ 나는 항상 음악을 들으면서 공부를 해야 공부가 잘된다.
➔

❤ 비싼 옷을 입으면 친구들이 나를 좋게 생각할 것이다.
➔

❤ 화를 내는 사람은 성격이 나쁜 사람이고 화를 내지 않는 사람은 성격이 좋은 사람이다.
➔

❤ 내가 알고 있는 사람은 반드시 나를 좋아해야 한다.
➔

활동지 9-1	이산과 동규의 바람직한 행동	별칭	
		날짜	월 일

사례. 다음과 같은 상황에서, 내가 만약 이산이라면 나는 어떻게 대응했을까요?

이산은 머리가 작고 얼굴이 앞으로 튀어나온 편이다. 어느 날 동규가 친구들이 있는 앞에서 "야, 똥파리!"라고 이산을 놀렸다. 그러자 옆에 있던 다른 친구들이 막 웃었다.

위의 이야기를 듣고 두 명씩 짝을 지어 각각 '이산'과 '동규'가 되어 서로 어떻게 반응할 것인지 역할극을 통해 생각해봅시다.

● 내가 만약 이산이라면, 나는 ( )

소극적인 대응

- ➢ 이렇게 했을 때 :
  - ● 꾹 참는다.
  - ● 웃어넘기는 척한다 등
- ➢ 결과 :
  - ● 당장의 싸움을 피할 수 있다.
  - ● 상대방이 내 기분을 모른다.
  - ● 계속 놀린다.
  - ● 다른 친구들도 덩달아 놀린다.
  - ● 결국 난 화가 폭발한다.

공격적이거나 자극적인 대응

- ➢ 이렇게 했을 때 :
  - ● 한 대 패준다.
  - ● 나도 그 애를 놀린다 등
- ➢ 결과 :
  - ● 싸우게 된다.
  - ● 당장은 마음이 후련하다.
  - ● 관계가 더 악화된다.
  - ● 후회한다.

어떻게 하는 게 바람직한 행동일지 우리 모두 생각해봅시다.

활동지 9-2	한번 부딪쳐 볼까?	별칭	
		날짜	월 일

갈등 상황 : 쇼핑을 하러 갔는데 내가 고른 옷을 친구가 자기도 같이 사겠다고 한다.
같은 옷을 입기 싫은데, 자꾸 사겠다고 하는 친구가 밉고 화가 나서 짜증을 부렸더니 친구는 그래 너 혼자 다 입어라 하고 가버렸다.

Ⅰ. 갈등의 원인이 무엇입니까?

(감정을 파악하고 그 감정을 가지게 된 이유를 분석하면 문제해결에 도움이 됩니다.)

❍ 나의 기분은 (짜증이 났는데), 그 이유는 (친구가 같은 옷을 사겠다고 고집을 부렸기) 때문이다.
❍ 상대방의 기분은 ( )한데, 그 이유는 ( ) 때문이다.
❍ ( )의 기분은 ( )한데, 그 이유는 ( ) 때문이다.
❍ 기타 :

Ⅱ. 다양한 해결책

❍ 그냥 나만 옷을 산다. ❍ 참고 같은 옷을 산다.

Ⅲ. 결과를 예측한다.

해결책	결과 예측	평가
그냥 나만 원하는 옷을 산다.	원하는 옷을 입을 수 있다.	+
	친구와 사이가 멀어질 수 있다.	−
	친구가 혼자 사서 입고 올 수도 있다.	−

02 진로성숙도 향상을 위한 집단상담 프로그램

가. 목적

본 프로그램은 자기탐색과 직업세계에 대한 탐색을 바탕으로 하여 합리적으로 진로를 선택하고 개척해 나가는데 도움을 줄 수 있는 진로교육의 도구이다. 따라서 진로탐색 단계에 있는 중학생의 진로성숙도를 향상시킬 수 있도록 한다.

나. 프로그램 회기별 활동내용

회기	프로그램명	활동주제	활동내용
1	프로그램 안내 및 별칭 짓기	• 프로그램의 목적과 활동내용 및 지켜야 할 집단규칙을 이해하고 별칭 짓기를 통해 신뢰감과 친밀감을 조성한다.	• 진로성숙도 사전검사 실시 • 프로그램의 목적 및 필요성 안내 • 희망직업에 대한 별칭 짓기로 자기소개
2	나는 누구인가?	• 자기 자신을 구체적으로 생각해보며 자신을 이해하고 수용하는 경험을 하게 한다.	• 자신의 여러 가지 모습을 성찰하기
3	나의 성격유형과 직업	• 자신의 성격을 정확하게 파악하고 자신에게 알맞은 직업을 탐색한다.	• 성격유형검사를 통해 자신의 성격이해 및 알맞은 직업탐색
4	나의 흥미와 직업	• 자신의 흥미를 탐색하여 자신을 이해하고 자신의 흥미에 맞는 직업을 찾을 수 있다.	• 자신의 흥미와 관련된 적합한 직업 탐색
5	나의 적성과 직업	• 자신의 적성이 무엇인지 알고 자신의 적성에 맞는 직업을 찾을 수 있다.	• 적성검사를 통해 자신의 적성 파악 • 자신의 적성에 맞는 직업탐색
6	나의 가치관과 직업	• 가치관의 의미와 중요성을 알고, 자신의 가치관에 맞는 직업을 찾을 수 있다.	• 자신의 가치관과 관련된 적합한 직업 탐색

회기	프로그램명	활동주제	활동내용
7	일에 대한 보람과 소중함	• 직업생활에서 느낄 수 있는 보람과 일의 소중함은 무엇인지 설명할 수 있다.	• 일의 소중함과 보람을 통해 자신의 가치 탐색
8	나의 의사결정 유형	• 자신의 의사결정 유형을 알고 합리적인 의사결정을 할 수 있다.	• 의사결정 유형 알아보기 • 합리적인 의사결정 방법 향상
9	직업세계에 대한 정보 수집	• 직업세계에 대해 탐색하는 방법을 확인하고 직업의 다양성과 변화하는 직업의 세계를 이해할 수 있다.	• 직업의 종류와 특성 파악하기 • 사라진 직업 및 최근에 새로 생긴 직업조사 • 미래의 유망한 직업조사 • 진로정보 수집의 다양한 방법 파악
10	나의 진로탐색	• 자신의 특성에 맞는 진로방향을 설정한다.	• 미래에 가지고 싶은 직업에 대한 성찰
11	나의 진로계획 세우기	• 자신의 진로에 대한 구체적인 계획을 세울 수 있다.	• 합리적인 의사결정을 통해 진로계획 세우기 • 나의 생애 실계표 작싱하기
12	집단상담을 마치며	• 진로탐색 집단상담 프로그램을 평가하고 프로그램을 통해 변화된 자신의 모습을 발견한다.	• 소감문 작성 및 느낌 발표 • 프로그램을 통해 경험한 것 평가

다. 프로그램의 실제

제1회기 : 프로그램 안내 및 별칭 짓기

프로그램명	프로그램 안내 및 별칭 짓기		1회기
활동 주제	• 프로그램의 목적과 활동내용 및 지켜야 할 집단규칙을 이해하고 친밀감과 신뢰감을 형성한다.	장소	상담실
		시간	45분
활동 목표	• 프로그램 수행 이전의 학생들의 진로성숙도를 측정한다. • 프로그램의 목적과 활동내용 및 지켜야 할 집단규칙을 이해한다. • 별칭 짓기를 통해 집단원 간의 신뢰감 형성과 친밀감을 조성한다.		
지도 단계	활 동	시간(분)	준비물
도입	• 학생들과 인사를 나누고 프로그램의 내용과 목적을 소개한다.	5	
전개	1. 사전검사 실시 : 한국직업능력개발원의 '진로성숙도 검사지'를 사용하여 진로성숙도를 측정한다. <활동지 1-1> 2. 상담자의 인사 및 프로그램에 대해 소개한다. 3. 집단의 규칙을 설명하고 서약서를 작성한다. 4. 별칭 짓기 -둥근 원 모양으로 앉은 후 눈을 감고 자신의 희망직업에 대해 생각한다. -원하는 직업과 관계있는 내용으로 별칭을 짓고 소개한다.	35	활동지, 진로성숙도 검사지, 개인파일, 명찰용지, 크레파스, 칼라펜, 사인펜
정리	• 이 활동을 통해서 인상적이거나 가슴에 와 닿았던 소개내용이나 별칭 등에 대해 이야기를 나누고 활동에 대한 전체적인 느낌을 발표한다.	5	

제2회기 : 나는 누구인가?

프로그램명	나는 누구인가?		2회기
활동 주제	• 자신의 여러 가지 모습을 성찰한다.	장소	상담실
		시간	45분
활동 목표	• 자기 자신의 모습을 구체적으로 생각해보고 발표함으로써 자신을 새롭게 발견하여, 자기를 이해하고 수용하고 개방하는 경험을 한다.		
지도 단계	활 동	시간(분)	준비물
도입	• 지난 회기 내용을 간단히 정리하고 이번 회기의 내용을 설명한다.	5	
전개	1. 집단원이 눈을 감고 지금까지 살아온 '나'에 대하여 생각할 수 있는 시간을 가진다. 2. 명상에 도움이 되는 배경음악을 들려준다. 3. 활동지 항목을 읽으면서 자신에 대해 성찰한다.	35	활동지, 녹음기, 명상음악, 필기도구, 개인파일
정리	• 다른 사람의 발표 내용에서 나 자신과 공통적인 점, 다른 점, 새로운 점은 무엇인지 알고, 앞으로 자신을 어떻게 변화시켜 나가야 할지를 인식하게 한다.	5	

제3회기 : 나의 성격유형과 직업

프로그램명	나의 성격유형과 직업	3회기	
활동주제	• 자기 성격의 이해 및 자기탐색하기	장소	상담실
		시간	45분
활동목표	• 자신의 성격을 정확하게 파악하고 자신의 성격에 알맞은 직업을 탐색한다.		
지도단계	활 동	시간(분)	준비물
도입	• 지난 회기 내용을 간단히 정리하고 이번 회기의 내용을 설명한다.	5	
전개	1. 성격유형과 직업을 알아보기 위해 활동지를 나누어주고 실시한다. <활동지 3-1> 2. 질문지의 응답 결과 자신의 성격이 어떤 유형에 속하는지 발표한다. 3. 활동지를 나누어주면서 자신의 성격유형에 적합한 직업을 탐색하도록 한다. 4. 평소 희망하는 직업과 검사결과에 따른 성격유형별 관련 직업에 공통되는 것이 있는지, 평소에 생각하는 자신의 성격과 검사결과의 성격유형이 일치하는지를 탐색하여 발표한다.	35	활동지, 녹음기, 명상음악, 필기도구, 개인 파일
정리	• 자신의 성격을 잘 파악하고 이해하여 그에 따른 진로를 개척하기 위해 부단히 노력해야 함을 깨닫게 한다.	5	

제4회기 : 나의 흥미와 직업

프로그램명	나의 흥미와 직업	4회기	
활동주제	• 자신의 흥미를 정확히 알고 자신의 적성에 맞는 직업을 찾는다.	장소	상담실
		시간	45분
활동목표	• 자신의 흥미를 탐색하여 자기 자신을 더 잘 이해하고 자신의 흥미에 맞는 직업을 찾을 수 있다.		
지도단계	활 동	시간(분)	준비물
도입	• 지난 회기 내용을 간단히 정리하고 이번 회기의 내용을 설명한다.	5	
전개	1. 자신의 흥미탐색을 위해 활동지를 나눠주고 기록하게 한다.<활동지 4-1> 2. 응답한 내용을 중심으로 자신이 흥미롭게 여기는 분야를 생각해보게 한 뒤 활동지에서 자신의 흥미와 관련된 직업을 찾게 한다. 3. 자신이 원하는 직업과 흥미검사에서 찾은 직업이 일치하는지 혹은 차이가 있는지 탐색한 결과를 발표한다. 4. 다른 학생들의 직업탐색 결과 내용과 발표를 통해 서로 피드백해주고 조언한다.	35	활동지, 필기도구, 개인파일
정리	• 흥미는 능력이나 적성과는 달리 어떤 일이나 활동에 관심이 있고, 재미있어 하는 것임을 주지시키고, 자신의 흥미를 정확하게 알도록 한다.	5	

제5회기 : 나의 적성과 직업

프로그램명	나의 적성과 직업	5회기	
활동주제	• 적성유형을 확인하고 직업 탐색하기	장소	상담실
		시간	45분
활동목표	• 자신의 적성이 무엇인지 찾고, 자신의 적성에 따른 직업을 찾을 수 있다.		
지도단계	활 동	시간(분)	준비물
도입	• 지난 회기 내용을 간단히 정리하고 이번 회기의 내용을 설명한다.	5	
전개	1. 적성을 발견할 수 있는 방법으로 스스로의 자기관찰, 선생님, 가족, 친구의 조언 및 상담과 적성검사 등이 있음을 설명한다. 2. 자신이 생각하기에 재주가 있거나 잘한다고 여기는 구체적인 활동이나 내용을 탐색한다. 3. 활동지를 나눠주고 적성 분류표를 보면서 자기평가를 하고 물음에 답하도록 한다. <활동지 5-1> 4. 나의 적성에 맞는 직업을 선택했을 때와 적성에 맞지 않는 직업을 선택했을 때 어떤 차이점이 있는지 생각하고 발표한다. 5. 활동지를 나눠주면서 적성유형을 다르게 분류할 수 있다는 것을 참고하도록 한다.	35	활동지, 필기도구, 개인파일
정리	• 적성유형을 확인하고 적성과 지난 회기에 활동했던 성격유형 및 흥미유형과 연결시켜 직업선택을 할 수 있도록 한다.	5	

제6회기 : 나의 가치관과 직업

프로그램명	나의 가치관과 직업	6회기	
활동주제	• 가치관을 확인하고 직업 탐색하기	장소	상담실
		시간	45분
활동목표	• 가치관의 의미와 중요성을 알고 자신의 가치관에 맞는 직업을 찾을 수 있다.		
지도단계	활 동	시간(분)	준비물
도입	지난 회기 내용을 간단히 정리하고 이번 회기의 내용을 설명한다.	5	
전개	1. 가치관이 진로선택에 미치는 영향을 알아본다. 2. 수단적 가치(외재적)와 목적적 가치(내재적)를 설명해준다. 3. 활동지를 나눠주고 적성분류표를 보면서 자기평가를 하고 물음에 답하도록 한다. <활동지 6-1> 4. 활동지를 작성하면서 자신의 진로가치를 명료화하고 물음에 답한다. 5. 종합적으로 자신에게 가장 중요한 가치는 무엇이고 여기에 속한 직업은 무엇인지 생각하고 발표한다.	35	활동지, 필기도구, 개인파일
정리	• 가치는 똑같을 수 없고 사람마다 다르지만 내재적 가치의 중요성을 강조하고, 가치 순위는 환경과 주관에 따라 변할 수 있음을 인식하게 한다. 더불어 가치를 구분하는 기준에 따라 삶의 방향이 바뀔 수 있음을 깨닫도록 한다.	5	

제7회기 : 일에 대한 보람과 소중함

프로그램명	일에 대한 보람과 소중함	7회기	
활동 주제	• 일의 소중함과 보람을 통해 자신의 가치 탐색하기	장소	상담실
		시간	45분
활동 목표	• 직업생활에서 느낄 수 있는 보람과 일의 소중함은 무엇인지 설명할 수 있다.		
지도 단계	활 동	시간(분)	준비물
도입	• 지난 회기 내용을 간단히 정리하고 이번 회기의 내용을 설명한다.	5	
전개	1. 사람들이 일을 하는 이유를 생각해보고 발표한다. 2. 맡은 일을 성실하게 수행하지 않을 때 어떤 결과가 생기게 되는지 생각하고 토론한다. 3. 부모님들이 하시는 일이 다른 사람에게 어떤 도움을 주고 있는지를 발표한다. 4. 일의 소중함에 대한 학생들의 의견을 교환한다. 5. 활동지를 나눠주고 작성하게 한 다음 발표, 토론하면서 의견을 교환한다. <활동지 7-1> 6. 활동지를 나눠주고 지금까지의 자기탐색을 통해 이해하게 된 자신의 모습을 생각하면서 적합한 직업을 작성한다.	35	활동지, 필기도구, 개인파일
정리	• 직업생활에서 얻을 수 있는 보람과 함께 겪어야 할 어려움도 있음을 알게 하고 직업 선정에 있어 많은 요인들을 종합적으로 검토해야 함을 알게 한다.	5	

제8회기 : 나의 의사결정 유형

프로그램명	나의 의사결정 유형	회기	
활동 주제	• 의사결정 유형 알아보기	장소	상담실
		시간	45분
활동 목표	• 자신의 의사결정 유형을 알고 합리적인 의사결정을 할 수 있다.		
지도 단계	활 동	시간(분)	준비물
도입	• 지난 회기 내용을 간단히 정리하고 이번 회기의 내용을 설명한다.	5	
전개	1. 의사결정의 세 가지 유형에 대해 설명한다. 2. 활동지를 보면서 각각의 유형을 이해한다. <활동지 8-1> 3. 활동지를 이용하여 자신의 의사결정 유형을 찾고 세 가지 유형의 특징과 장단점을 이해하고 물음에 대한 답을 적는다. 4. 아직 고등학교의 진학 방향을 결정하지 못한 학생이 있을 경우 합리적인 방법으로 결정할 수 있도록 집단원 전체가 토의한다.	35	활동지, 개인파일, 필기도구
정리	• 결과만으로 평가되는 것이 아니라 결정을 내리는 과정 전체에 의해 평가하는 것이 중요함을 인식하고, 자신의 특성에 맞는 직업을 탐색하고 선택해야 할 때, 진로 의사결정이 합리적으로 이루어질 수 있도록 노력해야 함을 거듭 강조한다.	5	

제9회기 : 직업세계에 대한 정보 수집

프로그램명	직업세계에 대한 정보 수집	9회기	
활동주제	• 직업의 종류와 특성을 파악하고 진로 정보수집의 다양한 방법을 파악한다.	장소	상담실
		시간	45분
활동목표	• 직업세계에 대해 탐색하는 방법을 확인하고 직업의 다양성과 변화하는 직업의 세계를 이해할 수 있다.		
지도단계	활　　동	시간(분)	준비물
도입	• 지난 회기 내용을 간단히 정리하고 이번 회기의 내용을 설명한다.	5	
전개	1. 자신이 알고 있는 직업의 종류를 적어본다. 2. 활동지를 통해 직업의 종류와 특성을 파악한다. <**활동지 9-1**> 3. 현재 없어지고 있는 직업과 새로 생기는 직업의 종류를 알아본다. 4. 활동지를 작성하고 토의한다. 5. 미래의 유망한 직업과 진로에 대해 직업 관련 인터넷 사이트를 통해 알아본다. 6. 활동지를 나눠주고 미래의 유망한 직업에 대해 물음에 답하도록 한다. 7. 활동지를 배부하고 작성하도록 한다.	35	활동지, 필기도구, 개인파일
정리	• 직업세계에 대한 정보를 활용하여 자신의 미래를 설계할 수 있음을 알게 한다.	5	

제10회기 : 나의 직업 진로탐색

프로그램명	나의 직업 진로탐색	10회기	
활동주제	• 자신의 미래 직업에 대한 탐색과 미래에 가지고 싶은 직업에 대해 성찰한다.	장소	상담실
		시간	45분
활동목표	• 자신의 특성에 맞는 진로 방향을 설정한다.		
지도단계	활　　동	시간(분)	준비물
도입	지난 회기 내용을 간단히 정리하고 이번 회기의 내용을 설명한다.	5	
전개	1. 그동안 활동했던 자기탐색과 직업탐색을 바탕으로 하여 나의 미래 직업에 대해 구체적으로 생각하는 시간을 가진다. 2. 프로그램 참여를 통해 알게 된 자신에 대한 이해를 바탕으로 활동지를 작성한다. 3. 진로방향 설정표를 바탕으로 예비 직업을 찾아본다. 4. 잠정적인 자신의 진로를 선택한다. 5. 집단원 모두가 돌아가면서 잠정적인 자신의 진로를 발표한다. 6. 잠정적인 진로가 같은 학생이 있을 경우, 함께 미래의 직업에 대해 토론하게 한다.	35	필기도구, 개인파일
정리	• 나에게 알맞은 직업은 나에게 삶의 보람을 줄 뿐만 아니라 사회와 국가에 이바지할 수 있다는 것을 인식하게 한다.	5	

제11회기 : 나의 진로계획 세우기

프로그램명	나의 진로계획 세우기	11회기	
활동 주제	• 자신의 미래 직업에 대한 탐색과 미래에 가지고 싶은 직업에 대해 성찰한다.	장소	상담실
		시간	45분
활동 목표	• 자신의 진로에 대한 구체적인 계획을 세울 수 있다.		
지도 단계	활 동	시간(분)	준비물
도입	• 지난 회기 내용을 간단히 정리하고 이번 회기의 내용을 설명한다.	5	
전개	1. 개인 파일에 있는 활동지를 보면서 지금까지의 프로그램을 통해 알게 된 자신의 여러 가지 모습(성격, 흥미, 적성, 가치관)을 정리한다. 2. 그동안의 진로탐색 결과 나에게 가장 적합한 직업이 무엇인지 발표한다.	35	필기도구, 개인파일
정리	• 희망하는 진로를 탐색하고 계획을 세우는 일이 중요하지만 지속적인 노력과 탐색으로 일생을 통해 찾아가고 발전해가는 과정이 진로임을 알게 한다.	5	

제12회기 : 집단상담을 마치며

프로그램명	집단상담을 마치며	12회기	
활동 주제	• 프로그램을 통해 경험한 것을 평가하고 느낌을 발표한다.	장소	상담실
		시간	45분
활동 목표	• 그동안 실시한 진로탐색 집단상담 프로그램을 평가하고, 프로그램을 통해 변화된 자신의 모습을 발견한다.		
지도 단계	활 동	시간(분)	준비물
도입	• 지난 회기 내용을 간단히 정리하고 이번 회기의 내용을 설명한다.	5	
전개	1. 그동안의 집단상담 활동을 통해 느낀 점과 새롭게 발견한 점 등을 발표한다. 2. 전체 집단원에게 그동안의 수고와 노력을 칭찬하고 각 집단원에게 긍정적이고 구체적인 피드백을 통해 격려한다.	35	진로 성숙도 검사지, 필기도구, 개인파일
정리	1. 학생들이 전체 프로그램에 참여하면서 느낀 점을 발표하게 한다. 2. 사후검사 실시 : 사전에 실시했던 한국직업능력개발원의 진로성숙도 검사지를 사용하여 프로그램에 참여한 이후의 진로성숙도를 측정한다.	5	

2. 진로성숙도 향상을 위한 집단상담 프로그램 활동지

활동지 1-1	나에 대해 알아보기	별칭	
		날짜	월 일

※ 다음은 평소에 자기 자신에 대하여 어떻게 느끼고 생각하는가를 알아보기 위한 것입니다. 각 항목을 하나씩 읽어 가면서 평소 여러분의 생각이나 느낌과 아주 똑같으면 O, 비슷하면 △, 전혀 다르면 ×표를 하십시오.

(1) 나의 몸은 건강하다. ( )
(2) 나는 운동이나 게임을 잘 못하는 편이다. ( )
(3) 나는 나의 잘못을 알면서 그것을 고치지 못한다. ( )
(4) 나는 무슨 일을 할 때마다 남의 눈치를 살피는 것 같다. ( )
(5) 나는 남의 손가락질을 받을 만한 일을 하지 않는다. ( )
(6) 나는 얌전하고 예절바른 사람이다. ( )
(7) 나는 마음이 잘 변하는 사람이다. ( )
(8) 나는 어떤 일을 당하면 나도 모르게 쉽게 포기해 버린다. ( )
(9) 나는 어떤 일이 벌어져도 나 스스로 처리할 수 있다. ( )
(10) 나는 다른 사람과도 잘 어울린다. ( )
(11) 나는 다른 친구들의 생각이나 행동을 이해하려고 노력한다. ( )
(12) 처음 보는 사람들과 이야기한다는 것이 나에겐 힘든 일이다. ( )
(13) 나에게 잘못한 사람을 나는 쉽게 용서하지 않는다. ( )
(14) 나는 다른 것은 몰라도 공부에는 자신이 있다. ( )
(15) 나는 새로운 것에 적응하는데 오랜 시간이 걸린다. ( )
(16) 나는 다른 사람이 하자는 대로 잘 이끌린다. ( )
(17) 나는 여러 사람 앞에서 말하는 것이 두렵다. ( )
(18) 말하고 싶은 것이 있으면 참지 못하고 곧 그것을 말해 버린다. ( )
(19) 친구들 사이에 인기가 떨어지더라도 자신의 신념은 끝까지 주장한다. ( )
(20) 클럽 활동, 학생회, 동창회 등에 참여하여 바삐 지내기를 좋아한다. ( )

1. 위 질문의 응답 결과를 분석하여 자신의 좋은 점과 좋지 못한 점을 적어보세요.

● 좋은 점 : ● 좋지 못한 점 :

2. 위 질문 중 어떤 항목이 내가 모르고 있었던 자신에 대한 것을 깨닫게 해주었습니까?

3. 앞으로 고치거나 바꾸어야 할 생각이 있다면 무엇이며, 어떻게 바꾸어야 하겠습니까?

활동지 2-1	나는 누구인가?	별칭	
		날짜	월 일

※ 아래 문항에 대해 자신과 관련지어 문장을 완성하세요.
너무 깊게 생각하지 말고 되도록 읽는 순간 그대로 빨리 작성하세요.
해당사항이 없으면 하지 않아도 됩니다.

1. 나의 생애 가장 행복한 날은
2. 내가 좋아하는 것은
3. 아무도 모르게 내가 원하는 것은
4. 사람들이 나의 감정을 상하게 하는 때는
5. 내가 가장 자신 있는 것은
6. 내가 제일 두려워하는 것은
7. 내가 가장 큰 성취감을 느낄 때는
8. 나의 가장 뚜렷한 개성은
9. 나를 가장 괴롭히는 일은
10. 담임선생님과 나는
11. 내가 가장 따뜻하게 느끼는 사람은
12. 나의 부모님은 나를
13. 나의 형제(자매)는 나를
14. 나의 친구들은 나를
15. 우리 집에서 나는
16. 우리 학급에서 나는
17. 내가 인생에서 가장 바라는 것은

활동지 3-1	나의 성격유형 찾기	별칭	
		날짜	월　일

※ 아래 각 항목의 글을 읽고 자신이 평소 “그렇다”라고 인정되는 사항에 ✓표시를 하고, 가장 많이 표시된 유형 세 가지를 찾아봅시다.

1. 사고적이다(사고형)		2. 내성적이다(내성형)	
몇 번이고 생각하고 검토한다.		조심성이 많다.	
여러 번 생각하고 결정을 내린다.		앞에 나서기를 꺼린다.	
논리적인 것을 좋아한다.		부끄러움을 잘 탄다.	
대체로 이론적이다.		차분하며 심사숙고하여 결정을 내린다.	
3. 냉정하다(냉담형)		**4. 흥분을 잘한다(흥분형)**	
끈기가 있다.		끈기가 없다.	
조용하고 차갑게 느껴진다.		솔직하고 직선적이다.	
동정심이 별로 일어나지 않는다.		쉽게 당황한다.	
		긴장을 잘하고 침착하지 못하다.	
5. 순종적이다(순종형)		**6. 독립적이다(독립형)**	
지시나 충고를 쉽게 받아들인다.		내 주장대로 한다.	
전통적이고 관습적인 것을 좋아한다.		지시나 충고를 받으면 불쾌하다.	
규칙을 잘 지킨다.		급진적이고 변화를 좋아한다.	
넌지시 제안한다.		필요한 경우 정해진 규칙이라도 깬다.	
7. 강인하다(강인형)		**8. 민감하다(민감형)**	
혼자서도 일을 잘한다.		상상력이 풍부하다.	
모든 일에 잘 참는다.		다른 사람의 도움을 자주 받는다.	
배짱이 두둑하여 두려운 것이 없다.		부드럽고 점잖아 보인다.	
법이나 질서를 쉽게 무시하기도 한다.		사소한 일에도 예민하여 놀란다.	
9. 사교적이다(사교형)		**10. 행동적이다(행동형)**	
쾌활하고 대화하기를 좋아한다.		생각보다 행동이 앞선다.	
마음이 따뜻하다.		침착하지 못하다.	
새로운 환경에 늘 도전한다.		행동의 쾌감을 느낀다.	
사람을 만나는 것을 좋아한다.		매사에 앞서기를 좋아하며 정열적이다.	
11. 고독하다(고독형)		**12. 태평하다(태평형)**	
늘 혼자 있기를 즐긴다.		모두 잘되어 간다고 생각한다.	
낙엽을 사랑한다.		나쁜 일은 쉽게 잊는다.	
달을 보면 울고 싶은 기분이 든다.		매사에 덜렁대는 편이다.	
아무런 걱정근심이 없다.		평화로운 시골과 한가함을 좋아한다.	
13. 안정적이다(안정형)		**14. 지배적이다(지배형)**	
매사에 흥분하는 일이 별로 없다.		남의 말을 잘 듣지 않는다.	
마음을 편안하게 갖는다.		모든 일에 앞장서야 마음이 편하다.	
덜렁대지 않는다.		늘 명령하는 위치에 있고 싶어 한다.	
감정을 잘 드러내지 않는다.		어디서나 지배하고 싶어 한다.	
15. 예술적이다(예술형)			
무엇인가 창조하고 싶어 한다.		누군가를 사랑하고 싶다.	
자주 감동을 받고 감정이 풍부하다.		마음이 훈훈하다.	

활동지 4-1	나의 흥미탐색	별칭	
		날짜	월 일

※ 다음은 여러분의 장래희망에 대한 진로 흥미 방향과 정도를 알아보기 위한 것입니다. 왼쪽에 있는 직업을 보고 오른쪽에 있는 숫자 위에 O표를 합니다. 그런 후에 여섯 가지 흥미에 관한 합계를 각각 계산한 후에 순서를 정하여 자신의 진로 흥미를 알아봅니다.

매우 좋아한다	좋아한다	보통이다	싫어한다	매우 싫어한다
5	4	3	2	1

현실적 흥미		탐구적 흥미		예술적 흥미	
직 업	응 답	직 업	응 답	직 업	응 답
소방대원	5 4 3 2 1	과학자	5 4 3 2 1	화가	5 4 3 2 1
기술자	5 4 3 2 1	발명가	5 4 3 2 1	연예인	5 4 3 2 1
동물전문가	5 4 3 2 1	학자	5 4 3 2 1	가수	5 4 3 2 1
요리사	5 4 3 2 1	물리학자	5 4 3 2 1	디자이너	5 4 3 2 1
농부	5 4 3 2 1	의사	5 4 3 2 1	예술가	5 4 3 2 1
목수	5 4 3 2 1	컴퓨터 프로그래머	5 4 3 2 1	만화가	5 4 3 2 1
피아노조율사	5 4 3 2 1	천문학자	5 4 3 2 1	무용가	5 4 3 2 1
운전기사	5 4 3 2 1	비행기조종사	5 4 3 2 1	음악가	5 4 3 2 1
어부	5 4 3 2 1	수학교사	5 4 3 2 1	조각가	5 4 3 2 1
건축사	5 4 3 2 1	생물학자	5 4 3 2 1	작가	5 4 3 2 1
합 계	5 4 3 2 1	합 계	5 4 3 2 1	합 계	5 4 3 2 1

사회적 흥미		사업적 흥미		관습적 흥미	
직 업	응 답	직 업	응 답	직 업	응 답
상담자	5 4 3 2 1	탐험가	5 4 3 2 1	은행원	5 4 3 2 1
간호사	5 4 3 2 1	변호사	5 4 3 2 1	공무원	5 4 3 2 1
유치원교사	5 4 3 2 1	영화감독	5 4 3 2 1	회사원	5 4 3 2 1
초중고교사	5 4 3 2 1	정치가	5 4 3 2 1	경비원	5 4 3 2 1
스튜어디스	5 4 3 2 1	아나운서	5 4 3 2 1	약서	5 4 3 2 1
학교교장	5 4 3 2 1	사업가	5 4 3 2 1	비서	5 4 3 2 1
종교인	5 4 3 2 1	사회자(MC)	5 4 3 2 1	우체국직원	5 4 3 2 1
외교관	5 4 3 2 1	방송연출가	5 4 3 2 1	통역사	5 4 3 2 1
응원단장	5 4 3 2 1	여행안내원	5 4 3 2 1	보디가드	5 4 3 2 1
대학교수	5 4 3 2 1	자동차판매사	5 4 3 2 1	법무사	5 4 3 2 1
합 계	5 4 3 2 1	합 계	5 4 3 2 1	합 계	5 4 3 2 1

활동지 5-1	나의 적성탐색	별칭	
		날짜	월 일

매우 좋아한다	좋아한다	보통이다	싫어한다	매우 싫어한다
5	4	3	2	1

※ 다음의 적성유형과 내용을 보면서 자기평가를 실시해보도록 합니다.

적성 분류 및 내용	자기평가	관련 직업
1. 어문: 단어 연상을 잘하고 문장의 뜻을 잘 이해한다. 어학과목을 특히 잘한다.	⑤ ④ ③ ② ①	시인, 소설가, 평론가, 언론인, 어학교사, 변호사, 아나운서, 편집인
2. 사무: 문서나 과제물의 작성을 잘한다. 문자나 기호를 신속하게 식별한다.	⑤ ④ ③ ② ①	속기사, 전화교환, 비서타자수, 회계사, 수학교사, 각종 사무원
3. 설득: 내가 생각하는 것을 타인에게 잘 믿도록 말할 수 있다. 발표를 잘한다.	⑤ ④ ③ ② ①	변호사, 판사, 교사, 정치가, 저술가, 언론인, 외교가, 광고원, 안내원
4. 봉사: 타인이 어려움에 있을 때 직접 도울 수 있다. 희생정신이 강하다고 말한다.	⑤ ④ ③ ② ①	교사, 성직자, 사회사업가, 사회복지사, 카운슬러, 간호사, 조산원
5. 옥외: 옥외에서 하는 일을 잘할 수 있다. 특히 체육을 잘한다.	⑤ ④ ③ ② ①	군인, 경찰, 여행가이드, 원예사, 농부, 운동선수, 현장감독, 동물사육사
6. 수공: 손이나 손가락 재주가 있다. 공간 지각력이 있다.	⑤ ④ ③ ② ①	치과의사, 금속세공인, 각종 수선원, 공예사, 기계정비 및 수리기사, 주물공, 성형공, 운전사
7. 기계: 기계나 도구의 조작 방법 및 원리를 잘 안다.	⑤ ④ ③ ② ①	토목기사, 항공사, 운전사, 건축기사, 공장지배인, 기계제작, 전기기사
8. 과학과목: 과학적 사실이나 현상을 잘 알 수 있다. 과학과목을 잘한다.	⑤ ④ ③ ② ①	화학자, 물리학자, 약사, 안경사, 건축가, 우주과학자
9. 생물과목: 인체나 동식물에 대해 잘 안다.	⑤ ④ ③ ② ①	의사, 약제사, 영양사, 간호사, 생물학자
10. 예술: 미적 가치에 민감하고 음악, 미술을 잘한다.	⑤ ④ ③ ② ①	화가, 사진사, 공예사, 음악가, 연극인, 배우

1. [활동지]의 자기평가 결과로 보아 자신은 어떤 직업 적성능력이 있다고 생각하나요?
2. 부모, 형제, 친구 등 자신을 매우 잘 아는 가까운 사람들로부터 잘한다고 들은 활동은 무엇인가요?
3. 학교에서 실시한 적성검사 결과, 어떤 유형의 적성이 높게 나왔나요?
4. 내가 생각한 적성과 부모님 등 가까운 사람들이 생각한 적성, 그리고 검사결과의 적성 결과 3가지의 결과가 일치하지 않는다면 그 이유는 무엇이라고 생각하나요?
5. 나의 적성에 맞는 직업을 선택했을 때와, 적성에 맞지 않는 직업을 선택했을 때 각각 어떠한 차이점이 있을지 생각하고 적어봅시다.
   - 적성에 맞을 때 -
   - 적성에 맞지 않을 때 -
6. 나의 적성 능력을 보다 향상시키려면 어떠한 방법이 있는지 잘 생각해봅시다.

활동지 6-1	나의 가치관 탐색	별칭	
		날짜	월 일

※ 다음의 문항은 가치관을 알아보는 것입니다. 제시된 내용 중 자신이 좋아하는 것에는 O표, 중간은 △, 싫어하는 것에는 ×표 해보세요.

(1) 최선을 다하여 목표를 성취하는 것 ( )
(2) 위험성을 동반한 새롭고 흥분된 일을 해보는 것 ( )
(3) 집단에서의 소속감을 갖고 집단의 일부가 되는 것 ( )
(4) 새로운 생각이나 아이디어를 내는 것 ( )
(5) 사회적 명성을 얻거나 칭찬을 받는 것 ( )
(6) 인생의 동반자로서 훌륭한 배우자를 얻는 것 ( )
(7) 어려울 때 의지할 수 있는 좋은 친구를 얻는 것 ( )
(8) 새로운 것을 배우고, 정보를 축적·기록하며, 호기심을 만족시키는 것 ( )
(9) 많은 과제를 성공적으로 수행함으로써 만족을 느끼는 것 ( )
(10) 어떤 문제에 대해 태도를 분명히 할 수 있는 종교적인 신념을 갖는 것 ( )
(11) 정치, 경제적인 여러 변화에 의해 아무런 침해도 받지 않는 것 ( )
(12) 목표를 성취함으로써, 인정이나 경제적 보상을 받는 것 ( )
(13) 노동에 대한 대가로 충분한 경제적 보상을 받는 것 ( )
(14) 경제적으로 부를 많이 축적하는 것 ( )
(15) 항상 사람들과 어울려 활동하는 것 ( )
(16) 예술 활동을 통해 정신적인 만족을 얻는 것 ( )
(17) 일 이외의 활동에 충분한 시간을 보낼 수 있는 것 ( )
(18) 별난 행동을 함으로써 남의 이목을 끄는 것 ( )
(19) 남과 어울리지 않고 혼자 조용히 생각하고 명상하는 것 ( )
(20) 계획된 시간 계획에 맞추어 일하는 것 ( )

1. 위에서 표시한 것 중 가장 좋아하는 것과 가장 싫어하는 것을 순서대로 3가지씩 적어봅시다.

● 좋아하는 것

❶ ❷ ❸

● 싫어하는 것

❶ ❷ ❸

활동지 7-1	보람 있는 일을 하고 싶어요	별칭	
		날짜	월 일

※ 일의 보람에 대해 알아보고자 합니다. 아래의 여러 역할 중에서 평소에 보람을 갖고 하는 일에는 ○표, 중간은 △, 그렇지 않은 일에는 ×표시를 하고 물음에 답하세요.

공부하기		집안 청소하기		책걸상 정리하기	
부모님 일손 돕기		내 방 청소하기		학습자료 준비하기	
동생 돌보기		부모님 공경하기		실내 청소하기	
내 집 앞 쓸기		경축일에 국기 달기		봉사활동하기	
신발 정리하기		칠판 지우기		청소함 정리하기	
등하교 시 부모님께 인사하기		칠판지우개 털기		출입문 열고 잠그기	

1. 위의 표를 보면서 자신이 보람을 갖고 하는 일을 3가지씩 찾아서 적어봅시다.

● 가정에서 :

● 학교에서 :

2. 자신이 하고 있는 일 중에서 보람을 느끼지 못하는 것을 3가지씩 적어봅시다.

● 가정에서 :

● 학교에서 :

3. 일에 대한 인식이 어떻게 변화되었는지 생각하고 적어봅시다.

● 가정에서 :

● 학교에서 :

4. 일이 없는 세상에 산다고 상상해보고, 일이 왜 중요한지 자신의 생각을 적어보세요.

5. 자신이 직업을 가지는 이유의 우선순위를 정하여 써봅시다.

- 돈을 버는 일 ( )
- 명예를 얻는 일 ( )
- 사회에 봉사하는 일 ( )
- 일에 보람을 찾는 일 ( )
- 자신의 재능과 소질을 계발하는 일 ( )

활동지 8-1	나의 의사결정 유형을 알았어요	별칭	
		날짜	월 일

합리적 유형	1,	3,	5,	10,	13,	15,	17,	22,	25,	27
직관적 유형	2,	7,	8,	11,	16,	19,	21,	23,	28,	30
의존적 유형	4,	6,	9,	12,	14,	18,	20,	24,	26,	29

※ 검사채점 방법은 모두 '그렇다'에 대한 응답이 정답입니다. 즉, 다음의 각 유형별 문항에서 '그렇다'에 응답한 수가 많을수록, 그 유형의 경향이 높은 것입니다.

유형	특 징	장 점	단 점
합리적 유형	• 의사결정을 전체적이고, 종합적인 시각에서 볼 수 있다. • 자신의 상황을 고려하면서 가장 유익한 결정을 내리는 유형이다. • 자신과 상황에 대한 정확한 정보를 얻고, 신중하게 결정한다. • 그 결정에 대해 책임을 진다.	• 정보를 구하고 취사 선택하는 능력이 길러진다.	• 적극적으로 정보를 구하고 정보의 가치를 결정해야 하기 때문에 힘이 들기도 한다.
직관적 유형	• 미래를 별로 고려하지 않고, 현재의 감정에 주의를 기울인다. • 자신의 상황에 대해 정보탐색 없이 감정적으로 평가하는 유형이다. • 환상, 감정, 상상을 이용하고 즉흥적인 느낌을 중시한다.	• 의사결정이 신속하다. • 스스로 선택에 책임을 진다.	• 잘못하거나 실패할 확률이 높다.
의존적 유형	• 타인에 의한 영향을 많이 받고 내가 원하든, 원하지 않던 그대로 따른다. • 사회적으로 인정받으려 하고, 내 상황이 여러 가지로 제한 받는다고 느낀다. • 의사결정에 대해 책임을 지지 않으려 한다.	• 별 장점이 없다.	• 의사결정이 수동적이고 순종적이다. • 개인적 독립이 소신을 방해한다. • 남의 눈치를 보는 관계로 소신 있게 일을 처리하지 못한다. • 실패했을 때에는 남의 탓을 한다.

※ 의사결정의 세 가지 유형의 특징과 장단점에 대해 알아봅시다.

나의 의사결정 유형	
강점(발전시킬 점)	
약점(고칠 점)	
진로를 결정할 때 고려해야 할 점	

1. 자신의 검사결과에 대한 채점이 끝나면 아래의 질문에 답하세요.

2. 최근에 내린 중요한 결정은 무엇이었으며, 그 결정을 내리는 과정에서 어려운 점이 있었다면 어떤 것이었나요?

활동지 9-1	직업세계 탐색	별칭	
		날짜	월 일

※ 미래 유망지업 100가지에 대하여 알아봅시다.

1. 항공공학전문가	2. 손해보험 사정인	3. 정보시스템 감리	4. 특허관리	5 .디지털 영상처리
6. 천문기상 연구원	7. 손해사정인	8. 보험설계사	9. 단순생산직	10. 대인서비스직
11. 설계엔지니어	12. 창조적 전문직	13. 경영컨설턴트	14. 생명공학자	15. 시스템분석가
16. 전문컨설턴트	17. 패션디자이너	18. 프로게이머	19. 정보보호컨설턴트	20. 웹방송엔지니어
21. 사회복지사	22. 심리 및 언어치료사	23. 커플매니저	24. 유머작가	25. 레크리에이션 지도자
26. 여행설계사	27. 음악치료사	28. 펀드매니저	29. 전자상거래사	30. 물류관리사
31. 선물거래중개사	32.. 은퇴상담사	33. 재취업상담사	34. 호스피스	35. 노인병전문영양사
36. 국제회의 기획자	37. 아바타디자이너	38. 코스튬플레이어	39. 모형제작자	40. 완구 디자이너
41. 멀티미디어프로듀서	42.. 컨설턴트	43. 리모델링	44. 헤어스타일리스트	45. 투자상담사
46. 쇼핑호스트	57. 투어컨덕터	48. 인터넷 광고제작자	49. 조향사	50. 생명공학기술자
51. 컴퓨터보안전문가	52.. 웹 마스터	53. 정보검색사	54. 피부미용관리사	55. 동시통역사
56. 리눅스 전문가	57. 이벤트 기획	58. 네크워크 보안	59. 사이버무역	60. GRO
61. 캐릭터마케팅	62.. 김치연구제조	63. 자동차딜러	64. 아동놀이지도	65. 박물관학연구
66. 외환딜러	67. 사이버교육	68. 금융포트폴리오	69. 전자출판	70. 상품기획
71. 직업상담원	72. 텔레마케터	73. 플로리스트	74. 카지노딜러	75. 웨딩드레스 디자이너
76. 컴퓨터 속기사	77. 컴퓨터오퍼레이터	78. 이미지 컨설턴트	79. 영상번역작가	80. 브랜드 메이커
81. 북디자이너	82. 편집인	83. 영화기획자	84. 소믈리에	85. 해외관광기획자
86. 의류리폼사	87. 생활한복디자이너	88. 일러스트레이터	89. 전문비서	90. 제과제빵사
91. 미스터리샤퍼	92. 모빌 DJ	93. 식이요법 전문가	94. 체커	95. 뉴스클리퍼
96. 스포츠마케팅	97. 항만물류관리사	98. 위기관리 홍보요원	99. 광고기획가	100. G.O

1. 유망 직업 100가지 중 어떤 직업을 선택하고 싶습니까?

❶ ❷ ❸

2. 그 직업을 선택한 까닭은 무엇입니까?

3. 그 직업을 위한 준비를 어떻게 할 것인지 구체적으로 적어봅시다.

03 컴퓨터 중독 예방 집단상담 프로그램

가. 목적

본 집단상담 프로그램은 컴퓨터 중독 학생들을 대상으로 인터넷 중독과 게임 중독을 개선하는 것을 목적으로 한다.

나. 프로그램 회기별 활동

회기	프로그램명	활동주제	활동내용
1	자기 소개하기	• 모든 사람은 개성이 다르면서 소중한 존재임을 깨닫는다.	• 컴퓨터 설명, 별칭을 쓴 이유 • 내가 가장 싫어하는 컴퓨터 대화 유형은? 그렇다면 나는 어떤 유형일까?
2	가치관 경매	• 자신이 어떤 가치를 가장 중요시하고 있는가를 발견한다.	• 컴퓨터 사용 시 필요한 것 경매 • 오랫동안 컴퓨터를 안 하는 신념 • 사이버 우정 등
3	내 마음의 컴퓨터 화면 그리기	• 컴퓨터 사용에 대하여 긍정적 측면을 갖게 한다.	• 내가 본 기뻤던 화면과 가장 싫었던 화면 그리기 • 앞으로 만들고 싶은 화면 그리기 • 미래의 나의 모습 화면 그리기
4	공동화 그림 그리기	• 타인의 관계에서 자신을 표출하고 상대를 수용하는 체험을 하게 한다.	• 2조로 나누어 전지를 나누어줌 • 규칙을 정해주고 공동화 그리기 • 그림이 완성되면 상의하여 전체 제목 쓰기
5	내가 보는 나	• 현재 자신의 위치와 처지에 대한 이해가 가능하게 한다.	• 컴퓨터 사용에 대한 나의 느낌 쓰기, 나의 단점 체크하기 • 해결할 문제 실천
6	나의 시간관리	• 현재 자신의 시간표를 통해 변화하기를 원하는 부분에 대해 탐색하게 한다.	• 시간의 중요성 • 시간관리의 필요성 • 하루 생활시간은

회기	프로그램명	활동주제	활동내용
7	내가 만일……	• 다양한 가치를 인식하게 하고 다른 사람을 인정하고 받아들일 수 있다.	• 내 삶이 단 24시간 남았다면 난 컴퓨터를……. • 앞으로 내가 꼭 하고 싶은 일은……. • 내가 만일 신이라면……. • 나는 부모님에게…….
8	얻고 싶은 것	• 다른 친구가 좋아하는 것과 원하는 것을 발견함으로써 친구들을 이해한다.	• 컴퓨터와 관련하여 내가 얻고 싶은 것 3가지 그리기 • 20년 후 나의 모습 그리기

다. 프로그램의 실제

제1회기 : 자기 소개하기

<table>
<tr><td>프로그램명</td><td colspan="2">자기 소개하기</td><td colspan="2">1회기</td></tr>
<tr><td rowspan="2">활동 주제</td><td colspan="2" rowspan="2">• 모든 사람은 개성이 다르면서 소중한 존재임을 깨닫는다.
• 친구들이 자신을 있는 그대로 받아들이는 것을 경험하게 만든다.
• 내 안에 있던 나를 생각하고 다른 친구들에 대한 이해도 넓힌다.</td><td>장소</td><td>상담실</td></tr>
<tr><td>시간</td><td>45분</td></tr>
<tr><td>활동 목표</td><td colspan="4">• 친밀감을 느끼고 마음의 문을 연다.
• 다른 사람들 앞에서 자신을 소개하고 자신을 알릴 수 있다.</td></tr>
<tr><td>지도 단계</td><td colspan="2">활 동</td><td>시간 (분)</td><td>준비물</td></tr>
<tr><td>도입</td><td colspan="2">1. 학생들과 인사를 나누고 프로그램의 내용과 목적을 소개한다.

2. 도입게임으로 '스티커 얼굴에 붙이기'를 진행한다.
-게임방법 : 스티커를 1인당 10개 정도씩 나누어준다. 옆 사람과 짝을 지어 악수를 하며 서로 자기 이름을 말한다. 그리고 상대방의 눈을 보고 가위바위보를 해서 진 사람이 이긴 사람 얼굴에 스티커를 붙여준다. 음악을 켜주고 음악이 끝날 때까지 많은 사람을 만나 스티커를 주고받는다. 스티커를 가장 많이 붙인 사람에게 상을 준다.</td><td>5</td><td rowspan="3">활동지,
명찰,
크레파스
또는
색연필,
신나는
음악,
스티커</td></tr>
<tr><td>전개</td><td colspan="2"><활동지 1-1>
1. 상기된 분위기를 가라앉히고 모두가 잘 보이도록 둥글게 앉는다.

2. A4 용지를 1인 1장씩 배부하고 크레파스나 색연필을 준비한다.

3. A4 용지의 한가운데에 별칭을 적게 하고 자기가 지금까지 살아 오면서 있었던 컴퓨터 사건을 네 모퉁이에 적게 한다. 이때 사건은 내가 제일 싫어하는 인터넷 대화자 유형, 내가 제일 좋아하는 인터넷 대화자 유형, 나의 나쁜 인터넷 대화 습관, 나의 좋은 인터넷 습관 등 특정 주제를 해도 된다.

4. 별칭은 명찰에 크고 진하게 적어 모두 다 볼 수 있도록 가슴에 단다.

5. 편안한 분위기에서 별칭을 소개하고 자신이 적은 것을 발표하게 한다.

6. 느낀 점이나 하고 싶은 이야기를 서로 나누게 한다.</td><td>35</td></tr>
<tr><td>정리</td><td colspan="2">1. 별칭과 잘 어울리는 각 개개인이 멋있는 사람임을 느낀다.

2. 친구들의 경험과 내 경험을 함께 생각해보고 따뜻한 마음으로 받아들이게 한다.

3. 서로의 별칭을 장난처럼 부르지 않게 한다.</td><td>5</td></tr>
</table>

제2회기 : 가치관 경매

<table>
<tr><td>프로
그램명</td><td colspan="2">가치관 경매</td><td colspan="2">2회기</td></tr>
<tr><td rowspan="2">활동
주제</td><td rowspan="2">• 자신이 어떤 가치를 가장 중요시하고 있는가를 발견한다.
• 뚜렷한 가치관을 가지고 행동할 수 있는 계기를 마련한다.</td><td>장소</td><td colspan="2">상담실</td></tr>
<tr><td>시간</td><td colspan="2">45분</td></tr>
<tr><td>활동
목표</td><td colspan="4">• 자신의 가치관을 확인하는 과정으로 자신에 대한 이해를 증진시킨다.
• 경매 과정과 결과를 통해 사람마다 가치가 다름을 안다.</td></tr>
<tr><td>지도
단계</td><td>활 동</td><td colspan="2">시간
(분)</td><td>준비물</td></tr>
<tr><td>도입</td><td><활동지 2-1>
1. 지난 회기 내용을 간단히 정리하고 이번 회기의 활동내용을 설명한다.

2. 모두가 잘 보이도록 둥글게 앉는다.
-각 집단원에게 같은 액수만큼의 일정금액을 나누어주고 경매방식을 자세히 설명한다. 소망이 크면 이루어지게 되는 경우가 있으므로 경매에서 얻은 가치는 나중에 실제 이루어질 가능성이 크다는 격려를 해준다.
가치관 항목지를 나누어주고 '나의 최초 할당 금액'란에 사고 싶은 항목을 골라 할당금액을 적게 한다. 가지고 있는 돈을 모두 할당하되 사고 싶지 않은 것에는 돈을 할당하지 않아도 된다.</td><td colspan="2">5</td><td rowspan="2">활동지,
명찰,
크레파스
또는
색연필,
필기구,
가치관
항목지,
종이 지폐</td></tr>
<tr><td>전개</td><td>1. 경매를 시작한다. 가치관 항목 중 하나를 경매에 붙인다.

2. 집단원은 자신이 할당한 금액과 상관없이 자신이 투자하고자 하는 금액과 별칭을 부른다. 가장 높은 금액을 부른 사람이 그 가치를 사간다.

3. 사간 사람은 투자한 만큼의 돈을 지불하게 하고 그 나머지로 다음 품목을 살 수 있게 한다.

4. 매입자가 결정되면 낙찰자와 낙찰 금액을 적는다.

5. 경매가 끝나면 자신이 처음 적은 것, 할당한 것, 자신이 실제로 산 것, 사고 싶었으나 사지 못한 것들에 대하여 어떻게 생각하고 있으며, 이 과정을 통해 무엇을 느꼈는지 발표한다.
-느낌 발표를 들으면서 느낀 점, 알게 된 점 등을 발표하게 한다.</td><td colspan="2">35</td></tr>
<tr><td>정리</td><td>1. 자신이 가치가 있다고 여기는 것이 무엇인지 검토해보고 친구들은 어떤 항목을 가치 있다고 생각하는지 이해한다.

2. 가치 있는 것을 얻기 위해 열심히 노력하고자 하는 마음가짐을 갖게 한다.</td><td colspan="2">5</td><td></td></tr>
</table>

제3회기 : 내 마음의 컴퓨터 화면 그리기

프로그램명	내 마음의 컴퓨터 화면 그리기	3회기	
활동 주제	• 컴퓨터 사용에 대하여 긍정적 태도를 갖게 한다. • 활동을 통하여 타인에 대한 이해를 증진시킨다.	장소 시간	상담실 45분
활동 목표	• 상상을 통해서 자신과 타인을 더 깊이 이해한다. • 분업적 과제수행으로 배려하는 마음을 갖는다.		
지도 단계	활 동	시간 (분)	준비물
도입	1. 지난 회기 내용을 간단히 정리하고 이번 회기의 내용을 설명한다. 2. 도입게임으로 '관계형성게임'을 진행하여 적극적인 분위기를 유도한다. <활동지 3-1> '관계형성게임' 자료를 각자 한 장씩 나누어주고 먼저 읽지 못하게 한다. 게임의 시작을 알리고 자료에서 시키는 대로 행동에 옮긴 후 사인을 받아 진행자에게 가장 먼저 가져온 학생이 우승자가 된다.	5	활동지, 명찰, 크레파스 또는 색연필, 필기구, 그림 자료, 느낌 나누기 자료, 관계형성 게임 자료
전개	<활동지 3-2> 1. 상기된 분위기를 가라앉히고 모두가 잘 보이도록 둥글게 앉는다 2. A4용지를 1인당 1장씩 배부하고 크레파스나 색연필을 준비한다. 3. 크레파스나 색연필을 이용하여 내가 기뻤던 화면, 내가 본 가장 싫었던 화면, 앞으로 만들고 싶은 화면, 우리 가족이 가장 원하는 나의 모습을 종이에 그린다. 특정 주제를 정해도 된다. 4. 각자 다른 집단원에게 그림을 소개한다. 5. 함께 이 작업을 하면서 느낀 점을 나눈다. -느낌 발표를 들으면서 느낀 점, 알게 된 점 등을 발표하게 한다.	35	
정리	• 전 과정을 통해 느낀 점을 쓰면서 남의 생활이 어떤 의미를 갖으며, 그 안에서 자신의 역할은 무엇인지 생각하게 한다.	5	

제4회기 : 공동화 그리기

<table>
<tr><td>프로
그램명</td><td colspan="2">공동화 그리기</td><td colspan="2">4회기</td></tr>
<tr><td rowspan="2">활동
주제</td><td rowspan="2" colspan="2">• 타인 관계에서 자신을 표출하고 상대를 수용하는 방법을 체험한다.
• 활동을 통하여 공동 활동에 대한 이해를 증진시킨다.</td><td>장소</td><td>상담실</td></tr>
<tr><td>시간</td><td>45분</td></tr>
<tr><td>활동
목표</td><td colspan="4">• 공동생활을 통해서 서로에게 친밀감을 갖게 한다.
• 자신의 욕구를 표현하고 상대방을 이해한다.</td></tr>
<tr><td>지도
단계</td><td>활 동</td><td>시간
(분)</td><td colspan="2">준비물</td></tr>
<tr><td>도입</td><td>1. 도입게임으로 ‘촛불의식’을 진행하여 적극적인 분위기를 유도한다.

2. 눈을 감고 가족과 나의 성장과정을 생각하도록 시간을 준 후 ‘촛불의식’ 내용을 읽어준다.</td><td>5</td><td colspan="2" rowspan="2">활동지,
명찰,
크레파스
또는
색연필,
필기구,
전지, 느낌
나누기
자료,
관계형성
게임 자료</td></tr>
<tr><td>전개</td><td><활동지 4-1>
1. 자리를 정돈하고 둥글게 모여 앉게 한다.

2. 2개 모둠 정도로 나누고 전지를 한 장씩 나누어준다.

3. 각 집단원에게 규칙을 설명해주고 컴퓨터와 관련된 공동화를 그리게 한다.
규칙 1) 그리는 동안 아무 말도 하지 말 것
2) 순서대로 돌아가면서 한 사람이 한 번 이상 그릴 것
3) 남의 그림에 덧붙여 침범할 때는 그 사람의 양해를 반드시 구할 것(이때도 말은 하면 안 됨)

4. 그림이 완성되면 집단원들이 상의하여 전체 제목을 쓰게 한다.

5. 자신이 그린 그림에 대해 서명하고 공동의 작업을 통해 느낀 점을 자유롭게 이야기한다.
예) 자신의 그림에 다른 그림이 덧붙여질 때의 느낌, 자신의 그림이 침범당하거나 무시될 때의 느낌, 말을 하지 않고 활동할 때의 느낌
-느낌 발표를 들으면서 느낀 점, 알게 된 점 등을 발표하게 한다.</td><td>35</td></tr>
<tr><td>정리</td><td>• 전 과정을 통해 느낀 점을 쓰면서 자신의 그림이 공동생활에서 어떤 의미를 갖는지 생각하게 한다.</td><td>5</td><td colspan="2"></td></tr>
</table>

제5회기 : 내가 보는 나

<table>
<tr><td>프로그램명</td><td colspan="2">내가 보는 나</td><td colspan="2">5회기</td></tr>
<tr><td rowspan="2">활동 주제</td><td colspan="2" rowspan="2">• 현재 자신의 위치와 처지에 대한 이해가 가능하게 된다.
• 실천을 통해 자신감을 갖도록 한다.</td><td>장소</td><td>상담실</td></tr>
<tr><td>시간</td><td>45분</td></tr>
<tr><td>활동 목표</td><td colspan="4">• 컴퓨터 사용에 대한 나의 느낌을 스스로 인식시킨다.
• 해결할 문제를 실천함으로써 잘못된 시간 사용을 바로잡는다.</td></tr>
<tr><td>지도 단계</td><td colspan="2">활 동</td><td>시간 (분)</td><td>준비물</td></tr>
<tr><td>도입</td><td colspan="2"><활동지 5-2>
1. 자성예언 활동자료를 나누어준다.
-스스로 읽어보도록 한다.

2. 나에 대하여 생각하도록 한다.</td><td>5</td><td></td></tr>
<tr><td>전개</td><td colspan="2"><활동지 5-1>
1. 활동자료를 나누어준다.

2. 컴퓨터의 느낌을 기록하게 한다.

3. 실천계획을 세우도록 한다.

4. 해결할 내용을 살펴보고 스스로 계획을 세운다.

5. 자성예언을 읽도록 한다.

6. 어떻게 실천할 것인가를 발표한다.

7. 느낌 발표를 들으면서 느낀 점, 알게 된 점 등을 발표하게 한다.</td><td>35</td><td>활동지</td></tr>
<tr><td>정리</td><td colspan="2">1. 자신의 현재 컴퓨터에 대한 긍정적인 부분과 부정적인 요소를 생각해 보도록 한다.

2. 내가 앞으로 할 수 있는 것에 관심을 갖도록 한다.

3. 컴퓨터에 대하여 해결할 문제를 잘 실천할 수 있도록 주지시킨다.</td><td>5</td><td></td></tr>
</table>

제6회기 : 나의 시간관리는

<table>
<tr><td>프로그램명</td><td colspan="2">나의 시간관리는</td><td colspan="2">6회기</td></tr>
<tr><td rowspan="2">활동 주제</td><td colspan="2" rowspan="2">• 현재 자신의 위치와 처지에 대한 이해가 가능하게 된다.
• 하루 생활시간을 분석함으로써 시간의 중요성을 알게 된다.
• 현재 자신의 시간표를 통해 변화하기를 원하는 부분에 대하여 탐색하게 한다.</td><td>장소</td><td>상담실</td></tr>
<tr><td>시간</td><td>45분</td></tr>
<tr><td>활동 목표</td><td colspan="4">• 현재 어떻게 시간을 사용하고 있는지 스스로 인식한다.
• 시간 사용의 중요성을 깨닫고 잘못된 시간 사용을 바로잡는다.</td></tr>
<tr><td>지도 단계</td><td colspan="2">활 동</td><td>시간 (분)</td><td>준비물</td></tr>
<tr><td>도입</td><td colspan="2">• 지난 회기 내용을 간단히 정리하고 이번 회기의 내용을 설명한다.</td><td>5</td><td rowspan="2">활동지,
활동자료,
크레파스
&
사인펜</td></tr>
<tr><td>전개</td><td colspan="2"><활동지 6-1, 6-2>
1. 하루 생활시간 분석 활동자료를 나누어준다.

2. 시간관리 설계하기
-'내가 현재 어느 위치에 있는가? 나의 욕구는 무엇인가? 계획하려 하는 이 시점의 기준점과 기준치는 무엇인가?' 등을 2~3분 동안 생각하여 보도록 한다.

3. 활동자료를 나누어준다.

4. 시간관리의 중요성을 기록하게 한다.

5. 시간관리에 필요한 원리를 기록하게 한다.

6. 하루 생활시간 분석을 기록하게 한다.

7. 앞의 분석을 이용하여 자신이 시간을 낭비하는 원인을 찾아본다.

8. 자신의 현재 시간관리를 설계하면서 느꼈던 점이나 어려웠던 점 등을 발표하게 한다.

9. 느낌 발표를 들으면서 느낀 점, 알게 된 점 등을 발표하게 한다.</td><td>35</td></tr>
<tr><td>정리</td><td colspan="2">1. 자신의 현재 시간관리 방식을 이해하고 분석해본다.

2. 시간의 중요성을 알고 시간관리를 할 수 있게 된다.</td><td>5</td><td></td></tr>
</table>

제7회기 : 내가 만일……

프로그램명	내가 만일……	7회기	
활동주제	• 다양한 가치를 인식하게 한다. • 자신에게 어떤 가치가 가장 중요한지 명확하게 인식할 수 있다. • 다른 사람을 인정하고 받아들일 수 있다.	장소 시간	상담실 45분
활동목표	• 자신의 태도, 신념, 행위, 관심, 흥미, 열망 등에 대해 이해한다. • 자신의 가치를 명확하게 인식할 수 있다. • 가치관 확립에 도움을 줄 수 있다.		
지도단계	활 동	시간(분)	준비물
도입	• 지난 회기 내용을 간단히 정리하고 이번 회기의 내용을 설명한다.	5	활동지, 필기도구
전개	<활동지 7-1> 1. 도입게임으로 '칭찬 릴레이'를 통해 부드럽고 적극적인 분위기를 유도한다. 2. 두 팀으로 나누어 순서대로 한 사람씩 나와서 상대방에 대한 칭찬을 동시에 하게 한다. 리더가 어깨를 쳐서 표시해줄 때까지 계속하고 중간에 끊긴 사람은 바로 다음 사람이 나와 릴레이로 칭찬이 되도록 한다. 마지막까지 남는 팀이 우승팀이다. 3. 나를 힘들게 하는 것들을 적어본다. 4. 문항이 완성되도록 한다. 5. 서로 돌려가며 미완성 문장 예시문을 발표한다. 6. 서로 돌려가며 발표한다. 7. 빠진 사람 없이 돌려가며 발표한다. 8. 같은 생각을 가진 사람끼리의 공통점도 찾아본다. 9. 다양한 가치를 인식하게 된다.	35	
정리	• 다양한 희망과 경험과 가치를 가지고 있다는 것을 인식하도록 한다.	5	

제8회기 : 얻고 싶은 것

<table>
<tr><td>프로그램명</td><td colspan="2">얻고 싶은 것</td><td colspan="2">8회기</td></tr>
<tr><td rowspan="2">활동 주제</td><td colspan="2" rowspan="2">• 다른 친구가 좋아하는 것과 원하는 것을 발견함으로써 친구들을 이해한다.
• 나와 친구는 다른 생각을 갖고 있음을 알고 존중해준다.</td><td>장소</td><td>상담실</td></tr>
<tr><td>시간</td><td>45분</td></tr>
<tr><td>활동 목표</td><td colspan="4">• 물건 선택을 통해서 자신을 드러낸다.
• 다른 사람의 소망과 요구를 들어봄으로써 상대방을 이해한다.</td></tr>
<tr><td>지도 단계</td><td colspan="2">활 동</td><td>시간(분)</td><td>준비물</td></tr>
<tr><td>도입</td><td colspan="2">• 지난 회기 내용을 간단히 정리하고 이번 회기의 내용을 설명한다.</td><td>5</td><td></td></tr>
<tr><td>전개</td><td colspan="2">1. 도입게임으로 ‘딱지 뒤집기’를 통해 적극적인 분위기를 유도한다.
2. 두 조로 나누고 신문지를 나누어준다. 일정 시간 동안 딱지를 접게 한다. 한 조는 앞면, 다른 조는 뒷면으로 정하고 접은 딱지를 자기편의 면이 보이게 가운데 펼쳐 놓는다. 리더의 신호에 따라 일정 시간 동안 자기 조의 면으로 딱지를 뒤집는다. 시간이 되면 리더는 정상적인 딱지를 모으게 하고 가장 많이 모은 쪽이 우승조가 된다.
3. 자리를 정돈하고 둥글게 모여 앉게 한다.
4. 분위기를 가라앉히고 눈을 감게 한 뒤 백화점을 상상하게 한다. 그 안에 있는 물건을 공짜로 가질 수 있다고 가정한다. 무엇을 바구니에 담을 것인지 생각하게 한다.
5. 눈을 뜨고 그림 복사지에 자신을 위해 선택한 품목을 그리게 한다.
6. 각 집단원이 쇼핑 바구니에 있는 내용물을 설명하기 전에 그 친구가 무엇을 선택했을지 말해보게 한다.
7. 쇼핑 바구니 안의 내용물을 설명하게 하고 다른 친구가 생각하기에 그 물건이 그 친구에게 있어서 무엇을 드러내는 것인지 말해보게 한다.
8. 집단원에게 다른 친구의 쇼핑 바구니에 추가하고 싶은 항목과 그 이유도 말해보게 한다.
9. 느낌 발표를 들으면서 느낀 점, 알게 된 점 등을 발표하게 한다.</td><td>35</td><td>명찰, 크레파스 또는 색연필, 필기구, 그림 복사본, 풍선, 끈, 음악</td></tr>
<tr><td>정리</td><td colspan="2">1. 자신이 원하는 것과 다른 친구가 원했던 것을 비교해본다.
2. 쇼핑한 물건이 의미하는 것을 생각해보게 한다.
3. 전체 회기를 마무리하며 소감을 나누고 정리한다.</td><td>5</td><td></td></tr>
</table>

3. 컴퓨터 중독개선 집단상담 프로그램 활동지

활동지 1-1	**자기 소개하기**	별칭	
		날짜	월 일

★ 내가 제일 싫어하는 인터넷 대화자 유형은?	★ 내가 제일 좋아하는 인터넷 대화자 유형은?
☞ **컴퓨터 별칭 :** ☞ **별칭을 쓴 이유?**	
★ 나의 나쁜 인터넷 대화 습관은?	★ 나의 좋은 인터넷 대화 습관은?

활동지 2-1	**가치관 항목지**	별칭	
		날짜	월 일

★ **별칭 :** ____________

가치관 항목	나의 최초 할당 금액(100만 원)	낙찰가	비고
오랫동안 컴퓨터를 안 한 신념			
누구나 부러워하는 컴퓨터			
사이버 친구들과의 변함없는 우정			
우수한 컴퓨터 실력			
중요한 일을 결정할 수 있는 판단력			
모든 경쟁에서의 승리			
남 앞에서 당당할 수 있는 자신감			
주변 정리 및 관리 능력			
직업에서의 성공			
병 없이 오래 살 수 있는 건강			
경제적 안정			
원하는 것을 모두 알 수 있는 지식			
은근한 끈기와 인내력			
뛰어난 소질이나 특기			
진정한 사랑			

활동지 3-1	관계형성 게임	별칭	
		날짜	월 일

1. 자신의 이름을 소개(나는 ○○○입니다)하고 각 3명에게 사인받기

① ________________

② ________________

③ ________________

2. 남의 양말을 벗긴 후 사인받고 양말 가져오기

사인 ________________

3. 15cm 이상이나 3cm 이하인 머리카락 1개를 뽑고 사인받은 후 머리카락 가져오기

사인 ________________

4. 토끼뜀 10번 한 후 사인받기

사인 ________________

5. 남의 옆구리에 매달려 매미 소리 10번 내고 사인받기

사인 ________________

6. 동요 한 곡 불러주고 사인받기

사인 ________________

7. 어깨 10번 주물러 주고 사인받기

사인 ________________

8. 친구에게 "난 네가 좋아"라고 10번 말하고 사인받기

사인 ________________

9. 다른 친구를 업어주고 그 자리에서 한 바퀴 돈 뒤 사인받기

사인 ________________

10. 위 과정이 다 끝난 사람은 사회자에게 만세를 부르고 사인받기

사인 ________________

활동지 3-1	내 마음의 컴퓨터 화면 그리기	별칭	
		날짜	월 일

- 내가 기뻤던 화면
- 앞으로 만들고 싶은 화면

- 내가 본 가장 싫었던 화면
- 우리 가족이 가장 원하는 나의 모습을 화면에……

활동지 4-1	촛불의식	별칭	
		날짜	월 일

*** 촛불의식 ***

여기 작은 불을 밝혔습니다.
이 불은 오늘을 밝히는 불입니다.
우리가 힘들게 했던 어둠은 바로 나 자신에게 있었습니다.
나의 어제를 돌아봅시다.

나의 어제 속에 있던 어둠에서 벗어나 스스로 아름답고 밝은 태양을 맞이하듯 밝은 불을 밝힙니다.
여기의 불은 뜨거운 우리들의 소망을 담고 있습니다.
우리의 미래를 담고 있습니다.
오늘을 아름답게 최선을 다하는 사람만이 즐겁고 보람찬 날을 만들 수 있습니다.

오늘을 아름답게 만드는 자가 미래를 소유할 수 있으며 내 생애를
최고로 만들 수 있습니다.
아름답게 타오르는 우리의 촛불을 바라보며 내일의 다짐을 합시다.

자, 이제 마무리할 시간입니다.
여러분들은 자신에 대해, 미래에 대해 다짐을 했습니다.
가만히 생각해봅시다.
즐거웠던 일, 기뻤던 일, 슬프고 괴로웠던 일들…….
나를 낳아 길러주신 부모님, 내게 가르침을 주시는 선생님, 좋은 친구들…….

내게 중요한 사람들에 대한 사랑을 가슴에 담고 감사의 마음을 가지며 이 시간을 마치겠습니다.

활동지 5-1	내가 보는 나	별칭	
		날짜	월 일

1. '컴퓨터(인터넷)'란 말이 나한테 주는 느낌을 단어로 표현하세요.
(예 : 재미있다, 막막하다, 부담스럽다 등)

2. 왜 이러한 느낌이 드는지, 그 이유, 사이버 사용자에게 하고 싶은 말 등을 기록하세요.

3. 공부하는 기술을 얼마나 실천을 했는지 점수를 일별 해당하는 곳에 숫자로 적으세요.

1점 : 더 많은 노력 필요　　2점 : 조금 만 더 노력　　3점 : 보통
4점 : 많이 해결　　5점 : 전부 해결

점수 / 기술	해결 할 실천내용	실천 점수						
		1일째	2일째	3일째	4일째	5일째	6일째	7일째
기술 1	생각했던 것보다 더 오랫동안 컴퓨터를 하게 된다.							
기술 2	컴퓨터를 하느라 공부를 소홀히 했다.							
기술 3	친구와 함께 있는 것보다 컴퓨터를 하는 것이 더 좋다.							
기술 4	인터넷을 할 때마다 새로운 친구를 만든다.							
기술 5	내가 컴퓨터를 오랫동안 해서 주위 사람들이 불평한다.							
기술 6	컴퓨터 때문에 숙제나 공부를 못하게 된다.							
기술 7	집에 오면 컴퓨터를 켜고 싶은 생각이 자꾸 떠오른다.							
기술 8	컴퓨터 때문에 학교생활에 소홀해진다.							
기술 9	다른 학생들에게 컴퓨터(게임, 채팅 등)를 한 것에 대하여 자랑하고 때때로 허풍을 떤다.							
기술 10	밤늦도록 컴퓨터를 하느라 잠을 설친 적이 있다.							
합계								

*'나는 이번 주에 얼마나 활용을 했나요?'의 반성과 앞으로 어떻게 지낼 것인가 기록을 해보세요.

활동지 5-2	자성예언	별칭	
		날짜	월 일

- 나는 멋있고 좋은 사람이다.
- 나는 어디를 가나 필요한 사람이다.
- 나는 말보다 행동하는 사람이다.
- 나는 내 인생의 주인공이다.
- 나는 할 수 있다.
- 나는 목표가 있나.
- 나는 잘 참을 수 있다.
- 나는 나 자신을 다스릴 수 있다.
- 나는 정직하다.
- 나는 건강하다.
- 나는 부지런하다.
- 나는 겸손하다.
- 나는 예의 바르고 단정하다.
- 나는 무엇이든 끝까지 열심히 한다.
- 나는 약속을 잘 지킨다.
- 나는 솔직하게 먼저 이야기한다.
- 나는 언제나 밝게 웃을 수 있다.
- 나는 절약한다.
- 나는 할 일을 찾아서 한다.
- 나는 스스로를 큰 사람이라고 생각한다.
- 나는 항상 앞서 준비한다.

활동지 6-1	나의 시간관리는	별칭	
		날짜	월 일

* 다음 문항을 잘 읽고 자신의 생각과 일치하면 '예', 그렇지 않다면 '아니오'에 O표를 하세요.

1. 시간관리의 중요성을 인식하고 있는가?

번호	내 용	예	아니오
1	1년 후, 5년 후의 나의 모습을 쉽게 상상할 수 있다.		
2	중요한 일에는 꾸준히 시간을 투자하여야 성취된다.		
3	시간을 사용하는 사람에 따라 그 가치가 다르다.		
4	생활 전반에 대한 계획을 세워야 한다.		
5	우선순위에 따라서 일하는 것이 항상 가능하다.		
6	시간은 언제나 사용할 수 있다.		
7	어제의 1시간과 오늘의 1시간은 같은 개념이다.		
8	시간을 너무 철저히 관리하면 인간성이 메말라진다.		
9	시간의 중요성에 대한 사람들의 생각은 거의 비슷하다.		
10	내가 하는 일은 중요성에 따라 우선순위를 매기기가 어렵다.		

* 해석 : 이 척도는 시간 개념의 중요성과 시간관리의 중요성의 인식을 측정한다.
(3점 이하 - 매우 낮음, 4~7점 - 보통임, 8점 이상 - 매우 높음)

2. 시간관리에 필요한 원리를 실천하고 있는가?

번호	내 용	예	아니오
1	가능하면 일찍 등교하려 한다.		
2	시간 약속을 철저하게 지키려고 노력한다.		
3	시간이 남을 때를 대비하여 2~3가지의 일을 준비한다.		
4	쓸데없다고 생각되는 요구는 쉽게 거절할 수 있다.		
5	일을 할 때 스스로 마감 시간을 정하는 편이다.		
6	나의 일과 관련된 다른 사람의 시간표에도 항상 관심을 두고 있다.		
7	놀다가 일어나야 되겠다고 마음을 먹고 잘 일어나는 편이다.		
8	공부(일)를 할 때 필요한 학용품이나 물품을 잘 준비하여 활용한다.		
9	자투리 시간을 잘 활용하려고 노력한다.		
10	하루나 일주일의 시간 계획표를 짜서 실천한다.		

활동지 6-2	나를 힘들게 하는 것들	별칭	
		날짜	월 일

* 우선, 왼쪽 칸 : 요즘 자신을 힘들게 하고 있는 것들에 대해 체크하세요.
* 다했으면, 오른쪽 칸 : 왼쪽 칸에 체크한 것 중에서 자신의 노력(문제를 직접적으로 해결하거나 문제 상황에 대한 자신의 태도를 바꿈)으로써 스트레스를 어느 정도 감소시킬 수 있는 것에 대해 체크하세요.

	항 목	스트레스를 준다	노력하면 변화가 가능하다
주변환경	살고 있는 동네가 싫다.		
	주위가 너무 시끄러워서 공부하는데 방해가 된다.		
	교통이 너무 복잡하고 길이 많이 막힌다.		
	청소년을 위한 공간(놀이시설, 운동시설, 도서관 등)이 부족하다.		
	각종 범죄가 무섭고 불안하다.		
	기타 :		
학교생활	숙제가 너무 많다.		
	학업성적에 신경이 너무 많이 쓰인다.		
	시험 때가 되면 너무 긴장되거나 불안하다.		
	다니고 있는 학원이나 과외활동이 많다.		
	고등학교 진학에 관련해서 부담을 느낀다.		
	학교생활이 적응하기가 힘들다.		
	학교에서 나보다 힘센 친구들이 괴롭힌다.		
	교실이나 화장실 등 학교시설이 불편하다.		
	선생님들과의 관계가 좋지 않다.		
	기타 :		
교우관계	친구들이 나를 따돌리거나 무시하는 것 같다.		
	친구들과 이야기가 잘 통하지 않는다.		
	다른 사람들 앞에서 내 약점을 지적한다.		
	친구들과 마음껏 어울리지 못한다.		
	내가 좋아하는 친구가 나보다 다른 아동과 더 친하다.		
	마음에 맞는 친구가 없다.		
	기타 :		
가정생활	식구들의 간섭이 심하다.		
	집에서 꾸중을 많이 듣는다.		
	용돈이 부족하다.		
	내 생각이나 의견을 존중해주지 않는다.		
	나를 다른 사람과 비교해서 평가한다.		
	나에 대한 기대와 요구가 너무 크다.		
	우리 가족은 그다지 화목하지 않다.		
	우리 집은 경제적으로 넉넉하지 못하다.		
	내 생활은 공간이 넉넉하지 못하다.		
	기타 :		
자기자신	운동을 잘하지 못한다.		
	외모(키, 체격, 얼굴 생김, 여드름 등)가 마음에 들지 않는다.		
	성격이 마음에 들지 않는다.		
	머리가 나쁜 것 같다.		
	잡념이 많고 집중력이 모자란다.		
	자신감이 없고 열등감을 느낀다.		
	사람들과 잘 어울리지 못한다.		
	내 자신의 행동에 대해 실망감을 느낄 때가 많다.		
	장래에 무엇을 하고 싶은지 잘 모르겠다.		
	기타 :		

활동지 7-1	미완성 문장 예시문	별칭	
		날짜	월 일

1. 내 삶이 24시간만 남았다면

2. 내가 가장 좋아하는 친구는

3. 내가 만일 백만장자라면

4. 올 여름방학에 내가 꼭하고 싶은 일은

5. 내가 만일 대통령이라면

6. 내가 만일 하느님이라면

7. 우리 반이 더 좋은 반이 되려면

8. 내가 다른 친구들과 다른 점이 있다면

9. 지금까지 가장 행복했던 날은

10. 만일 내 나이가 지금보다 10살 더 위라면

11. 어디든지 갈 수 있을 만큼의 시간과 돈만 있다면 내가 가장 가고 싶은 곳은

12. 내가 가장 우울한 때는

13. 내가 가장 큰 성취감을 느낄 때는

14. 나의 가장 뚜렷한 개성은

15. 사람들이 나의 감정을 가장 상하게 하는 때는

16. 선생님과 나는

17. 부모님과 나는

18. 친구들과 나는

19. 내가 가장 싫어하는 사람은

20. 내가 가장 따뜻하게 느끼는 사람은

10장 chapter 고등학교 집단상담

01 고등학교 집단상담의 기초

고등학교 시기는 어려운 시기이다. 이 시기는 빠른 변화가 이루어지는 시기로 외로움과 고독이 두드러진다. 이런 시기에 집단상담 경험은 고등학생들이 이런 고독을 다루고 만족스런 삶을 살기 위한 건설적인 선택을 하도록 돕는데 매우 유용할 수 있다. 따라서 고등학교 시기는 발달적 상담이 필요하다.

집단상담은 고등학생들이 안전하게 현실과 그들의 한계를 시험할 수 있는 장을 제공한다. 무엇보다도 집단상담은 고등학생들에게 자신을 표현하고 경청하고 또래와 상호작용할 수 있는 기회를 제공해준다. 고등학생들을 위한 집단상담은 성인의 집단상담과 매우 다르다. 이들은 형식적인 집단모임에 잘 들어가지 않으려 한다. 집단상담에 참여하게 되는 경우 대체로 부모, 교사 혹은 사법관련 행정 기관에 의해 강압적으로 의뢰되는 경우가 대부분으로 이들은 자신의 문제에 초점을 맞추는 것에 매우 당황하게 된다. 따라서 고등학생들을 위한 집단상담에서는 먼저 이들이 집단에서 재미를 느낄 수 있고, 불안을 감소시킬 수 있는 지지와 개인적으로 필요로 하는 것들을 얻어갈 수 있어야 한다(Schafer, Johnson & Wherry, 1982).

가. 고등학교 집단상담의 주제

고등학교의 집단상담에서 종종 다루어지는 주제들은 가족 그리고 보다 넓은 의미의 공동체의 현재 문제점들을 반영하고 있으며, 거기에는 이혼, 가족의 새로운 구성 그리고 가족의 유동성 등이 포함된다. 이러한 주제들을 다루는 집단들은 새로운 학생들이나 한부모 가정, 혹은 양부모, 혼합가정, 가족의 상실로 인한 아픔과 더불어 살아가는 학생들을 지원하기 위해 형성된다.

최근 사회와 학교에서는 고등학생들의 폭력이 증가하고 있다. 더 많은 학생들이 그들의 이웃, 가정 그리고 개인적인 인간관계 속에서 폭력을 목격하고 경험하고 있다. 학생들은 학교폭력, 성적 학대, 성폭행, 집단 괴롭힘, 자기 조절 및 통제, 분노 관리하기, 인내하기, 차별과 편견 다루기 등과 같은 주제를 이야기하는 집단의 집단원으로부터 도움을 받을 수 있다. 학생들은 학교에서 좋은 성적을 얻기 위해서 혹은 자신의 미래에 관해 어떤 결정을 하기 위해서 종종 도움이 필요하다. 스트레스 다루기, 대학진학 또는 진로를 위한 고민 나누기, 좋은 직장 얻기, ADHD(주의력결핍 과잉행동장애), 그리고 학교 출석과 같은 주제를 다루는 집단상담은 이들에게 실제적인 도움이 될 것이다. 학교에서 학생들은 관계 속으로 들어가서 자기 자신의 정체성을 확립하고 음주, 흡연, 자살, 또래관계, 진로, 학업, 그리고 성과 관련해서 자신에게 적합한 주제에 맞게 선택을 하게 된다.

고등학생들을 위한 집단상담을 하기 위해 필요한 주제들을 다루기 위해서는 그들의 발달과업, 즉 청소년 시기의 발달과업을 이해하는 것이 필요하다. 청소년기의 주요한 발달과업을 정리하면 다음과 같다.

표 10-1 청소년기의 주요 발달과업

청소년기의 주요 발달과업
• 의존적이며 독립적인 삶의 생활 균형을 성취하기
• 사랑과 관심을 주고받는 적절한 생활방식을 성취하기
• 새로운 사회집단에 참여하기
• 도덕성 발달시키기
• 심리적이고 사회적이며 생리적인 성 역할 배우기
• 신체 변화를 인정하고 적응하기
• 신체 변화를 조절하고 새로운 기능 형태에 익숙해지기
• 현실적 세계를 이해하고 통제하는 것을 배우기
• 적절한 개념 체제와 어휘 능력을 발달시키기
• 우주 속의 나 자신의 존재 의미를 찾기

나. 집단상담에서의 주제 결정하기

고등학교에서는 상담교사가 적어도 2년에 한 번씩은 학생들의 요구를 조사하는 것이 가장 바람직하다. 그러한 요구조사는 고등학교 상담교사들에게 학생들의 현재의 요구, 상담의 자료가 될 만한 요구의 변화 방향, 그리고 고등학교에서 일어나는 여러 가지 변화에 대한 정보를 제공한다.

학생들, 교직원 그리고 학부모들의 요구를 평가함으로써 어떤 집단이 형성되어야 하는지에 대한 그림이 그려지게 된다. 학생들은 종종 그러한 요구에 맞게 집단이 만들어져야 한다고 요청한다. 집단상담을 통해 고등학생들은 같은 또래의 다른 십대들도 비슷한 문제들에 직면하고 있고 비슷한 처지에 있는 친구들과 함께 감정과 해결방안을 공유하는 것이 가치 있다는 사실을 깨닫게 될 때, 변화와 성장이 일어나게 된다. 이러한 요구조사에 따라 집단상담의 목표를 설정해보면 다음과 같다.

1) 자기성장 집단상담의 목표

다음의 집단상담 목표들은 고등학생 수준에 적합한 것이다(Corey & Corey, 1997). 이 집단상담의 성격은 자기탐색과 자기성장에 주된 초점이 있다. 다음에 열거된 집단상담 목표들은 고등학생들을 위한 어떤 형태의 집단상담을 운용하더라도 기본적으로 적용이 될 수 있다.

- 자기수용과 자기존중 속에서 성장한다.
- 타인에 대해 수용적이고 순수한 관심을 발전시킨다.
- 자신의 주된 가치들을 명확히 설정하고 개인의 인생철학을 탐색한다.
- 결단 내리는 방법들을 배우며 자신이 선택한 것의 결과를 수용한다.
- 집단 내에서 서로의 태도와 감정들을 공유할 수 있도록 충분한 신뢰를 발전시킨다.
- 집단 내에서 배운 것들을 일상생활 속에서 적용하는 방법을 학습한다.

2) 상담자 입장에서의 집단상담 목표

고등학생을 위한 집단상담의 목표를 상담자의 입장에서 기술해보면 다음과 같다(Mahler, 1969).

- 집단원이 성장 · 발달하고 변화하도록 돕는다.
- 집단원이 각자의 환경을 수용하고 이에 적응하도록 돕는다.
- 집단원이 발달과정에서 발생하는 다양한 요구를 충족시키고, 자신의 느낌과 태도를 점검하는 것을 배우고 행동을 동기 측면에서 이해하며 자신감을 갖도록 돕는다.
- 집단원이 대인관계 과정을 통하여 다른 사람들을 이해함으로써 새로운 관점으로 자신과 타인을 보며, 일상생활의 문제해결과 의사결정에 도움이 되는 가치체계를 발견하도록 돕는다.
- 집단원이 자신에게 관심 있는 문제를 해결하는 과정에서 새로운 관점을 발달시키고 융통성이 있도록 돕는다.

고등학생들을 위한 집단상담의 목표는 집단에 참여하는 집단원에게 보다 구체적인 자신의 목표를 설정하도록 하는 데 도움이 될 뿐만 아니라, 상담자와 집단원이 상호 피드백을 주고받도록 격려하는 데에도 도움이 된다. 또한 집단상담의 방향을 결정하는 기준을 제공하며 상담자에게 집단상담의 결과를 평가하는 기준을 제공한다.

Maclennan과 Dies(1992)는 집단상담에 참여한 학생들이 자아개념, 대인관계, 생활양식 등을 변화시키는 데 있어서 집단상담이 다음과 같은 4가지 기능을 한다고 제안한다. 첫째, 자신과 타인을 이전과 다르게 보고 느낄 수 있는 유일한 경험을 제공한다. 둘째, 이전과 다르게 행동하도록 격려하고 지원한다. 셋째, 일상생활에서 경험하는 문제들을 점검하고 이러한 문제들에 대응하는 다양한 방법들을 서로 교환할 수 있는 기회를 제공한다. 넷째, 서로 영향을 주고받는 경험과 함께 다른 사람에게 미치는 자신의 영향력을 분석하도록 만든다. 이러한 집단상담의 효력은 청소년들로 하여금 발달상의 갖가지 문제들을 스스로 해결하도록 돕는다.

집단상담은 목적 달성을 위한 집단활동으로 집단상담의 목적은 집단원이 가져오는 각자의 목표들을 수용할 수 있는 포괄적이고 일반적인 목표이어야 한다. 예를 들면, 학교성적이 부진한 학생에게 학습기술을 훈련하고 시험을 잘 치는 능력을 향상시키도록 돕기, 학교 출석률이 낮은 학생에게 학교 출석률 높이기, 학생들의 학교 관련 활동에 학부모의 참여도 높이기 등이 있다. 청소년을 위한 집단은 개인적 주제와 심리 교육적 목적을 함께 추구할 수 있다. 목표와 관련된 주제를 명확하게 정하고, 집단원이 집단에서 신뢰감을 형성하도록 구조화하는 것이 좋다.

다. 집단상담의 특성

고등학생들을 위한 집단상담의 특징은 그들이 적극적인 집단원이 되도록 동기를 부여하는 것이고, 회기를 실행하고 의미 있는 방향으로 집단의 모임을 계속해 나가는 것이 필요하다. 집단 초기에 개인적인 목표를 세우도록 격려하고 집단원이 집단 내부나 외부에서 목표를 실천할 수 있는 행동으로 바꾸도록 돕는다. 고등학생들은 발달과정상 많은 요구가 있다. 이러한 요구에 따른 집단상담의 특성들을 제시하면 다음과 같다.

1) 신뢰감 형성과 저항 다루기

집단 초기에 신뢰감 형성이 중요하며, 집단 초기의 기본과업은 비밀유지, 집단규범, 기본 규칙, 집단에 참여하는 방법, 피드백 주고받는 법, 집단 밖에서의 적용을 위한 제안 등의 문제이다. 고등학생들은 상담교사의 신뢰 여부를 알기 위해 시험하는 경향이 있다. 이때 판단적이거나 방어적이지 않은 태도로 수용하고 그들을 가르치려 하지 않아야 신뢰감을 얻게 된다.

2) 비자발적이고 저항적인 집단원과 작업하기

고등학생들의 집단 참여에 대한 저항은 개인적인 면담에서 효과적으로 탐색이 가능하다. 비밀 발견, 집단에 대한 구체적인 정보제공, 부정적인 동기 탐색, 과거 치료경험 탐색, 그리고 집단에 강제로 오게 된 것에 대한 감정표현의 기회를 제공한다. 저항에 대해 싸우려고 하지 말고 집단에서 대안을 찾으려고 해야 하며 관계형성을 위해 개인적으로 계속 만나야 한다.

3) 집단상담자의 성격 영향

집단상담자의 양육적인 태도, 열정과 활력, 개방성과 솔직성 등 긍정적인 측면이 집단발달에 좋은 영향을 미친다. 집단상담자의 행동이 완전할 필요는 없으나 솔직 담백하게 자신을 드러낼 때 상호존중으로 보상받게 될 것이다. 상담교사는 집단작업을 통해 고등학생들을 격려하는 것을 자신의 학교생활 속에서 실천하므로 가장 효과적으로 영향을 줄 수 있다.

4) 회기 진행하기

집단을 계속 진행하는 것이 중요하다. 집단원은 다른 사람들이 자기에게 어떻게 행동했는지보다 그 상황에서 어떤 영향을 받았는가에 대해 자신의 이야기를 하는 것이 중요하다. 자신의 이야기 대신 다른 사람을 질문으로 몰아세우는 것을 못하게 하고, 이를 위해 특정 행동이나 상호작용이 집단에서 일어날 때에 적절히 교육하는 것이 중요하다. 초기단계에서는 적극적인 개입과 구조화가 필요하다.

5) 집단원이 참여하고 시작하도록 하기

집단과정에 가능한 한 많은 집단원을 참여시킨다. 효율적인 집단을 나타내는 신호 중 하나는 집단원이 점차 상담자 기능을 나누어서 한다는 점이다.

6) 또래 상담자의 이용

또래 상담자들에게 능력의 한계를 가르친다. 그들은 심리치료의 자격을 부여받지 않았지만 도움을 필요로 하는 학생들이 도움을 받을 수 있도록 윤활유 역할을 하는 법을 배우는 것이 중요하다. 상담교사나 동료상담자 모두

지치지 않도록 개인적 한계를 정하고 위기상황에 있는 타인들을 돕도록 계속 요구되는 것에 대해 분노가 쌓이지 않도록 주의해야 한다.

02 학교행정과의 연계 및 집단원 선정

가. 직원 및 행정가의 지지 확보

고등학교에서 집단상담을 유영하는데 있어서 핵심 요소는 학교 당국과 교직원들의 협력을 얻는 것이다. 무엇보다 학교 당국의 협력을 얻는 것은 필수적이다. 이러한 지원을 얻기 위한 노력은 학교행정가들에게 전체적인 상담 프로그램을 소개하고 동의를 구하는 것에서부터 시작된다. 여기에는 학생, 부서 그리고 학교가 초점을 맞추고 있는 목적과 목표뿐만 아니라, 현재의 요구조사 결과도 포함이 된다.

상담 프로그램의 효과적인 진행을 위한 학교의 지원을 확보하기 위해서는 학교행정가들이 집단상담, 학생지도, 그리고 학부모의 참여 등을 위한 계획과 보조를 맞추어주어야 한다. 집단상담이 학생과 학교 모두에 이익이 된다는 점을 학교행정가에게 설명하는 것이 중요하다. 이는 집단상담이 학교행정의 우선순위가 될 때, 교사들의 지원을 더 잘 받을 수 있기 때문이다.

상담부서는 상담을 지원한 학생을 집단상담에 합류시키는 절차를 포함하여, 상담에 관련한 다양한 정보를 담임교사에게 계속해서 알려줄 필요가 있다. 담임교사는 학생들이 집단상담에 참여하는 절차를 아는 것도 중요하고, 어떠한 특징과 요구를 가진 학생이 어떤 집단상담 프로그램에 포함되는 것이 좋은지를 아는 것도 중요하다.

일반교사들과의 직접적인 접촉을 통해서 그리고 재직 중 상담 관련 훈련을 통해서 상담 프로그램의 많은 부분에 관해 일반교사들을 교육시켜야 한다. 일반교사들과의 열린 대화는 상담 프로그램에 대한 지원을 촉진한다. 또한 학교에서 상담을 맡은 상담교사는 학교 소식지나 교직원 회의 등을 통해 학교 안에서 이루어지는 다양한 상담 프로그램에 대해서 알려야 한다.

나. 학부모의 지지 확보

집단상담에 참여하기 위한 허락을 구하는 방식은 제일 먼저 학교장과의 협의를 거쳐서 이루어져야 한다. 학교장과의 협의를 거쳐 상담교사가 주제를 잡고 집단상담을 실시하기 위한 계획을 만든다. 그런 다음 중요한 지원은 학부모들이다. 상담교사는 부모들이 청소년들의 역동에 민감하게 반응하도록 하고 그들의 관점을 넓히도록 할 필요가 있다. 학부모들의 지원은 학교 당국과 일반교사들의 지원과 마찬가지로 중요하다. 학부모들은 상담 프로그램의 기능에 대해서 그리고 집단상담에 사용될 주제에 관해서 통지를 받을 필요가 있다. 이러한 정보를 학부모에게 알리는 방법에는 가정통신문, 학부모회의, 학교 홈페이지 공지사항 등이 있다.

집단상담에 참가할 학생의 학부모에게 허가를 얻는 것은 신중해야 한다. 이를테면 학부모에게 학교에서 실시되는 집단상담, 즉 학생들이 참가하게 될 집단에 대한 설명서를 보내고 자녀들이 어떠한 집단에 속하기를 원치 않는지의 여부를 알려달라고 요청하는 것이다. 혹은 각각의 집단에 대한 참여 허락을 학생이 직접 받아오도록 할 수도 있다.

고등학생들은 미성년자들이므로 집단상담에 참여하는 집단원은 학부모의 서면 동의서를 받아야 할 의무가 있다. 그러나 부모님들에게 집단에 대한 허락을 받는 것에 있어서 어려운 점은 자신이 선택한 집단의 주제에 대한 흥미를 가지고는 있지만, 부모님과 그것에 대해서 이야기를 나누고 싶지 않은 또는 이야기 나누기가 어려운 그런 주제도 있다는 것이다. 고등학교 학생들은 성관련 문제나 동성애와 같이 부모님과 이야기하기가 어려운 것들에 대해 내어 놓기 위해서 상담교사의 도움을 요청하기도 한다. 이러한 주제를 부모님과 의논하고 집단상담의 허락을 받기는 불편할 것이다. 따라서 이런 부분들은 집단을 지도하고 계획하는 상담교사가 고려해야 할 부분이다.

다. 집단원의 선정

일단 어떠한 주제에 대하여 한 집단이 만들어지기로 결정되면, 적절한 학생들이 선정되어야 한다. 청소년 대상의 집단상담을 구성할 때 고등학생과 중학생을 함께 실시하지 않는 것이 바람직하다. 가능하면 학년이나 나이 차이가 거의 나지 않도록 배려하여 구성하는 것이 좋다.

중학생이나 고등학생들 경우에는 한두 학년이 차이가 나더라도 매우 민감하게 반응한다. 위계서열을 지나치게 의식함으로써 서로 의사소통에 큰 장벽을 가져오고, 종종 권위와 힘으로 아래 학년을 다루려고 하며, 학년이 낮거나 높은 집단 모두 나이가 다른 집단원을 의식한 결과 자기노출이 거의 불가능해질 수 있다. 이것은 가벼이 여길 문제가 아니므로 집단상담자는 집단원 선정에 신경을 많이 써야 한다. 어떤 학생들이 포함될지의 여부는 그 집단의 성격, 집단상담에 참가할 학생들의 요구, 그리고 나이와 성별 등과 같은 것에 달려 있다.

1) 첫 만남의 목적

집단상담에 참여할 명단에 오른 학생들은 첫 번째 모임이 시작되기 전에 상담교사가 개별적으로 만나보아야 한다. 집단상담을 시작하기 전, 개인 면접을 실시하는 이유는 다음과 같다.

첫째, 학생들에게 집단상담이 어떠한 목적을 가지고 실시되고, 집단상담을 종결한 이후 어떠한 효과를 목표로 하고 있는지를 설명하기 위해서이다.

둘째, 집단상담 참여 시 어떤 식으로 활동하게 될지를 설명하기 위해서이다.

셋째, 집단상담이 얼마나 자주 진행되며, 언제 어떻게 만날지를 토의하기 위해서이다. 즉 집단상담이 진행되는 장소 및 집단 참여자들의 수, 집단상담에 소요되는 시간 등에 대해 구체적으로 토의하기 위해서이다.

넷째, 집단상담에 참여하는 집단원과 집단상담을 이끌어가는 집단상담자의 역할을 설명하기 위해서이다.

다섯째, 비밀유지와 관련해서 집단에서 꼭 지켜야 할 기본 규칙들이 있음을 알려주기 위해서이다. 모든 회기에 참여하는 것이 원칙이며, 집단 참여 시 자기개방, 다른 집단원에 대한 피드백하기, 집단에서 다루어지는 모든 문제에 대한 비밀엄수, 집단에서의 약물, 음주, 금연 등에 대한 원칙들을 설명해준다.

2) 집단원 선정

집단원이 될 학생들을 선택할 때 고려해야 할 요소들은 주제, 나이, 성별, 그리고 집단의 전체적인 특성이다. 몇몇 주제들에 있어서는 고등학교 1학년에서 3학년을 섞는 것이 적절할 수도 있다. 예를 들어, 분노관리를 주제로 하는 집단에서는 어린 학생들은 나이 많은 학생들의 문제해결 능력과 이전의 경험을 통해서 혜택을 볼 수 있다. 이것은 또한 성적 압박, 스트레스, 교우관계를 다루는 집단에서도 그러하다. 이는 집단원의 다양한 경험과 성숙이 문제해결 능력에 더해져서 다른 집단원에게 도움을 줄 수 있는 주제들이기 때문이다.

집단원의 성별을 고려하여 남녀 학생들을 섞는 것이 적절할 수도 있다. 이혼, 상실, 혼합가족과 같은 가족문제에 초점을 맞추는 집단은 형제자매에게 도움이 될 수도 있지만, 형제 혹은 자매가 동일한 집단에 속하는 것은 피해야 한다. 서로 다른 집단에 속함으로 이들은 서로를 존중하면서 또한 서로를 향한 걱정, 당황스러움, 비밀유지의 실패라는 걱정 없이 자신의 감정을 나눌 수 있는 최고의 기회를 얻게 된다. 예를 들어 한 집단이 양부모님에 대한 문제를 집단상담에서 다룰 때 한 가정의 두 자녀가 동일한 집단에 집단원으로 참여하였다고 하자. 동일한 가정의 자녀들이라도 부모님이나 가족집단원에 대해서 서로 다른 감정과 시각을 가질 수 있다. 그러면 서로가 앞에 있기 때문에 자신의 진솔한 감정을 나누기를 꺼리게 된다. 이런 경우에는 같은 형제자매라도 서로 다른 집단에서 가족에 대한 자신의 감정에 대해 진솔한 경험을 해보는 것이 더욱 중요하다.

한 집단을 만들 때 모든 집단원이 같은 문제를 공유하고 있는지, 그리고 그 문제를 성공적으로 해결한 학생을 포함시킬지의 여부를 고려하는 것도 중요하다. 이것은 한 집단 안에서 역할모델이 있어야 하는지의 문제를 제기한다. 만약 그 집단이 어떤 부적절한 행동을 변화시키고자 할 때, 즉 집단원의 치료를 목적으로 할 때 집단 내에서 역할모델을 사용하는 기술은 특히 효과적이다.

생활기술을 발달시키고자 하는 집단의 경우에는 건강, 대인관계, 정체감 발달, 문제해결 등 사전에 영역별로 각 집단원의 생활기술 기능 정도를 파악하여 각 영역에서 최소한 한 명의 우수한 자와 그렇지 못한 자를 같은 집단에 넣도록 함으로써 모델링 효과를 얻을 수 있다(Gazda, 1989).

역할연기는 흥미수준을 높이고 참여도를 높인다. 창조적인 문제해결을 촉진하고, 자발성을 조장하고 감정을 강화시키고 타인을 동일시할 수 있도록 한다. 참여자들이 이를 통하여 자신을 더 효과적으로 표현하는 방법을 배울 수 있다. 고등학생들에게는 이 방법의 유용성에 대하여 적절하게 교육할 필요가 있다. 상담교사는 집단원에게 역할연기 상황에서 자신에게서 관찰했던 것의 의미에 관해 생각하도록 요청해야 한다.

라. 집단원의 바람직한 행동

집단상담을 시작하기 전에 상담자는 분명한 선발기준을 만들어 집단상담에 방해가 되거나 문제되는 학생들은 참여시키지 않도록 해야 한다. 선발기준은 상담자의 훈련 정도, 집단의 구성방안, 집단이 정기적으로 만나는 장소와 시간, 집단의 성격 등을 고려해야 한다.

① 바람직한 집단원은 집단에 분명한 목표의식을 갖고 오며, 그 목표를 성취하기 위해 집단활동에 적극적, 자발적으로 참여한다.
② 집단상담자를 포함한 집단의 다른 집단원에게 호감을 갖고 신뢰감을 갖는다.
③ 미래에 대해 희망적인 느낌을 갖는다.
④ 선택의 의지와 자유를 느낀다.

마. 집단원이 노력해야 할 사항

집단의 응집력을 높이고 생산적인 집단이 되도록 집단원이 함께 노력해야 할 사항들을 살펴보면 다음과 같다.

① 청소년 집단상담은 목표달성을 위한 집단활동이다.
② 자기 자신에 대해 집단에 얼마만큼 이야기할 것인지 결정한다.
③ 집단이 진행됨에 따라 변화에 따르는 저항이 있음을 알아야 한다.
④ 자신의 긍정적인 모습을 발견한다.
⑤ 집단상담 전에 준비하고 후에 정리함으로써 상담의 효과를 높인다.

⑥ 집단상담 과정에서 지속되는 느낌이 있을 때 표현해야 한다.
⑦ 일관된 피드백에 주의를 집중해야 한다.

03 집단상담자의 중요한 임무

집단상담자는 참여자들이 기대하는 목표를 효율적으로 달성하도록 돕는 역할을 하기 위해 성격과 집단상담 및 심리치료에 대한 지식과 집단의 역동에 대한 이해와 기법들을 익혀야 한다. 또한 자신의 가치와 능력에 대한 자부심을 갖고, 다른 사람들과 도움을 주고받으며, 대등하고 긍정적인 인간관계를 맺는 것이 중요하다. 집단상담자의 중요한 임무는 다음과 같다.

가. 집단상담자의 역할과 자질

집단상담자는 집단원이 자유롭게 자신의 내면세계를 탐색하고 대인관계의 효율성을 검토할 수 있는 분위기를 조성해야 한다. 집단상담자의 가장 중요한 역할은 내담자 개개인의 문제해결에 치우치기보다 집단원 간에 집단의 분위기를 형성하고 유지하도록 해야 한다. 집단의 바람직한 분위기는 집단원이면 누구나 자기의 관심사를 말할 수 있고, 타인의 관심사를 존중하여 경청할 수 있으며, 그들의 의견과 태도를 관찰하고 지적하되 결코 인간적인 모독이나 파괴적인 행동을 하여서는 안 되는 분위기를 말한다.

일반적으로 말할 수 있는 집단상담자의 자질로는 집단원에 대한 깊은 이해와 집단원의 행동과 태도의 의미를 명료화시키는 능력, 집단에의 몰입 또는 상호교류의 촉진, 그리고 행동변화를 위한 실천 노력을 촉진하는 능력 등을 들 수 있다. 이러한 자질은 단순히 인간관계와 개인상담의 경험이 많다고 해서 자연적으로 구비되는 것은 아니다. 이는 인간행동의 의미에 대한 통찰력과 집단역동에 관한 전문적인 지식 등을 갖추어야 한다.

나. 집단상담이 진행되는 과정에서의 중요한 요소

집단상담이 성공하기 위해서는 집단을 진행하는 상담자들이 앞에서 언급된 모든 실천 주제들을 심사숙고하고 학생선정과 선별에 각별한 주의를 기울이는 것이 중요하다. 무엇보다 집단상담이 진행되는 과정 동안에 간과해서는 안 될 요소들이 있다.

1) 각 모임의 구조 잡기

각 모임에 대한 계획을 세우고 학생들이 자발적으로 이야기를 할 것이라는 기대에 의존해서는 안 된다. 토의에 초점을 맞추거나 학생들이 배울 것이라고 예상되는 요점을 설명하는 간단한 활동을 계획한다.

2) 집단상담 활동 중 토의를 활성화하기

집단상담이 난관에 빠진다면 토의를 활성화할 수 있는 활동을 계획하고 목표를 이끌어 낼 수 있는 방식으로 활동들을 사용하는 것이 좋다. 대부분의 주제에 관해서 미리 준비된 일련의 미완성 문장들을 사용할 수 있다. 집단원이 빈칸을 채우며, 다른 집단원과 응답을 교환하고, 그다음에 그룹 토의를 한다. 예를 들어, 만약에 어떤 집단이 분노관리에 대해 다루고 있다면, 다음과 같은 문장으로 활동이 시작될 수 있다.

최근에, 나는 ~할 때, 정말로 화를 내었다.
내가 이성을 잃고 화를 낼 것 같은 사람은 바로 ~ 이다.
내가 화를 내지 않도록 하기 위해 하는 방법은 ~ 이다.

3) 개방집단 혹은 폐쇄집단 여부 결정

집단상담을 시작하기 전에 집단상담자는 모임 도중에라도 들어오는 새 집단원에게 집단을 개방할지 여부를 결정해야 한다. 지원(support)집단과 같은 몇몇 집단은 모임이 진행 중일 때도 새로운 집단원을 받아들일 수도 있다. 그러나 대체로 시간이 제한되어 있는 집단상담에 새로운 집단원을 받아들이는 것은 현명하지 못하다. 따라서 집단의 목표에 따라 집단운영을 폐쇄적으로 할 것인가 개방적으로 할 것인가를 미리 정해야 한다.

폐쇄집단은 상담이 시작될 때 참여했던 집단원으로만 끝까지 운영하는 경우인데 만일 도중에 탈락자가 생기더라도 새로운 집단원을 채워 넣지 않기 때문에 집단의 크기가 너무 작아질 염려가 있다. 학교 현장에서는 폐쇄집단 형태로 운영하는 것이 바람직하다. 개방집단은 집단이 허용하는 정도에서 새로운 집단원을 받아들이는 형태로써 집단원 간에 의사소통이나 수용, 지지 등이 부족해지거나 갈등이 일어날 수 있기 때문에 새로운 집단원을 받아들일 경우에는 반드시 집단 전체가 그 문제를 충분히 논의해야만 한다.

4) 비자발적인 집단원의 참여 동기 증진하기

집단원이 자발적으로 집단에 참여하지 않은 경우에는 다르게 계획을 세울 필요가 있을 것이다. 학교에서 징계적 조치로써 한 학생을 어떤 집단에 참여시키는 경우도 있다. 교사들도 학생들에게 특정 집단상담 프로그램에 참여하도록 권고할 수 있다. 이때 집단에 참여하는 것이 처벌을 감수하는 것 이상으로 여러 가지 측면에서 스스로에게 이득이 된다는 사실을 깨닫도록 도와줄 필요가 있다.

5) 집단의 목표를 세우기

집단상담의 목표는 집단상담자가 결정해야 하며 학생선별 과정에서 미리 토의되어야 한다. 그리고 첫 번째 모임에서 재검토되어서 결정되어야 한다.

6) 집단 내의 어려운 집단원을 돕기 위한 계획

집단 내에서 다루기 힘든 집단원은 집단 밖에서 개별적으로 다루는 것이 좋다. 즉 집단상담보다는 개인상담이 효과적일 수 있다. 집단 내에서 다루기 힘든 집단원으로는 집단의 규칙을 따르지 않는 학생들, 집단원의 발언을 방해하며, 다른 집단원을 비난하고, 집단의 분위기를 독점하며, 계속적으로 자신이 속한 집단을 주제에서 벗어나게 만드는 학생들을 포함한다.

집단에 참여하기를 거부하는 집단원이나 집단상담자나 다른 집단원에게 적대감을 표현하는 집단원도 다루기 힘든 범주에 속할 수 있다. 비밀엄수를 어긴 집단원은 반드시 개별상담을 통해 다루어져야 한다. 집단규준을 지키는데 문제가 있는 집단원과는 집단의 목표 혹은 집단의 기대감에 대해 이야기를 나누는 것이 도움이 된다. 만약 어떤 학생의 욕구가 집단 내에서 충족될 수 있는 범위를 넘어선다면, 그 학생을 개별적으로 만나서 외부에 위탁하는 것도 고려해야 한다.

7) 집단 평가 계획하기

집단상담자는 전체 집단경험에 대해서 평가를 해야 한다. 평가서는 집단원의 만족도, 그 집단의 목표가 충족된 정도, 집단원의 행동이나 태도의 변화를 평가할 수 있어야 한다. 집단회기의 평가는 집단상담자 혹은 집단원이 할 수 있다. 집단원이 받은 인상에 따라서 집단상담자는 집단이 얼마나 효과적이었나를 알 수가 있다.

평가는 각각의 모임 이후에 혹은 마지막 모임 이후에 행해질 수 있다. 매 회기마다 평가를 하면 집단상담자에게 즉시 피드백을 줄 수 있으며, 차후에 변화가 필요한지 알려줄 수가 있다. 평가 과정은 단순해야 한다. 몇 가지 질문에 대한 대답으로부터 집단상담자는 많은 것들을 배울 수가 있다. 매 회기마다 평가를 한다면, 질문지는 매번 준비되어야 한다.

응답은 손가락을 올리거나 내리거나 하는 방법 혹은 집단원에게 답을 쓰도록 하는 방식을 사용할 수 있다. 이때 질문은 "이번 모임이 오늘 모임의 목표를 충족시켰나요?", "오늘 집단에서 새로운 방식을 배웠나요?" 등이 될 수 있다. 답변을 써야 하는 경우, 질문은 "오늘 배운 것 하나를 써보세요.", "당신의 문제를 해결하는데 어떤 새로운 전략을 익혔습니까?" 등이 될 수 있다.

집단의 모임을 평가할 수 있는 또 다른 방법은 집단원 중 한두 명에게 그날 모임의 내용을 요약해보라는 것이 될 수도 있다.

8) 추후 모임을 가지기

집단원이 어떻게 집단에서 기능했는지에 따라서, 다루어진 주제와 목표가 충족된 정도에 따라서 4~6주 내에 추수모임으로서 다른 모임을 가지는 것이 도움이 될 수 있다. 이것은 모임을 종결하거나 집단원에게 계속적인 지원을 제공하는데 도움이 된다. 추수모임을 가질지의 여부는 마지막 모임에서 집단 전체가 결정을 해야 한다. 집단원 모두가 추가 모임이 도움이 될 것이라는 사실에 동의할 필요는 없지만, 대략 집단의 2/3 이상이 기꺼이 다시 모이고자 해야 한다.

이 외에도 고등학교 집단상담자는 양육적인 태도, 열정과 활력, 개방성과 솔직성 등 긍정적인 성격이 집단발달에 좋은 영향을 미친다. 집단상담자의 행동이 완전할 필요는 없으나 진솔하게 자신을 드러낼 때 상호존중으로 보상받게 될 것이다. 집단상담자는 고등학생들의 넘치는 에너지와 희박한 책임감 등으로 심리적인 위협을 받기 쉬우므로 조심해야 한다. 상담자는 집단작업을 통해 그들을 격려하는 것을 자신의 학교현장 속에서 실천하므로 가장 효과적으로 영향을 줄 수 있다.

고등학생을 대상으로 집단상담을 시작할 때 집단상담자는 다음 몇 가지 과제를 달성해야 한다. 첫째, 집단의 분위기를 자유롭게 하고 편안하며 안전하게 함으로써 집단원의 불안을 낮추어 주어야 한다. 둘째, 집단의 목표와 구조를 명확히 밝혀 줌으로써 집단의 한계와 경계를 규정해 주어야 한다. 셋째, 집단원의 관심을 유발하고 그 집단 진행에 대한 책임감을 느끼도록 할 수 있어야 한다. 또한 남성과 여성으로 구성된 공동 집단상담자들은 청소년 집단에 바람직하다(Schafer, Johnson & Wherry, 1982).

다. 집단상담의 고려사항

1) 집단원의 저항

고등학생들을 위한 집단상담에서 집단상담자를 가장 힘들게 만드는 것은 역시 그들의 다양한 저항을 다루는 문제이다. 대부분의 청소년 집단은 자발적으로 참가한 청소년보다는 부모나 기관의 의뢰에 의해 강압적으로 왔기 때문에 저항은 더 심할 수밖에 없다.

저항을 다루는 요령은 다음과 같다. 먼저 집단에 참가하는 학생들을 집단에서 처음 만났을 때 그들이 품고 있는 생각들을 들어보고, 집단에 대한 정보들을 알려주고, 비방어적인 방식으로 부정적인 태도를 탐색하며, 집단에 강압적으로 참가한 것에 대한 반응들을 표현하게 해줄 수 있다. 또한 집단에 지금 참여한 것도 자신의 선택이었음도 상기시켜 줄 필요가 있다.

비협조적인 청소년과 작업하는 다른 방법으로는 집단상담자가 이들의 저항에 맞서서 싸우는 것이 아니라 이들의 저항과 함께 하는 것이다(Corey & Corey, 1997). 저항할 때는 저항할 만한 사정이 있는 것이다. 그들의 사정을 먼저 충분히 경청하면 부정적인 태도는 누그러지게 되어 있고 현재 처한 집단상담을 받아야 한다는 현실을 쉽게 받아들이게 된다. 이들이 저항하고 있지만 어차피 현재 처해진 현실을 받아들이는 것이 자신들에게도 도움이 된다는 것을 그들은 알고 있다.

만일 이들의 저항과 집단상담자가 맞서 싸우거나 설득하려고 들면 이들은 지도자를 다른 집단 외부의 권위자들과 동일시하고 자신들의 적개심을 투사시킬 것이다. 또 다른 방법은 의심 많은 집단원을 한 회기 동안 집단상담 과정에 참여해야 하는 압력을 주지 않고 단지 관찰자로만 남게 하여 나중에 집단 참여를 최종 결정하도록 하는 것이다. 비자발적으로 참석한 내담자들은 침묵이나 경멸의 태도를 취하게 되는데 이러한 태도에 대해 방어적이지 않고 정직하고 믿음직하며 따뜻한 직면을 하도록 하는 것이 중요하다.

집단원의 저항을 집단상담자가 개인적으로 받아들여 거절감이나 존중받지 못한다는 부정적인 느낌에 말려들지 않는 것이 중요하다. 그렇다고 해서 집단원이 집단상담자를 무시하고 조롱하는 것을 그대로 당하고 있으라는 것은 아니다. 인간적인 모욕에 대해서는 정당하게 집단상담자 자신의 감정을 표현하는 것이 좋다.

문제 청소년 집단에서 가장 빈번하게 나타나는 저항은 집단을 공격적이고 성적인 농담으로 분위기를 몰아가려고 하는 것이다. 이러한 저항은 집단 전체가 불안, 우울 그리고 인생의 문제를 다루지 못할 것이라는 무망감 등의 부정적인 감정을 회피하도록 만든다. 흔히 있는 또 다른 저항의 형태로는 집단원이 연합하여 집단상담자에 대항하는 것, 대화가 적거나 주제가 산만해지는 것 등이다. 그들은 유난히 자신의 문제들을 놓고 다른 사람과 얘기하는 것을 싫어한다(Rosenthal, 1971).

이러한 저항들을 극복하기 위해서 집단상담자는 적극적이고 지지적이며 항상 집단을 통제할 수 있어야 한다. 고등학교 집단상담자는 언어적으로 활발하고, 개인적으로 개방적이며 지시적이어야 하고, 청소년들이 방어기제를 잘 극복하도록 돕기 위해 직면과 해석 기법을 사용하는 것이 효과적이다.

집단을 이끄는 세 가지 주요 전략(Hurst & Gladieux, 1980)을 살펴보면 다음과 같다.

첫째, 집단과 집단원의 가치와 내적인 힘을 확신시켜주는 것이다. 집단상담자는 집단 내에서 일어나는 타인을 배려하거나 타인에 대해 긍정적인 감정 그리고 집단원 개인의 강점과 같은 긍정적인 상황들을 강조해야 한다.

둘째, 집단상담자는 집단에 대한 자신의 생각들을 집단원과 공유해야 한다. 일반적으로 해석은 고등학생들에게는 효과적이지 않다. 오히려 집단상담자는 특정한 행동이 일어나게 된 이유들을 다양하게 설명해주고 자신과 관련된 것을 선택하도록 하는 것이 더 좋다.

셋째, 집단상담자는 청소년의 약물중독, 집단원 간의 성적인 관심이나 적개심 등의 특정한 문제들을 다루는 데 있어 능숙해야 한다.

2) 집단상담의 장소

집단상담은 연령에 따라 장소가 달라질 수 있다. 고등학생의 경우 10명 정도의 인원이 들어갈 수 있는 편안한 방이 좋다. 집단원 사이에 놓여 있는 탁자는 처음에는 집단원으로 하여금 안정감을 느끼게 하지만 궁극적으로는 친근감을 가로막는 장애물이 될 수 있다. 바닥에 카펫이나 장판이 깔려 있으면 그냥 바닥에 앉아도 무방하며 형식에 매이지 않고 자유롭게 집단원 간 상호작용이 가능해진다.

만일 비디오카메라나 녹음기가 방 안에 설치되어 있으면 이런 도구를 통한 피드백 학습이 가능할 것이다. 이상적으로는 이런 도구가 집단원에게 너무 눈에 띄어 거슬리지 않도록 설치되는 것이 바람직하다. 만일 마라톤 집단 형식으로 운영을 한다면 상담을 위한 방 옆에 편히 쉴 수 있는 다른 방, 침실 그리고 간단한 차나 음식을 먹고 마실 수 있는 공간이 마련되어 있다면 이상적이다.

3) 집단원 수

집단의 목적, 집단의 특징들 그리고 주어진 상담시간과 빈도에 따라 인원은 달라질 것이다. 활발한 상호작용과 피드백을 통한 상호이해를 목적으로 한다면 인원이 많지 않고 적절해야 할 것이다. 집단상담자를 제외하고 5명 이상 10명 이하인 경우가 이상적이라고 본다. 그렇지 않은 경우에는 지도자의 주의와 관심을 벗어나는 집단원이 생길 수 있으며, 집단원 간의 상호작용도 느려지고 소외되는 집단원이 나타나기 쉽다. 전체 집단상담 시간이 적을수록 인원은 적은 것이 바람직하다. 집단원의 수가 적을수록 집단원 간의 상호작용이 많아지고 응집력이 높아져 집단을 성공적으로 이끌어 나갈 수 있기 때문이다.

종결 부분에 단 한 명이라도 충분히 자신의 문제를 다루지 못한 집단원이 생기는 것은 그 집단원의 개인적인 불만은 물론 전체 응집성과 친밀함에 부정적인 영향을 미치고 집단의 효과가 만족스럽지 못한 아쉬움을 낳는다. 따라서 집단원의 수는 집단 효과를 고려할 때는 매우 중요한 문제이다.

신청자가 오는 대로 다 수용하는 것은 주어진 시간에 어느 정도의 효과를 안겨주어야 하는 집단상담자의 책임과 집단원의 권리를 존중하지 않는 행위라 할 수 있다. 물론 집단원이 얻어갈 수 있는 효과의 정도와 참여 집단원에 대한 배려도 집단상담자마다 다를 수 있겠으나 많은 집단원이 이러한 집단상담을 자주 받는 것은 아니라는 것, 그리고 모든 집단원이 개인적으로 많은 기대를 갖고 집단에 참여하는 것을 감안하면 적정 인원에 신경을 쓰는 것이 상담자의 윤리일 것이다.

집단원의 수가 커질수록 집단원은 집단 전체에게 표현하기보다는 집단상담자에게 직접 말을 걸고 집단상담자 중심이 되어 갈 수 있다. 마찬가지로 집단상담자도 집단 전체를 대상으로 말을 하게 된다. 또한 공격적인 집단원이 많을수록, 그리고 집단상담자가 집단을 통제하기 위해선 집단원의 수가 적은 것이 좋다.

4) 집단회기의 빈도와 길이

집단회기의 빈도와 길이 및 기간은 집단 참여나 성장의 깊이와 직접적으로 관계가 있다. 또한 이것들은 집단원이 가진 문제의 정도와도 관계가 있다. 문제가 심각할수록 빈도도 잦고 기간도 길어져야 한다. 보통 학교의 한 학기를 단위로 한다면 일주일에 한 번 정도가 될 것이고 이보다 짧은 기간이 주어진다면 간혹 주말에 집중적인 상담시간을 병행하는 방법이 있다.

5) 집단상담의 윤리와 규범

권리를 인식하지 못하는 청소년들에게 집단상담자는 그들의 권리를 알려주어야 한다. 공통의 권리사항들을 살펴보면 다음과 같다.

첫째, 집단원은 집단상담의 목표를 분명히 알 권리가 있다.

둘째, 비밀보장은 물론 집단의 참여를 통한 심리적 혼란 가능성을 집단원에게 알려주어야 한다.

셋째, 어떤 부담은 집단 내에서 드러내어 처리해야 할 뿐 아니라 이런 부담에 대한 안전장치가 만들어져야 한다.

넷째, 상담자는 청소년이 집단상담 참여를 통해 이루어진 변화에서 비롯한 성급한 결정에 대한 위험성에 대해 경고해야 한다.

다섯째, 참여자들이 집단 내의 활동을 바깥으로 옮기려는 시도를 할 수도 있으므로 집단상담자는 비밀유지에 대한 규제가 필요하다.

또한 집단의 목표를 달성하기 위한 참여자들의 협력사항이 있고 협력사항에 대한 약속이 규준이다. 집단규준은 참여자들의 책임을 강조함으로써 상담의 목표를 달성하는데 중요하며 집단의 응집력을 향상시킨다. 또한 집단원의 인권침해를 예방하고 권리를 보장한다.

11장 chapter 고등학교 집단상담 프로그램

01 자기성장 집단상담 프로그램

가. 목적

자기성장 집단상담 프로그램이란 집단상담의 역할과 내담자 상호 간의 역동성을 최대로 이용하여 집단장면에서 다루어지는 여기－지금(here & now)의 장면을 중심으로 참여자에게 자기이해, 자기수용, 자기개방이라는 세 가지 단계의 순환적 과정을 경험시킴으로 어떠한 상황에 처했을 때도 자력으로 대처해 나가도록 돕는데 그 목적이 있다.

나. 프로그램 회기별 활동내용

회기	프로그램명	활동주제	활동내용
1	안내 및 자기소개	프로그램 소개	• 나의 소개 작성하기 • 서약서 작성하기
2	나의 장점 찾기	자기발견	• 자신이 성취한 것들 찾아보기 • 자기의 장점과 단점을 발견하기
3	나의 가족 이해하기	자기발견	• 가족을 생각하며 자유롭게 표현하기 • 가족의 소중함을 생각해보기
4	참만남	대인관계 개선	• 시를 읽고 느낌 발표하기 • 참만남의 중요성 알기
5	맹인과 달팽이	자기 발견	• 맹인과 달팽이를 통해 자신과 타인의 소중함을 알기
6	자기 가치관 명료화	자기성장	• 자신의 소중한 가치에 대해 생각해보기
7	생애 곡선	자기성장	• 자신의 긍정적 미래상 떠올려보기
8	내 마음 전달하기	대인관계	• 적응적 의사소통기술 습득하기
9	나의 감정 그대로	감성개발	• 자신의 감정을 아는 능력 기르기
10	사랑의 선물	공동체 의식	• 집단원과의 소중한 만남에 대해 생각하고 서로에게 피드백해주기

다. 프로그램의 실제

제1회기 : 안내 및 자기소개

프로그램명	안내 및 자기소개	1회기	
활동 주제	• 프로그램 소개를 하고 집단원 간의 친밀감을 형성한다.	장소	상담실
		시간	50분
활동 목표	• 자신을 집단원에게 자연스럽게 소개하고 집단원 상호 간에 친밀감을 느낄 수 있다.		
지도 단계	활 동	분	준비물
도입	1. 자기소개 -자기소개를 통하여 집단원 간에 서로 친숙해지도록 한다. 2. 프로그램 소개 -오리엔테이션을 통하여 이 프로그램에 대한 목적, 운영방법 등에 대하여 이야기한다.	10	출석부
전개	<활동지 1-1, 1-2> 1. 서약서 작성하기 1) 한 항목씩 천천히 읽어가면서 서약한다. 2) 집단상담 활동 중에 일어난 사항에 대하여 일체의 비밀을 지키며 적극 참여하겠다는 서명을 한다. 2. 나의 소개 작성하기 1) 두 사람씩 짝을 지어서 서로에 관한 것을 5분 내에 알아낸 후에 전체 앞에서 짝을 소개한다. 2) 애칭 짓기를 다 한 후에는 얼굴이 잘 보이도록 둥글게 앉아서 애칭을 인정해주는 피드백을 해준 다음 친구의 애칭에 대한 소감을 들어본 느낌은 어떠한지를 돌아가면서 발표한다. 3) 비닐 명찰과 여러 색의 종이를 나누어주고 큰 글자로 애칭을 쓴 후, 명찰을 왼쪽 가슴에 단다. 4) 각자의 이름과 애칭, 애칭이 붙게 된 이유, 취미, 특기, 종교 등 자신의 특징을 성실하게 그려 본다는 생각으로 자기소개를 하는 요령을 설명한다.	30	활동지, 명찰, 사인펜, 크레용, 필기도구
정리	1. 이번 회기 활동을 하면서 들었던 생각이나 느낌을 나눈다. 2. 다음 회기 활동을 소개한다.	10	

제2회기 : 나의 장점 찾기

<table>
<tr><td>프로 그램명</td><td>나의 장점 찾기</td><td colspan="2">2회기</td></tr>
<tr><td rowspan="2">활동 주제</td><td rowspan="2">• 자신이 성취한 것, 자신의 장점과 단점을 찾아본다.</td><td>장소</td><td>상담실</td></tr>
<tr><td>시간</td><td>50분</td></tr>
<tr><td>활동 목표</td><td colspan="3">• 자신의 장점과 단점을 발견하고 자기이해 능력을 키운다.</td></tr>
<tr><td>지도 단계</td><td>활 동</td><td>분</td><td>준비물</td></tr>
<tr><td>도입</td><td>1. 이번 회기의 활동목표를 간단히 설명한다.
2. 조용히 눈을 감고 〈장점과 단점〉을 낭독한다.</td><td>5</td><td>〈장점과 단점〉 교사 자료</td></tr>
<tr><td>전개</td><td><활동지 2-1>
1. 자신이 성취한 것들 찾아보기
-두 명씩 짝지어 서로 성취한 것들에 대해 의견을 나누도록 한다.

2. 자기의 장점과 단점을 발견하기
1) 자신의 장점과 단점을 각각 6개씩 기록하게 한다.
2) 집단원 중에서 한 사람씩 지정해서 전 집단원이 차례로 돌아가면서 그 사람의 장점과 단점을 한 가지씩 지적해준다.
3) 여러 집단원이 지적해준 내용과 비교하면서 자신의 느낌이나 생각을 간략하게 말하도록 한다.</td><td>40</td><td>활동지, 필기구, A4용지</td></tr>
<tr><td>정리</td><td>• 경험하고 깨달은 것을 발표해본다.</td><td>5</td><td></td></tr>
</table>

제3회기 : 나의 가족 이해하기

프로그램명	나의 가족 이해하기	3회기	
활동 주제	• 가족과의 관계에 대해 구체적으로 생각해본다.	장소	상담실
		시간	50분
활동 목표	• 나의 가족에 대한 자신의 감정을 정확하게 표현하는 능력을 가지고 가족에 대한 사랑과 소중함을 깨닫는다.		
지도 단계	활 동	분	준비물
도입	1. 지난 회기에 대한 활동 나누기 -지난 회기 활동한 내용에 대하여 힘들었던 점과 느낀 점에 대하여 서로 발표하게 한다. 2. 나의 가족에 대해 생각해보기 -가정의 필요성과 고마움을 설명하고 자신의 가족 집단원에 대한 느낌이 어떠한지를 눈을 감고 조용히 생각해보게 한다.	5	
전개	<가족을 생각하며 자유롭게 표현하기> <활동지 3-1> 1) 활동지를 나눠주고 다양하고 솔직하게 표현하게 한다. 2) 기록이 다 끝났으면 서로 나누고 피드백한다. 3) 집단원의 이야기를 듣고 새로 깨달은 점을 기록한다. 4) 가족 집단원 한 사람, 한 사람과의 관계를 맺을 때 어떤 점에 유의하여 행동하고 어떤 점을 수정할 것인지 구체적으로 실천방법을 쓰도록 하고 발표하게 한다. 5) 집단원의 이야기를 들으며 비슷한 경험을 한 사람이 있다면, 자신이 어떻게 느끼는지를 이야기한다.	40	활동지, 필기구
정리	1. 자신의 가족관계에 대한 자신의 느낌을 나누고 나서 지금 어떤 기분이 드는지 이야기 나눈다. 2. 집단원이 표현하고 발표한 것을 특정한 사람들이 듣는다면 어떻게 느낄 것이라고 생각하는지 질문해본다. 3. 다음 회기 활동을 소개한다.	5	

제4회기 : 참만남

<table>
<tr><td>프로그램명</td><td>참만남</td><td colspan="2">4회기</td></tr>
<tr><td rowspan="2">활동 주제</td><td rowspan="2">• 대인관계에 대한 소중함과 자신의 대인관계를 떠올려본다.</td><td>장소</td><td>상담실</td></tr>
<tr><td>시간</td><td>50분</td></tr>
<tr><td>활동 목표</td><td colspan="3">• 만남의 의미를 깨닫고 참만남에 대해 이해한다.</td></tr>
<tr><td>지도 단계</td><td>활 동</td><td>분</td><td>준비물</td></tr>
<tr><td>도입</td><td>1. 좌석정리 및 별칭 부르기 게임을 한다.
2. 지난 회기에 활동한 것에 대해 떠올리며 정리를 한다.</td><td>10</td><td>별칭 명찰</td></tr>
<tr><td>전개</td><td>1. 시를 읽고 느낌 발표하기 <<b>활동지 4-1</b>>
1) 김춘수의 〈꽃〉이란 시를 대인관계 개선 프로그램과 연관하여 떠오르는 시라고 소개를 한 뒤 집단원에게 읽어주고 감상하게 한다.
2) 시를 세 부분으로 나누어 각자 공감한 부분을 발표한다.
3) 공감한 부분에 대한 각자 개인의 느낌을 발표한다.
4) 활동을 하면서 느낀 점을 발표한다.
5) 집단원의 발표를 듣고 우리들이 서로에게 잊혀지지 않는 존재가 되고 싶다는 소망이 마음속에 자리 잡고 있음을 알려주며 정리한다.</td><td>35</td><td>활동지, 필기구</td></tr>
<tr><td>정리</td><td>1. 〈만남〉 노래의 가사를 생각해보며 함께 부른다.
2. 다음 회기 활동을 소개한다.</td><td>5</td><td></td></tr>
</table>

제5회기 : 맹인과 달팽이

<table>
<tr><td>프로그램명</td><td colspan="2">맹인과 달팽이</td><td colspan="2">5회기</td></tr>
<tr><td rowspan="2">활동 주제</td><td rowspan="2">• 자기 신체의 고마움을 느껴보고 타인과의 협동을 경험한다.</td><td>장소</td><td colspan="2">상담실</td></tr>
<tr><td>시간</td><td colspan="2">50분</td></tr>
<tr><td>활동 목표</td><td colspan="4">• 평상시 모르고 지냈던 자기 신체의 고마움을 깨닫고 인간관계에서 신뢰감과 협동정신의 중요성을 안다.</td></tr>
<tr><td>지도 단계</td><td>활 동</td><td colspan="2">분</td><td>준비물</td></tr>
<tr><td>도입</td><td>1. 간단한 게임이나 노래 부르기
-친밀감을 도모할 수 있는 게임이나 노래 부르기를 실시한다.

2. 프로그램 소개
-눈 대신 마음과 몸으로 느끼고 지각함으로써 바르게 판단하고 선택하는 경험을 해보는 것이라고 설명한다.</td><td colspan="2">10</td><td>출석부</td></tr>
<tr><td>전개</td><td>1. 맹인과 달팽이 <활동지 5-1>
1) 두 사람씩 짝이 되어 한 사람은 맹인, 다른 한 사람은 안내자가 된다.
2) 맹인은 그림의 진입에서 볼펜을 대고 눈을 감는다.
3) 안내자는 중간의 목적지 A를 향해 단지 말로 안내한다.
4) 맹인은 볼펜이 달팽이의 벽에 닿지 않도록 하면서 신속하게 그린다.
5) 서로 역할을 바꾸어 목적지 B까지 같은 요령으로 활동한다.
6) 안내가 모두 끝나면 두 사람은 각각 자기의 경험과 상대방을 안내했던 경험에 대하여 말하고, 느낌을 나누고 맹인은 안내자로부터 듣고 싶었던 말이 무엇인지를 서로 발표한다.
7) 안내자는 안내하는 과정에서 맹인으로부터 받았던 인상이나 느낌에 대하여 피드백한다.
8) 협동심과 정확한 의사전달의 중요성을 알고 안내자로서 갖추어야 할 자세에 대하여 발표하게 한다.

2. 〈3일만 볼 수 있다면〉 읽어주기
-눈을 감고 자료를 읽어주면서 건강의 고마움을 다시 한 번 상기하게 한다.</td><td colspan="2">30</td><td>활동지,
읽기 자료,
눈가리개,
볼펜</td></tr>
<tr><td>정리</td><td>1. 배려의 자세에 대해 이야기하기
-도움을 주는 사람은 도움을 받는 사람에게 배려해주는 자세를 갖추어야 함을 강조한다.

2. 다음 회기 활동 소개</td><td colspan="2">10</td><td></td></tr>
</table>

제6회기 : 자기 가치관의 명료화

프로그램명	자기 가치관의 명료화	6회기	
활동 주제	• 가치관 경매를 통해 자기탐색의 시간을 갖는다.	장소	상담실
		시간	50분
활동 목표	• 자신의 가치관을 알아보고 긍지를 가질 수 있는 가치관을 형성한다.		
지도 단계	활 동	분	준비물
도입	1. 가치관의 중요성에 대해 이야기 나누기 -가치관의 중요성을 새롭게 인식하도록 한다. 2. 가치관 탐색하기 -개인적 성장, 우정, 학문, 직업, 행복 등의 가치관 중 자신의 가치관을 진지하게 탐색하도록 한다.	5	출석부
전개	<가치관 경매> <활동지 6-1> 1) 20가지의 가치 항목들 중에서 자신이 가장 가치 있다고 생각하는 것 5가지를 골라 뒷장에 순서대로 적는다. 2) 집단상담자는 항목별로 경매에 붙인다. 상담자는 유인물에 나와 있는 항목 순서를 따르지 말고 한 항목씩 임의로 선택해서 진행할 수 있다. 3) 경매가 끝나면 금액들 중에서 가장 액수가 많은 순위로 다섯 가지의 항목에 번호를 매긴다. 이것을 처음 기록해 둔 자신의 가치관 항목들과 비교해본다.	40	활동지, 필기구, 모조화폐 10만 원 (1,000원권 100매)
정리	1. 경매가 모두 끝나면 가장 많이 산 사람에게 축하를 해주고, 무엇을 어떻게 몇 개나 샀는지 알아본다. 2. 돈을 다 쓰지 못한 사람의 기분과 원하는 가치관을 샀는지 등의 소감을 나눈다.	5	

제7회기 : 나는 이런 사람이 되련다.

<table>
<tr><td>프로
그램명</td><td colspan="2">나는 이런 사람이 되련다.</td><td colspan="2">7회기</td></tr>
<tr><td rowspan="2">활동
주제</td><td colspan="2" rowspan="2">• 자신의 미래상을 구체적으로 그려본다.</td><td>장소</td><td>상담실</td></tr>
<tr><td>시간</td><td>50분</td></tr>
<tr><td>활동
목표</td><td colspan="4">• 자기 자신에 대한 주체성과 자신감을 가지고 장래계획을 세움으로써 자신의 진로를 구체화 한다.</td></tr>
<tr><td>지도
단계</td><td colspan="2">활 동</td><td>분</td><td>준비물</td></tr>
<tr><td>도입</td><td colspan="2">1. 활동목표를 간단히 설명한다.
-자기 자신에 대한 주체성과 자신감을 갖고 장래계획을 세움으로써 자신의 진로를 구체화한다는 활동목표를 간단히 설명한다.
2. 명상자료에 귀를 기울인다.
-조용히 눈을 감고 〈명상자료 : 자아 형성하기〉를 낭독한다.</td><td>5</td><td>교사 자료</td></tr>
<tr><td>전개</td><td colspan="2"><활동지 7-1, 7-2>
1. 나는 이런 사람이 되겠습니다.
1) 활동지를 읽은 후, 자신의 생애 곡선과 장래 계획을 돌아가며 발표하고 다른 집단원의 발표 내용을 잘 경청하도록 한다.
2) 다른 사람이 발표할 때 현재, 5년 후, 10년 후, 20년 후, 30년 후, 50년 후 등 생애 변화 모습을 자신의 것과 비교하도록 한다.
3) 자신의 지나온 생애를 되돌아보고, 앞으로의 생애를 설계하는 마음을 갖게 한다.</td><td>40</td><td>활동지</td></tr>
<tr><td>정리</td><td colspan="2">1. 자신의 잠재력과 가능성을 발견하기 위해 스스로 노력할 사항을 찾아본다.
2. 자신의 진로에 대하여 생각하는 시간을 갖는다.
3. 소감 나누기 시간을 갖는다.</td><td>5</td><td></td></tr>
</table>

제8회기 : 내 마음 전달하기

<table>
<tr><td>프로그램명</td><td colspan="2">내 마음 전달하기</td><td colspan="2">8회기</td></tr>
<tr><td rowspan="2">활동주제</td><td rowspan="2" colspan="2">• 대인관계를 할 때 의사소통의 방법을 배운다.</td><td>장소</td><td>상담실</td></tr>
<tr><td>시간</td><td>50분</td></tr>
<tr><td>활동목표</td><td colspan="4">• 다른 사람에게 자신의 생각이나 느낌을 적절한 대화기술로 표현할 수 있다.</td></tr>
<tr><td>지도단계</td><td colspan="2">활 동</td><td>분</td><td>준비물</td></tr>
<tr><td>도입</td><td colspan="2">1. 지난 회기 내용을 복습한다.
-상대방의 이야기를 잘 듣는 것의 중요성에 대해 배운 내용을 다시 한 번 정리해준다.

2. 이번 회기 활동목표를 알려준다.
-자신의 생각과 기분을 적절하게 전달하는 방법을 배울 것이라고 알려준다.</td><td>5</td><td>출석부</td></tr>
<tr><td>전개</td><td colspan="2"><나-전달법> <활동지 8-1, 8-2>
1) 약속시간에 늦게 온 친구에게 내 마음을 전달하는 통상적 반응을 적는다.
2) 모든 집단원이 두 사람씩 짝을 지어 각각의 입장에서 역할 연기를 한 후에 두 사람을 선정하여 집단 앞에서 역할연기를 해보도록 한다.
3) 활동지에 제시된 상황을 읽어준 후에 이 상황에서 자신의 심정을 효과적으로 전달하는데 필요한 5가지 방식을 설명한다.
4) 활동지에 각자 자신의 경험을 생각해서 상황을 만들고 배우기 전의 비효과적인 방식과 나를 주어로 하는 반응을 해본다.
5) 집단원 전체에게 활동지에 적은 상황의 비효과적인 반응방식과 나를 주어로 하는 반응을 발표하게 한다.</td><td>35</td><td>활동지, 필기구</td></tr>
<tr><td>정리</td><td colspan="2">1. 집단원의 발표를 정리해준다.

2. 느낀 점을 피드백해준다.</td><td>10</td><td></td></tr>
</table>

제9회기 : 나의 감정을 그대로

프로그램명	나의 감정을 그대로	9회기	
활동 주제	• 자신의 감정을 알아차리고 표현한다.	장소	상담실
		시간	50분
활동 목표	• 자신의 감정을 솔직하게 전달하며 바르게 표현한다.		
지도 단계	활 동	분	준비물
도입	1. 감정의 처리에 대해 이야기 나누기 -부정적 감정을 어떻게 잘 처리하느냐 하는 것은 자신의 태도와 방법에 따라 결정되는 것임을 설명한다. 2. 감정을 나투는 방법 나누기 -감정을 잘 다루는 방법을 아는 것이 우리가 하는 모든 일의 능률을 높이고, 다른 사람과의 관계를 향상시키는 성숙한 사람이 되는 길임을 알도록 한다.	5	
전개	1. 감정을 아는 능력 기르기 <활동지 9-1> 1) 자신의 감정을 알아차리는 연습을 하기 위해 부정적 감정이 생길 때 자신의 몸에 일어나는 신체적인 변화를 알아본다. 2) 활동지에 자신의 느낌을 시각적 표현이나 문장으로 나타낸다. 3) 기록한 내용들을 집단원 앞에서 발표한 후, 발표 내용을 들으면서 기분이 어떠했으며, 자신의 표현이 제대로 전달되었는가에 대해 느낌을 나눈다. 4) 느낌 나누기를 한 후 어떤 점이 제대로 표현이 안 되었는지 살펴보게 하여 자신의 감정을 들여다보고 인정하게 한다. 5) 자신이 평소 즐겨 쓰는 부정적 감정표현에는 어떤 것이 있는지 시각적으로 표현하거나 문장으로 나타내도록 한다. 6) 진술한 문장이나 시각적 표현을 자유롭게 발표한 후 제대로 전달이 되었는지, 자신의 느낌과 달리 전달된 점은 무엇인지 알아보기 위해, 발표 후 친구의 느낌을 듣는다.	40	활동지, 필기구
정리	1. 적극적으로 집단원의 노력을 지지한다. 2. 소감 나누기 시간을 갖는다.	5	

제10회기 : 사랑의 선물

<table>
<tr><td>프로
그램명</td><td colspan="2">사랑의 선물</td><td colspan="2">10회기</td></tr>
<tr><td rowspan="2">활동
주제</td><td colspan="2" rowspan="2">• 집단원 각각에게 피드백을 해준다.</td><td>장소</td><td>상담실</td></tr>
<tr><td>시간</td><td>50분</td></tr>
<tr><td>활동
목표</td><td colspan="4">• 마음의 선물을 전하여 가장 값진 선물이 무엇인가를 알고 관계의 돈독함을 느낀다.</td></tr>
<tr><td>지도
단계</td><td colspan="2">활 동</td><td>분</td><td>준비물</td></tr>
<tr><td>도입</td><td colspan="2">1. 마무리에 대한 소감 나누기
-집단의 마무리를 알리고 서운함과 아쉬움을 수용할 수 있도록 한다.

2. 이번 회기 활동 소개하기
-서운함과 아쉬움은 있지만 마음의 선물을 통해 서로를 칭찬하고 격려하며 프로그램을 마치도록 돕는다.</td><td>5</td><td></td></tr>
<tr><td>전개</td><td colspan="2"><사랑의 선물> <활동지 10-1>
1) 집단원에게 사탕바구니가 그려진 활동지를 한 부씩 배부한다.

2) 먼저 자신의 별칭을 적게 한 후 사탕바구니를 오른쪽 옆 친구에게 돌린다.

3) 자기 앞의 별칭을 보고, 주고 싶은 선물(사랑의 글－칭찬하기, 장점 말하기 등)을 적어 옆으로 돌린다.

4) 한 바퀴 다 돌고 사탕바구니가 본인 앞으로 왔을 때, 받은 선물에 대하여 감상하고 선물을 받은 소감을 발표해본다.

5) 프로그램에 참여하는 동안 느낀 점을 적게 한다.</td><td>40</td><td>활동지,
필기구</td></tr>
<tr><td>정리</td><td colspan="2">1. 둥글게 서서 '만남' 노래를 다 같이 부른다.

2. 집단원에게 긍정적 피드백을 짧게 전한다.</td><td>5</td><td></td></tr>
</table>

1. 자기성장 집단상담 프로그램 활동지

활동지 1-1	**서약서**	별칭	
		날짜	월 일

나는 〈자기성장을 위한 집단상담 프로그램〉에 참여함에 있어서 다음 사항을 성실히 준수할 것을 약속합니다.

1. 본 프로그램에 끝까지 참여하겠습니다.
2. 집단원의 비밀을 누설하거나 이용하지 않겠습니다.
3. 다른 사람의 의사를 존중하겠습니다.
4. 자신의 발전을 위해 최선의 노력을 다하겠습니다.
5. 친구의 발전을 위해 적극적으로 협조하겠습니다.

20 년 월 일

활동지 1-2	**나의 소개**	별칭	
		날짜	월 일

1. 소 속 : 학교 학년 반

2. 가 족 관 계 :

3. 좋아하는 과목 :

4. 학 교 생 활 :

5. 성 장 과 정 :

6. 장 래 희 망 :

< ♛ 나의 애칭을 정하게 된 동기나 이유 ♛ >

활동지 2-1	나의 장점과 단점	별칭	
		날짜	월 일

★ 나의 장점

(1) 가정생활에서 : ______

(2) 학교생활에서 : ______

(3) 나의 성격 중에서 : ______

(4) 학습태도에서 : ______

(5) 미래의 직장생활에서 : ______

(6) 기타 : ______

★ 나의 단점

(1) 가정생활에서 : ______

(2) 학교생활에서 : ______

(3) 나의 성격 중에서 : ______

(4) 학습태도에서 : ______

(5) 미래의 직장생활에서 : ______

(6) 기타 : ______

활동지 3-1	나의 가족을 생각하며	별칭	
		날짜	월 일

※ 우리 가족을 생각하며 자유롭게 표현해봅시다.

표현해봅시다~	아버지	어머니	형제( )	자매( )
동물로 표현한다면?(시각적 표현)				
색으로 표현한다면?				
감촉으로 표현한다면?				
꽃으로 표현한다면?(시각적 표현)				
자연현상으로 표현한다면?				
나에게 즐겨 쓰는 표현은?(언어, 행동 등)				
나의 느낌은?				

※ 활동과정에서 새롭게 깨닫거나 느낀 점을 기록해봅시다.

활 동 내 용	기 록
• 상징적 표현과정에서 생각났던 것, 떠올랐던 느낌, 특히 표현하기 어려웠던 가족의 대상과 그 이유를 생각하기	
• 다른 집단원의 발표를 듣는 과정에서 새로 깨달았던 점, 가족에 대한 자신의 마음가짐과 태도, 관심의 정도를 솔직하게 표현하고 자신의 태도가 가정생활에 어떤 영향을 주었는지 생각하기	
• 가정생활에서 자신이 앞으로 어떻게 행동할 것인지, 특히 어떤 것에 유의할 것이며, 어떤 점을 수정할 것인가에 대한 구체적인 실천방법을 생각하기	

활동지 4-1	시를 읽고 느낌 나누기	별칭	
		날짜	월 일

꽃	만남
김 춘 수 내가 그의 이름을 불러 주기 전에는 그는 다만 하나의 몸짓에 지나지 않았다. 내가 그의 이름을 불러 주었을 때 그는 나에게로 와서 꽃이 되었다. 내가 그의 이름을 불러 준 것처럼 나의 이 빛깔과 향기에 알맞은 누가 나의 이름을 불러다오. 그에게로 가서 나도 그의 꽃이 되고 싶다. 우리들은 모두 무엇이 되고 싶다 너는 나에게 나는 너에게 잊혀지지 않는 하나의 의미가 되고 싶다.	우리 만남을 우연이 아니야. 그것은 우리의 바람이었어. 잊기엔 너무한 나의 운명이었기에 바랄 수는 없지만 영원을 태우리 돌아보지 마라, 후회하지 마라 아~ 바보 같은 눈물 보이지 마라. 사랑해. 사랑해. 너를 너를 사랑해

활동지 5-1	맹인과 달팽이	별칭	
		날짜	월 일

★ 활동요령

두 사람씩 짝이 되어 한 사람은 맹인, 다른 한 사람은 안내자가 된다.
맹인은 그림의 진입 화살표에 볼펜을 대고 눈을 감는다.
안내자는 중간의 목적지 A를 향해 단지 말로 안내한다.
맹인은 볼펜이 달팽이의 벽에 닿지 않도록 하면서 신속하게 그린다.
서로 역할을 바꾸어 목적지 B까지 같은 요령으로 활동한다.

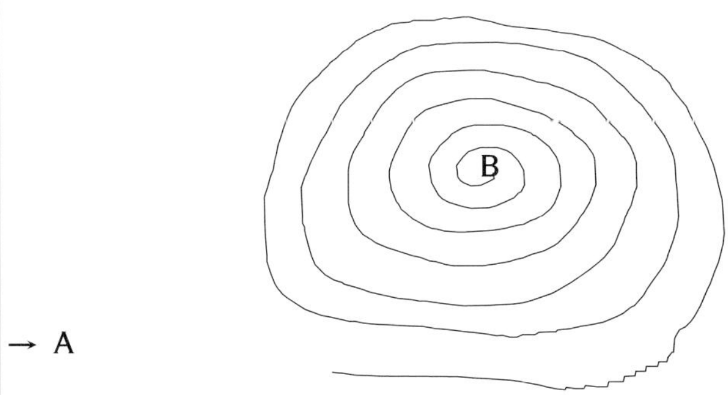

활동지 6-1	가치관 경매	별칭	
		날짜	월 일

가치관 목록	① 나의 할당 금액	② 나의 최고 입찰액	③ 최고 낙찰액
1. 만족스런 결혼			
2. 원하는 것을 할 수 있는 자유(개인적 자율성)			
3. 나라의 운명을 좌우할 수 있는 기회(권력)			
4. 친구의 존경과 사랑(우정)			
5. 삶을 긍정적으로 볼 수 있는 완전한 자신감(정서적 안정)			
6. 행복한 가족 관계			
7. 세상에서 가장 매력 있는 사람으로서 인정받음			
8. 병 없이 오랫동안 사는 것			
9. 개인 전용의 완벽한 도서실			
10. 만족스러운 종교적 신앙			
11. 일생 동안의 경제적 안정			
12. 편견 없는 세상			
13. 질병과 궁핍을 제거하는 기회			
14. 국제적 명성과 인기			
15. 전적으로 즐길 수 있는 한 달의 휴가			
16. 삶의 의미에 대한 이해			
17. 부정과 속임이 없는 세상			
18. 직장에서의 자유			
19. 진정한 사랑의 관계			
20. 선택한 직업에서의 성공(직업적 성취)			

활동지 7-1	이런 사람이 되겠습니다	별칭	
		날짜	월 일

1. 나는 나를 사랑하는 사람입니다.
2. 나는 나 자신을 다스릴 줄 아는 사람입니다.
3. 나는 솔직한 사람입니다.
4. 나는 상상력이 풍부한 사람입니다.
5. 나는 창의력이 있는 사람입니다.
6. 나는 명랑 쾌활한 사람입니다.
7. 나는 열정적인 사람입니다.
8. 나는 지구력이 있는 사람입니다.
9. 나는 지혜로운 사람입니다.
10. 나는 검소한 생활을 하는 사람입니다.
11. 나는 깨끗하고 단정한 사람입니다.
12. 나는 원대한 꿈을 가진 사람입니다.
13. 나는 내가 믿는 바를 실천하는 사람입니다.
14. 나는 부지런한 사람입니다.
15. 나는 예의 바른 사람입니다.

활동지 7-2	나는 이렇게 살겠습니다	별칭	
		날짜	월 일

자신의 일생을 생각하며, 성공과 실패의 정도를 나타내 보세요.

❖ 생애 곡선

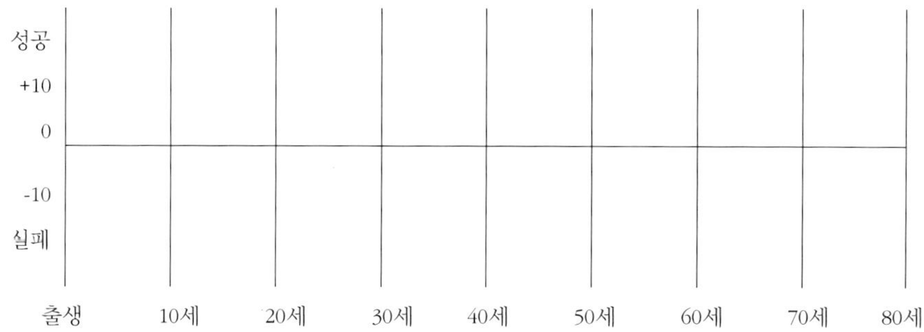

☆위의 수평선에 현재 자신의 나이의 위치를 표시하고 자신의 예상되는 사망 연령을 표시하세요.

❖ 나의 장래 계획서

구 분	연 령	소망 목표	목표달성을 위한 계획
현재	( )세		
5년 후	( )세		
10년 후	( )세		
20년 후	( )세		
30년 후	( )세		

활동지 8-1	하나, 내 마음 전달하기	별칭	
		날짜	월 일

상황 1.

오늘 찬우는 단짝인 몽룡이와 분식집에서 1시에 만나기로 하였다. 그런데 몽룡이는 한 시간이나 늦은 2시에 나타났다. 당신이 찬우라면?

★ 내 방식대로 반응해보기

상황 2.

오늘은 일요일이다. 찬우와 몽룡이는 분식집에서 1시에 만나기로 하였다. 그런데 몽룡이가 한 시간이 지나도 나타나지 않았다. 약속시간이 20분쯤 지나자 배가 고팠지만 그렇다고 혼자 떡볶이를 시켜 먹기도 그렇고 해서 몽룡이 집에 전화를 걸어봤지만 몽룡이 어머니가 전화를 받아서 오늘은 아침부터 친구를 만나러 나간다고 나가고 집에 없다는 것이었다. 찬우는 처음에는 약속시간에 나타나지 않는 몽룡이에게 화가 났지만 차츰 시간이 지나면서 은근히 걱정도 되었다. 만나기로 한 장소가 잘못되었는지 걱정이 되어서 여기저기를 찾아다녀 보았다. 시간이 되면서 심지어는 혹 교통사고라도 나지 않았나 걱정까지 되었다. 몽룡이는 약속시간보다 1시간이나 늦게 나타났다. 이때 당신이 찬우의 입장이라면?

☆ 문제가 되는 친구의 행동과 상황을 구체적으로 말한다.

너는 약속을 무시해도 유분수지 도대체 어떻게 그렇게 무책임할 수 있니? (X)
나는 네가 약속시간보다 1시간이나 늦게 와서 .... (O)

☆ 친구의 행동이 자신에게 미친 영향을 구체적으로 말한다.

너 같은 애하고 어떻게 약속을 할 수 있냐? (X)
네가 늦게 와서 배도 고프고 그래서 너의 집으로 전화도 했고, 여기저기에 너를 찾으러 다녔다. (O)

☆ 친구의 행동 때문에 생긴 감정을 솔직하게 말한다.

(화를 내면서) 네 시간은 아깝고 내 시간은 별거 아니냐? (X)
네가 늦게 오니까 배도 고프고, 한편으로는 나는 너에게 무슨 일이 일어났나 하며 불안했다. (O)

☆ 내 마음을 전달한 후에 친구의 말에 귀를 기울인다.

☆ 친구의 행동 때문에 생긴 부정적인 감정만을 강조하지 않는다.

네가 약속을 안 지키니까 화도 나고 무슨 일인지 걱정도 됐다.

활동지 8-2	둘, 내 마음 전달하기	별칭	
		날짜	월 일

상황 3.

단짝인 경우가 일주일 전에 급히 쓸 일이 있다면서 돈 10,000원을 빌려가 오늘 돌려주기로 했다. 나는 오늘 여자 친구와 극장을 가기로 했는데, 경우에게 오늘 돈을 받기로 했기 때문에 따로 돈을 준비해 오지 않았다. 그런데 경우는 깜빡 잊어버렸다는 것이다. 전에도 한 번 그런 일이 있어 경우 때문에 낭패를 당한 일이 있는데…….

〈역할 1〉 배우기 전의 방식으로 해보기

〈역할 2〉 나를 주어로 해서 말하기

① 문제가 되는 친구의 행동과 상황을 구체적으로 말한다.

② 친구의 행동이 자신에게 미친 영향을 구체적으로 말한다.

③ 친구의 행동 때문에 생긴 감정을 솔직하게 말한다.

④ 내 마음을 전달한 후에 친구의 말에 귀를 기울인다.

⑤ 친구의 행동 때문에 생긴 부정적인 감정만을 강조하지 않는다.

♥ 비효과적인 방법으로 반응하기

♡ 배운 대로 '나-전달법'으로 반응하기

활동지 9-1	감정을 아는 능력 기르기	별칭	
		날짜	월 일

● **활동요령**

① 자신의 감정을 알아차리는 연습하기
② 부정적 감정이 생길 때 자신의 몸에 일어나는 신체적인 변화 알아보기
③ 자신의 감정을 들여다보고 인정해주기
④ 발표하기
⑤ 느낌 나누기

● **나는 화가 났을 때, 두려울 때, 실망하게 될 때, 욕을 들었을 때 주로 어떤 신체적, 정서적 반응이 일어납니까? 시각적 표현으로 자신의 표정을 그리거나 그 상황에서의 반응을 문장으로 나타내 봅시다.**

화가 날 때	
두려울 때	
실망하게 될 때	
욕을 들었을 때	

● **어떤 이유에서건 내가 느끼는 감정 자체는 나쁜 것이 아닙니다. 감정은 느껴지는 것입니다. 그러므로, 방금 일어난 어떤 일로 인해 내 감정을 피하거나 억누르지 말고 그대로 인정하고 존중합니다.**

예) "그래, 난 지금 몹시 떨리고 힘들어."
"준이의 행동이 내 기대에 어긋나서 몹시 화가 나."

● **자신의 부정적 감정을 나타내는 표현을 적어봅시다.**

활동지 10-1	프로그램을 마치면서	별칭	
		날짜	월 일

1. 프로그램 과정을 마치면서 느낀 점을 구체적으로 적어봅시다.

____

____

____

2. 프로그램을 통하여 변화가 된 나의 모습을 구체적으로 적어봅시다.

____

____

____

3. 프로그램 과정에서 가장 인상 깊었던 점은 무엇입니까?

____

____

____

4. 프로그램 과정에서 가장 아쉬웠던 점은 무엇입니까?

____

____

____

국화 옆에서

-서정주-

한 송이의 국화꽃을 피우기 위해
봄부터 소쩍새는 그렇게 울었나 보다.
한 송이의 국화꽃을 피우기 위해
천둥은 먹구름 속에서 또 그렇게 울었나 보다.
그립고 아쉬움에 가슴 조이던
머언 먼 젊음의 뒤안길에서
인제는 돌아와 거울 앞에 선
내 누님같이 생긴 꽃이여
노오란 네 꽃잎이 피려고
간밤엔 무서리가 저리 내리고
내게도 잠도 오지 않았나 보다.

02 학습동기 촉진 집단상담 프로그램

가. 목적

오늘날 특히 고등학생들은 입시에 대한 중압감과 치열한 경쟁으로 힘들어 하고 있다. 학업성취는 입시경쟁에서 살아남기 위해 꼭 이루어야 할 과제이다. 다른 조건이 모두 같다면, 열의 없이 수업에 들어오는 학생들에 비해 월등히 빠르게 그리고 높은 학업성취수준까지 학습해낼 수 있다. 따라서 교육을 통한 중·장기적인 안목에서 본다면 긍정적인 학습동기를 촉진할 필요가 있다.

나. 프로그램 회기별 활동내용

회기	프로그램명	활동주제	활동내용
1	프로그램 안내 및 자기소개	프로그램 소개 및 학습방법 알아보기	• 프로그램 소개 • 특파원 게임, 서약서 작성하기
2	친밀감 형성하기		• 목표를 세워본 경험 나누기 • 공부를 잘하기 위한 방법이나 학습태도 알아보기
3	학습동기 각성하기 1	나의 학습동기 알아보기	• 가치관 검사, 직업흥미 검사, 적성검사를 통한 자기 이해하기
4	학습동기 각성하기 2		• 희망직업 best 3 정하기 • 미래 나의 모습 그리기
5	공부를 방해하는 장애물 파악하기	효과적인 공부방법 모색하기	• 학습습관 중 잘하고 있는 점과 고치고 싶은 점 알아보기 • 공부 장애물 리스트 체크하기
6	공부를 방해하는 장애물 극복하기		• 비합리적 신념 바꾸기 • self-control 프로그램

회기	프로그램명	활동주제	활동내용
7	단기, 장기 목표 및 계획 세우기(WDEP)	학습방법에 대한 구체적인 전략 익히기	• 자신의 W, D, E, P 파악하기 • 시간관리 전략 세우기
8	공부를 잘하기 위한 방법적 접근		• 통합적 명상훈련 • 수리법, 청음법 익히기, 암기전략 익히기
9	자신감 가지기		• 성공경험 나누기 • 장점과 단점 파악하기
10	마무리 및 종결	자신만의 학습방법을 실천하기	• 계획을 실천할 수 있도록 다짐하기 • 목표달성을 스스로 평가하기

다. 프로그램의 실제

제1회기 : 프로그램 안내 및 자기소개

<table>
<tr><td>프로그램명</td><td colspan="2">프로그램 안내 및 자기소개</td><td colspan="2">1회기</td></tr>
<tr><td rowspan="2">활동 주제</td><td colspan="2" rowspan="2">• 프로그램을 소개하고 자기소개를 한다.</td><td>장소</td><td>상담실</td></tr>
<tr><td>시간</td><td>50분</td></tr>
<tr><td>활동 목표</td><td colspan="4">• 프로그램의 목적과 내용을 알고 자기소개를 통해 집단원 간 이해를 높여 집단원에게 친밀감을 느낀다.</td></tr>
<tr><td>지도 단계</td><td>활 동</td><td>분</td><td colspan="2">준비물</td></tr>
<tr><td>도입</td><td><프로그램 소개> <활동지 1-1>
• 전체 프로그램의 목적, 성격, 진행방법, 유의사항 등을 설명한다.
• 이 회기의 목적과 진행될 내용에 대해 설명한다.</td><td>10</td><td colspan="2" rowspan="2">활동지, 필기구</td></tr>
<tr><td>전개</td><td>1. 특파원 게임 <활동지 1-2>
1) 라포형성의 중요성을 설명한다.
2) 두 명씩 짝을 지어 마치 기자가 된 것처럼 상대방에 대한 핵심정보를 알아내고 그것을 집단원 전체 앞에서 발표하게 한다.

2. 서약서를 읽고 서명하기
1) 집단원 모두가 약속을 정하여 잘 실천해야 함을 설명한다.
2) 정해놓은 몇 가지 약속을 한 명의 집단원에게 큰 소리로 선창을 하게 하고 뒤이어 집단원 모두가 따라 읽도록 한다.
3) 서약서를 다 읽고 난 후, 서약서의 서명란에 서명을 하도록 한다.

3. 보상트리
-프로그램에 빠지지 않고 잘 참여할 경우 활동지 3에 스티커를 붙여주며 스티커를 많이 모은 학생에게는 상품을 나누어 줄 것이라고 하여 프로그램에 적극적 참여를 유도한다.</td><td>35</td></tr>
<tr><td>정리</td><td>1. 소감 나누기 시간을 갖는다.
2. 다음 회기 활동을 소개한다.</td><td>5</td><td colspan="2"></td></tr>
</table>

제2회기 : 친밀감 형성하기

<table>
<tr><td>프로
그램명</td><td colspan="2">친밀감 형성하기</td><td colspan="2">2회기</td></tr>
<tr><td rowspan="2">활동
주제</td><td colspan="2" rowspan="2">• 목표를 세워본 각자의 경험을 나누고 공부를 잘하기 위한 방법이나 학습태도를 알아본다.</td><td>장소</td><td>상담실</td></tr>
<tr><td>시간</td><td>50분</td></tr>
<tr><td>활동
목표</td><td colspan="4">• 활동을 통해 참여자 간 친밀감을 형성하고 프로그램을 통해 이루고 싶은 자신의 목표를 정한다.</td></tr>
<tr><td>지도
단계</td><td colspan="2">활　동</td><td>분</td><td>준비물</td></tr>
<tr><td>도입</td><td colspan="2"><이름 외우기 게임>
1) 명찰에 자신의 이름을 여러 색깔의 매직으로 예쁘게 꾸민다.
2) 이름 외우기에 좋은 게임인 '팅팅팅 탕탕탕 후라이팬 놀이' 게임을 한다.
3) 명찰을 다 떼고 지도자가 지명하는 사람은 자신의 오른쪽 사람부터 시작해서 모든 집단원의 이름을 부르도록 한다.</td><td>10</td><td>명찰,
A4용지,
매직</td></tr>
<tr><td>전개</td><td colspan="2">1. 신문지 접기 게임 <활동지 2-1, 2-2>
1) 신문지 한 장 안에 집단원이 모두 들어갈 수 있도록 서로 잡아주거나, 업거나 해서 한 사람도 신문 밖으로 나오지 않도록 하면 이기는 놀이라고 설명한다.
2) 집단원들과 생각을 나누어 효과적으로 신문 위에 올라갈 수 있는 방법을 토의해볼 수 있도록 한다.

2. 행동동사로 프로그램에서의 목표 구술하기
1) 활동지를 작성하고 한 사람도 빠짐없이 다 발표한다.
2) 작지만 구체적인 목표를 행동동사를 사용해서 한 가지 세우도록 한다.</td><td>35</td><td>신문지,
활동지,
필기구</td></tr>
<tr><td>정리</td><td colspan="2">• 활동을 하면서 느낌이나 각오 나누기를 하면서 마무리한다.</td><td>5</td><td></td></tr>
</table>

제3회기 : 학습동기 각성하기 1

프로그램명	학습동기 각성하기 1	3회기	
활동 주제	• 가치관 검사, 직업흥미 검사, 적성검사를 통한 자기 이해의 시간을 갖는다.	장소	상담실
		시간	50분
활동 목표	• 나의 성격, 적성, 흥미, 가치관에 대해서 생각해본다.		
지도 단계	활 동	분	준비물
도입	이번 회기 활동에 대해 설명한다. -목표의 중요성에 대해서 설명하고 자신에게 적합한 직업을 살펴본다. -막연한 직업에 대해서 구체적으로 생각해보는 것이 이번 회기의 목표임을 상기시킨다.	5	
전개	<활동지 3-1, 3-2, 3-3, 3-4> 1. 자신이 알고 있는 직업을 적어보기 -자신이 알고 있는 직업을 가능한 한 많이 적는다. 2. 자신의 성격, 적성, 흥미, 직업 가치관에 관한 질문지 작성하기 -공부를 하고 있는 이유가 미래에 자신에게 맞고 좋은 직업을 갖기 위함임을 설명한다. -장래에 갖게 될 직업에 대해 깊게 고민해본 경험이 있는지 질문을 한다. -활동지를 통해 나를 이해하고 그에 맞는 직업을 몇 개 선택해 볼 수 있도록 한다. 3. 과제내기 -자신의 희망 직업들에 대한 정보를 최대한 많이 찾아서 다음 회기에 발표하도록 한다.	40	활동지, 필기구
정리	1. 소감 나누기 시간을 갖는다. 2. 활동지를 나누어주며 매일 체크한다.	5	

제4회기 : 학습동기 각성하기 2

프로그램명	학습동기 각성하기 2		4회기
활동 주제	• 나의 미래 모습을 구체적으로 생각해본다.	장소	상담실
		시간	50분
활동 목표	• 나의 특성에 맞는 직업을 찾아보고 미래 나의 모습 그려보고 각오를 다진다.		
지도 단계	활 동	분	준비물
도입	-자신의 성격, 흥미, 적성 등에 대해 이야기 나누기 1) 지난 회기 작성한 활동지를 꺼낸다. 2) 2명씩 짝을 지워 자신이 발견한 것에 대해 나눈다.	5	
전개	<활동지 4-1, 4-2> 1. 과제 발표 및 자신의 특성에 적합한 희망 직업 선택하기 -각자 대표 직업을 선택해서 친구들에게 소개한다. -직업명, 핵심능력, 관련학과, 준비방법, 전망, 소득 수준 순으로 발표한다. -과제를 발표하는 동안 느낀 점을 이야기해본다. -내 미래의 희망 직업 3가지를 찾아본다. 2. 미래의 나의 모습 그려보기 -미래를 가정해볼 수 있음을 설명하고 자신의 "나만의 인생극장"을 연출해본다. -자신과 친구들에 대해서 느낀 것을 이야기해본다.	30	활동지, 필기구
정리	1. 이번 활동 정리하면서 마무리한다. 2. 소감 나누기를 하면서 마무리한다.	15	

제5회기 : 공부를 방해하는 장애물 파악하기

<table>
<tr><td>프로그램명</td><td>공부를 방해하는 장애물 파악하기</td><td colspan="2">5회기</td></tr>
<tr><td rowspan="2">활동주제</td><td rowspan="2">• 나의 학습습관의 장단점을 파악하고 공부 장애물을 파악한다.</td><td>장소</td><td>상담실</td></tr>
<tr><td>시간</td><td>50분</td></tr>
<tr><td>활동목표</td><td colspan="3">• 나의 학습습관을 성찰하고 공부를 방해하는 장애물을 파악한다.</td></tr>
<tr><td>지도단계</td><td>활 동</td><td>분</td><td>준비물</td></tr>
<tr><td>도입</td><td><공부를 하는 이유 찾기>
• 공부를 왜 하는지 진지하게 생각하는 시간을 갖는다.
• 모둠을 만들어 적은 내용을 이야기하고 느낀 점을 나눈다.</td><td>5</td><td></td></tr>
<tr><td>전개</td><td><활동지 5-1, 5-2>
1. 내가 공부를 해야만 하는 이유를 나와 다른 사람에게 설득시키기
1) 어떠한 방해물이 나를 가로 막아도 공부해야 하는 어떤 이유가 있으므로 공부를 해야 하는 이유를 활동지에 적어본다.
2) 한 사람은 설득, 다른 사람은 반대, 나머지는 관찰자의 역할 연기를 해본다.
3) 역할을 바꿔가면서 리얼하게 연기한다.

2. 자신의 학습습관 성찰해보기
1) 자신의 일과를 곰곰이 생각해보도록 한다.
2) 공부를 하는 것과 관계된 모든 행동과 사건들을 순차적으로 활동지에 적어본다.
3) 친구들과 자신의 차이점과 공통점을 생각해본다.

3. 공부를 방해하는 장애물 파악하기
-자신의 내외부의 방해물에 대해 잘 생각해보고 활동지를 작성해 집단원과 이야기를 나눈다.</td><td>40</td><td>활동지, 필기구</td></tr>
<tr><td>정리</td><td>1. 오늘 활동을 정리해본다.

2. 소감 나누기를 하면서 마무리한다.</td><td>5</td><td></td></tr>
</table>

제6회기 : 공부를 방해하는 장애물 극복하기

<table>
<tr><td>프로그램명</td><td colspan="2">공부를 방해하는 장애물 극복하기</td><td colspan="2">6회기</td></tr>
<tr><td rowspan="2">활동 주제</td><td colspan="2" rowspan="2">• 공부에 관한 합리적 신념을 증진시키고 장애물 극복방법을 찾는다.</td><td>장소</td><td>상담실</td></tr>
<tr><td>시간</td><td>50분</td></tr>
<tr><td>활동 목표</td><td colspan="4">• ABC 원리를 알고 비합리적인 신념을 바꾸고 행동을 변화 시켜 장애물 극복방법을 실행해 본다.</td></tr>
<tr><td>지도 단계</td><td colspan="2">활 동</td><td>분</td><td>준비물</td></tr>
<tr><td>도입</td><td colspan="2"><마음먹기의 중요성에 대해 설명하기>
• 똑같은 상황이라도 어떤 마음과 생각으로 받아들이느냐에 따라 감정이나 정서 그리고 행동이 달라질 수 있음을 설명한다.
• 옆 사람과 자신이 생각을 바꾸면 더 좋아지고 나아질 수 있는 경우를 이야기해본다.</td><td>10</td><td></td></tr>
<tr><td>전개</td><td colspan="2"><활동지 6-1, 6-2>
1. ABC 원리 알고 적용해보기
1) 활동지를 보면서 ABCDE 원리에 대해서 설명한다.
2) 많은 장애물 중에서 몇 가지를 골라 활동지를 작성하도록 한다.
3) 자신의 생각을 긍정적으로 바꾸는 연습이 중요함을 거듭 강조한다.

2. 장애물 제거를 위한 행동주의적 방법 연습
1) 변화된 합리적 생각의 행동적 연습도 거듭해야 함을 이야기한다.
2) 공부를 방해하는 장애물을 제거하는 구체적인 방법을 탐색한다.
3) 일상생활에서 연습이 필요함으로 과제를 내어 실행할 수 있도록 한다.</td><td>30</td><td>활동지, 필기구</td></tr>
<tr><td>정리</td><td colspan="2">1. 이번 회기 활동을 정리한다.
2. 소감 나누기를 통해 마무리한다.</td><td>10</td><td></td></tr>
</table>

제7회기 : 단기, 장기 목표 및 계획 세우기(WDEP)

<table>
<tr><td>프로
그램명</td><td colspan="2">단기, 장기 목표 및 계획 세우기(WDEP)</td><td colspan="2">7회기</td></tr>
<tr><td rowspan="2">활동
주제</td><td rowspan="2" colspan="2">• 자신의 목표에 대한 단, 장기 목표 및 계획을 세워본다.</td><td>장소</td><td>상담실</td></tr>
<tr><td>시간</td><td>50분</td></tr>
<tr><td>활동
목표</td><td colspan="4">• 자신의 WDEP를 익히고 시간관리 전략을 세워본다.</td></tr>
<tr><td>지도
단계</td><td colspan="2">활 동</td><td>분</td><td>준비물</td></tr>
<tr><td>도입</td><td colspan="2">1. WDEP의 원리를 설명한다.

2. W는 우리의 욕구, D는 행동하고 있는 것, E는 욕구를 충족시키기 위해 D를 평가하는 것이고 P는 E를 통해 평가된 것을 바탕으로 D를 위한 계획을 세우는 것이라고 설명한다.</td><td>10</td><td rowspan="2">활동지,
필기구</td></tr>
<tr><td>전개</td><td colspan="2"><활동지 7-1, 7-2>
1. W와 D를 파악하고 E하기
1) 나눠준 활동지를 작성하여 W와 D를 평가해보도록 한다.
2) 5회기 모임 때 우리가 공부를 하고 있는 이유를 참고하여 W를 찾아보게 한다.
3) D 또한 5회기의 나의 학습습관 성찰하기를 참고하여 적어보고 평가해본다.
4) 느낀 점을 나눈다.

2. 시간표 작성 전략을 익히고 목표 및 계획 세우기
1) 시간을 잘 관리하기 위한 요령이나 전략을 익히도록 한다.
2) 욕구를 충족시키기 위해 행동을 하기 위한 활동계획을 짜보도록 한다.
3) 2회기에 세운 목표와 장애물 극복방법 계획도 이번 계획에 들어가야 함을 반드시 알려준다.</td><td>35</td></tr>
<tr><td>정리</td><td colspan="2">1. 자신만의 실천방법을 강구하여 결실을 맺을 수 있도록 격려한다.

2. 소감 나누기를 통해 마무리한다.</td><td>5</td><td></td></tr>
</table>

제8회기 : 공부를 잘하기 위한 방법적 접근

프로그램명	공부를 잘하기 위한 방법적 접근		8회기
활동 주제	• 집중력 향상 방법을 안다.	장소	상담실
		시간	50분
활동 목표	• 집중력 향상을 위한 명상방법을 익히고 집중력 향상법을 연습한다.		
지도 단계	활　동	분	준비물
도입	<활동지 8-1> 1. 통합적 명상훈련을 경청하고 익힌다. -명상의 개념과 명상의 효과 등에 대해 익힌다. 2. 실제로 명상을 해본다. -활동지를 나누어주고 실제로 명상의 자세를 취해보고 명상을 하는 방법을 익힌다.	10	활동지, 필기구
전개	1. 집중력 향상법 연습하기 1) 수리법과 청음법, 청기백기 게임을 실시한다. 2) 자신이 얼마나 집중할 수 있는지 그 정도를 볼 수 있으므로 선을 다하도록 격려한다. 3) 활동지에 각자 자신의 경험을 생각해서 상황을 만들고 배우기 전의 비효과적인 방식과 나를 주어로 하는 반응을 해본다. 4) 집단원 전부에게 활동지에 적은 상황과 나를 주어로 하는 반응을 읽어보게 한다.	35	
정리	1. 집단원의 발표를 정리해준다. 2. 느낀 점을 피드백해 준다.	5	

제9회기 : 자신감 가지기

프로그램명	자신감 가지기		9회기
활동 주제	• 자신의 긍정적인 면을 발견하고 학습에 대한 자신감을 가진다.	장소	상담실
		시간	50분
활동 목표	• 내가 충분히 괜찮은 사람이라는 생각으로 자기 충족적 예언을 암시한다.		
지도 단계	활 동	분	준비물
도입	1. 목표의 실천정도를 나눠 본다. -2회기 때 세웠던 목표를 어떻게 실천해 나가고 있는지에 대해 솔직하게 이야기를 나누어본다. 2. 성공경험을 이야기해본다. -비록 실패와 좌절도 있었지만 상반되는 경험을 했던 적이 있으면 그 경험을 나누어보고 느껴본다.	10	
전개	<활동지 9-1> 1. 이고그램을 통해 나를 이해하기 1) 어떤 성격의 특성이 강하고 약한가를 살피고 강한 면과 약한 면의 조화를 이룰 수 있도록 노력하는 것이 중요하다고 설명한다. 2) 보완하고 싶은 점이나 더 발전시키고 싶은 점도 나누어 볼 수 있도록 한다. 2. 자신의 특성을 수용하기 -나를 둘러싼 내부, 외부의 특성과 조건들을 자신의 기준으로 좋은 것과 나쁜 것으로 나누어 적도록 한다. 3. 자기 충족적 예언 외우기 -자기 충족적 예언을 써보고 항상 자기 암시를 할 수 있도록 한다.	35	활동지, 필기구
정리	1. 자신감이 어떻게 변화되었는지 나눈다. 2. 소감을 나누면서 마무리한다.	5	

제10회기 : 마무리 및 종결

<table>
<tr><td>프로
그램명</td><td>마무리 및 종결</td><td colspan="2">10회기</td></tr>
<tr><td rowspan="2">활동
주제</td><td rowspan="2">• 목표달성에 대한 서로의 피드백 및 소감을 나눈다.</td><td>장소</td><td>상담실</td></tr>
<tr><td>시간</td><td>50분</td></tr>
<tr><td>활동
목표</td><td colspan="3">• 프로그램 전체 과정에 대한 느낌을 나누고 목표달성 정도를 평가한다.
• 서로에게 잘한 점을 칭찬하며 프로그램 내용을 일상에서 실천해 나가기를 다짐한다.</td></tr>
<tr><td>지도
단계</td><td>활 동</td><td>분</td><td>준비물</td></tr>
<tr><td>도입</td><td><목표달성 정도를 평가하기> <활동지 10-1>
• 초기에 세운 목표를 프로그램이 진행되는 동안 얼마나 달성을 했는지 평가해보는 시간이라고 설명한다.
• 집단원과 평가한 내용을 이야기해본다.</td><td>5</td><td rowspan="2">활동지,
필기구</td></tr>
<tr><td>전개</td><td><활동지 10-2>
1. 프로그램 활동에 관해서 서로 칭찬하기
-학습에 대한 동기가 얼마나 향상이 되었는지 집단원의 생각과 느낌을 솔직하게 이야기해본다.

2. 프로그램 평가서를 작성하고 서로 안아준다.
1) 평가지를 작성한다.
2) 집단원끼리 안아주고 서로 격려해주는 시간을 갖는다.</td><td>40</td></tr>
<tr><td>정리</td><td>1. 전체 마무리한다.
2. 갈매기의 꿈을 나누어주고 읽어본다.</td><td>5</td><td></td></tr>
</table>

2. 학습동기촉진 집단상담 프로그램 활동지

활동지 1-1	특파원 게임	별칭	
		날짜	월 일

♥ **특파원명 :**

♠이름과 학반	♠가본 곳 중에서 가장 좋았던 곳과 가장 가보고 싶은 곳	♠당신이 가장 좋아하는 음식
♠당신이 가장 기뻤을 때와 가장 슬펐을 때	♠당신이 가장 잘하는 것	♠여생을 마칠 때까지 가장 해보고 싶은 일은?
♠당신 자신에 대해 가장 마음에 들지 않는 면	♠당신이 가장 좋아하는 사람은 누구? 왜?	♠요즘 가장 많이 하는 고민
♠당신이 좋아하는 TV나 라디오 프로그램, 또는 연예인	♠지금 당신에게 가장 소중한 것 세 가지	♠2주 동안 학교에 안 나와도 된다고 허락한다면 어떻게 보낼 것인가?

활동지 1-2	서약서	별칭	
		날짜	월 일

- 나의 약속 -

나 000는 이번 학습동기 향상 프로그램에 참여하여 다음 사항을 반드시 지키겠습니다.

1. 한 번도 빠짐없이 제시간에 참여하겠습니다.

2. 다른 사람이 발표할 때 잘 듣고 과제는 반드시 하겠습니다.

3. 이 프로그램이 잘 진행될 수 있도록 적극적으로 참여하겠습니다.

4. 이 프로그램 활동에서 나눈 내용에 대해서는 언제 어디서나 절대로 비밀을 지키겠습니다.

20 년 월 일

참여자 : (인)

활동지 2-1	목표에 관하여	별칭	
		날짜	월 일

1. 목표를 세워본 경험

성공한 목표	성공한 이유	실패한 목표	실패한 이유

2. 공부를 잘하기 위한 방법이나 학습태도

방법이나 학습태도 7가지	실천 가능성(%)
♠	
♠	
♠	
♠	
♠	
♠	
♠	

활동지 2-2	보상트리	별칭	
		날짜	월 일

자신이 왜 이 프로그램에 참여했는지를 생각해보고 이 프로그램을 통해 하고 싶은 것을 하나 정해봅시다. 그것은 꼭 실천이 가능한 것이어야 하고 구체적이어서 프로그램 마지막에 달성 여부를 평가할 수 있는 것이어야 합니다. 목표들은 학습동기 향상과 관련이 있는 것이어야 합니다.

◎목표의 예들

▶중간고사 때보다 기말고사에서 반 석차 2등 올리기
▶일주일에 지각 2번 이상 안 하기
▶하루 텔레비전 시청시간 30분 줄이기
▶일주일에 한 번은 영어 시간에 짝이랑 잡담 절대 안 하기
▶하루에 00 문제집 1장씩 풀기
▶하루에 최소 한 번은 수업시간에 질문하기
▶자기 전 영어단어 3개씩 외우고 자기(1주일에 3번)
▶일주일에 두 번은 집에 있는 책상에 앉아 보기
▶일주일에 두 번은 자율학습 시간이 끝날 때까지 깨어 있기
▶
▶
▶

"　　　　　　는(은) 이 프로그램이 끝날 때까지　　　　　　를(을) 실천하겠습니다."

활동지 3-1	하나, 성격유형에 따른 직업 찾기	별칭	
		날짜	월 일

문 항	아주 가끔 그렇다	가끔 그렇다	보통 이다	자주 그렇다	언제나 그렇다
1. 몇 번이고 생각하고 검토한다.					
2. 여러 번 생각 끝에 결정을 내린다.					
3. 어떤 일이든 따지려 든다.					
4. 일단 결정하면 행동으로 옮긴다.					
5. 조심성이 많다.					
6. 앞에 나서기를 꺼려한다.					
7. 부끄러움을 잘 탄다.					
8. 나의 생활에 대해 반성을 자주한다.					
9. 감정의 변화가 별로 없다.					
10. 끈기가 있다.					
11. 동정심이 별로 일어나지 않는다.					
12. 침착하고 냉정한 편이다.					
13. 끈기가 없다.					
14. 솔직하고 직선적이다.					
15. 쉽게 당황한다.					
16. 잘 긴장하고 침착하지 못하다.					
17. 부모나 선생님 말씀을 잘 듣는다.					
18. 예의가 바른 편이다.					
19. 지시하는 것보다 명령에 따르는 것이 편하다.					
20. 규칙을 잘 지킨다.					
21. 나의 주장대로 행동한다.					
22. 지시나 충고를 받는 것이 싫다.					
23. 급진적인 변화를 좋아한다.					
24. 규칙은 반드시 지킬 필요가 없다.					
25. 혼자서 일하기를 좋아한다.					
26. 어려운 일 하기를 좋아한다.					
27. 배짱이 있는 편이다.					
28. 한번 시작한 일은 마무리를 꼭 한다.					
29. 감정이 예민하고 감정의 변화가 심하다.					
30. 상상력이 풍부하다.					
31. 다른 사람의 의견을 존중한다.					
32. 부드럽고 세심하다.					
33. 쾌활하고 대화하기를 좋아한다.					
34. 다정다감한 편이다.					
35. 혼자 있는 것을 싫어한다.					
36. 변화를 좋아한다.					
37. 생각보다 행동이 앞선다.					
38. 침착하지 못하다.					
39. 한자리에 가만히 앉아 있지 못하는 편이다.					
40. 기분대로 행동하는 편이다.					
41. 혼자 있는 것에 익숙하다.					
42. 낙엽을 사랑한다.					
43. 달을 보고는 감상에 잠긴다.					
44. 낭만적이다.					
45. 나는 별 근심이 없다.					
46. 나는 나의 환경에 아주 만족한다.					
47. 나쁜 일을 오래 생각하지 않는다.					
48. 나는 미래에 대해 별 염려를 하지 않는다.					
49. 새로운 변화를 싫어한다.					
50. 조용한 분위기를 좋아한다.					
51. 도전적인 직업보다는 안정적인 직업이 좋다.					
52. 친구를 잘 바꾸지 않는다.					
53. 남의 명령을 듣기 싫어하는 편이다.					
54. 모든 일에 앞장서는 편이다.					
55. 다른 사람이 하는 일을 보면 답답하다.					
56. 남을 지배하는 사람이 되고 싶다.					
57. 규칙적인 것이 싫다.					
58. 매사에 감동을 자주 받는다.					
59. 새로운 물건과 일에 대한 생각을 자주한다.					
60. 창조적인 일을 하고 싶다.					

활동지 3-2	둘, 성격유형에 따른 직업 찾기	별칭	
		날짜	월 일

성격유형	문항 번호	각 문항점 수 합	순위
대체로 이론적이고 사물에 대한 깊은 사색으로 문제를 신중히 처리한다. 물리학자, 인류학자, 화학자, 생물학자 등이 적합하다. -사고형-	1-4		
앞에 나서기를 수줍어하고 안으로 생각을 축적하며 혼자서 행동하기를 좋아한다. 자영업, 디자이너, 사진업 등과 같이 자신의 생활을 영위할 수 있는 직업이 좋다. -내성형-	4-7		
감정의 표현이 별로 없고 조용하다. 변호사, 판사, 경찰관, 요리사, 각종 검시원, 컴퓨터 관련 직종이 적합할 것이다. -냉정형-	8-11		
다혈질로 감정 노출이 심하다. 흥분하면 전후를 가리지 못하는 기분파에 속하며 스포츠맨 세일즈맨과 같이 사람을 많이 접촉하는 직업이 좋다. -흥분형-	12-15		
순종하기를 좋아하고 주어진 일에 책임감이 강하며 자신의 일에 자부심이 강하다. 사무원, 공무원, 군인과 같은 조직 속에서 주어진 일을 열심히 할 수 있는 직업이 어울린다. -순종형-	16-20		
이지가 강하여 매사를 독자적으로 판단하고 언제나 자기주장대로 행동한다. 사업가, 편집인, 경영가, 약사, 한의사, 프리랜서 등이 적합하다. -독립형-	21-24		
끈기가 있고 하는 일에 도중하차가 없으며 고통을 참고 강행하는 습관이 있다. 등산가, 탐험가, 항해사, 선장, 기관사, 승무원, 프로그래머 등과 같이 한 가지 마음먹은 일을 성취할 수 있는 직업이 적합하다. -인내형-	25-28		
감정이 예민하고 조그만 희비가 뚜렷하며 직감력이 강하여, 이성보다 감정에 치우치기 쉬운 성격이다. 형사, 예술가, 교사, 연극인, 상담원과 같은 감정에 민감한 직업이 적합하다. -민감형-	29-32		
매사에 적극적이며 능란한 사교술로 여기저기를 누비며 다닌다. 활발하고 화술이 뛰어나 외교관, 사업가, 임상심리학자, 교육자, 사회사업가 등과 같이 친근하게 사람을 접할 수 있는 직업이 어울린다. -사교형-	33-36		
말보다 행위가 앞서며 현실적 감각이 강하고 앞에 나서기를 좋아한다. 비행사, 기사, 기계체조, 세일즈맨, 낙농가, 현장 감독 등의 직업이 적합하다. -행동형-	37-40		
말없이 혼자 조용한 곳을 찾아 자기도취에 빠지기 쉬운 성격이다. 작가, 소설가, 시인, 화가, 개인사업가 등의 직업이 적합하다. -고독형-	41-44		
덜렁거리며 신경이 둔하여 너글너글한 낙천가이다. 매사를 좋은 쪽으로만 생각하여 별로 걱정이 없다. 농부, 서비스업, 자영업 등이 적합하다. -태평형-	45-48		
신중하고 침착하여 감정을 잘 나타내지 않으며 믿음직한 모습을 지닌다. 은행원, 회사원, 공무원, 아나운서, 회계사 등과 같은 변화가 크게 없는 직업이 적합하다. -안정형-	49-52		
남으로부터 지시받기 싫어하고 남을 이끌고 지배적이며 언어적 기술도 탁월하다. 정치인, 군인, 연예인, 사업가 등의 직업이 적합하다. -지배형-	53-55		
낭만과 사색을 즐기며 홀로 명상하기를 좋아하고 감정이 풍부하다. 시인, 소설가, 음악가, 조각가, 화가, 극작가, 성악가 등과 같은 직업이 적합하다. -예술형-	56-60		

활동지 3-3	내 적성 찾아보기	별칭	
		날짜	월 일

적성 분야	평가내용	점수 (1~10점)
신체 운동 능력	오랫동안 지치지 않고 몸을 움직일 수 있는 능력(지구력) 몸을 부드럽게 구부리고 펼 수 있는 능력(유연성) 몸을 순간적으로 정확하게 움직일 수 있는 능력(순발력) 몸의 여러 부분을 함께 조화롭게 움직이는 능력(힘의 능력)	
손재능	물건을 정교하게 만들어 내는 능력 손으로 하는 일을 정확하게 하는 능력	
공간지각력	입체도형을 펼친 모습을 떠올릴 수 있는 능력 사물의 특징을 빠른 시간에 그림으로 표현하는 능력 머릿속에 형체를 떠올릴 수 있는 능력 가구나 물건을 보기 좋고 편하게 배치하고 정리하는 능력 약도를 이해하는 능력	
음악능력	정확한 음정으로 노래하는 능력 리듬감 음악적 표현능력	
창의력	사람이나 사물에 대한 관심 원칙만을 고집하지 않고 상황에 맞게 변화할 수 있는 능력 독특한 아이디어를 내는 능력	
언어능력	자신의 감정이나 느낌을 글로 표현하는 능력 시나 소설 등을 읽고 감상하는 능력 자신의 감정을 전달하는 능력	
수리논리력	수학적 개념이해 능력 문제의 요소를 파악하고 그들 간의 관계를 파악하는 능력 일반적인 원리를 끌어내는 능력	
자기성찰 능력	자신의 생각에 대해 아는 능력 자신의 부정적 감정을 조절할 수 있는 능력 결과에 대한 자기책임을 인정할 수 있는 능력	
대인관계 능력	다른 사람의 슬픔이나 기쁨을 같이 느낄 수 있는 능력 사람들과 쉽게 어울리는 능력 긍정적인 분위기를 만들어 내는 능력	
자연 친화력	동물과 식물에 대한 관심과 사랑 자연과의 교감능력 환경보호를 위해 일상생활에서 실천할 수 있는 능력	

활동지 3-4	내 적성에 관하여 정리하기	별칭	
		날짜	월 일

◉ 스스로 생각하기에 자신이 잘하거나 그 방면에 재주가 있다고 여겨지는 구체적 활동이나 내용을 적어보세요. (단, 자신이 하고 싶어 하거나 잘하고 싶은 활동은 아닙니다.)

◉ 여러분의 부모나 형제, 친한 친구 등 여러분을 매우 잘 아는 사람들로부터 들은 여러분이 잘한다는 활동이 무엇인지 적어보세요.

◉ 위의 두 가지 질문을 종합하여 본 나의 가장 뛰어난 2가지 적성분야는?

◉ 2가지 적성분야에 적합한 직업들은?

활동지 4-1	이유 생각해보기	별칭	
		날짜	월 일

눈을 감고 잠시 조용하게 생각에 잠겨 봅시다. 내가 왜 학교를 다니고 있고 매일 그렇게 공부를 하고 있는지를 미처 생각하지 못하고 지내왔다면 지금 가만히 생각해봅시다.

☺ 내가 학교에 다니는 이유 ☺

-
-
-

☺ 친구들이 학교에 다니는 이유 ☺

-
-
-

☺ 내가 현재 공부를 하는 이유 ☺

-
-
-

☺ 친구들이 공부를 하는 이유 ☺

-
-
-

활동지 4-2	나의 학습습관 성찰하기	별칭	
		날짜	월 일

❄ 아침에 눈을 떠 밤에 잠자리에 들 때까지 공부와 관련된 나의 행동과 사건들을 세세하고 구체적으로 기록하여 나의 학습습관을 돌아볼 수 있도록 합니다.

시간대	장 소	공부와 관련된 습관/행동/태도
아침	집	
	학교	
오전	학교	
오후	학교	
저녁	학교	
밤	집	
주말		

나의 학습습관 중 잘하고 있는 점:

나의 학습습관 중 고치고 싶은 점:

활동지 5-1	장애물 제거 방법 강구하기	별칭	
		날짜	월 일

Self-Control 프로그램의 예시

1. 행동목표 및 평가방법 설정

단 계	목 표	달성일	달성 조건
1단계	9:00 기상	까지 달성하기	4일/7일 9:00에 일어나면 달성
2단계	8:30 기상	까지 달성하기	4일/7일 9:00에 일어나면 달성
3단계	8:00 기상	까지 달성하기	4일/7일 9:00에 일어나면 달성
4단계	7:30 기상	까지 달성하기	4일/7일 9:00에 일어나면 달성
5단계	7:00 기상	까지 달성하기	4일/7일 9:00에 일어나면 달성

2. 강화 및 처벌계획

단 계	강화물
1단계 달성 시	거실 청소 면제
2단계 달성 시	욕실 청소 면제
3단계 달성 시	용돈 1만 원 인상
4단계 달성 시	용돈 2만 원 인상
5단계 달성 시	용돈 3만 원 인상

단 계	벌칙
1단계 미달성 시	거실 청소 전담
2단계 미달성 시	일주일간 TV 못 보기
3단계 미달성 시	음식물 쓰레기 전담
4단계 미달성 시	용돈 1만 원 삭감
5단계 미달성 시	용돈 2만 원 삭감

3. 행동 기록표

날 짜	일어난 시간	날 짜	일어난 시간	날 짜	일어난 시간

4. Charting

7:30							
8:00							
8:30							
9:00							
9:30							
	월	화	수	목	금	토	일

활동지 5-2	장애물 극복방법 실행하기	별칭	
		날짜	월 일

날 짜	실행할 장애물 극복방법	성공 or 실패	(If failed) 이유는?
월 일			
월 일			
월 일			
월 일			
월 일			

활동지 6-1	Want, Doing, Evaluation!	별칭	
		날짜	월 일

공부를 잘하고자 하는 바람(want)은 어떤 욕구를 충족시키고자 하는 것일까요?

want	✤ 당신은 지금 자신의 욕구를 충족시키기 위해 어떤 바람을 가지고 있나요?
doing	✤ 당신의 욕구 충족을 위해 현재 어떤 행동을 하고 있나요?
evaluation	✤ 당신의 현재 전체 행동(사고, 느낌, 행위, 신체활동)은 당신이 원하는 것을 얻고 있습니까? ✤ 당신의 행동은 당신이 원하는 것을 얻는 데 도움이 되고 있습니까? ✤ 당신이 원하는 것은 현실성이 있거나 구할 수 있는 있는 것입니까? ✤ 당신의 현재 행동은 당신의 가치관과 맞습니까?

인간의 욕구	
생존의 욕구	생명을 유지하며 살아남고자 하는 욕구
소속의 욕구	사회, 가족, 일에 소속됨과 아울러 그에 대해 사랑하고 협력하는 욕구로 서로 신뢰하고 관심을 가지는 것과 관련된다.
능력에 대한 욕구	경쟁하고 성취하며 중요한 것을 얻으려는 욕구로 개인이 자신에 대해 가지는 자기 가치감, 능력감, 성취감, 승인감, 중요감과 관련된다.
자유의 욕구	자신의 의도대로 움직이고 선택하려는 욕구로 독립성, 자율성과 밀접히 관련된다.
재미의 욕구	학습과 놀이의 욕구로 즐거움과 관련된다. 재미의 욕구를 충족시키기 위해서는 크든 작든 간에 좋은 감정과 웃음이 있어야 한다.

활동지 6-2	시간표 작성전략 익히기	별칭	
		날짜	월 일

1. 학습목표와 학습계획 설정하기(큰 목표부터 작은 목표까지 세밀하게 설계하기)

- 큰 목표(나의 꿈은 무엇인가?)
- 구체적인 목표(어느 대학에 진학하고 어떤 직업을 갖고 싶은가?)
- 연간 계획(올해 안에 이루고 싶은 것은? 내년에 이루고 싶은 것은? 고교졸업 때까지 이루고 싶은 것은?)
- 1달 계획은? 1주 계획은? 1일 계획은?

2. 좋은 시간표 짜는 방법

- 시간표를 짜기 전에 항상 자신의 학습목표와 학습계획에 대해 점검해야 한다.
- 자신의 공부방법이나 생활습관 등 자신의 특성에 대해 잘 알고 있어야 한다.
- 자신의 능력에 맞게 짠다.(매우 중요)
- 한 과목을 오래하는 것보다 나누어서 하는 것이 좋다.
- 공부 목표는 많이 잡는 것보다 휴식시간을 적절히 넣어서 여유 있게 하는 것이 좋다.
- 실천 가능한가 생각해보고 변화 가능하게 조절한다.

3. 시간표 짜는 순서

- 학교나 학원, 과외, 교회 등의 고정된 시간을 먼저 기록한다.
- 식사, 수면, 목욕, 세면 등의 일상생활에 꼭 필요한 활동을 기록한다.
- 과목과 분량까지 상세히 해서 예습, 복습시간을 기록한다.
- 여가 시간을 반드시 기록한다.
- 기타 사항을 기록한다.

4. 생활 시간표 평가

- 하루의 공부시간 길이는 적당합니까?
- 매일의 공부와 생활이 규칙적입니까?
- 잠자는 시간은 적당합니까?
- 시간의 낭비나 무리하게 된 부분은 없습니까?
- 모든 시간이 골고루 갖춰져 있습니까?
- 휴식과 놀이, 공부시간의 짜임이 적당합니까?

5. 자기 조절 및 자기 평가하기

- 작성된 시간표에 따라 일주일간 생활하면서 자기 스스로 평가해보고 난 다음에 자기 스스로 칭찬하고 개선점을 모색하는 것이다.

활동지 7-1	목표달성 정도 평가하기	별칭	
		날짜	월 일

◉ 나의 목표

◉ 0~100% 사이에서 나의 달성 정도를 평가한다면?

◉ 그 이유는?

활동지 7-2	프로그램 평가서	별칭	
		날짜	월 일

1. 이 프로그램에 참여하고 난 느낌을 적어주세요.

2. 이 프로그램 활동 중에서 가장 유익하다고 생각되는 것과 그 이유는?

3. 이 프로그램 활동 중에서 개선되어야 한다고 생각되는 사항은?

4. 이 프로그램을 통하여 얻었다고 생각되는 것이 있으면 적어주세요.

5. 처음 생각했던 목표가 달성되었다고 생각합니까?

활동지 8-2	통합적 명상	별칭	
		날짜	월 일

1. 명상이란?

마음을 닦는 행위로 표현하고, 일상의 번거로움과 스트레스로부터 벗어나 잠시 고요히 마음을 가라앉혀 내면의 평화를 얻는 것, 건강한 몸, 맑은 정신, 깨어 있는 일을 추구하는 행위이다.

2. 명상의 효과

부정적인 감정을 몰아내고, 좋은 생각에 몰두하거나 무념무상이 되면 세타 엔도르핀이라는 호르몬이 생성되어 면역력과 자연 치유력이 생겨 건강하게 된다. 명상을 통하여 기억력과 집중력이 생기며 우뇌의 개발로 창의성과 감성지수를 높일 수 있다. Bernsen은 명상은 자신의 관심이 내부로 돌려지면서 자기개념에 변화가 일어나 자기비난이 감소하고 기분의 기복이 작아지며 자존감이 증가하고 부정적인 자기 파괴적 인지가 제거되어 자신에 대해 다르게 생각할 수 있게 된다고 한다.

여러 연구결과들을 조합해보면 명상이 집중력을 길러주며, 스트레스에 자유로움, 자신감, 자기통제력, 자기실현, 정서안정, 감정조절, 긍정적 자아개념 형성 등 따뜻한 인간관계를 육성하는 심리적 변화에 효과적이며 정신건강에 긍정적인 것으로 나타나고 있다.

3. 명상 연습 – '호흡하는 신체'

이 명상법은 화가 나거나 절망감에 빠지거나 부정적인 감정이 일어날 때, 주의집중이 안 될 때 하면 좋은 것입니다.

① 일어서서 몸 전체의 힘을 빼고 목을 천천히 좌, 우 방향으로 돌리고 어깨를 양 방향으로 천천히 돌리며 근육의 긴장을 풀어줍니다.

② 자리에 편안히 앉아서 눈을 지그시 감고 부드러운 음악에 귀를 기울여 봅니다. 다른 생각을 최대한 하지 않으려고 하고 그 음악에 집중하고 음악을 온 마음으로 따라갑니다.

③ 가슴에 입이 달렸다고 생각하고 '나는 아무것도 하지 않는다. '그냥 있다.'를 속으로 외웁니다.

④ 음악에 귀를 기울이며 편안하게 코로 호흡합니다. 몸 전체로 음악을 들으면서 천천히 가슴을 통하여 숨을 들이쉬고, 천천히 꼬리뼈 쪽으로 숨을 내쉽니다.

⑤ 호흡을 계속하면서 손끝 하나 발끝 하나 움직이지 않습니다.

⑥ 어떤 마음이나 생각, 감정이 떠오르면 가만히 그것을 지켜보며 생각들이 떠올랐다가 사라지는 현상을 끝까지 바라보며 알아차립니다.

⑦ 떠오르는 생각이나 감정에 저항하거나 끌려다니지 말고 그냥 지켜보기만 합니다.

⑧ 눈을 뜨고 양손이 뜨거워질 때까지 빠르게 비빈 후 눈에 대고 따뜻한 기운을 느끼게 합니다. 다시 한 번 손을 뜨겁게 비벼 얼굴과 몸을 세수하듯이 비벼 줍니다.

활동지 9-1	I'm OK! You're OK!	별칭	
		날짜	월 일

◎ 자신에 관한 모든 것을 생각해보고 장점이라고 생각하는 것과 단점이라고 생각하는 것을 적어봅니다.

장 점	단 점

친구들의 이야기를 듣고 보니 자신은 단점이라고 생각했던 것이 반드시 단점만은 아니라는 생각이 드나요? 이전에는 단점 투성이로만 보이던 자신이 조금 나아 보이나요? 여러분은 아직 무궁한 가능성을 가지고 있는 청소년입니다. 자신을 부정적으로 보느냐 긍정적으로 보느냐에 따라 자신의 남은 70년 인생이 달라질 수 있습니다. 자신을 사랑하고 나도 할 수 있다는 자신감을 가지세요.
"나도 이만하면 참~ 괜찮은 사람이라고요!"를 크게 외쳐 봅시다.
자기 충족적 예언(피그말리온 효과)

◎ 나의 자기 충족적 예언

활동지 10-1	목표달성 정도 평가하기	별칭	
		날짜	월 일

★ 나의 목표

★ 0~100% 사이에서 나의 달성 정도를 평가한다면?

★ 그 이유는?

활동지 10-2	프로그램 평가서	별칭	
		날짜	월 일

1. 이 프로그램에 참여하고 난 느낌을 적어주세요.

2. 이 프로그램 활동 중에서 가장 유익하다고 생각되는 것과 그 이유는?

3. 이 프로그램 활동 중에서 개선되어야 한다고 생각되는 사항은?

4. 이 프로그램을 통하여 얻었다고 생각되는 것이 있으면 적어주세요.

5. 처음 생각했던 목표가 달성되었다고 생각합니까?

학교 집단상담의 이론과 실제

12장 chapter 학교에서의 다문화 집단상담

01 다문화사회의 현황과 학교상담의 과제

최근 우리 사회는 점점 다문화적, 다민족적, 다언어적으로 변하고 있다. 세계적으로 볼 때 미국의 경우도 2050년의 주요 도시의 공립학교는 유색인종 학생이 대부분을 차지할 것이고, 백인 학생은 숫자상으로 소수가 될 것으로 전망된다. 우리나라의 경우에는 국내에 체류하는 외국인 수가 2007년을 기점으로 100만 명을 넘어섰으며 향후 외국인 수가 2020년에는 총인구의 5%까지 증가하며, 2050년에는 무려 9.2%까지 늘어날 것으로 예측된다.

법무부가 발표한 통계자료에 의하면, 결혼이민자의 수는 2002년 3만 4,710명이던 것이 2010년에는 13만 6,556명으로 증가하였다. 체류 외국인 현황을 살펴보면 2010년 120만 8,544명이다. 이를 국적별로 살펴보면 중국(47.7%), 미국(11.7%), 베트남(7.9%), 필리핀(3.9%), 일본(3.2%), 몽골(2.5%), 인도네시아(2.4%) 등의 순이다.

교육과학기술부의 국제결혼가정 자녀현황을 살펴보면, 2010년 3만 40명으로 이는 2009년 대비 21.4% 증가하였다. 학교 급별 비율은 초등학교(78.6%), 중학교(16.0%), 고등학교(5.4%)로 초등학교 재학생 비율이 월등히 높았고, 지역별 비율은 경기(22.3%), 서울(12.9%), 전남(9.6%), 경남(7.2%), 충남(7.0%)으로 나타났다.

이처럼 우리나라는 바야흐로 다문화적, 다민족적, 다언어적 시대에 진입하였다고 볼 수 있다. 그러나 이에 대비한 학교현장의 교육은 물론 사회의 인식이 생소한 것이 사실이다. 특히 다문화 학교상담 관련 자료는 현재의 다문화가정 학생 증가 비율에 비해 턱없이 부족한 실정이다. 이제 학교 상담교사들이 인종적, 민족적으로 다양한 배경을 가진 학생들과 집단상담을 실시하리라는 것이 너무나 분명해졌다. 그러나 안타깝게도 학교 상담교사들은 집단상담 회기 중의 다문화가정 학생 간의 상호영향이나, 상담교사 자신의 인종적, 민족적 기초지식과 행동들이 집단상담 과정에 어떠한 영향을 미칠 수 있는가를 잘 파악하지 못하고 있다.

가. 다문화 상담의 전제조건

1) 다문화 학생의 정의

다문화 학생이란 우리와 다른 민족적, 문화적 배경을 가진 사람들로 구성된 가정, 즉 여러 문화적 특성이 섞인 가정의 자녀를 말한다. 특히 국제결혼 가정의 자녀와 외국인 근로자 자녀를 포함하는데 국제결혼 가정의 자녀는 부모 중 한쪽이 외국인인 가정의 자녀이고, 외국인 근로자 자녀는 부모 양쪽 모두 외국인인 가정의 자녀를 말한다. 다문화 학생은 국내에 거주하는 국제결혼 가정에서 자라는 학생을 일컬었으나 최근에는 외국인 이주노동자 가정, 북한 이주민인 새터민 가정을 포함하기도 한다.

2) 다문화 학생이 겪고 있는 문제점

다문화 학생을 대상으로 한 연구결과를 살펴보면 다문화가정의 학생들이 겪고 있는 문제는 다음과 같다.

첫째, 언어소통의 문제가 있다. 한국어가 서툰 외국인 부모의 지도하에 성장하기 때문에 언어발달이 지연되고 부정확한 발음 등으로 언어소통에 제한을 받는다. 여러 사람 앞에서 자신의 의견을 말하는 데 곤란을 겪고, 결국 또래와도 잘 어울리지 못하기도 한다. 때로는 한국어에 익숙해지면서 모국어 사용을 피하게 되고 결국 부모와의 의사소통이 단절되는 경향도 있다.

둘째, 이중문화를 가지면서 발생하는 문화부적응의 문제가 있다. 이들은 성장하는 과정에서 부모의 두 나라 문화가 혼재된 가정교육으로 인해 불안, 우울, 소외, 정체성 등 여러 가지 혼란을 느끼고 있다. 문화적, 언어적 차이를 비롯하여 자신이 혼혈이거나 외국인이라는 사실이 정체성 형성에 부정적인 영향을 미치게 되고 이는 결국 대인관계의 문제나 학교부적응 문제로까지 발전하게 된다.

셋째, 편견으로 인한 불평등의 문제가 있다. 여성가족부(2007)의 조사에 따르면, 다문화가정의 학생은 10명 중 2명이 따돌림을 경험하고 있는 것으로 보고되고 있다. 따돌림을 당하는 이유는 '특별한 이유 없이'(35.3%), '의사소통이 잘 안 되어서'(26.5%), '엄마가 외국인이기 때문에'(20.6%), '외모가 달라서'(17.6%) 등으로 단순히 다문화가정의 학생이라는 이유만으로 본인의 의사와는 무관한 원인 때문에 따돌림을 당하고 있다.

넷째, 학업능력의 문제가 있다. 다문화가정의 학생들은 대부분의 교과 학습에서 어려움을 겪고 있다. 특히 국어에서 어려움을 호소하는데 말하기, 쓰기, 듣기, 작문 등에서 어려움을 겪는다. 또한 교과서, 준비물, 과제, 시간표 등 교육방식의 차이로 인한 어려움과 모국과는 다른 교육방식으로 혼란을 겪기도 한다.

나. 다문화 상담의 일반적인 방법

다문화 상담이란 상담자와 내담자의 문화가 서로 다를 때 나타나는 문제점들을 문화의 개념에서 효율적으로 해결하고자 하는 상담접근 방법이다. 다문화 상담을 일반적인 상담과 다르게 접근할 것인지, 차이점을 두지 않고 접근할 것인지의 문제를 결정하는 것은 그리 쉬운 일이 아니다.

이에 대하여 권순희(2006)는 다문화가정 학생들을 대상으로 하는 다문화 상담을 맡은 상담자는 다음과 같은 점을 고려하여 상담을 할 필요가 있다고 제안한다.

첫째, 다문화 상담의 대상은 부적응 아동뿐만 아니라 모든 아동을 대상으로 한다. 학교가 공부를 못 하는 아동만을 모아서 교과를 가르치는 곳이 아닌 것처럼 학교상담에서는 부적응 행동이나 심리를 보이는 학생들만을 상담의 대상으로 보지 않는다. 따라서 현재의 부적응을 겪고 있는 학생뿐만 아니라 앞으로 그와 같은 부적응을 보일 수 있는 학생들, 부적응 학생을 도울 수 있는 학생 등을 포함한 학교의 모든 학생들이 학교상담의 대상이 된다.

둘째, 치료와 개선보다는 조기발견과 예방을 목적으로 한다. 일반상담은 부적응 심리나 행동을 보인 이후에 상담이 시작되는 것이 일반적이지만 학교상담에서는 문제가 나타나기 전에 먼저 예방 프로그램을 투입함으로써 문제발생을 사전에 막기 위해 이루어진다. 따라서 다문화가정의 학생을 위한 상담에서도 프로그램 투입 과정에서 문제의 징후를 포착함으로써 조기발견을 통해 치료의 효과를 높일 수 있다.

셋째, 치료적 관점보다는 발달적 관점에서 접근한다. 치료란 의학적 용어로 증상을 제거 · 수정 · 완화하기 위하여 전문적인 지식과 기술을 가진 훈련된 치료자가 환자와 전문적인 관계를 형성하여 심리학적 방법으로 치료하는 것을 말한다. 이 관점은 문제를 보이는 학생은 어떠한 이유에서든 정상적인 성장 및 발달을 하는 데 필요한 무엇인가가 결핍하였다는 가정에서 출발한다. 이것은 학생의 성장에서 무엇인가가 부족한 것을 의미하며 그 부족한 부분을 전문가가 찾아서 채워준다는 의미로 해석될 수 있다.

결국 다문화가정의 학생은 부족하고 결핍되어 있으며 누군가의 도움을 필요로 하는 존재로 보고 출발한다. 그러나 이러한 치료적 관점과는 달리 발달적 관점은 다문화가정 학생이 보이는 문제를 단지 성장 및 적응하는 과정에서 보이는 일시적인 부적응 양상으로 여겨지며 이러한 문제를 해결할 수 있는 능력과 기술을 다문화가정 학생이 스스로 가지고 있다고 전제한다. 따라서 다문화 상담자는 학생이 잠재된 능력을 충분히 발휘하여 부적응 문제를 스스로 해결해 나갈 수 있도록 돕는 역할을 하게 된다.

넷째, 문제 영역뿐만 아니라 모든 영역에서 관심을 갖고 접근한다. 일반적으로 상담에서는 부적응을 보이는 문제 영역에 초점을 맞추어 돕는 경향이 있다. 예를 들어 학습부진을 보이는 다문화가정 학생의 경우 학업성취도 향상에 초점을 맞추어 상담이 진행될 수도 있다. 그러나 학업성취도가 낮아서 발생된 또 다른 부적응 문제가 있을 수도 있고, 학습부진은 학습 영역뿐만 아니라 사회성 영역까지 그 영향을 미치게 된다.

따라서 다문화가정 학생을 대상으로 한 다문화 상담은 근본적으로 부적응을 보이는 영역뿐만 아니라 관련 영역까지도 함께 도움으로써 다문화가정 학생의 문제를 보다 종합적이고 포괄적으로 돕는 기회를 제공해야 한다.

다. 다문화 상담의 접근방법

다문화 상담의 접근방법은 크게 2가지로 나눌 수 있다. 즉 다문화 상담을 다문화가정의 뿌리를 인정하려는 소수 민족 정책의 일환으로 접근하는 방법과 한국 문화에 동화를 목표로 하는 접근방법에 근거하여 달라질 수 있기 때문에 사회적 차원, 문화적 차원, 언어적 차원, 개인적 차원의 네 가지 틀로 접근하는 방법이 있다(오현정, 2008).

첫째, 사회적 차원의 상담기법과 지도는 다문화가정의 자녀라는 차원보다는 일반적이고 보편적인 학생 신분과 일반적 사회 집단원으로 접근해야 하는 상담기법과 지도를 말한다.

둘째, 문화적 차원의 상담기법과 지도는 다문화가정의 자녀라는 특수성으로 인하여 발생하게 되는 문제나 해결에 대한 접근이라고 할 수 있다.

셋째, 언어적 차원의 상담기법과 지도는 한국어의 부족으로 발생하게 되는 제반 문제와 다문화 학부모의 언어교육에 관련된 상담과 문제해결에 대한 접근이다.

넷째, 개인적 차원의 상담기법과 지도는 다문화가정의 자녀이거나 보편적인 학생이라는 접근이 아닌 개별적인 차원의 접근을 의미한다.

한편 김태호(2004)는 기존의 상담기법을 크게 보편주의적 상담기법과 상대주의적 기법으로 나누어 다문화 상담에 접근하고자 하였다. 우선 보편주의적 접근방법은 모든 인간이 공통적으로 가지고 있는 진리를 기술하고 양적인 분석을 하지만 특정한 문화적 현상은 설명하지 못하는 접근방법으로 볼 수 있다.

반면 상대주의적 접근방법은 특정현상에 대한 표면적 진실은 설명하지만 다른 현상 전반에 걸친 일반적 설명은 하지 못한다고 보았다. 따라서 다문화 상담은 인간이해와 변화에 대한 보편주의와 상대주의적 관점을 조화롭게 다룸으로써 상호 보완해야 한다.

02 다문화 집단상담의 전제조건

가. 집단상담과 다문화 집단상담의 비교

집단상담은 집단원 각자의 대인관계에서 이루어지는 사회적 태도인 감정과 반응이 집중적으로 탐색되고, 명료화되고, 수정되면서 그 결과가 확인되는 절차와 과정이다. 집단상담의 목표는 자기이해, 자기수용, 자기관리 능력의 향상을 통해 인격적 성장을 이루고, 개인의 관심사와 생활문제에 대한 객관적인 검토 및 그 해결을 위한 실천적 행동을 터득함으로써 집단생활능력과 대인관계 기술을 습득하는 데 있다. 따라서 집단경험을 통해 타인과의 대화에서 공감적 경청자일 뿐만 아니라 자신의 생각과 느낌을 정확하게 전달할 수 있는 의사소통능력을 향상시킬 수 있으므로 집단상담은 매우 유용하다고 할 수 있다(박철용, 2009).

다문화 집단상담은 내담자의 관심사인 다양한 생활경험을 다룸으로써 그들의 삶을 바람직하고 효율적인 방향으로 이끌어가도록 도와주는 것으로 볼 수 있다. 다문화 집단상담은 집단원의 생활상의 적응과 인격적 성장에 도움을 줄 수 있다.

또한 다문화 집단상담은 개인상담에 비해 타인을 대하는 바람직한 태도나 행동반응을 즉각적으로 시도해보고 확인할 수 있어 내담자가 사회에 바로 적용해보기 전에 안전한 방법으로 시도할 수 있다. 뿐만 아니라 타인과의 친밀감을 경험하는데도 효과적인 접근방법인데, 이는 집단원과 집단상담자가 같은 공간에서 갖게 되는 서로의 신체적 근접성이 상호 간의 정서적 만족과 대인관계를 보다 수월하게 시도할 수 있는 기회를 제공해주기 때문이다.

나. 다문화 상담의 유의점

학교상담자와 내담자와의 만남은 단지 두 사람의 만남에 그치는 것이 아니라 두 문화의 만남으로도 볼 수 있다. 내담자가 자신의 문제해결을 위해 상담자에게 도움을 요청하게 되는데, 이때 내담자의 문화범주 내에서 해결되지 않은 문제가 상담자의 문화범주 내에서 해결될 수 있다. 그러나 내담자의 문제를 상담자 자신의 문화적 가치나 생활양식을 기준으로 판단하고 해결하고자 하면 안 된다.

내담자는 상담자와 똑같은 사람이 되거나 같은 환경에서 살 수 없을 뿐만 아니라, 내담자 자신의 문화적 가치의 영향을 받으므로 상담자의 문화적 가치로 내담자의 문제를 해결할 수 없는 경우가 허다하기 때문이다. 결국 내담자가 호소하는 문제의 궁극적인 해결방법은 내담자 자신의 문화적 가치와 생활양식의 범주 안에서 해결의 실마리를 찾는 것이 가장 바람직하다고 볼 수 있다.

1) 문화적 차이를 극복하기 위한 방안

상담자와 내담자의 문화적 차이는 상담의 효율성을 떨어뜨릴 수 있다. 이를 극복하기 위해 다문화 상담자는 다음과 같은 점들을 고려해야 한다. 우선 자신의 문화적 정체감을 가져야 한다. 자신의 개인적 정체감이 뚜렷한 사람이 타인의 정체감에 대해서 이해가 높듯이 자신의 문화적 정체감이 명확한 상담자는 다양한 문화에 대한 이해가 높다(Pedersen, 1990). 다양한 문화가 존재하는 다문화 상담에서 상담자는 자신과 내담자의 문화적 가치 및 생활양식의 차이를 민감하게 인식해야 한다. 상담자 자신의 문화가 내담자의 문제해결에 좋지 않은 영향을 미치거나, 내담자에게 해가 되지 않도록 조심해야 한다. 상담자와 내담자의 문화적 차이점은 그들의 의식에도 나타난다(Corey, 1991).

따라서 다문화 상담은 일반상담과는 다르게 접근해야 한다. 즉 다문화 상담은 내담자가 보다 발전적인 자아를 확립할 수 있도록 돕는 데 중점을 두고, 내담자의 독특한 문화적 경험과 가치들을 존중하면서 내담자 스스로 문제를 파악하도록 돕는다. 이것은 자신의 문화가 존중받는 바와 같이 다른 사람들의 문화적 특성도 수용하도록 돕는 것이다. 끝으로 개인상담의 성공적인 경험과 인간의 성격 및 집단역동에 대한 폭넓고 깊은 이해가 필요하며, 타인과의 정확한 의사 및 감정소통 능력 등을 갖추어야 한다.

2) 다문화 상담의 상담기법

다문화 상담은 어떤 특정한 상담기법을 제한하지 않고 상담자가 가지고 있는 상담기법을 활용한다. 이때 전후맥락에 중점을 둔 관계지향적인 측면을 중요시하는 것이 특징적이다(Pedersen, 1994). 다문화 상담에서 내담자의 목표가 무엇이며 그것을 달성하기 위해서는 어떤 상담기법이 적합한지에 관하여 내담자와 이야기를 나누는 것도 좋은 방법이다.

특히 다문화 상담자의 기본적인 자질을 바탕으로 집단상담에서는 다음과 같은 방법을 사용하는 것이 좋다. 즉 집단원의 말과 행동에 세심한 관심을 가지고 적절한 반응을 하며, 특히 한 사람의 집단원이 다른 집단원과 집단 전체에 어떤 영향을 주고 있는가를 관찰한다.

다문화가정의 학생이 겪고 있는 문제들인 새로운 환경과의 끝없는 상호작용, 또는 현재 생활과 관련이 있는 문제, 또래가 다문화 내담자에게 갖고 있는 선입관과 편파적인 태도가 다문화 내담자에게 미치는 영향을 무심히 지나치지 말고 지속적인 관심을 가지고 살펴보아야 한다.

다문화가정의 학생들이 겪는 정보의 부족과 언어장벽, 문화적 이해가 제대로 이루어지지 않을 경우에는 정신건강에까지 문제가 발생할 수 있다. 따라서 다문화 집단상담은 생활상의 문제해결, 즉 대인관계적인 측면의 성장을 도와주는 것을 중점으로 하는 것이 좋다.

또한 내담자의 심리적 반응에 초점을 맞추어 모국에 있는 가족이나 친구 또는 모국의 물리적 환경 등을 활용하여 감정을 표출시키는 것이 도움이 된다. 현재 내담자가 처한 상황을 이해시키고 그들을 위한 여러 기관이나 단체들을 통해 도움받을 수 있도록 안내를 해줄 수도 있다. 이를 위해서는 상담자와 내담자 간의 공감과 이해 그리고 신뢰감의 형성이 매우 중요하다.

다. 다문화 집단상담의 실제

다문화 집단상담의 회기 중에 다문화 상담 전문가와 비전문가가 서로 교대하면서 집단상담을 이끌 수도 있다. 그렇게 되면 그 회기는 전혀 다른 의미를 지니면서 밀접한 관계를 가지게 될 것이다.

다문화 집단상담에서 다민족적이고 다인종적인 내담자의 배경은 상담자와 내담자들에게 특별한 선입관을 가지게 만들 수도 있다. 이들의 지리적, 지역적인 민족적 배경은 그 사람의 독특한 특성을 약화시키기도 한다. 예를 들면 베트남계 한국인, 필리핀계 한국인, 중국계 한국인, 러시아계 한국인,

미국계 한국인 등으로 민족적 배경을 나눌 수 있다.

또한 민족계열 간의 고유한 독립성을 집단으로 묘사하는 경향이 있다. 예를 들면 아프리카계 미국인의 선조는 당연히 흑인인 아프리카인으로 생각하고 백인인 경우 이탈리아계, 그리스계에서 유래된 민족 집단으로 생각하는 경우이다.

이들이 민족별로 호소하는 문제 유형에는 차이가 있다. 아시아계 내담자들은 백인 내담자들에 비하여 내담자 자신의 개인적이고 정서적인 문제보다는 교육적인 문제나 진로문제를 더 심각하게 경험하고 있는 것으로 나타난다. 앵글로색슨계 내담자는 불안감이나 우울증 등이 심한 경우 정신과 전문의에게 의뢰하거나 통찰지향적인 심리치료를 적용하는 방법이 효과적이나 아시아계 외 남아메리카, 아프리카계 미국인은 이러한 방법이 비효과적일 수도 있다.

또 다른 예로 필리핀계 학생의 어머니는 집단상담에 참여한 16세 아들에게 집단상담에서 그들 가족 얘기를 하지 말라고 요구할 수도 있다. 왜냐하면 그녀는 가족문제란 가족 외의 사람들과 의논하는 것은 결코 있을 수 없는 일이라고 믿고 있기 때문이다. 유대인 학생은 랍비(rabbi)와 상담하는 것이 당연하다고 여기므로 집단상담에서 집단원과 자유롭게 대화를 하기보다는 집단상담자와만 이야기하려 할 수도 있다.

집단상담자는 집단원이 자신의 의견을 말할 때 자유롭게 손을 들어 의견을 제시하도록 집단규칙을 정할 수도 있다. 그러나 때로는 이 방법이 권위적이거나 엄격한 구조를 가진 문화적 사회에서 온 학생들에게는 어려울 수도 있다. 예를 들어, 베트남 학생인 지수는 그녀의 문화권에서는 누군가 자신에게 말할 의향이 있는지 물었을 때만 발표한다고 하면서 특별히 집단상담자가 그녀에게 질문했을 때만 말하려는 경향이 있을 수 있다.

이와 같이 다문화 내담자는 각기 다른 가치관과 문화적 배경을 가지고 있기 때문에 다문화 상담에서 다문화적 차원의 상담기법과 접근방법이 더욱 필요하다.

라. 다문화 집단상담자를 위한 지침

1) 집단상담자의 다문화 인식의 중요성

효과적인 다문화 집단상담자야말로 성공적인 다문화 집단상담의 핵심이다. 효과적인 다문화 집단상담자는 집단원 간의 뚜렷하게 다른 문화에 대해 민감하게 반응할 뿐만 아니라 그들의 문화에 대한 선입관이나 편견에 대한 지식을 알아야만 한다. 집단상담자는 이들의 차이를 존중하고 다른 민족적, 인종적 집단에 대한 집단원의 신념과 태도를 수용할 수 있어야 한다.

특히 학교 내에서 집단상담자는 집단원의 다문화적, 다인종적 정체성 발달을 고려해야만 한다. 이것은 많은 지식과 이해를 필요로 한다. 많은 소수 민족 학생들이 학교 내에서 사회화된다. 백인 소수 민족 학생의 경우에는 그들의 흰 피부색과 영어를 사용한다는 이유로 인해 종종 애쓰지 않고도 사회적 차별대우와 편견을 받지 않는 백인층의 특권을 부여받기도 한다.

2) 다문화 정체감 증진

집단상담자는 집단과정에서 집단원의 민족적, 인종적 관습과 경험을 파악하여 집단원을 격려하고 촉진하여야 한다. 집단상담자는 다양한 문화적 가치를 가진 집단원의 관점을 반영하여 집단의 규칙을 발전시키도록 도와주어야 한다. 가령 자기주장이 강한 나라에서 온 집단원의 경우 집단상담자가 말할 때 집단원이 이를 방해하지 않도록 하는 집단규준을 만들어야 할 때도 있다.

학교 상담교사는 다문화사회 전체 속에서 다문화 학생으로서 집단원 자신의 성격과 대인관계 문제를 시험해보고 개발하도록 집단원을 격려하는 것은 특히 필수적이다. 미국 사회와 학교에서 한국인 학생으로서 놀라운 학업성취를 내는 것에 대한 한국 학생들의 민족적 관습을 파악하고 이들의 정체감을 증진시키는 훈련을 집단상담을 통해 실시하였을 때, 한국인 학생들의 자기존중감을 증진시켰다는 효과성이 검증된 바 있다. 미국에서 거주하는 한국 학생들은 자신의 다문화적, 다민족적인 정체감을 증진시키는데 다문화 집단상담이 도움이 된 것으로 나타났다.

3) 학교상담자의 문화적 편견에 대한 사례

학교 상담교사는 그들이 집단 내에서 문화적으로 다른 집단원에게 다가갈 때 우월한 느낌이 드는 것과 같은 선입관을 가지고 행동하기도 한다. 예를 들면, 초등학교 상담교사인 김 교사는 자기존중감이 저하된 6학년 학생들을 대상으로 집단상담을 시작하려고 한다. 그 집단은 베트남계 소녀 3명, 중국계 소녀 4명, 필리핀계 소년 2명, 미국계 소년 1명으로 구성되어 있다. 집단회기 중에 집단원의 재능과 강점을 부각하려고 한다. 첫 번째 활동시간은 학생들이 좋아했던 활동경험을 그림으로 그려보는 것이었다. 미국계 남학생인 태용이는 축구하는 것을 그렸다. 태용이가 집단원에게 자신의 그림을 보여주었을 때 집단상담자가 이렇게 말했다. “태용이는 농구하는 그림을 그렸구나. 넌 농구를 좋아하는가 보구나. 참 잘했다.” 그러자 태용이는 당황하더니 이렇게 말했다. “왜 모든 사람들이 내가 농구를 좋아할 거라고 생각 하는 거죠?”

어떤 집단상담자는 마치 자신이 색맹인 것처럼 가장해서 집단원이 모두가 같은 피부색인 것처럼 대하면서 자신의 고정관념과 싸우기도 한다. 그러나 이것 또한 부적절한 대처방법이다. 왜냐하면 집단원의 문화적, 민족적 정체성을 세내로 일지 못하면 그것을 반영할 수가 없기 때문이다.

먼저 집단상담자 자신의 고정관념을 변화시켜야 한다. 예를 들면 집단원이 미국계 남학생들이 농구를 잘할 것이라고 생각하거나, 아시아 학생이 수학에 특별한 재능이 있을 것이라고 여기는 등의 고정관념을 즉시 알아차리고 이것을 수정하도록 격려해야 한다. 이러한 고정관념의 위험성에 대하여 집단원과 토의하는 것이 좋다. “태용이는 사실 축구를 좋아하는데 사람들은 그가 아프리카계 미국인이라는 것 때문에 당연히 농구를 좋아할 것이라고 생각했지. 이것은 과연 공정한 것이었을까? 태용이는 어떤 기분이 들까?”

마. 다문화 집단상담의 실제

1) 집단원의 선발 및 집단상담 준비

집단원 선발은 학교에서 집단상담을 성공적으로 수행할 수 있는 가장 기본적인 요소이다. 집단상담을 성공적으로 이끌어갈 수 있고 다른 집단원에게 이익이 될 수 있는 집단원을 선발해야 한다. 캄보디아계 다문화가정 학생의 경우는 그 자신의 사적인 문제를 다른 집단원 앞에서 말하는 것을 매우 힘들어 할 수도 있는데 이는 라틴계 문화와 마찬가지로 성직자나 상담자에게 자신의 사생활을 말하는 것을 꺼리기 때문이다.

다문화 상담자는 내담자의 언어에 맞추어 상담을 해야 하지만 그렇지 못할 경우 통역이 필요할 수도 있다. 이때 통역자는 단순히 언어만을 통역하는 것이 아니라 내담자 언어의 문화적 뉘앙스도 전달해주어야 한다. 물론 내담자에 대한 비밀유지의 의무는 통역자에게도 해당된다. 상담 중에는 언어적인 의사소통뿐만 아니라 비언어적 표현에도 주의를 기울여야 한다.

잠재적인 집단원을 선발하는 것은 집단상담자에게 집단상담에 대한 준비를 할 수 있도록 해준다. 집단에 대한 준비는 집단목표, 집단지도 기술, 기타 준비사항에 대한 것들이다. "너의 가족으로부터 너는 어떤 지지를 받니?", "또래집단에서는 어떤 지지를 받니?"라고 물으면서 집단원을 파악하고, 그 집단원의 신념이나 기대와 관련된 것을 집단목표에 포함시킬 수도 있다.

2) 집단구성

학교에서 집단구성은 인종적으로 동질적이거나 이질적인 집단으로 구성할 수 있다. 동질집단은 인종적, 민족적 배경이 같은 학생으로 구성된다. 베트남계 소녀나 필리핀계 소년으로 집단원이 구성될 수 있다. 반면에 이질집단은 인종적, 민족적인 배경이 다양한 학생으로 구성된다. 중요한 것은 이질집단 내에서 또다시 사회・경제적, 인종적으로 같은 소규모의 동질집단이 형성될 수도 있으나, 결국 모든 집단은 이질집단인 셈이다.

3) 동질집단 운영원칙

인종적, 민족적 동질집단은 인종적, 민족적으로 비슷한 학생들로 구성된 집단을 말한다. 집단원은 같은 문화적 경험을 공유하고 정체성 발달상의 비슷한 문제를 가지고 있을 수도 있다. 집단원의 집단 응집력도 높고 집단원 간의 즉각적인 격려나 공감도 가능하다. 집단원 간의 대립도 적고 상호지지나 격려도 더 잘된다.

바. 동질집단 집단상담의 실제

다음은 초등학교의 아시아계 학생으로 구성된 동질집단의 집단상담 프로그램이다. 이 사례를 중심으로 각 회기 중의 활동내용이나 집단목표에 대해서 살펴보고자 한다.

1) 집단상담의 필요성

집단에 참여한 학생들은 필리핀, 베트남, 몽골, 중국 등의 아시아계 학생으로 학업성취도가 떨어져 특별수업을 주 2회 실시하고 있으며 교사나 상담교사 및 학교행정가들로부터 낮은 기대를 받고 있는 학생들이었다. 다문화 학생이 있는 학교의 상담교사는 이들의 자기존중감과 교육적 요구를 증진시켜 잠재적인 능력을 강화시키는데 중점을 두는 프로그램을 계획하여 실시할 필요가 있다.

2) 집단상담의 목표

- 초등학교 4~6학년 아시아계 학생의 자기존중감과 민족적 정체성을 증진시켜 학업성취를 돕는다.
- 초등학교 4~6학년 아시아계 학생의 민족적 자긍심을 고취시켜 자아개념을 증진시킨다.
- 초등학교 4~6학년 아시아계 학생의 진로를 탐색하고 이와 관련된 개인적인 목표를 설정한다.

3) 집단원 구성

본 집단상담 프로그램에 참여를 희망한 학생으로 구성되었으며 총 6회기로 진행된다. 각 회기는 정규 수업이 끝난 15:00-15:40분까지 40분간 학교 상담실에서 진행할 수 있다. 한 집단의 총 인원은 6명을 넘지 않도록 한다. 4학년 학생으로 구성된 집단, 5학년 학생으로 구성된 집단, 6학년 학생들로 구성된 집단의 총 세 집단을 각각 운영한다.

4) 집단상담 오리엔테이션

1회기를 시작하기 전에 집단상담자는 집단원과 학부모를 한 자리에 모이도록 하여 집단상담 프로그램 오리엔테이션을 한다. 처음에는 학부모에게 믿음을 주는 것이 좀 어려울 수 있으나 집단상담의 목적과 규칙적인 참석의 중요성을 설명하고, 학부모와 집단원이 질문을 하면서 차츰 집단상담자를 신뢰하게 되고, 학부모 동의서에 서명을 하도록 한다.

사. 이질집단 운영원칙

다양한 민족, 인종, 문화로 구성된 이질집단은 집단원과 상담자에게 또 하나의 모험으로 여겨진다. 우선 소수 민족 학생은 집단에서 실제보다 과소평가될 수 있다. 집단역동을 의식하던지 의식하지 못하든 간에 실제 사회에서의 민족 간의 상호작용이 그대로 축소되어 나타날 수도 있다.

소수 민족 학생이 한 명이라면 경험을 공유하는데 어려움을 느끼고 소외감을 경험하게 되기도 한다. 한 명이기 때문에 자신의 생각이나 판단과 일치하지 않더라도, 다수의 집단원의 생각이나 의견에 동의하기도 한다. 그렇기 때문에 집단상담자는 민족적, 인종적으로 혼합된 집단을 이끌 때에는 이들 소수 집단원의 의견이나 생각이 다수에 의해 묵인되지 않도록 충분히 집단원과 의견을 나누도록 해야 한다.

아. 집단상담 회기 관련 주제

집단상담 회기 중에는 다음과 같은 주제에 초점을 맞추는 것이 학생들을 좀 더 다문화적으로 민감하게 되도록 도움을 줄 수 있다.

- 다른 것에 대한 차이점을 인정하고 수용하기
- 편견, 인종, 민족주의 등과 같은 정확한 용어를 배우고, 문화적인 민감성과 관련된 주제를 토의하기
- 자기 자신의 편견 노출하기
- 문화와 민족 집단의 다양성 배우기

다문화와 관련된 집단상담은 4학년 이상의 학생들에게 실시하면 대개는 성공적이다. 아마도 학생 상호작용과 토의는 민족주의 관련 문제를 다루는 데 최상의 방법일 것이다. 학생들이 그들 자신의 민족적·인종적 역사에 관해서 말하도록 상담교사가 소규모 활동을 격려하면 다른 문화의 독특함 등을 쉽게 인식하고 배우게 된다. 또한 학교 상담교사는 집단상담에서 우리 사회의 민족주의나 편견의 영향을 토의할 수도 있다.

자. 집단상담 회기 관련 활동

집단상담에서 다음과 같은 활동들을 포함하는 것이 좋다.

- 유색인종이나 민족주의에 관한 학생 사례연구를 한다. 학생들에게 편견적인 문제가 발생했을 때의 해결방법이나 그때 느꼈던 감정을 물어본다.
- 다른 사람에게서 들었거나 본인이 가지고 있는 다른 민족에 대한 고정관념과 고정관념의 악영향에 대해서 토의한다.
- 집단회기의 과제로 편견과 선입관 경험에 대하여 학급 친구들을 인터뷰하도록 한다.
- 지역사회 내 유색인종의 사람을 방문하여 그들의 민족적 · 인종적 특성을 조사하여 토의해본다.

03 유능한 다문화 집단상담자 되기

집단상담이나 학급지도는 학교 내에서 발생하는 민족적 · 인종적 문제를 다루는데 가장 좋은 방법이다. 집단상담에서 집단상담자는 학생들에게 정보를 제공하고 집단을 구조화한다. 집단상담자가 회기를 운영하는 것은 마치 어떤 목표를 달성하기 위해 활동을 하게 하는 정규 수업과 비슷하다고 볼 수 있다. 집단상담의 가장 큰 이점 중의 하나는 학교 상담교사가 다문화의 민감성을 다룰 수 있다는 것이다.

가. 다문화적 민감성 증진시키는 방법

보다 다문화적으로 민감하며 다문화적으로 유능한 집단상담자가 되기 위한 방법은 다음과 같다. 즉 그것은 다문화적인 민감성을 증진시키는 활동에 참여하는 것이다.

① 문학작품 읽기, 워크숍, 세미나 참여하기, 다른 문화와 인종 집단에 초점을 맞춘 강좌 듣기 등의 활동들이 포함된다. 학교 상담교사는 다문

화적 문제를 다루는 학술대회에 적어도 두 번 이상 참석해야 한다. 다른 문화집단에 관한 책을 두 권 이상 읽는다. 소수 민족의 역사에 대해 토의하고 연구하면서 사람들의 고정관념과 그들을 역사적으로 탄압했던 것을 정당화하는 것의 위험성을 자각하게 된다.

② 인종적 기원과 관련지어 자기 자신의 민족적, 인종적인 기원, 특권이나 책임에 대한 정체성을 갖는다. 자신의 민족이 우월하다는 특권의식을 가지고 의무감에서 도와주었다는 것을 인정한다.

③ 자민족 우월사상을 포함한 문학작품과 연구 자료를 읽어본다.

④ 다른 민족이나 다른 문화를 가진 사람의 집이나 교회를 방문해본다.

학교 집단상담자의 변화는 그들이 생각하고 있는 편견이나 선입관적인 믿음뿐만 아니라 그 내용을 실행할 방법과 절차를 기초로 한다. 게다가 문화적인 편견과 신념을 자각하기 위해서 학교상담자는 다른 인종적, 민족적 집단의 규범과 관점에 대한 적절한 지식을 가지고 있어야 한다.

특히 학교 상담교사는 민족주의와 자민족 우월사상이 학교에서 제도화된 것에 대하여 자각하고 있어야 한다. 이것은 소수 민족 학생의 낮은 학업성취, 특별한 교육적 과정을 받는 소수 민족의 학생들이 턱없이 부족한 것, 중도포기를 선택하는 소수 민족 학생의 숫자가 증가하는 것으로 분명해졌다. 나아가 소수 민족 문제에 대한 관심 부족 때문에 집단상담자는 문학작품과 정보, 전문가 워크숍 및 세미나, 교육 분야에서 미개척된 것에 근거지를 둔 과정, 즉 교육에서의 민족주의나 교육에서의 자민족의 특권 등을 활동적으로 찾아내는 것이 필요하다.

나. 학교 상담교사의 다문화 역량 체크리스트

학교 상담교사에게 사용되는 체크리스트로 자신의 다문화적인 유능성을 평가해볼 수 있다. 약간 유능하거나 전혀 유능하지 않은 항목이 체크된다면 이 항목을 고치기 위해 노력해야만 할 것이다.

상담교사의 다문화 역량 CHECKLIST

연번	항 목	전혀 유능 않음	약간 유능 않음	유능함	매우 유능함
1	나의 민족적, 문화적 전통을 설명할 수 있다.	1	2	3	4
2	나의 문화적 배경과 경험이 심리학적인 과정에 관한 나의 태도에 영향을 받고 있다는 것을 알고 있다.	1	2	3	4
3	나의 문화가 나 자신의 사고방식에 영향을 준다는 것을 설명할 수 있다.	1	2	3	4
4	나의 태도, 신념, 가치들이 내담자에게 서비스를 제공할 때 방해된다는 것을 인식할 수 있다.	1	2	3	4
5	문화적으로 다른 학생에 대한 나의 수용 가능성을 말로 표현하여 전달한다.	1	2	3	4
6	문화적으로 다른 학생에 대한 나의 수용 가능성을 말로 표현하여 전달하지 못한다	1	2	3	4
7	민족 간 정체성 발달의 모델에 대한 의견을 나눌 수 있다.	1	2	3	4
8	나의 대화방식에 대한 문화적인 기초를 인정할 수 있다.	1	2	3	4
9	다른 인종과 민족 집단을 향한 나의 부정적이거나 긍정적인 감정의 반응을 인지할 수 있다.	1	2	3	4
10	다른 인종 집단에 관한 고정관념적인 믿음에 근거한 자신의 반응을 인지할 수 있다.	1	2	3	4
11	다른 민족 집단으로 구성된 집단에 대한 의견을 나눌 수 있다.	1	2	3	4
12	학생의 진로를 선택하는데 얼마나 문화가 영향을 미치는지 의견을 나눌 수 있다.	1	2	3	4
13	심리학적인 질병(예, 우울증 등)을 알리는데 얼마나 문화가 영향을 미치는지 의견을 나눌 수 있다.	1	2	3	4
14	상담적인 접근이 특정한 사람들의 집단에 유용한 정도를 설명할 수 있다.	1	2	3	4
15	빈곤과 무능력함 같은 요인들이 적어도 두 인종 집단에 영향을 주었던 최근의 상황을 설명할 수 있다.	1	2	3	4
16	상담회기에 적어도 두 인종 집단에서 문화적 가치가 대립하는지를 설명할 수 있다.	1	2	3	4
17	소수 민족의 학생 때문에 상담 서비스를 제공하는 것을 중지하였던 어려움을 적어도 세 가지 이상 열거할 수 있다.	1	2	3	4
18	학교에서 자주 사용하는 두 가지 진단 도구들의 잠재적인 편견을 설명할 수 있다.	1	2	3	4
19	나 자신의 도움을 주는 방식이 문화적으로 다른 학생에게는 부적합하다는 것을 예상할 수 있다.	1	2	3	4
20	다른 사람에 대한 편견이나 민족주의에 관한 문제를 저지하는 것에 대해 학생이 결정하는 것을 도와줄 수 있다.	1	2	3	4

*출처: Holcome-McCoy, C., & Myers, J. (1999). Multicultural competence and counselor training: A national survey. *Journal of Counseling and Development*, 77, 294-302.

학교 집단상담의 이론과 실제

13장 chapter 다문화 집단상담 프로그램

01 초등학교 저학년 다문화 집단상담 프로그램

가. 목적

본 프로그램의 목적은 다문화가정 초등학교 저학년 아동의 사회성 향상, 자아개념 및 대인관계를 증진하는 데 있다.

나. 프로그램 회기별 활동내용

회기	프로그램 명	활동주제	활동내용
1	반가워요	• 프로그램 안내, 자기 소개하기 • 어머니 나라 말로 별칭 짓기	• 프로그램의 목적과 성격을 이해한다.
2	규칙을 어긴다면?	• 어머니 나라의 규칙과 규범 알아보기	• 집단의 규칙을 지침으로 집단에 대한 소속감을 형성한다.
3	힘을 모아	• '사랑해' 어머니 나라 말로 표현하기 • 온몸으로 인사해요. • 종이컵 옮기기	• 다른 사람과 친밀감을 형성하여 서로 돕는 생활의 중요성을 알 수 있다.
4	힘 모아 종이탑 쌓기	• 동요 부르며 모둠 만들기 • 어머니 나라의 국기 그리기 및 정보 나누기 • 힘 모아 종이탑 쌓기	• 서로 돕는 생활의 좋은 점을 알아보고 함께 문제를 해결할 수 있다.
5	감정 스피드퀴즈	• 나는 이럴 때 (놀림, 따돌림, 편견 나누기) • 감정 스피드 퀴즈	• 자신의 감정을 자신 있게 표현한다.
6	나의 보물찾기	• 나의 보물 찾기 (다문화가정 장점 찾기) • 누구일까요?	• 타인과 다른 자기를 주장할 줄 알고, 다문화가정이 가질 수 있는 장점을 탐색한다.
7	배려 찾기	• 도와주세요! • 배려 찾아요.	• 놀림과 차별에 대한 대처방법을 알고 다른 사람도 배려할 줄 안다.
8	넌 대단해!	• 눈으로 칭찬하기 • 넌 대단해!	• 칭찬활동을 통해 친구를 사귈 수 있다.
9	최선을 다 해요	• 미션 수행 • 장님 인도하기 • 등에 글씨 쓰고 알아맞히기	• 자신이 맡은 일을 끝까지 완수하고 최선을 다할 수 있다.
10	자신 있게 말해 봐!	• 자기표현 행동이란? • 자기표현하기	• 자신의 의견을 자신 있게 말할 수 있다.
11	나는 내가 좋아요!	• 자기예언 (어머니 나라 말로 표현하기) • ○○이가 말하길	• 자신에 대해 자신감을 갖고 행동할 수 있다.
12	마음의 선물	• 상장 나누기 • 사탕 먹여주기 • 활동을 마치며 작성하기	• 프로그램에 대한 느낌을 나누고 변화된 모습을 평가한다.

다. 프로그램의 실제

제1회기 : 반가워요

<table>
<tr><td>프로그램명</td><td colspan="2">반가워요</td><td colspan="2">1회기</td></tr>
<tr><td rowspan="2">활동 주제</td><td rowspan="2" colspan="2">• 비슷한 환경을 가진 다문화가정 초등학생들이 스스로의 별칭을 짓고 자신을 소개함으로 인해 서로에게 친밀감과 소속감을 형성하여 신뢰감을 가질 수 있도록 한다.</td><td>장소</td><td>상담실</td></tr>
<tr><td>시간</td><td>40분</td></tr>
<tr><td>활동 목표</td><td colspan="4">• 프로그램의 목적과 성격을 이해한다.
• 별칭 소개를 통해 친밀감과 소속감을 형성한다.</td></tr>
<tr><td>지도 단계</td><td colspan="2">활 동</td><td>시간 (분)</td><td>준비물</td></tr>
<tr><td>도입</td><td colspan="2"><흥미 유발 및 프로그램 목표 제시> <활동지 1-1>
-'짝짓기' 신뢰감 형성 활동
-프로그램의 목적과 목표를 설명한다.
-프로그램의 진행과정과 유의사항에 대하여 설명한다.</td><td>5</td><td rowspan="2">활동지, 소감문, 참고자료, 필기도구, 별칭 명찰, 공</td></tr>
<tr><td>전개</td><td colspan="2">1. 어머니 나라 말로 별칭 짓기
-자신이 남에게 불리고 싶은 것, 나를 가장 잘 나타내는 것, 내가 장차 되고 싶은 것 등으로 별칭을 정한다.
-알고 있는 어머니 나라 단어로 별칭을 정한다.

2. 별칭 소개 통! 통! 통!
-공을 받은 아동이 먼저 별칭을 소개한다.
-다른 친구들에게 "당신의 별칭은 무엇입니까"라고 질문을 하면서 공을 넘겨준다.</td><td>30</td></tr>
<tr><td>정리</td><td colspan="2">1. 느낌 및 소감 나누기

2. 오늘의 최우수상 뽑기
-아동들이 직접 오늘의 최우수상을 선정한다.

3. 다음 회기 및 배운 내용의 적용방법을 안내한다.</td><td>5</td><td></td></tr>
</table>

제2회기 : 규칙을 어긴다면

<table>
<tr><td>프로그램명</td><td colspan="2">규칙을 어긴다면</td><td colspan="2">2회기</td></tr>
<tr><td rowspan="2">활동 주제</td><td colspan="2" rowspan="2">• 다문화가정 초등학생들의 늦은 언어발달과 이중 문화의 차이는 사회적 환경에 변화를 갖게 되었을 때 혼란을 갖게 한다. 따라서 집단의 규칙이나 규범을 잘 지킬 수 있는 준법성을 길러 새로운 환경에서의 적응력을 높일 수 있도록 한다.</td><td>장소</td><td>상담실</td></tr>
<tr><td>시간</td><td>40분</td></tr>
<tr><td>활동 목표</td><td colspan="4">• 집단의 규칙을 지킴으로 인해 집단에 대한 소속감을 형성한다.</td></tr>
<tr><td>지도 단계</td><td colspan="2">활 동</td><td>시간(분)</td><td>준비물</td></tr>
<tr><td>도입</td><td colspan="2">1. 지난 회기 내용을 간단히 정리하고 이번 회기의 내용을 설명한다.

<프로그램 흥미 유발 및 소개>
-'인사하기 놀이'로 만나는 사람과 인사를 나눈다.
(애칭 말하기, 눈인사, 하이파이브, 목례 등)
-집단에서 규칙, 규범의 필요성을 알려주고, 이것을 어겼을 때 일어날 수 있는 일에 대해 탐색해본다.</td><td>5</td><td></td></tr>
<tr><td>전개</td><td colspan="2">1. 꼭꼭 약속해!
-집단 안에서 지켜야 할 규칙을 살펴보고 약속한다.

2. 규칙 없는 세상 <활동지 2-1>
-장소에 따라 지켜야 하는 규칙들을 함께 생각해본다.
(교실 / 운동장 / 화장실 / 복도 / 식당 / 특별실 등)
-모둠별로 한 명씩 나와 제비뽑기를 해 장소를 정해서 활동지를 작성한다.
-규칙을 지키지 않았을 때 일어날 수 있는 일에 대해 먼저 예시를 제시한 후 생각해보도록 한다.
-규칙에 대해 모둠별로 이야기 나눈다.
-학교에서 꼭 실천해야 하는 중요한 규칙들을 다수결로 결정하도록 한다.
-과제 : 어머니 나라의 규칙과 규범 알아보기</td><td>30</td><td>활동지, 필기도구</td></tr>
<tr><td>정리</td><td colspan="2">1. 느낌 및 소감 나누기

2. 오늘의 최우수상 뽑기
-아동들이 직접 오늘의 최우수상을 선정한다.

3. 다음 회기 및 배운 내용의 적용방법을 안내한다.</td><td>5</td><td></td></tr>
</table>

제3회기 : 힘을 모아

프로그램명	힘을 모아	3회기	
활동 주제	• 다문화가정에서 겪을 수 있는 문화적 차이에서 오는 인식의 차이는 남과 다르다는 혼자만의 생각에 빠지게 만들어 활기 없이 지내게 하므로 신체접촉을 통한 서로 돕는 활동을 통해 다른 사람에 대해 관심을 갖고 친밀감을 형성할 수 있다.	장소 시간	상담실 40분
활동 목표	• 다른 사람과 친밀감을 형성하여 서로 돕는 생활의 중요성을 알 수 있다,		
지도 단계	활 동	시간(분)	준비물
도입	1. 지난 회기 내용을 간단히 정리하고 이번 회기의 내용을 설명한다. <지난 프로그램 내용 확인> -학교에서 지킨 규칙과 어머니 나라의 규칙이나 규범을 이야기해 본다. 2. 프로그램 흥미 유발 및 소개 -신체접촉을 통해 상대를 이해하고 소중함을 알게 한다.	5	
전개	1. '사랑해'를 어머니 나라 말로 표현하고 배우기 2. 온몸으로 인사해요 -둥글게 모여서 서로 손을 잡는다. -동요를 부르며 이동하다가 집단상담자의 지시에 따라 신체의 부분 끼리 모인다. -짝을 이루었으면 서로에게 어머니 나라 말로 '사랑해'라고 말한다. 3. 종이컵 옮기기 -4～5명으로 모둠을 나눈 후, 고무줄과 실을 사용해 한 팀씩 종이컵을 옮긴다.	30	소감문, 종이컵, 고무줄, 실
정리	1. 느낌 및 소감 나누기 2. 오늘의 최우수상 뽑기 -아동들이 직접 오늘의 최우수상을 선정한다. 3. 다음 회기 및 배운 내용의 적용방법을 안내한다.	5	

제4회기 : 힘을 모아 종이탑 쌓기

프로그램명	힘을 모아 종이탑 쌓기	4회기	
활동 주제	• 다문화가정 초등학생들에게 있어 늦은 언어발달과 편견, 따돌림은 말을 하는 자체를 꺼리게 하며, 또래의 관계 속에서 소극적 상호작용을 초래하게 한다. 또한 다문화가정 초등학생들은 일반 초등학생보다 친밀성을 느끼는 정도가 낮다. 따라서 서로 도와 함께 문제를 해결하는 경험을 통해 자신감과 성취감을 느낄 수 있도록 한다.	장소 시간	상담실 40분
활동 목표	• 서로 돕는 생활의 좋은 점을 알아보고 함께 문제를 해결할 수 있다.		
지도 단계	활 동	시간(분)	준비물
도입	1. 지난 회기 내용을 간단히 정리하고 이번 회기의 내용을 설명한다. -서로 도왔던 경험을 나누어본다. 2. 프로그램 흥미 유발 및 소개 -조형 활동을 통해 집단의 협동심을 기르는 활동이다.	5	동요, 제목이 적힌 쪽지, 활동지, 소감문, 필기도구, 모둠별 도화지 20장씩, 크레파스, 스카치테이프
전개	1. 동요 부르며 모둠 만들기 -동요 제목을 적은 쪽지를 모두에게 나누어준다. -쪽지에 적혀 있는 동요를 큰 소리로 부르면서 같은 노래를 부르고 있는 사람끼리 집단이 되어 앉는다. 2. 힘 모아 종이탑 쌓기 <**활동지 4-1**> -각 모둠에 도화지 20장을 나누어주고 어머니 나라의 국기를 그려본다. -어머니 나라에 대한 정보를 서로 나눈다. -스카치테이프를 나누어주고 내용과 규칙을 알려준다. -정해진 시간이 되면 활동을 마친다.	30	
정리	1. 느낌 및 소감 나누기 2. 오늘의 최우수상 뽑기 -아동들이 직접 오늘의 최우수상을 선정한다.	5	

제5회기 : 감정 스피드 퀴즈

프로그램명	감정 스피드 퀴즈	5회기	
활동 주제	• 자존감이 낮은 다문화가정 초등학생들은 자신의 감정을 표현하는데 어려움을 겪는다. 따라서 본 회기에는 친구들 앞에서 주어진 단어에 대해 표현하고 설명하는 활동을 통해 자존감을 높일 수 있게 한다. 또한 다양한 감정에 대해 이해를 하고 적절한 상황에서 자신의 감정을 자신 있게 표현할 수 있도록 돕는다.	장소	상담실
		시간	40분
활동 목표	• 자신의 감정을 자신 있게 표현한다.		
지도 단계	활 동	시간(분)	준비물
도입	1. 지난 회기 내용을 간단히 정리하고 이번 회기의 내용을 설명한다. -서로 도왔던 경험을 나누어본다. 2. 프로그램 흥미 유발 및 소개 -자신의 감정에 대해 알아차리고 표현하는 활동이다.	5	활동지, 소감문, 필기도구
전개	1. 나는 이럴 때 <활동지 5-1> -그림을 통해 다양한 감정을 이해한다. -자신의 경험을 통해 자신의 감정을 알아차린다. (다문화가정이라서 받았던 놀림, 따돌림, 편견을 받았던 경험이 있다면 함께 이야기할 수 있게 한다.) 2. 감정 스피드 퀴즈 -한 명은 단어를 설명하고 나머지 집단원은 손을 들고 문제를 맞힌다. (제한 시간 : 1분) -정답을 맞힌 아동이 다음 감정 단어를 표현하거나 설명한다.	30	
정리	1. 느낌 및 소감 나누기 2. 오늘의 최우수상 뽑기 -아동들이 직접 오늘의 최우수상을 선정한다. 3. 다음 회기 및 배운 내용의 적용방법을 안내한다.	5	

제6회기 : 나의 보물 찾기

<table>
<tr><td>프로
그램명</td><td colspan="2">나의 보물 찾기</td><td colspan="2">6회기</td></tr>
<tr><td rowspan="2">활동
주제</td><td colspan="2" rowspan="2">• 다문화가정 초등학생들은 일반 초등학생들과는 다른 가정문화를 가지고 있다. 본 회기에서는 다문화가정이기 때문에 가질 수 있는 장점에 대해 알아보고 자부심과 자신감을 갖게 한다. 또한 서로 비슷한 환경의 사람도 다르다는 것을 이해해 서로 존중하는 마음을 갖게 한다.</td><td>장소</td><td>상담실</td></tr>
<tr><td>시간</td><td>40분</td></tr>
<tr><td>활동
목표</td><td colspan="4">• 타인과 다른 자기를 주장할 줄 알고 다문화가정이 가질 수 있는 장점을 탐색한다.</td></tr>
<tr><td>지도
단계</td><td colspan="2">활　　동</td><td>시간
(분)</td><td>준비물</td></tr>
<tr><td>도입</td><td colspan="2">1. 지난 회기 내용을 간단히 정리하고 이번 회기의 내용을 설명한다.
-부모님, 친구, 가족을 배려한 경험을 나누어본다.

2. 프로그램 흥미 유발 및 소개
-친구에게 자신을 알리는 것보다 먼저 자신에 대하여 잘 이해하는 것이 우선임을 강조한다.</td><td>5</td><td></td></tr>
<tr><td>전개</td><td colspan="2">1. 나의 보물 찾기 <<b>활동지 6-1</b>>
-나에 대한 특징과 장점, 친구들과 다르다고 느끼는 점, 다문화가정이라서 가질 수 있는 장점을 기록할 수 있게 한다.
-기록이 끝나면 활동지를 모은다.

2. 누구일까요?
-모은 활동지를 보면서 별칭을 밝히지 않고 특징과 장점을 읽어 준다.
-집단원은 내용을 들으면서 자신이 생각하는 친구들의 별칭을 활동지에 쓴다.
-소개가 끝나면 활동지에 쓴 별칭이 맞는지 확인한다.</td><td>30</td><td>활동지,
소감문,
필기도구</td></tr>
<tr><td>정리</td><td colspan="2">1. 느낌 및 소감 나누기
2. 오늘의 최우수상 뽑기
-아동들이 직접 오늘의 최우수상을 선정한다.
3. 다음 회기 및 배운 내용의 적용방법을 안내한다.</td><td>5</td><td></td></tr>
</table>

제7회기 : 배려 찾기

<table>
<tr><td>프로그램명</td><td colspan="1">배려 찾기</td><td colspan="2">7회기</td></tr>
<tr><td rowspan="2">활동 주제</td><td rowspan="2">• 다문화가정 초등학생들은 다문화가정의 자녀라는 이유만으로도 또래로부터 놀림과 차별을 받는 경우가 있다. 따라서 학교에서 배려받고 싶었으나 받지 못했던 상황들을 함께 이야기 나누면서 공감대를 형성할 수 있다. 더 나아가 도움이 필요한 다른 친구들을 배려할 수 있는 방법을 터득할 수 있다.</td><td>장소</td><td>상담실</td></tr>
<tr><td>시간</td><td>40분</td></tr>
<tr><td>활동 목표</td><td colspan="3">• 다문화가정이라서 받았던 놀림과 차별에 대한 대처방법을 안다.
• 내가 언제 배려받고 싶은지 깨닫고 다른 사람도 배려할 줄 안다.</td></tr>
<tr><td>지도 단계</td><td>활 동</td><td>시간(분)</td><td>준비물</td></tr>
<tr><td>도입</td><td>1. 지난 회기 내용을 간단히 정리하고 이번 회기의 내용을 설명한다.
-부모님, 친구, 가족에게 한 감성표현을 발표해본다.

2. 프로그램 흥미 유발 및 소개
-내가 배려받고 싶은 상황에 관해 친구들과 나누어보고 더불어 사는 법이 무엇인지 이해한다.</td><td>5</td><td></td></tr>
<tr><td>전개</td><td>1. 도와주세요! <활동지 7-1>
-눈을 감고 학교에서 친구들에게 도움을 받고 싶었으나 아무도 도와주지 않았던 한 가지 경험을 떠올린다.
-그때의 상황과 느낌을 활동지에 정리한다.
-쪽지에 자신의 별칭을 적어 통에 넣는다.
별칭이 불린 사람은 자신의 활동지를 발표한다.
-다른 집단원은 만약에 내가 친구 옆에 있었다면 어떻게 했을지 함께 생각해보고 이야기를 나누어본다.

2. 배려 찾아요!
-배려 행동을 정리하여 놀이를 한다.</td><td>30</td><td>활동지, 소감문, 필기도구</td></tr>
<tr><td>정리</td><td>1. 느낌 및 소감 나누기
2. 오늘의 최우수상 뽑기
-아동들이 직접 오늘의 최우수상을 선정한다.
3. 다음 회기 및 배운 내용의 적용방법을 안내한다.</td><td>5</td><td></td></tr>
</table>

제8회기 : 넌 대단해!

프로그램명	넌 대단해!	8회기	
활동 주제	• 자기존중감이 낮아 자신을 부정적으로 지각하는 다문화가정 초등학생들에게 문제행동보다는 자기에 대한 긍정적인 사고를 돕는 칭찬활동을 통해 자신의 장점을 찾아 자신감을 기르게 할 수 있다. 또한 친구·가족과 보다 긍정적으로 관계를 맺을 수 있다.	장소 시간	상담실 40분
활동 목표	• 칭찬활동을 통해 친구를 사귈 수 있다.		
지도 단계	활 동	시간(분)	준비물
도입	1. 지난 회기 내용을 간단히 정리하고 이번 회기의 내용을 설명한다. -새롭게 알게 된 나의 장점에 대해 말해본다. 2. 프로그램 흥미 유발 및 소개 -상호 간 칭찬활동 통해 긍정성과 자기존중감을 길러본다.	5	
전개	1. 눈으로 칭찬하기 -두 명씩 짝을 짓는다. -시작 신호를 주고 30초~1분 정도의 시간을 주고 눈으로 상대방을 바라보게 한다. -시간이 끝나면 상대방의 장점을 말하게 한다. -한 명이 끝나면 짝을 바꾸어서 계속한다. 2. 넌 대단해! -원을 만들어 앉는다. -한 명이 중간에 나와서 큰 소리로 자신의 이름을 부른다. -이름 부르는 소리가 끝나면 나머지 친구들이 "넌 대단해, 멋진 친구야!" 등의 말을 하면서 환호를 지르거나 박수를 친다.	30	소감문, 필기도구
정리	1. 느낌 및 소감 나누기 2. 오늘의 최우수상 뽑기 -아동들이 직접 오늘의 최우수상을 선정한다. 3. 다음 회기 및 배운 내용의 적용방법을 안내한다.	5	

제9회기 : 최선을 다해요

<table>
<tr><td>프로그램명</td><td colspan="2">최선을 다해요</td><td colspan="2">9회기</td></tr>
<tr><td rowspan="2">활동 주제</td><td rowspan="2" colspan="2">• 다문화가정 초등학생들에게 자신이 맡은 일을 완수하였을 때 성취감을 느끼게 하여 주도성을 향상시킨다. 따라서 자신이 맡은 일에 책임감을 가지고 끝가지 최선을 다할 수 있게 한다.</td><td>장소</td><td>상담실</td></tr>
<tr><td>시간</td><td>40분</td></tr>
<tr><td>활동 목표</td><td colspan="4">• 자신이 맡은 일을 끝까지 완수하고 최선을 다할 수 있다.</td></tr>
<tr><td>지도 단계</td><td colspan="2">활 동</td><td>시간 (분)</td><td>준비물</td></tr>
<tr><td>도입</td><td colspan="2">1. 지난 회기 내용을 간단히 정리하고 이번 회기의 내용을 설명한다.
-칭찬을 한 경험을 함께 이야기해본다.

2. 프로그램 흥미 유발 및 소개
-맡은 임무를 끝까지 완수해야 하는 놀이임을 알린다.</td><td>5</td><td></td></tr>
<tr><td>전개</td><td colspan="2">1. 미션 수행
-모두에게 미션이 적힌 쪽지를 나누어주고 상담이 끝날 때까지 지킬 것을 약속한다.

2. 장님 인도하기
-두 명씩 짝을 지어 한 사람은 인도자가 되고 다른 한 사람은 장님이 된다.
-인도자는 박수소리로 장님을 목표까지 인도한다.
-장님이 목적지에 도착하면 서로를 안아주며 격려한다.

3. 등에 글씨 쓰고 알아맞히기
-4～5명씩 모둠을 나눈다.
-앞 사람에게 단어를 제시하여 보여준다.
-제시된 단어를 다음 사람의 등에 다 써서 전달한다.
-마지막 사람은 어떤 단어인지 알아맞힌다.</td><td>30</td><td>소감문,
필기도구,
눈가리개</td></tr>
<tr><td>정리</td><td colspan="2">1. 느낌 및 소감 나누기

2. 오늘의 최우수상 뽑기

3. 다음 회기 및 배운 내용의 적용방법을 안내한다.</td><td>5</td><td></td></tr>
</table>

제10회기 : 자신 있게 말해봐

<table>
<tr><td>프로그램명</td><td colspan="2">자신 있게 말해봐</td><td>10회기</td></tr>
<tr><td rowspan="2">활동 주제</td><td rowspan="2">• 자신의 생각이나 의견을 마음속에 있는 그대로 솔직하게 나타내는 것을 어려워하는 다문화가정 초등학생들이 자기표현 행동을 익힘으로 인해 상대방의 권리를 침해하거나 상대방을 기분 나쁘게 하지 않는 범위 내에서 자기의 권리를 지킬 수 있게 한다.</td><td>장소</td><td>상담실</td></tr>
<tr><td>시간</td><td>40분</td></tr>
<tr><td>활동 목표</td><td colspan="3">• 자신의 의견을 자신 있게 말한다.</td></tr>
<tr><td>지도 단계</td><td>활 동</td><td>시간
(분)</td><td>준비물</td></tr>
<tr><td>도입</td><td>1. 지난 회기 내용을 간단히 정리하고 이번 회기의 내용을 설명한다.
-자신이 맡은 일에 최선을 다했던 경험을 발표한다.

2. 프로그램 흥미 유발 및 소개
-자기표현 행동의 의미를 이해하고 자기표현 행동과 비자기표현 행동을 구분할 수 있다.</td><td>5</td><td></td></tr>
<tr><td>전개</td><td>1. 자기표현 행동이란? <활동지 10-1>
-자기표현 행동의 의미를 이해한다.
-자기표현 행동과 비자기표현 행동을 구분해본다.

2. 자기표현이라면 <활동지 10-2>
-자기표현의 중요성을 함께 적어본다.
-활동에 제시된 만화를 보고 자기표현에 맞게 빈 대화상자에 말을 채워 넣는 활동을 한다.
-두 명씩 짝을 지어 역할극을 한다.</td><td>30</td><td>활동지,
소감문,
필기도구</td></tr>
<tr><td>정리</td><td>1. 느낌 및 소감 나누기

2. 오늘의 최우수상 뽑기
-아동들이 직접 오늘의 최우수상을 선정한다.

3. 다음 회기 및 배운 내용의 적용방법을 안내한다.</td><td>5</td><td></td></tr>
</table>

제11회기 : 나는 네가 좋아요!

<table>
<tr><td>프로그램명</td><td colspan="3">나는 네가 좋아요!</td><td>11회기</td></tr>
<tr><td rowspan="2">활동 주제</td><td rowspan="2" colspan="2">• 다문화가정이라는 이유만으로 편견과 놀림을 받는 다문화가정 초등학생들은 불안과 우울로 인해 소극적인 행동이 잦아질 수 있다. 따라서 위축되어 있는 정서를 자신감으로 변화할 수 있게 정서적 지지가 필요하다. '자기예언' 내용을 각자의 모국어로 표현하면서 일반 초등학생들과 달리 이중 언어를 자연스럽게 배우고, 사용할 수 있다는 점에 대해 자부심을 갖고, 비슷한 환경을 가진 친구들의 지지를 얻어 자신감을 가질 수 있다.</td><td>장소</td><td>상담실</td></tr>
<tr><td>시간</td><td>40분</td></tr>
<tr><td>활동 목표</td><td colspan="4">• 자신에 대해 자신감을 갖고 행동할 수 있다.</td></tr>
<tr><td>지도 단계</td><td colspan="2">활 동</td><td>시간(분)</td><td>준비물</td></tr>
<tr><td>도입</td><td colspan="2">1. 지난 회기 내용을 간단히 정리하고 이번 회기의 내용을 설명한다.
-수업시간에 발표를 한 경험을 이야기해본다.

2. 프로그램 흥미 유발 및 소개
-자기예언을 통해 자신감을 갖고, 적극적으로 행동한다.</td><td>5</td><td></td></tr>
<tr><td>전개</td><td colspan="2"><활동지 11-1>
1. 자기예언
-서로 다른 모국어로 "나는 내가 좋다!"를 함께 배워본다.
-활동지를 작성한 후 문장을 큰 소리로 따라 읽도록 한다.
-동작도 함께 넣어서 큰 소리로 외친다.

2. ○○이 말하길
-원을 만든다.
-집단상담자가 먼저 시범을 보인다.
-○○이 말한 대로 말과 행동을 따라 할 수 있도록 한다.</td><td>30</td><td>활동지, 소감문, 필기도구</td></tr>
<tr><td>정리</td><td colspan="2">1. 느낌 및 소감 나누기

2. 오늘의 최우수상 뽑기
-아동들이 직접 오늘의 최우수상을 선정한다.

3. 다음 회기 및 배운 내용의 적용방법을 안내한다.</td><td>5</td><td></td></tr>
</table>

제12회기 : 마음의 선물

<table>
<tr><td>프로그램명</td><td>마음의 선물</td><td colspan="2">12회기</td></tr>
<tr><td rowspan="2">활동 주제</td><td rowspan="2">• 다문화가정 초등학생들이 가정, 학교 또는 사회에서 잘 적응할 수 있게 집단상담 프로그램을 정리한다. 생활 속에서 변화된 자신의 모습을 찾아보고, 이를 통한 자신감을 바탕으로 지속적인 실천의지를 가질 수 있다.</td><td>장소</td><td>상담실</td></tr>
<tr><td>시간</td><td>40분</td></tr>
<tr><td>활동 목표</td><td colspan="3">• 프로그램을 통해 변화된 모습을 평가한다.</td></tr>
<tr><td>지도 단계</td><td>활 동</td><td>시간(분)</td><td>준비물</td></tr>
<tr><td>도입</td><td>1. 지난 회기 내용을 간단히 정리하고 이번 회기의 내용을 설명한다.

2. 프로그램 흥미 유발 및 소개
-적용했던 경험 이야기하기
-지금까지 집단에서 했던 결과물을 다시 보기
-선택된 사람에게 상장을 준다.</td><td>5</td><td></td></tr>
<tr><td>전개</td><td><활동지 12-1>
1. 상장 나누기
-각자 별칭을 적어낸 후 뽑기를 통해 한 사람씩 선택한다.
-상장을 예쁘게 그리고 꾸미도록 한다.
-선택된 사람에게 상장을 준다.

2. 사탕 먹여주기
-두 명씩 짝을 지어 물티슈를 주고 서로의 손을 닦아준다.
-사탕을 서로에게 먹여주며 칭찬을 주고받는다.</td><td>30</td><td>활동지, 소감문, 필기도구, 크레파스</td></tr>
<tr><td>정리</td><td>1. 느낌 및 소감 나누기

2. 사회성 대상 뽑기
-아동들이 스티커를 파악하여 사회성 대상을 뽑는다.</td><td>5</td><td></td></tr>
</table>

1. 초등학교 저학년 다문화 집단상담 프로그램 활동지

활동지 1-1	**별칭 짓기**	별칭	
		날짜	월 일

한 칸에는 어머니 나라 말로 지은 나의 별칭을, 다른 한 칸에는 별칭을 지은 이유를 적어 보세요. 그 다음에는 표를 오려서 반으로 접은 후 명찰에 끼우세요.

나의 별칭은

내 별칭을 (   )라고
지은 이유는

활동지 2-1	**규칙 없는 세상 만들기**	별칭	
		날짜	월 일

별 칭 :

규칙을 어긴다면 어떤 일이 벌어질까요?

규 칙	규칙을 어기면?	규칙을 잘 지키면?
예) 복도에서 걷기	친구들과 부딪혀 다칠 수 있다.	친구들이 마음 놓고 다닐 수 있다.

활동지 4-1	힘 모아 종이탑 쌓기	별칭	
		날짜	월 일

별 칭 :

아래에 있는 활동 규칙을 잘 읽어보고, 우리 모둠만의 멋진 종이탑을 쌓아보세요.

활동규칙

1. 모둠 인원 별로 어머니 나라의 국기를 그린 후 탑을 쌓을 수 있다.
2. 탑을 쌓기 위해서는 20장의 도화지와 스카치테이프만 사용할 수 있다. 그 밖의 어떤 재료도 사용할 수 없다.
3. 탑을 쌓을 수 있는 시간은 20분이다.

활동지 5-1	나는 이럴 때……	별칭	
		날짜	월 일

별 칭 :

다음 그림이 어떤 감정을 나타내는지 적은 후, 나는 언제 그림과 같은 감정을 느끼고 있는지 적어보세요.

예시

◉ 감정 : 화나다.
- 나는 이유 없이 친구가 놀릴 때 화가 난다.

①

◉ 감정 :
-

②

◉ 감정 :
-

활동지 6-1	나의 보물찾기	별칭	
		날짜	월 일

별 칭 :

나의 특징과 장점을 적어보세요.

⇨ 나의 특징 :

⇨ 나의 장점 :

다른 친구들과 내가 다르다고 느끼는 점을 적어보세요.

우리 가족의 장점을 적어보세요.

활동지 7-1	도와주세요!	별칭	
		날짜	월 일

별 칭 :

학교에서 친구들에게 도움을 받고 싶었으나 아무도 도와주지 않았던 경험을 떠올려 적어보세요.

예 시

☆ 경 험 : 친구들이 내 얼굴이 까맣다고 놀리며 외국인 같다고 놀지 않았다.

☆ 느 낌 : 화가 나고 속이 상했다. 또 기분이 나빴다.

☆ 경 험 :

☆ 느 낌 :

활동지 10-1	자기표현 행동이란	별칭	
		날짜	월 일

별 칭 :

자기표현 행동이란?

자기표현 행동은 친구들의 마음을
나쁘지 않게 자신의 생각, 의견, 느낌 등을
마음속에 있는 그대로 솔직하게 나타내는
행동이야!

자기표현 행동 예시

장 면	반 응
1. 친구가 엄마의 나라로 가라고 놀린다.	"난 그렇게 말하는 게 싫어. 너도 듣기 싫어하는 말들이 있을 거야. 그때 너의 기분을 생각해 봐. 앞으로 놀리지 말아줘."
2. 친구에게 말을 걸었는데, 친구가 기분 나쁜 일이 있는지 대꾸를 하지 않는다.	"야! 너는 귀가 먹었냐? 내가 말 걸었잖아."
3. 새로 산 학용품을 빌려주고 싶지 않았는데 친구가 빌려달라고 한다.	"응, 알았어."

활동지 10-2	자기표현이라면?	별칭	
		날짜	월 일

별 칭 :

자기표현 행동은 왜 중요한지 친구들과 함께 이야기를 나누어 봅시다.

모둠 친구들과 함께 이야기해보고 자기표현에 맞게 빈칸에 말을 넣어보세요.

①

민수 : 야! 너 일본인이지?
너희 나라로 가버려!

지연 :

②

미영 : 야! 뚱땡아 그만 좀 먹어!

철수 :

활동지 11-1	나는 내가 좋아요	별칭	
		날짜	월 일

별 칭 :

다음 빈 칸에는 어머니 나라의 말로 "나는 내가 좋다"를 적어보고, 자신의 자랑거리 세 가지를 적어보세요.

◆ 나는 내가 좋다! ◆

◆ 나는 내가 정말 좋다! ◆

◆ 나는 내가 진짜로 좋다! ◆

◆ ______________________ ◆

왜냐하면 내게는 ①______________________

②______________________

③______________________

가 있기 때문이다!

활동지 12-1	상장 수여식	별칭	
		날짜	월 일

상 장

별칭 :

위 사람은______________

이에 상장을 드립니다.

20 년 월 일

______________(주는 사람 별칭)

02 초등학교 고학년 다문화 집단상담 프로그램

가. 목적

본 프로그램의 목적은 다문화가정 초등학교 고학년 아동의 사회성 향상, 자아개념 및 대인관계 향상을 증진하는 데 있다.

나. 프로그램 회기별 활동내용

회기	프로그램명	활동주제	활동내용
1	반가워 친구들아!	프로그램 소개	• 프로그램 목적 알기 • 약속하기 • 자기소개와 별칭 짓기
2	나는 어디에서 왔을까?	자신이 누구인지 정체감 형성하기	• 우리 가족의 특징 알기 • 우리 가족의 장점 알기 • 자신의 뿌리에 대해 자신감 가지기
3	나는 누구일까?	자신의 있는 모습	• 자신에 관한 이야기하기 • 타인과 서로의 일, 관심사에 대해 공유하는 경험 갖기
4	친구야!	친구를 칭찬하고 축하하기	• 칭찬의 의미 이해하기와 칭찬의 중요성 이해하기 • 칭찬하기에 대한 현 상태 및 어려움 분석하기 • 태도 및 방법 익히기
5	친구가 놀리면	따돌림이나 폭력에 대처하기	• 따돌림을 당했거나 주위의 따돌림을 본 경험 이야기하기 • 따돌림의 상황에 있을 경우 자신의 대처방식 생각해보기 • 적절한 태도 및 방법 익히기
6	친구가 따돌리면	또래의 장난스러운 괴롭힘 대처하기	• 또래의 장난스러운 괴롭힘을 당한 경험 이야기하기 • 지금까지 자신의 대처방식 생각하기 • I-message 의사전달법 익히기 • 적절한 태도 및 방법 익히기

회기	프로그램명	활동주제	활동내용
7	친구에게 힘을	친구와 서로 힘이 되어주고 힘 얻기	• 힘 되어주기와 힘 얻기의 의미 이해 및 중요성 인식하기 • 힘 되어주기와 힘 얻기의 현 상태 분석하기 • 친구들에게 힘과 도움을 줄 수 있는 일 생각해 보기 • 태도 및 방법 익히기
8	나의 장점은	나의 장점 말하기	• 자신의 장점 찾고 말하기 • 친구들의 장점 세례받기
9	나는 할 수 있다!	어떤 일이든지 할 수 있다는 자신감 가지기	• 자신의 인생에서 성공적인 경험 떠올려보기 • 앞으로 하고 싶거나 이루고 싶은 일 생각해보기 • 꿈을 이루기 위해서 필요한 일 생각해보기
10	새롭게 출발해요	전체 프로그램 평가 및 소감 말하기	• 지금까지의 프로그램 활동 소감 나누기 • 자신의 변화한 모습 생각해보기 • 앞으로의 실천의지 다지기

다. 프로그램의 실제

제1회기 : 반가워! 친구들아

<table>
<tr><td>프로그램명</td><td>반가워! 친구들아</td><td colspan="2">1회기</td></tr>
<tr><td rowspan="2">활동 주제</td><td rowspan="2">• 신뢰감, 친밀감 프로그램 소개 및 친밀감 형성하기</td><td>장소</td><td>상담실</td></tr>
<tr><td>시간</td><td>40분</td></tr>
<tr><td>활동 목표</td><td colspan="3">• 프로그램에 대해 이해하고 참가자 상호 간의 서먹한 분위기를 해소하고 친밀감을 형성하여 집단원 간의 소속감과 신뢰감을 갖는다.</td></tr>
<tr><td>지도 단계</td><td>활 동</td><td>시간 (분)</td><td>준비물</td></tr>
<tr><td>도입</td><td><활동지 1-1>
1. 프로그램 소개하기
-프로그램의 목적과 전반적인 진행과정을 통해 프로그램 이해하기

2. 약속하기
-활동에서 지켜야 할 것에 대해 약속하기

3. 목표 정하기
-프로그램에 참여하여 얻고자 하는 목표 정하여 말하기

4. 간단한 놀이 및 게임하기</td><td>5</td><td rowspan="2">활동지, 사인펜, 크레파스, 필기구</td></tr>
<tr><td>전개</td><td>1. 자기 소개하기
-자기가 좋아하는 것, 잘하는 것 한 가지를 말하며 자기 이름 말하기

2. 별칭 짓고 발표하기
-이루고 싶거나, 원하는 것 등을 생각하여 전 회기 동안 불리고 싶은 자신만의 별칭을 짓고 친구들 앞에서 별칭과 그렇게 지은 이유 말하기

3. 별칭 익히기
-앞서 소개한 집단원이 좋아하는 것, 잘하는 것, 별칭 익히기</td><td>30</td></tr>
<tr><td>정리</td><td>1. 소감 나누기
-활동을 통해 느낀 점 등을 친구들과 이야기 나누기
-과제 제시하기
(아버지와 함께 어머니 나라 말로 사랑한다 말하기, 어머니 나라 노래 배워 함께 부르기 등)

2. 다음 회기 소개
-다음 회기에 대한 간단한 소개하기</td><td>5</td><td></td></tr>
</table>

제2회기 : 나는 어디에서 왔을까?

<table>
<tr><td>프로
그램명</td><td>나는 어디에서 왔을까?</td><td colspan="2">2회기</td></tr>
<tr><td rowspan="2">활동
주제</td><td rowspan="2">• 일반자아, 개방성 이해하기
• 자아 정체감 형성하기</td><td>장소</td><td>상담실</td></tr>
<tr><td>시간</td><td>40분</td></tr>
<tr><td>활동
목표</td><td colspan="3">• 자신이 어디에서 왔으며 자신의 배경에 대해 자신감을 가진다.</td></tr>
<tr><td>지도
단계</td><td>활 동</td><td>시간
(분)</td><td>준비물</td></tr>
<tr><td>도입</td><td>1. 활동 준비하기
-지난주에 제시한 과제(어머니 나라 말로 사랑한다 말하기, 어머니 나라 노래 배워 어머니랑 함께 부르기)를 실천하고 난 후의 소감 이야기하기

2. 활동에 대한 설명하기</td><td>5</td><td></td></tr>
<tr><td>전개</td><td>1. 우리 가족의 특징 알아보기 <<b>활동지</b> 2-1, 2-2>
-활동지에 다른 가족과 비교하여 같은 점, 다른 점 나누기

2. 나의 뿌리에 대해 생각해보기
-활동지를 이용하여 내가 있게 한 부모님 그림 그리기

3. 부모님에 대해 소개하기

4. 부모님에 대하여 이야기하기
-어머니가 외국인인 것에 대해 부끄러웠다거나 자랑스러웠던 점, 자신을 많이 사랑한다는 것을 알게 한 일, 나를 지지해준 일 등 솔직한 마음 이야기하기

5. 우리 가족의 다른 점이 나에게 장점이 될 수 있는 점 살펴보기
-두 가지 언어를 배울 수 있는 점, 점차 나중에 두 나라의 문화, 정치 등 외교에 도움이 될 수 있는 일을 할 수 있다는 점 등을 알기
-자신의 성장을 위해서는 부모님의 다른 문화적 배경을 당당히 인정하고 자신이 부모님의 문화적 유산(문화, 언어 등)을 기꺼이 배우고 개방하는 자세가 필요하다는 것을 이야기하기
-이중 언어와 문화를 익힘으로써 두 나라의 문화, 경제 등에서 주요한 일을 할 수 있다는 자신감 키워주기</td><td>30</td><td>필기구,
활동지</td></tr>
<tr><td>정리</td><td>1. 소감 나누기
-활동을 통해 느낀 점 등을 친구들과 이야기 나누기

2. 다음 회기 소개하기

3. 과제 제시하기
(아버지와 함께 어머니 나라 말로 20분 동안 대화하기- 완벽한 문장이 아닌 단어로라도 아버지와 함께 어머니 나라 말로 대화하는 시간을 가짐으로써 어머니의 나라에 대해 존중하는 마음을 가질 수 있도록 한다.)</td><td>5</td><td></td></tr>
</table>

제3회기 : 나는 누구일까?

<table>
<tr><td>프로
그램명</td><td>나는 누구일까?</td><td colspan="2">3회기</td></tr>
<tr><td rowspan="2">활동
주제</td><td rowspan="2">• 일반자아, 개방성, 자신의 모습 수용하기</td><td>장소</td><td>상담실</td></tr>
<tr><td>시간</td><td>40분</td></tr>
<tr><td>활동
목표</td><td colspan="3">• 자신의 참 모습을 알고, 있는 그대로의 나를 개방하며 자기 자신을 올바르게 이해하고 수용한다.</td></tr>
<tr><td>지도
단계</td><td>활 동</td><td>시간
(분)</td><td>준비물</td></tr>
<tr><td>도입</td><td>1. 지난 회기 내용을 간단히 정리하고 이번 희기의 내용을 설명한다.

2. 활동 준비하기
-지난주 과제를 한 느낌과 이떤 일이 있었는지 친구들과 이야기 나누기
-활동에 대한 설명하기</td><td>5</td><td></td></tr>
<tr><td>전개</td><td>1. 나는 어떤 사람인가? <활동지 3-1>
-활동지를 이용하여 문장 완성하기
-나의 모습은 어떻게 생겼는가?
(눈, 코, 피부, 머리카락, 얼굴, 키 등)
-나는 어떤 능력을 가지고 있는가?
(운동, 악기연주, 노래, 춤 등)
-나는 어떤 상황과 대상에 대해 어떤 감정을 가지는가?
(나를 행복하게, 슬프게, 공포스럽게, 화나게 만드는 것 등 그리고 그때의 느낌 나누기)
-완성한 활동지는 거둬서 집단상담자가 임의의 학생 것을 읽으면 누구인지 추측하여 맞춰 보는 활동하기
-이 세상의 개개인은 누구나 소중한 존재이며 자신을 더욱 아끼고 사랑하는 사람이 성숙한 사람이라는 것에 대하여 이야기하고 자신에게 용기와 힘을 주고 서로 사랑하도록 격려하기</td><td>30</td><td>활동지,
필기구</td></tr>
<tr><td>정리</td><td>1. 소감 나누기
-활동을 통해 느낀 점 등을 친구들과 이야기 나누기

2. 다음 회기 소개하기</td><td>5</td><td></td></tr>
</table>

제4회기 : 친구야!

<table>
<tr><td>프로그램명</td><td colspan="2">친구야!</td><td colspan="2">4회기</td></tr>
<tr><td rowspan="2">활동주제</td><td rowspan="2" colspan="2">• 친구를 칭찬하고 축하하기</td><td>장소</td><td>상담실</td></tr>
<tr><td>시간</td><td>40분</td></tr>
<tr><td>활동목표</td><td colspan="4">• 먼저 다가가 친구를 칭찬하고 축하해주는 활동을 해봄으로써 적극적인 또래관계를 형성한다.</td></tr>
<tr><td>지도단계</td><td colspan="2">활 동</td><td>시간(분)</td><td>준비물</td></tr>
<tr><td>도입</td><td colspan="2">1. 지난 회기 내용을 간단히 정리하고 이번 회기의 내용을 설명한다.

2. 활동 준비하기
-지난주에 어떤 일이 있었는지 친구들과 이야기 나누기
-활동에 대한 설명하기</td><td>5</td><td></td></tr>
<tr><td>전개</td><td colspan="2"><활동지 4-1, 4-2, 4-3>
1. 반에서의 대인관계 지도 그리기
-반에서의 자신의 대인관계 지도를 그려보고 특징 분석하기

2. 친구를 칭찬하고 축하해주기
-활동지에 자신은 어느 정도 사람들에게 칭찬을 하는지 평가하기
-칭찬의 의미 이해하기와 칭찬의 중요성 인식하기
-역할놀이 상황을 통해 친구를 칭찬하고 축하하는 연습하기
-다음 한 주 동안 학교에서 친구 칭찬하고 축하해주는 경험 많이 하도록 서로 격려하기</td><td>30</td><td>사인펜,
크레파스,
필기구,
활동지</td></tr>
<tr><td>정리</td><td colspan="2">1. 소감 나누기
-활동을 통해 느낀 점 등을 친구들과 이야기 나누기

2. 다음 회기 소개
-다음 회기에 대한 간단한 소개하기</td><td>5</td><td></td></tr>
</table>

제5회기 : 친구가 놀리면

<table>
<tr><td>프로그램명</td><td>친구가 놀리면</td><td colspan="2">5회기</td></tr>
<tr><td rowspan="2">활동 주제</td><td rowspan="2">• 친구관계, 의사소통 알아보기
• 장난스러운 괴롭힘 대처하기</td><td>장소</td><td>상담실</td></tr>
<tr><td>시간</td><td>40분</td></tr>
<tr><td>활동 목표</td><td colspan="3">• 친구의 허물없는 말이나 놀리는 말, 폭력에 대처하는 방법을 알아보고 연습해본다.</td></tr>
<tr><td>지도 단계</td><td>활 동</td><td>시간 (분)</td><td>준비물</td></tr>
<tr><td>도입</td><td>1. 지난 회기 내용을 간단히 정리하고 이번 회기의 내용을 설명한다.

2. 활동 준비하기
-지난주에 어떤 일이 있었는지 친구들과 이야기 나누기
-활동에 대한 설명하기</td><td>5</td><td></td></tr>
<tr><td>전개</td><td><활동지 5-1>
1. 놀림 당한 경험 이야기하기
-반 친구들에게 놀림을 당하거나 부당한 대우를 받은 경험 이야기하기

2. 놀림이나 부당한 대우에 대처하는 태도 및 방법 익히기
-놀림이나 부당한 대우를 받았을 때 자신은 어떻게 대처하는지 생각해보기
-친구들의 놀림이나 부당한 대우에 잘 대처한다고 생각되는 친구 떠올려보기
-놀림이나 부당한 대우에 잘 대처하는 태도와 방법에 대하여 생각해보기
-I-message(I-message 자료 ①, ②)를 통한 자신의 감정 전달하는 연습하기
-역할놀이를 통하여 놀림이나 부당한 대우에 대처하는 태도, 방법 익히기</td><td>30</td><td>사인펜,
크레파스,
필기구,
활동지</td></tr>
<tr><td>정리</td><td>1. 소감 나누기
-활동을 통해 느낀 점 등을 친구들과 이야기 나누기

2. 다음 회기 소개
-다음 회기에 대한 간단한 소개하기</td><td>5</td><td></td></tr>
</table>

제6회기 : 친구가 따돌리면

프로그램명	친구가 따돌리면	6회기	
활동주제	• 따돌림이나 폭력 대처하기	장소	상담실
		시간	40분
활동목표	• 집단따돌림에 대한 올바른 대처방법을 익힌다.		
지도단계	활 동	시간(분)	준비물
도입	1. 지난 회기 내용을 간단히 정리하고 이번 회기의 내용을 설명한다. 2. 활동 준비하기 -지난주에 어떤 일이 있었는지 친구들과 이야기 나누기 -활동에 대한 설명하기	5	
전개	1. 따돌림에 대해 이야기하기 -자신이 다문화가정 자녀라 해서 따돌림을 당한 경험이 있다면 이야기 해보기 -그때의 심정이나 만약 따돌림을 당하게 된다면 심정이 어떨지 이야기 나누기 2. 따돌림이나 폭력에 있어 친구들은 주로 어떻게 대처하는지 알아보기 -그 자리를 피한다거나, 참고 견딘다거나, 울음을 터트리는 행동이나 폭력으로 맞대응하는 행동은 오히려 역효과를 낼 수 있다는 사실 인식하기 -문제해결 행동 생각해보기 -역할놀이를 통하여 따돌림이나 폭력에 대처하는 태도나 방법 연습해 보기	30	
정리	1. 소감 나누기 -활동을 통해 느낀 점 등을 친구들과 이야기 나누기 2. 다음 회기 소개 -다음 회기에 대한 간단한 소개하기	5	

제7회기 : 친구에게 힘을

프로그램명	친구에게 힘을	7회기	
활동주제	• 친구에게 힘을 얻고 힘 되어주기	장소	상담실
		시간	40분
활동목표	• 친구가 힘들어할 때 위로해주는 방법을 알고 연습해보며 또한 내가 힘들 때 친구에게 힘을 얻는 방법을 알고 연습한다.		
지도단계	활 동	시간(분)	준비물
도입	1. 지난 회기 내용을 간단히 정리하고 이번 회기의 내용을 설명한다. 2. 활동 준비하기 -지난주에 어떤 일이 있었는지 친구들과 이야기 나누기 -활동에 대한 설명하기	5	
전개	1. 친구에게 힘 되어주기 <활동지 7-1, 7-2> -친구에게 힘이 되어준다는 것은 무엇인지 그 의미 생각해보기 -친구에게 힘을 주는 친구 한 명을 생각하고 그 친구의 특징 말해보기 힘이 되어주기란 무엇인지 자신의 말로 정의 내려 보기 -지금의 나는 친구에게 어느 정도 힘이 되어주고 있는지 생각해보기 -또는 내가 가진 장점이나 친구에게 도움을 줄 수 있는 일 생각해보기 -친구에게 힘 되어주기 태도 및 방법 익히고 실천하기 2. 친구에게 힘 얻기 -사람은 혼자서 살 수 없고 기쁨과 슬픔 등을 친구와 나눌 때 더 기쁘고 슬픔은 반이 된다는 것을 알기 -친구에게 축하, 기쁨, 위로, 격려, 도움을 요청할 때 어떤 어려움이 있는지 알아보기 -친구에게 축하, 기쁨, 위로, 격려, 도움을 요청할 때 태도 및 방법 익히기 3. 내가 가진 장점으로 친구에게 도움을 줄 수 있는 일 생각해보기 예) -관심 있는 친구에게 어머니 나라 언어를 가르쳐줄 수 있다. -사회나 역사 시간에 어머니 나라에 대한 역사와 문화에 대하여 가르쳐줄 수 있다.	30	사인펜, 크레파스, 필기구, 활동지
정리	1. 소감 나누기 -활동을 통해 느낀 점 등을 친구들과 이야기 나누기 2. 다음 회기 소개 -다음 회기에 대한 간단한 소개하기	5	

제8회기 : 나의 장점은

프로그램명	나의 장점은		8회기
활동 주제	• 일반자아 이해하기 • 나의 장점 말하기	장소	상담실
		시간	40분
활동 목표	• 자신의 장점을 찾아 말하는 활동을 하고 자신에게 긍정적인 메시지를 주도록 한다.		
지도 단계	활 동	시간 (분)	준비물
도입	1. 지난 회기 내용을 간단히 정리하고 이번 회기의 내용을 설명한다. 2. 활동 준비하기 -지난주에 어떤 일이 있었는지 친구들과 이야기 나누기 -활동에 대한 설명하기	5	
전개	1. 자신의 장점 찾기 -자신이 가지고 있는 장점들을 생각해보고 5가지 정도 적기 2. 자신의 장점 말하기 -큰 목소리로 자신의 장점 말하기 3. 칭찬세례 받기 -자신의 장점을 말한 사람은 가만히 있고 다른 집단원은 그 집단원에게 칭찬 하나씩 말해주기 -칭찬을 받는 사람은 오직 '감사합니다'라는 말만 하며 집단원들이 해준 칭찬 받아 적기 4. 받아 적은 칭찬 활동지를 다시 한 번 큰 소리로 읽기 5. 장점을 말하고 서로 공유하는 것에 대한 느낌 나누기	30	거울, 필기구
정리	1. 소감 나누기 -활동을 통해 느낀 점 등을 친구들과 이야기 나누기 2. 다음 회기 소개 -다음 회기에 대한 간단한 소개하기	5	

제9회기 : 나는 할 수 있다!

프로그램명	나는 할 수 있다!	9회기	
활동 주제	• 어떤 일이든 할 수 있다는 자신감 가지기	장소	상담실
		시간	40분
활동 목표	• 자기에 대한 무언의 긍지를 갖고 자신의 성장 가능성을 찾아보고 모든 것을 할 수 있다는 용기와 자신감을 갖는다.		
지도 단계	활 동	시간 (분)	준비물
도입	1. 지난 회기 내용을 간단히 정리하고 이번 회기의 내용을 설명한다. 2. 활동 준비하기 -지난주에 어떤 일이 있었는지 친구들과 이야기 나누기 -활동에 대한 설명하기	5	
전개	<활동지 9-1, 9-2> 1. 자신이 살아오면서 가장 뿌듯했던 순간 떠올려보기 -살아오면서 자신이 자랑스럽고 기뻤던 일에 대해 친구들과 이야기 나누기 2. 살아오면서 여러 가지 일 중 가장 성공적으로 해냈다고 생각되는 일 중 한 가지 골라 적어보기 3. 활동지 발표하기 4. 앞으로 내가 하고 싶거나 이루고 싶은 일 생각해보기 5. 앞으로 내가 하고 싶거나 이루고 싶은 일을 해내려면 어떻게 하여야 할지 생각해보기 -어떤 일을 할 수 있기 위해선 나는 할 수 있다는 마음과 하고자 하는 의지를 가지고 있어야 함을 강조하기	30	필기구, 활동지
정리	1. 소감 나누기 -활동을 통해 느낀 점 등을 친구들과 이야기 나누기 2. 다음 회기 소개 -다음 회기에 대한 간단한 소개하기	5	

제10회기 : 새롭게 출발해요!

<table>
<tr><td>프로그램명</td><td colspan="2">새롭게 출발해요!</td><td colspan="2">10회기</td></tr>
<tr><td rowspan="2">활동 주제</td><td colspan="2" rowspan="2">• 마무리 및 평가의 시간을 갖는다.</td><td>장소</td><td>상담실</td></tr>
<tr><td>시간</td><td>40분</td></tr>
<tr><td>활동 목표</td><td colspan="4">• 변화한 자신의 모습을 찾아보고 지속적인 실천의지를 다진다.</td></tr>
<tr><td>지도 단계</td><td colspan="2">활 동</td><td>시간(분)</td><td>준비물</td></tr>
<tr><td>도입</td><td colspan="2">1. 지난 회기 내용을 간단히 정리하고 이번 회기의 내용을 설명한다.

2. 활동 준비하기
-지난주에 있었던 일 나누기
-활동내용 설명하기</td><td>5</td><td></td></tr>
<tr><td>전개</td><td colspan="2">1. 지금까지 활동 살펴보기
-지금까지 함께 한 활동을 통해 자신의 장점과 자신을 사랑하는 태도 갖기
-나를 사랑한다는 것은 나의 모습 그대로를 받아들이고 소중하게 생각하는 것이라는 것 깨닫기

2. 마음의 선물주기
-함께 한 친구들의 개발할 점, 좋은 점에 대한 솔직한 마음 전하기
예시) 바다님은 바다처럼 넓은 마음을 갖고 싶다고 했는데 그런 마음을 갖게 되기를 바랄게요.
예시) 베컴님이 훌륭한 축구선수가 될 때까지 어려움을 잘 참아 내는 인내심을 선물로 주고 싶어요.

3. 나에게 쓰는 편지
-앞으로의 결심과 각오를 다짐하고 자신에게 보내는 편지 쓰기</td><td>30</td><td>사인펜, 크레파스, 필기구</td></tr>
<tr><td>정리</td><td colspan="2">소감 나누기
-전체 프로그램을 통해 느낀 점 등을 친구들과 이야기 나누고 마무리한다.</td><td>5</td><td></td></tr>
</table>

2. 초등학교 고학년 다문화 집단상담 프로그램 활동지

<table>
<tr><td rowspan="2">활동지 1-1</td><td rowspan="2">다 함께 약속해요</td><td>별칭</td><td></td></tr>
<tr><td>날짜</td><td>월 일</td></tr>
</table>

1. 나는 활동시간에 늦거나 결석하지 않겠습니다.

2. 활동 중에 서로 함께 나눈 이야기에 대해서는 비밀을 지키겠습니다.

3. 친구가 이야기할 때에는 끼어들거나 하지 않고 귀 기울여 듣겠습니다.

4. 나와 다른 친구의 생각을 존중하고 어떠한 비난이나 평가를 하지 않겠습니다.

5. 적극적으로 참여하도록 용기를 가지겠습니다.

6. 이야기하고 싶은 친구가 있다면 그 친구의 눈을 바라보면서 이야기하겠습니다.

7. 나의 감정과 느낌을 솔직히 말하도록 하겠습니다.

8. 친구들이 나에게 하는 말을 진지하게 생각하겠습니다.

나는 위의 사항을 명심하여 지킬 것을 약속합니다.

년 월 일

이름 (인)

<table>
<tr><td rowspan="2">활동지 2-1</td><td rowspan="2">나의 가족은</td><td>별칭</td><td></td></tr>
<tr><td>날짜</td><td>월 일</td></tr>
</table>

1. 우리 가족과 다른 가족의 같은 점과 다른 점을 적어봅시다.

같은 점	다른 점

2. 다른 가족과의 다른 점이 나에게 줄 수 있는 장점을 생각해봅시다.

3. 가족의 행복을 위해 내가 할 수 있는 일을 생각해봅시다.

활동지 2-2	나는 어디에서 왔을까?	별칭	
		날짜	월 일

♠ 지금까지 나를 있게 한 자랑스러운 부모님의 모습을 그리고 부모님의 좋은 점을 적어봅시다.

활동지 3-1	나는 누구일까?	별칭	
		날짜	월 일

1. 나의 눈은
2. 나의 코는
3. 나의 머리카락은
4. 나의 얼굴은
5. 나의 피부는
6. 나의 신장은
7. 내가 잘 할 수 있는 것은
8. 내가 제일 두려울 때는
9. 내가 후회할 때는
10. 나를 가장 괴롭히는 것은
11. 내가 행복할 때는
12. 나를 화나게 하는 것은
13. 내가 슬플 때는

활동지 4-1	나의 대인관계는	별칭	
		날짜	월 일

친구관계 능력 면에서 우리 반에서 내가 닮고 싶은 친구 이름 (⑥)

우리 반에서 따돌림을 당하고 있는 친구 이름 (⑦)

나를 좋아하지만 나는 싫어하는 친구 이름 (②)

서로 좋아하는 친구 이름 (①)

우리 반에서 인기가 있는 친구 이름 (⑤)

서로 싫어하는 친구 이름 (③)

내가 좋아하는데 나를 싫어하는 친구 이름 (④)

친구관계 능력 면에서 우리 반에서 내가 닮고 싶지 않은 친구 이름 (⑧)

활동지 4-2	우리 반에서 나의 대인관계 특징은	별칭	
		날짜	월 일

1. 각 영역에 속한 사람은 몇 명입니까?

영 역	①	②	③	④	⑤	⑥	⑦	⑧
명								

2. 나의 경우에는 내가 좋아하는 사람이 많나요? 싫어하는 사람이 많나요?

3. 나를 좋아하는 사람이 많나요? 나를 싫어하는 사람이 많나요?

4. ① 영역에 있는 친구들과 어떻게 해서 서로 좋은 감정을 갖게 되었나요?

5. ② 영역에 있는 친구들과 나는 어떻게 지내고 있는지 생각해봅시다.

6. ③ 영역에 있는 친구들과 나는 어떻게 지내고 있는지 생각해봅시다.

7. ④ 영역에 있는 친구들과 나는 어떻게 지내고 있는지 생각해봅시다.

활동지 4-3	칭찬해봅시다	별칭	
		날짜	월 일

1. 칭찬은 무엇일까요? 칭찬은 사람에게 어떤 영향을 미칠까요?

2. 칭찬을 잘하는 친구 한 명을 생각해보고 그 친구의 특징을 말해봅시다.

3. 친구를 잘 칭찬하는 것과 그렇지 않은 것 사이의 차이점은 무엇일까요?

4. 다음 상황이 주어진다면 나는 어떻게 할 것 같은지 생각해보고, 칭찬하는 연습을 해봅시다.

★ 평소에 친하지 않은 친구가 멋진 옷을 입고 왔다.
★ 친구가 반을 위해 열심히 청소를 하고 있다.
★ 친구가 열심히 준비한 대회에서 상을 받았다.

5. 다음과 같은 상황을 칭찬하기에 반대되는 행동들입니다. 아래와 같이 행동해보고 그렇게 행동할 때 친구와 나에게 어떤 일이 생길지 말해봅시다.

★ 친구에게 어떤 일이 생기든 무관심하다.
★ 진심이 아닌 말로 칭찬하기

활동지 5-1	친구가 놀리면……	별칭	
		날짜	월 일

1. 친구가 나를 놀리거나 부당한 대우를 할 때를 생각해보고 그때 나의 기분은 어땠는지 생각해봅시다.

2. 친구가 나를 놀리거나 부당한 대우를 할 때 나는 어떻게 행동했습니까?

3. 친구가 놀리거나 부당한 대우를 할 때 적절하게 잘 대처한 친구를 떠올려보고 어떻게 행동했는지를 말해봅시다.

4. 친구가 놀리거나 부당한 대우를 하면 어떻게 해야 하는지 생각해봅시다.

5. 다음 상황에 대해 잘 대처하는 연습을 해봅시다.

★ 우리 반 아동이 나를 보고 자꾸 '못생겼다.', '피부가 검다', '머리가 곱슬이다', '엄마가 외국인이다.'라고 놀린다.

활동지 7-1	친구에게 힘을 주어요	별칭	
		날짜	월 일

1. 친구에게 힘이 되어준다는 것은 어떤 의미일까요?

2. 친구에게 힘이 되어주기를 잘 실천하고 있다고 생각되는 친구를 한 명 생각해보고 그 친구의 특징을 말해봅시다.

3. 친구에게 힘이 되어준다는 것은 무엇일지 자신만의 말로 정의 내려 봅시다.

4. 나는 친구에게 어느 정도 힘이 되어주고 있는지 지금의 상태를 알아봅시다.

아래의 상황에서 나는 어떤가요?	예	아니오
♡ 친구가 성공했을 때 축하해준다.		
♡ 친구가 무엇인가를 성취했을 때 그것을 기뻐해준다.		
♡ 친구가 자랑스러워할 때 같이 자랑스러워해 준다.		
♡ 친구가 슬퍼할 때 슬픔을 함께 한다.		
♡ 친구가 절망했을 때 희망을 주는 말을 한다.		
♡ 친구가 무엇인가 실수했을 때 너그럽게 받아준다.		

5. 축하의 말과 위로의 말을 찾는 방법을 알고 익혀 봅시다.

<적절한 축하의 말을 찾는 방법>
먼저

<적절한 격려, 위로의 말을 찾는 방법>
먼저

6. 다음 상황 중에서 한 가지를 골라 짝을 이뤄 친구에게 힘이 되어주는 말을 해봅시다.

♥ 친구가 자기가 좋아하는 반 여자 친구에게 사귀자고 했다가 거절당했다고 슬퍼한다.
♥ 친구가 반장선거에서 떨어져 속상해하고 있다.
♥ 축구를 잘하지 못해 축구에 끼지 못하고 우울해하는 친구가 있다.

7. 내가 가진 장점으로 친구에게 힘과 도움을 줄 수 있는 일을 생각해봅시다.

예) 관심 있는 친구에게 어머니 나라의 역사, 언어, 음식에 대해서 소개하고 가르쳐줄 수 있다.

활동지 7-2	**친구에게 힘을 얻어요**	별칭	
		날짜	월 일

1. 친구에게 힘 얻기의 의미와 중요성을 생각해봅시다.

2. 친구에게 축하, 기쁨, 위로, 격려, 도움을 요청할 때 어떤 어려움이 있었는지를 생각해 봅시다.

3. 나는 친구로부터 얼마나 힘을 얻고 있는지 알아봅시다.

아래의 상황에서 나는 어떤가요? 체크해 보세요.	예	아니오
♡ 무언가 좋은 것을 성취했을 때 친구들에게 자랑할 수 있다.		
♡ 생일 날 친구들에게 오늘 내 생일이라고 말하며 축하해달라고 말할 수 있다.		
♡ 슬픈 일이 있을 때 친구에게 위로 좀 해달라고 요청할 수 있다.		
♡ 다급한 일이 있을 때 친구에게 도움을 청할 수 있다.		
♡ 친구에게 무언가 잘못 했을 때 양해를 요청할 수 있다.		

4. 친구로부터 힘을 얻는 방법을 알고 익혀 봅시다.

<친구에게서 힘을 얻는 방법>
먼저

5. 다음 상황 중 한 가지를 선택하여 친구로부터 힘 얻기를 연습해 봅시다.

♥ 시험을 잘 치고 싶었는데 시험을 못 쳐서 너무 우울하다.
♥ 방과후 다니는 학원이 너무 많아 힘이 든다.
♥ 내가 좋아하는 반 여학생이 나를 싫어하는 것 같아 속상하다.
♥ 나를 놀리고 괴롭히는 친구 때문에 많이 힘이 든다.

활동지 9-1	나의 성공담	별칭	
		날짜	월 일

♥ 내가 살아오면서 가장 성공적으로 해냈던 일을 육하원칙에 따라 적어봅시다.

1. 언제 있었던 일인가요?

2. 어디서 있었던 일인가요?

3. 무슨 일이었나요?

4. 어떻게 그 일을 해냈나요?

5. 왜 그렇게 했나요?

♥ 나와 친구들의 이야기를 듣고 느낀 점은 무엇인가요?

활동지 9-2	나는 할 수 있다!	별칭	
		날짜	월 일

1. 내가 하고 싶거나 이루고 싶은 일이 있다면 써봅시다.
   - ◆
   - ◆
   - ◆
   - ◆

2. 위에서 가장 원하는 것 한 가지만 골라 그 목표를 써봅시다.

3. 위의 목표를 달성하기 위해 필요한 것이 무엇인지 써봅시다.

4. 이 목표를 포기하고 싶을 때 자신에게 용기를 주는 말을 써봅시다.

5. 만약 이 목표를 달성하였다고 생각했을 때 어떨 것 같은지 말해봅시다.

03 중·고등학교 다문화 집단상담 프로그램

가. 목적

본 프로그램은 다문화가정 청소년들의 학교적응을 잘할 수 있도록 돕기 위해 설계되었다.

나. 프로그램 회기별 활동내용

회기	프로그램명	활동주제	활동내용
1	나를 소개하기	프로그램 소개	• 프로그램의 목적 알기 • 자기소개와 별칭 짓기
2	나는 누구인가?	자아정체감 찾기	• 나의 부모님, 나의 조국 알기 • 나에 대해 이해하고 수용하기
3	나는 특별한 사람	긍정적 자기존중감	• 나의 특별한 점 찾아내기 • 나의 장점을 찾고, 단점을 장점으로 바꾸기
4	나는 할 수 있다	자신감 갖기	• 적극적인 자기 표현하기 • 내가 변화되고 싶은 것
5	너는 누구인가?	타인 이해	• 좋은 친구가 되려면 • 친구의 특별한 점 찾기
6	나와 너 이해하기	의사소통기술	• 친구 사이의 감정 알아보기 • 친구에게 긍정적인 감정 표현방법 배우기
7	buddy와 함께하는 즐거운 학교생활	학교생활	• 학교규칙 이해하기 • 버디와 함께 학교생활 적응하기
8	재미있는 공부시간 만들기 I	학업기술 I	• 학업의 어려움과 개선방향 모색하기 • 자신의 목표 정하기
9	재미있는 공부시간 만들기 II	학업기술 II	• 자신의 수업태도 알아보기 • 구체적인 수업기술 배우기
10	주인공인 나	마무리 및 평가	• 자신의 목표달성과 긍정적 변화 찾기 • 집단원 간 격려와 다짐

다. 프로그램의 실제

제1회기 : 나를 소개하기

프로그램명	나를 소개하기	1회기	
활동 주제	• 본 프로그램을 소개한다.	장소	상담실
		시간	45분
활동 목표	• 프로그램의 참여목적을 이해하고, 참가자 상호 간의 친밀감을 형성할 수 있다.		
지도 단계	활 동	분	준비물
도입	1. 출석 부르기 -참석한 학생의 출석을 체크하고 각자 간단한 자기소개를 하도록 한다. 2. 얼음장 깨기 게임 -친밀감을 도모할 수 있는 게임을 실시한다. 3. 프로그램 소개 -프로그램의 목적과 취지를 잘 설명하고, 진행방법 및 진행 장소, 진행 일시를 간략히 소개한다.	5	출석부
전개	<활동지 1-1> 1. 집단규칙 정하기 1) 집단규칙을 정하는 의미를 설명한다. 2) 학생들 스스로 규칙을 정하도록 한다. 3) 규칙엄수에 대한 서명을 돌려서 받는다. 2. 별칭 짓기 1) 평소 불리고 싶었던 자기만의 이름을 지어본다. 2) 돌아가면서 별칭을 소개하고, 그 이유를 함께 나눈다. 3) 이름 빙고게임을 통해 친밀감 도모 및 서로의 이름을 외워본다. 3. 목표 정하기 -집단에서 이루고 싶은 자기만의 목표를 세워보고, 거기에 따른 생각을 이야기한다.	35	활동지, 명찰, 사인펜, 크레용, 필기도구
정리	1. 소감 나누기 2. 다음 회기 활동 소개 3. 경험보고서 작성하기	5	

제2회기 : 나는 누구인가

<table>
<tr><td>프로
그램명</td><td colspan="3">나는 누구인가</td><td>2회기</td></tr>
<tr><td rowspan="2">활동
주제</td><td rowspan="2" colspan="2">• 자아정체감 찾기</td><td>장소</td><td>상담실</td></tr>
<tr><td>시간</td><td>45분</td></tr>
<tr><td>활동
목표</td><td colspan="4">• 자신을 이해하고 수용, 개방하는 활동을 통해 자신의 정체성을 찾을 수 있다.</td></tr>
<tr><td>지도
단계</td><td colspan="2">활 동</td><td>분</td><td>준비물</td></tr>
<tr><td>도입</td><td colspan="2">1. 출석 부르기

2. 한 주간의 경험 나누기
-지난 한 주 동안 경험한 사건과 느낌에 대해 나눠본다.

3. 프로그램 소개
-오늘 활동할 프로그램의 목적과 방법을 간략히 소개한다.</td><td>5</td><td>출석부,
명찰</td></tr>
<tr><td>전개</td><td colspan="2"><활동지 2-1, 2-2>

1. 나의 생각 표현하기
-자신을 둘러싼 부모님, 조국, 친구에 대한 생각을 자유롭게 마인드맵 형식으로 펼쳐본다.

2. 부모님/조국/친구에 대해
1) 부모님 하면 떠오르는 생각(외형적인 모습, 감사한 일, 서운한 일 등)이나 느낌 등을 표현해보도록 한다.
2) 자신의 조국에 대해 가지는 생각과 친구들에게 특별히 자랑하고 싶은 것들이 있다면 소개해본다.
3) 자신에게 친구의 의미는 어떤 것인지 생각해보도록 한다.
4) 다문화가정이라는 특성이 자신에게 어떤 영향을 주고 있는지 잘 탐색할 수 있도록 한다.

3. 나를 수용하기
1) 남들과 다른 나만이 가진 특징을 생각해본다.
2) 내가 자랑하고 싶은 점들을 발표해본다.</td><td>30</td><td>활동지,
사인펜,
필기도구</td></tr>
<tr><td>정리</td><td colspan="2">1. 소감 나누기

2. 다음 회기 활동 소개

3. 경험보고서 작성하기</td><td>10</td><td></td></tr>
</table>

제3회기 : 나는 특별한 사람

프로그램명	나는 특별한 사람	3회기	
활동 주제	• 긍정적 자기존중감 형성하기	장소	상담실
		시간	45분
활동 목표	• 나의 장점을 발견하고 단점을 장점으로 바꾸면서 자신에 대한 긍정적 자기존중감을 형성할 수 있다.		
지도 단계	활 동	분	준비물
도입	1. 출석 부르기 -내가 자랑스러운 이유를 말하면서 자기를 소개한다. 예) ◇◇가 자랑스러운 ○○○입니다. 2. 한 주간의 경험 나누기 -지난 한 주 동안 경험한 사건과 느낌에 대해 나누어본다. 3. 프로그램 소개 -전 회기의 활동내용을 간략히 정리하고, 오늘 활동할 프로그램의 목적과 방법을 간략히 소개한다.	10	출석부, 명찰
전개	<활동지 3-1, 3-2> 1. 'You are special.' 비디오 상영 -가장 감명 깊은 부분을 발표해 보고, 영화에서 각자가 느낀 생각을 나누어본다. 2. 나의 금빛 별표 찾기 -나에게 있는 금빛 별표는 어떤 것들이 있는지 발표하면서 금빛 스티커를 몸에 붙인다. 3. 나의 회색점표 찾기 1) 나에게 있는 회색점표는 어떤 것들이 있는지 발표하면서 회색빛 스티커를 몸에 붙인다. 2) 다문화가정이란 특징으로 나에게 붙여진 회색점표에 초점을 맞추어 학생들과 이야기를 나누어본다. 4. 내 몸의 회색점표 떼어내기 1) 나라는 존재 자체가 특별함을 깨닫고 회색점표를 떼어내서 풍선에 붙인다. 2) 풍선을 터뜨리고 그 느낌을 함께 나눈다.	30	비디오, 활동지, 사인펜, 필기도구, 금빛 스티커, 회색빛 스티커, 풍선
정리	1. 소감 나누기 2. 다음 회기 활동 소개 3. 경험보고서 작성하기	5	

제4회기 : 나는 할 수 있다

<table>
<tr><td>프로그램명</td><td>나는 할 수 있다</td><td colspan="2">4회기</td></tr>
<tr><td rowspan="2">활동 주제</td><td rowspan="2">• 자신감 갖기</td><td>장소</td><td>상담실</td></tr>
<tr><td>시간</td><td>45분</td></tr>
<tr><td>활동 목표</td><td colspan="3">• 자신을 적극적으로 표현해봄으로써 자신에 대한 자신감을 향상시킬 수 있다.</td></tr>
<tr><td>지도 단계</td><td>활 동</td><td>분</td><td>준비물</td></tr>
<tr><td>도입</td><td>1. 출석 부르기
-자기가 되고 싶은 꿈을 말하면서 자기 소개하기.
예) 멋진 지휘자가 되고 싶은 ○○○입니다.

2. 한 주간의 경험 나누기
-지난 한 주 동안 경험한 사건과 느낌에 대해 이야기해본다.

3. 프로그램 소개
-전 회기의 활동내용을 간략히 정리하고, 오늘 활동할 프로그램의 목적과 방법을 간략히 소개한다.</td><td>10</td><td>출석부, 명찰</td></tr>
<tr><td>전개</td><td><활동지 4-1, 4-2>
1. 자신을 평가해보기
1) 평가지에 자신이 자신을 어떻게 생각하는지 체크하게 한다.
2) 단어 이해가 어려운 학생은 구체적으로 설명해준다.
3) 각자의 생각을 발표해보고, 부정적인 태도에 대해서는 긍정적으로 전환시키는 토의를 해본다.

2. 나를 표현하기
1) 10분 정도 명상의 시간을 가지며 자신을 되돌아본다.
2) 활동지를 완성하고, 서로의 생각을 나누어본다.
3) 자신의 이야기뿐만 아니라, 다른 친구의 이야기를 통해서 서로 공유하고 깨달을 수 있는 부분이 있음을 알도록 분위기를 조성해 간다.
4) 다문화가정으로 인해 어려움을 느끼고 있다면 함께 이야기 나눌 수 있는 시간을 마련한다.</td><td>30</td><td>활동지, 필기도구</td></tr>
<tr><td>정리</td><td>1. 소감 나누기

2. 다음 회기 활동 소개

3. 경험보고서 작성하기</td><td>5</td><td></td></tr>
</table>

제5회기 : 너는 누구인가

프로그램명	너는 누구인가	5회기	
활동주제	• 타인에 대해 이해한다.	장소	상담실
		시간	45분
활동목표	• 좋은 친구가 되기 위한 방법을 배움으로써 타인에 대한 이해를 높일 수 있다.		
지도단계	활　　동	분	준비물
도입	1. 한 주간의 경험 나누기 -지난 한 주 동안 경험한 사건과 느낌에 대해 나누어본다. 2. 프로그램 소개 -전 회기의 활동내용을 간략히 정리하고, 오늘 활동할 프로그램의 목적과 방법을 간략히 소개한다.	5	출석부, 명찰
전개	<활동지 5-1> 1. 친구관계 어려움 나누기 1) 친구관계에 있어 어떤 어려움이 있는지 구체적으로 이야기해본다. (이때, 문화적 차이로 인해 나타나는 어려움은 무엇인지도 탐색해 본다.) 2) 좋은 친구란 어떤 친구인지 서로의 생각을 나누어본다. 2. 나의 긍정적/부정적 우정 행동 알아보기 1) 자신에게 있어 긍정적인 우정 행동에 대해 살펴본다. 2) 자신에게 있어 부정적인 우정 행동을 적어본다. 3) 둘씩 짝을 지어 긍정/부정적인 행동을 실제로 해보고, 느낌을 나누어본다. 4) 긍정적인 우정 행동에 대해서는 적극적으로 칭찬해주고, 부정적인 행동은 고칠 수 있도록 안내해준다. 3. 친구들의 특별한 점 찾아보기 1) 다른 친구들의 독특한 특성이나 행동들을 생각해본다. 2) 다른 친구들이 가지고 있는 장점을 살펴본다. 3) 서로 좋은 친구가 되기 위해서는 어떻게 해야 하는지 토의해본다.	30	활동지, 필기도구
정리	1. 소감 나누기 2. 다음 회기 활동 소개 3. 경험보고서 작성하기	10	

제6회기 : 나와 너 이해하기

<table>
<tr><td>프로그램명</td><td colspan="2">나와 너 이해하기</td><td>6회기</td></tr>
<tr><td rowspan="2">활동 주제</td><td rowspan="2">• 의사소통기술을 이해한다.</td><td>장소</td><td>상담실</td></tr>
<tr><td>시간</td><td>45분</td></tr>
<tr><td>활동 목표</td><td colspan="3">• 긍정적인 감정표현을 연습해봄으로써 올바른 의사소통기술을 배울 수 있다.</td></tr>
<tr><td>지도 단계</td><td>활 동</td><td>분</td><td>준비물</td></tr>
<tr><td>도입</td><td>1. 한 주간의 경험 나누기
-지난 한 주 동안 경험한 사건과 느낌에 대해 나누어본다.

2. 프로그램 소개
-전 회기의 활동내용을 간략히 정리하고, 오늘 활동할 프로그램의 목적과 방법을 간략히 소개한다.</td><td>10</td><td>출석부, 명찰</td></tr>
<tr><td>전개</td><td><활동지 6-1>
1. 긍정적인 감정표현의 필요성 인식하기
1) 친구 사이에서 기분이 좋았던 경우나 상처받은 경우의 실례를 학생들과 함께 나누어보다.
2) 활동지 사례를 통해 느낀 점을 적어보고 발표해본다.
3) 거꾸로 평소 자신이 다른 학생들에게 어떻게 말하는 편인지 질문해본다.
4) 친구들 사이에서 긍정적인 감정표현이 왜 중요한지 설명해준다.
5) 평소 자신의 감정표현 스타일을 깨닫고, 수정할 수 있도록 지도해준다.

2. 역할놀이 해보기
1) 다른 사람을 칭찬하는 방법을 소개한 후 둘씩 짝을 지어 칭찬하는 연습을 한다. 예) “나는 네가 ……한 점이 참 부러워.”
2) 칭찬 주고받는 연습이 끝나면 느낀 점을 서로 나눈다.
3) 돌아가면서 한 사람씩 칭찬해준다.</td><td>30</td><td>활동지, 필기도구</td></tr>
<tr><td>정리</td><td>1. 소감 나누기

2. 다음 회기 활동 소개

3. 경험보고서 작성하기</td><td>5</td><td></td></tr>
</table>

제7회기 : 도움 나누는 친구 되기

<table>
<tr><td>프로그램명</td><td>도움 나누는 친구 되기</td><td colspan="2">7회기</td></tr>
<tr><td rowspan="2">활동 주제</td><td rowspan="2">• 긍정적인 학교생활 만들기</td><td>장소</td><td>상담실</td></tr>
<tr><td>시간</td><td>45분</td></tr>
<tr><td>활동 목표</td><td colspan="3">• 학교규칙의 이해와 친구를 통한 전반적인 학교생활을 배움으로 학교에 대한 긍정적인 인식과 교우관계를 향상시킬 수 있다.</td></tr>
<tr><td>지도 단계</td><td>활 동</td><td>분</td><td>준비물</td></tr>
<tr><td>도입</td><td>1. 한 주간의 경험 나누기
-지난 한 주 동안 경험한 사건과 느낌에 대해 나누어본다.

2. 프로그램 소개
-전 회기의 활동내용을 간략히 정리하고, 오늘 활동할 프로그램의 목적과 방법을 간략히 소개한다.</td><td>10</td><td>출석부,
명찰</td></tr>
<tr><td>전개</td><td><활동지 7-1>
1. 학교의 기본 규칙 나누기
1) 학교의 기본 규칙에 대해 학생들에게 구체적으로 알려준다.
2) 학생들이 학교규칙으로 인해 어려움을 겪는 부분이 있는지 서로 이야기해본다.
3) 그 외의 학교 적응의 어려움은 없는지 추가로 질문해본다.

2. 버디 만들어주기
1) 사전에 학교 게시판을 통해 다문화가정 학생들과의 다양한 언어적/문화적 교류를 희망하는 단짝친구를 모집한다. 이때 단짝친구는 또래가 될 수도 있고, 상위학년의 선배가 될 수도 있다.
2) 서로 소개를 하고 각자의 역할을 설명해준다. 학교에서뿐만 아니라, 학교 밖에서도 좋은 친구가 될 수 있음을 인지시킨다.
3) 앞으로의 활동에 대해 서로 계획해보는 시간을 가지고, 파트너별로 활동에 대해 발표해보며 서로 정보를 공유하도록 한다.</td><td>30</td><td>활동지,
사인펜,
필기도구</td></tr>
<tr><td>정리</td><td>1. 소감 나누기

2. 다음 회기 활동 소개

3. 경험보고서 작성하기</td><td>5</td><td></td></tr>
</table>

제8회기 : 재미있는 공부시간 만들기 I

<table>
<tr><td>프로그램명</td><td colspan="2">재미있는 공부시간 만들기 I</td><td colspan="2">8회기</td></tr>
<tr><td rowspan="2">활동주제</td><td rowspan="2">• 학업기술 배우기 I (목표 세우기)</td><td colspan="2">장소</td><td>상담실</td></tr>
<tr><td colspan="2">시간</td><td>45분</td></tr>
<tr><td>활동목표</td><td colspan="4">• 현재 학습의 어려움을 모색하고, 이를 통해 자신의 목표를 세울 수 있다.</td></tr>
<tr><td>지도단계</td><td>활 동</td><td colspan="2">분</td><td>준비물</td></tr>
<tr><td>도입</td><td>1. 한 주간의 경험 나누기
-지난 한 주 동안 경험한 사건과 느낌에 대해 나누어본다.

2. 프로그램 소개
-전 회기의 활동내용을 간략히 정리하고, 오늘 활동할 프로그램의 목적과 방법을 간략히 소개한다.</td><td colspan="2">10</td><td>출석부,
명찰</td></tr>
<tr><td>전개</td><td><활동지 8-1>
1. 학업의 어려움 나누기
1) 학습활동을 함에 있어 가장 어려움을 느끼는 부분에 대해 서로 이야기해본다.
2) 활동지를 통해 구체적인 어려움을 적어본다.
3) 개선하기 위한 방향을 서로 모색해보고, 거기에 따라 구체적인 기법을 알아본다.

2. 자신의 목표 정해보기
1) 학생들에게 공부에서 가장 중요한 것이 목표설정임을 설명해 주고, 자신들의 꿈 또는 목표를 생각해보는 시간을 가진다.
2) 구체적인 목표를 제시할 수 있도록 지도한다.
3) 활동지에 자신의 목표를 적어보고, 그 이유에 대해 서로 이야기해본다.
4) 목표를 이루기 위해 내가 지금 무엇을 해야 하는지 구체적으로 실천 가능한 일을 적어본다.</td><td colspan="2">30</td><td>활동지,
필기도구</td></tr>
<tr><td>정리</td><td>1. 소감 나누기

2. 다음 회기 활동 소개

3. 경험보고서 작성하기</td><td colspan="2">5</td><td></td></tr>
</table>

제9회기 : 재미있는 공부시간 만들기 Ⅱ

<table>
<tr><td>프로그램명</td><td colspan="2">재미있는 공부시간 만들기 II</td><td colspan="2">9회기</td></tr>
<tr><td rowspan="2">활동 주제</td><td colspan="2" rowspan="2">• 학업기술 배우기 Ⅱ(수업기술 배우기)</td><td>장소</td><td>상담실</td></tr>
<tr><td>시간</td><td>45분</td></tr>
<tr><td>활동 목표</td><td colspan="4">• 자신의 수업태도를 점검하고 구체적인 수업기술을 배울 수 있다.</td></tr>
<tr><td>지도 단계</td><td colspan="2">활 동</td><td>분</td><td>준비물</td></tr>
<tr><td>도입</td><td colspan="2">1. 한 주간의 경험 나누기
-지난 한 주 동안 경험한 사건과 느낌에 대해 나누어본다.

2. 프로그램 소개
-전 회기의 활동내용을 간략히 정리하고, 오늘 활동할 프로그램의 목적과 방법을 간략히 소개한다.</td><td>10</td><td>출석부, 명찰</td></tr>
<tr><td>전개</td><td colspan="2"><활동지 9-1>
1. 체크리스트 통해 자신의 수업태도 알아보기
1) 활동지를 주고 자신의 수업태도를 체크해 보도록 한다. 이때, 솔직하게 답할 수 있도록 분위기를 조성한다.
2) 서로의 수업태도를 발표해보고, 각자 느끼는 바를 이야기해본다.
3) 공통적으로 나온 어려운 부분이 있다면 그 부분을 집중적으로 다루도록 한다.

2. 구체적인 수업기술에 대해 설명해주기
1) 우선 학생들이 궁금해하는 것이 있는지 질문을 받는 시간을 가진다.
2) 어려움을 많이 느끼는 파트별로 구체적인 방법을 제시해준다.
3) 일회성이 아닌 지속적으로 지도할 수 있도록 장기적인 계획을 수립해본다.</td><td>30</td><td>활동지, 필기도구</td></tr>
<tr><td>정리</td><td colspan="2">1. 소감 나누기

2. 다음 회기 활동 소개

3. 경험보고서 작성하기</td><td>5</td><td></td></tr>
</table>

제10회기 : 주인공인 나

프로그램명	주인공인 나	10회기	
활동 주제	• 마무리 및 평가하기	장소	상담실
		시간	45분
활동 목표	• 변화된 자신의 모습을 찾고 이를 통한 자신감을 바탕으로 지속적인 실천의지를 다질 수 있다.		
지도 단계	활 동	분	준비물
도입	1. 한 주간의 경험 나누기 -지난 한 주 동안 경험한 사건과 느낌에 대해 나누어본다. 2. 프로그램 소개 -전 회기의 활동내용을 간략히 정리하고, 오늘 활동할 프로그램의 목적과 방법을 간략히 소개한다.	5	출석부, 명찰
전개	1. 목표달성 여부와 변화된 점 찾기 1) 학생들에게 전체 프로그램에 대한 간략한 피드백을 해준다. 2) 프로그램을 하면서 느낀 점이나 특별히 기억에 남는 부분, 또는 아쉬웠던 부분이 있는지 질문해본다. 3) 1회기 때 세웠던 자신의 목표를 되돌아보며, 얼마만큼 달성했는지 발표해본다. 4) 집단 초기와 지금 자신의 모습을 볼 때, 어떤 점이 달라졌으며 거기에 대해서 어떻게 느끼는지 이야기해본다. 2. 롤링페이퍼 작성하기 1) 집단을 함께 하면서 느꼈던 점이나 해주고 싶은 말들을 적어서 돌린다. 2) 집단을 종결하는 아쉬움의 표현으로 포옹이나 악수를 하면서 서로를 격려해준다.	30	필기도구
정리	1. 소감 나누기 2. 경험보고서 작성하기 3. 간단한 음식 나누기	10	

3. 중·고등학교 다문화 집단상담 프로그램 활동지

활동지 1-1	우리 함께 지켜요	별칭	
		날짜	월 일

1. 나는 프로그램 중에 알게 된 친구의 이야기나 함께 나눈 이야기에 대해 꼭 비밀을 지키겠습니다.

2. 나는 프로그램 시간에 늦거나 결석하지 않겠습니다.

3. 나의 생각을 솔직하게 이야기하고, 다른 친구들이 이야기할 때 귀를 기울여 듣겠습니다.

4. 나는 이야기를 할 땐, 상대방의 눈을 바라보면서 이야기하겠습니다.

5. 나는 친구들의 말을 좋은 의도로 받아들이고 진지하게 생각하겠습니다.

6. 나는 타인의 의견과 감정을 존중하겠습니다.

7. 나는 ______________________________

8. 나는 ______________________________

9. 나는 ______________________________

위의 항목을 틀림없이 지킬 것을 친구들과 선생님 앞에서 약속합니다.

년 월 일 이름 ( ) 인

활동지 2-1	나의 가지들	별칭	
		날짜	월 일

▣ 나를 둘러싼 부모님, 조국, 친구들을 생각하면 어떤 것들이 떠오르나요?
마인드맵 형식으로 자신의 생각 또는 느낌을 자유롭게 표현해보세요.

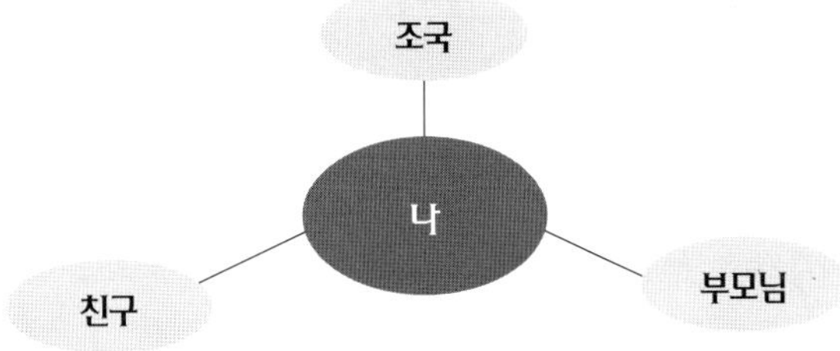

활동지 2-2	나의 자랑스러운 것	별칭	
		날짜	월 일

▣ 자랑스러운 나의 부모님은……

엄마

아빠

▣ 자랑스러운 나의 조국은……

자랑하고 싶은 것

내가 물려받은 것들

▣ 자랑스러운 나는……

남들과 다른 점

자랑하고 싶은 점

그래서 나는, 내가 참 ______________________________

활동지 3-1	나의 금빛 별표	별칭	
		날짜	월 일

활동지 3-2	나의 회색 채점표	별칭	
		날짜	월 일

활동지 4-1	인간으로서 나는 어떤 사람인가	별칭	
		날짜	월 일

■ 자신과 가깝다고 생각되는 숫자에 표시해보세요.

나의 강점

1.	좋아하지 않는	1	2	3	4	5	좋아하는
2.	정직하지 않은	1	2	3	4	5	정직한
3.	둔한	1	2	3	4	5	예민한
4.	참을성이 없는	1	2	3	4	5	참을성이 있는
5.	우호적이지 않은	1	2	3	4	5	우호적인
6.	불쌍한	1	2	3	4	5	행복한
7.	우울한	1	2	3	4	5	기쁜
8.	거절당하는	1	2	3	4	5	수용되는
9	겁이 나는	1	2	3	4	5	자신만만한
10.	무능한	1	2	3	4	5	유능한

나의 신체적 자기개념

1.	잘생기지 않은	1	2	3	4	5	매우 잘생긴
2.	키가 작은	1	2	3	4	5	키가 충분히 큰
3.	너무 마른	1	2	3	4	5	몸무게가 적당한
4	너무 살찐	1	2	3	4	5	몸무게가 적당한
5.	균형 잡히지 않은	1	2	3	4	5	균형이 잘 잡힌
6.	충분히 성장하지 않은	1	2	3	4	5	충분히 성장한
7.	나쁜 콤플렉스	1	2	3	4	5	좋은 콤플렉스
8.	약한	1	2	3	4	5	강한
9.	내 코를 싫어하는	1	2	3	4	5	내 코를 좋아하는
10.	나의 머리를 싫어하는	1	2	3	4	5	나의 머리를 좋아하는

활동지 4-2	나는 이런 사람	별칭	
		날짜	월 일

■ 나의 생각을 표현해보세요.

1. 내가 싫어하는 것은
2. 내가 좋아하는 것은
3. 나를 가장 기분 나쁘게 하는 것은
4. 내게 가장 행복한 일은
5. 내가 가장 후회하는 일은
6. 내가 살아야 할 이유는
7. 내가 되고 싶은 사람은
8. 나의 형제(자매)는 나를
9. 나의 친구들은 나를
☞ 나는 ______________________

활동지 5-1	나의 우정 행동은	별칭	
		날짜	월 일

▣ 나의 긍정적인 우정 행동은?

▣ 나의 부정적인 우정 행동은?

활동지 6-1	친구 칭찬하기	별칭	
		날짜	월 일

▣ 다음 사례를 읽고, 두 가지 반응에서 느낀 점을 각각 적어보세요.

〈사례〉

민수(다문화가정)는 친구들과 가깝게 지내고 싶어 용기를 내어 친구들에게 다가가서 먼저 인사를 했다. "애들아 안녕? 오늘 날씨도 좋은데 학교 마치면 축구 같이 하자." 이 말을 듣고 경수가 이렇게 말했다.

대답 1) 경수: "야! 너 발음이 그게 뭐냐! 촌스럽기는. 꼭 바보 같아."

대답 2) 경수: "민수가 먼저 인사를 한 건 처음인걸. 굉장히 씩씩해 보여."

만약 여러분이 민수였다면,

대답 1) 의 경우 어떤 기분이 들었을까요?

____

대답 2) 의 경우 어떤 기분이 들었을까요?

____

▣ 긍정적 감정 표현해보기

1. 옆에 있는 친구를 바라보고, 친구의 좋은 면 한 가지를 생각해보고 말로 표현해보세요.(과장되거나 거짓이 아닌, 솔직한 감정만을 표현하세요)

____

____

____

____

____

2. 친구에게 긍정적인 느낌을 표현해본 후 느낀 점은?

____

____

____

____

활동지 7-1	너와 함께라서 즐거워	별칭	
		날짜	월 일

▣ 내가 꼭 지켜야 하는 학교규칙

1.
2.
3.
4.
5.

▣ 버디와 함께 하는 학교생활

활동지 8-1	공부하기 힘들어요	별칭	
		날짜	월 일

▣ **문화적 차이로 인해 공부할 때의 어려움은 어떤 것들이 있나요? 구체적으로 적어보세요.**

1. 배우기 가장 어려운 과목은? 그리고 그 이유는?

___

___

2. 가장 재밌는 과목은? 그리고 그 이유는?

___

___

3. 선생님이 가르치는 방법에서 느끼는 어려움은?

___

___

4. 공부를 잘하기 위해 내가 구체적으로 배우고 싶은 기술은?

___

___

▣ **나의 목표를 적어보세요.**

활동지 9-1	성공적인 수업기술 체크리스트	별칭	
		날짜	월 일

▣ **각 항목을 읽고, 지금 자신과 가장 유사한 반응을 나타내는 숫자에 동그라미 하세요.**

<척도>
1 = 나는 매우 잘한다.
2 = 나는 잘한다.
3 = 나는 그저 그렇다.
4 = 나는 몇 가지를 향상시킬 필요가 있다.
5 = 나는 향상시킬 것이 많다.

1. 나는 매일 수업에 제시간에 들어간다.	1	2	3	4	5
2. 매 수업시간마다 노트를 가지고 간다.	1	2	3	4	5
3. 수업시간에 잘 듣고 집중한다.	1	2	3	4	5
4. 나는 정보가 필요할 때 질문을 한다.	1	2	3	4	5
5. 수업시간에 필기를 잘한다.	1	2	3	4	5
6. 나는 시험에 나올 만한 질문들을 잘 듣는다.	1	2	3	4	5
7. 나는 수업에 적극적으로 참여한다.	1	2	3	4	5
8. 나는 완수해야 할 과제가 무엇인지를 이해한다.	1	2	3	4	5
9. 나는 각 수업시간마다 공부 친구가 있다.	1	2	3	4	5
10. 나는 수업 전후에 스트레스 관리 기법을 잘 이행한다.	1	2	3	4	5

참고문헌

강진령(2010). 집단상담의 실제. 서울: 학지사.

강근태(2010). 나의 삶, 나의 습관, 나의 진로. 서울: 에이드북.

구광현 외(2005). 학교상담의 이론과 실제. 서울: 학지사.

국민일보 2011년 5월 25일자 '청소년 인터넷 중독 위험군' 기사.

권순희(2006). 다문화가정 상담 시 각종 상담기법. 다문화가정 자녀를 위한 교육지원 방안연구. 서울대학교 교육종합연구원 다문화교육센터.

권순희(2007). 다문화가정 자녀의 상담지도 사례. 국어교육학연구, 제29집.

교육인적자원부(2004). 초등학생을 위한 인성교육 프로그램(4-6학년용), 자기 리더십 프로그램.

교육과학기술부 http://www.mest.go.kr 2011년 11월 5일자 검색.

교육과학기술부(2010). 함께해요. 꿈과 희망이 자라는 다문화교육. 서울: 교육과학기술부.

김명권(1991). 비행청소년의 집단치료. 부산소년원.

김명권 · 김창대 · 박애선 · 전종국 · 천성문 역(1996). 집단상담: 이론과 실제. 서울: 시그마프레스.

김미선(2009). 자아존중감 증진 프로그램이 다문화가정 아동의 자기존중감과 학교생활 적응에 미치는 효과. 석사학위논문, 숙명여자대학교 대학원.

김정옥 · 박경규(2002). 청소년의 가정폭력 경험과 학교폭력과의 관계연구, 한국가족관계학회지, 7(1), 93-115.

김진희 · 김경신(2003). 청소년의 심리적 변인과 인터넷 중독, 사이버관련 비행의 관계. 청소년복지연구, 5(1), 85-97.

김봉환 외(2000). 학교진로상담. 서울: 학지사.

김태호(2004). 학생생활지도와 상담. 서울: 학지사.

김헌수 · 김옥엽 · 원유미 · 정황순 · 이 난(2002). 집단상담의 이론과 실제. 서울: 학술정보.

김형태(2001). 집단상담의 이론과 실제. 서울: 동문사.

김형태(2005). 집단상담 프로그램. 한남대학교 출판부.
박철용(2009). 다문화교육의 이론과 실제. 서울: 양서원.
법무부 홈페이지 www.moj.go.kr 2011년 11월 1일자 검색.
서미란(2010). 학습동기 향상 프로그램이 고등학생의 학습동기 향상에 미치는 효과. 석사학위논문, 경북대학교 교육대학원.
서울특별시교육청(2001). 학교생활적응력향상을 위한 집단상담 프로그램, 집단따돌림 예방프로그램. 서울: 서울특별시교육청.
오연경(2008). 다문화가족상담을 위한 초등학교 담임교사의 역할. 석사학위논문, 한양대학교 대학원.
여성가족부 www.mogef.go.kr 2011년 5월 22일자 검색.
연문희 · 강진령(2002). 학교상담 21세기 학생생활지도. 서울: 양서원.
윤관현 · 이장호 · 최송미(2006). 집단상담 원리와 실제. 서울: 법문사.
이승국(1999). 청소년의 자아정체감 발달에 영향을 미치는 생태학적 변인들의 구조분석. 박사학위논문, 계명대학교 대학원.
이샛별(2010). 다문화가정 초등학교 저학년 아동의 사회성 향상 집단상담 프로그램 개발. 석사학위논문, 한국교원대학교 대학원.
이장호(2005). 상담면접의 기초. 서울: 중앙적성출판사.
이장호 · 김정희(1992). 집단상담의 원리와 실제. 서울: 법문사.
이훈구 외(2000). 심리학자의 교실이야기. 서울: 법문사.
이형득(1979). 집단상담의 실제. 서울: 중앙적성출판사.
이형득 · 김성회 · 설기문 · 김창대 · 김정희(2002). 집단상담. 서울: 중앙적성출판사.
임승환 · 김명권(1991). 감수성훈련이 비행소년의 공격성, 정신건강 및 자아개념에 미치는 효과에 관한 연구. 춘천소년원.
정옥분(2006). 사회정서발달. 서울: 학지사.
정옥분(2005). 청년심리학. 서울: 학지사.
조현춘 · 조현재 · 이희백 · 천성문 공역(1999). 집단심리상담의 이론과 실제. 서울: 시그마프레스.
천성문 외(2004). 중 · 고등학생을 위한 집단상담 프로그램. 서울: 학지사.
최혜림 · 장성숙 공역(1993). 집단 정신치료의 이론과 실제. 서울: 하나의학사.
통계청 홈페이지 http://kostat.go.kr 2010년 12월 2일자 검색.
한국교총 · 한국교육신문사(1997). 한국교육연감. 서울: 한국교원단체총연합회
한국청소년상담원(2007). 초등학생용 품성계발 프로그램, 멋진 우리.
홍경자 · 김태호 · 남상인 · 오익수(1996). 청소년 집단상담. 서울: 정민사.

Berry, H. W., & Kim, U. (1988). Acculturation and mental health. In P. R. Dasen, J. W. Berry, & N. Sartorius(Eds.), *Health and Cross-Cultural Psychology*: Toward Application. Newbury Park, CA: Sage.

Bloom, B. S. (1976). *Human Characteristics and School Learning*. New York: Mcgra-Hill Book Company.

Blotcky, M. J.(1985). *Child and adolescent group psychotherapy*. In Kaplan, H. I. & Sadock, B. J.(4th ed). Comprehensive Textbook of Psychiatry.

Brigman, G., & Earley, B.(1991). *Group counseling for school counselors: A practical guide*. Portland, ME: J. Weston Walch, Publisher.

Carver, C. S., & Scheier, M. F. (1998). *On the self-regulation of behavior*. New York: Cambridge University Press.

Corey, G. (1995). *Theory and practice of group counseling*. (4th ed.). Pacific Grove. CA: Books/Cole.

Corey, G., & Corey, M. S. (1997). *Group: Process and practice* (5th ed.). Pacific Grove. CA: Books/Cole.

Corey, G., & Corey, M. S., Callanan, P., & Russell, J. M. (2004). *Group techniques* (3th ed.). CA: Books/Cole.

Corey, M. S., & Corey, G.(2002). *Groups: Process and practice* (6th ed.). Belmont, CA: Wadsworth.

Corey, M. S., & Corey, G. (2006). *Group: Process and practice* (7th ed.). Pacific Grove, CA: Books/Cole.

Corder, Haizlip, and Walker(1980). Critical areas of therapists' functioning in adolescent group psychotherapy. *Adolescence, 15*, 435-442.

Ehly, S., & Dustin, D. (1991). *Individual and group counseling in the schools*. New York: Guilford.

Erikson, E. H. (1950). *Child and socity*. New York: Norton.

Friedman, W. H. (1989). *Practice group therapy*: A guideline for clinician. Jossey-Bass Publisher.

Freire, P., Holcomb-McCoy, C., & Myers, J. E. (1999). Multicultural competence and counselor training: A national survey. *Journal of Counseling and Development*, 77, 294-302.

Gazda, G. M.(1989). Group counseling developmental approach. 4th ed. Hurst and Gladieux(1980). Guidelines for leading an adolescent therapy group. In A. R.

Wolberg and M. L. Aronson (Eds), *Group and Family Therapy*. New York: Bruner/Mazel.

Greenberg K. R. (2003). *Group counseling in K-12 schools: A handbook for school counselors*. Pearson Education Publishing.

Hill, C. E., & O'Brien, K. M. (1999). *Helping skills: Facilitating expioration, insight, and action*. Washington, D.C.: American Psychological Association.

Holcome-McCoy, C., & Myers, J. (1999). Multicultural competence and counselor training: A national survey. *Journal of Counseling and Development*, 77, 294-302.

Huchinson, N. L., Freeman, J. G., & Quick, V. E. (1996). Group counseling intervention for solving problems on the job. *Journal of Employment Counseling, 33*, 2-19.

Hurst and Gladieux(1980). Guidelines for leading an adolescent therapy group. In A. R. Wolberg and M. L. Aronson (Eds), *Group and Family Therapy*. New York: Bruner/Mazel.

Jacobs, E. E., Masson, R. L., & Harvill, R. L. (2002). *Group counseling: Strategies and skills* (4th ed.). Pacific Grove, CA: Books/Cole.

Kaplan, H. I., & Sadock B. J. (1973). *Comprehensive group psychotherapy*. Balitimore: Williams & Williams.

Kitchener, K. S. (1984). Intuition, critical evaluation and ethical principles: The foundation for ethical decisions in counseling psychology. *The Counseling Psychologist, 12* (3), 43-55.

Knowles. J. W. (1964). *Group counseling*. Philadelphia: Fortress Press.

Kreig, E. J. (1988). *Group leadership training and supervision manual for adolescent group counseling in schools* (3rd ed.). Muncie, IN: Accelerated Development.

Lee, C. C. (1992). *Empowering Young Black Males*. Ann Arbor, MI: ERIC.CAPS.

Lieberman, M. A. (1980). Group method. In F. J. Kanfer & A. P. Goldstein(Eds.), *Heling people change* (2nd ed.). New York: Pergamon Press.

Maclennan, B. W., & Dies, K. R. (1992). *Group counseling and psychotherapy with adolescents*. New York, NY: Columbia University Press.

Mahler, C.A.(1969). *Group counseling in the schools*. Boston : Houghton Mifflin.

Morganett, R. S. (1990). *Skills for living: Group counseling activities for young adolescents*. Champaign, IL: Research Press.

Nims, D. R. (1998). Searching for self: A theoretical model for applying family systems to adolescent group work. *Journal of Specialist in Group Work*, 133-144.

Pedersen, P. (1990). The multiculrural perspective as a fourth force in counseling, Journal of *Mental Health Counseling*, *12*, 93-95.

Pedersen, P. (1994). A Hanbook for *Developing Multicultural Awareness*. Alexandria: AV: American Counseling Association.

Rosenthal, L.(1971). Some dynamics of resistance and therapeutic management in adolescent group therapy. *Psychoanalytic Review*, *58*, 353-366.

Rose, S. D., & Edleson, J. L. (1987). *Working with children and adolescents in groups*. CA: Jossey-Bass

Shamess, G.(1986). *Differential diagnosis and group structure in the outpatient treatment of latency age children*. In Child Group Psychotherapy. AGPA. Monograph 3.

Schaefer, C., Johnson, L., & Wherry, J.(1982). *Group therapies for children and youth, Principles and Practices of group treatment*. Jossy-Bass.

Schutz. W. (1971). *Here comes everybody*. New York: Harper & Row.

Tatum, B. D. (1999). *Why are all the black kids sitting together in the cafeteria? and other conversations about race*. New York: Basic Books.

Truax, C. B. & Carkhuff, R. R. (1967). *Toward effective counseling and psychotherapy*. Chicago: Aldine.

Yalom, I. D. (1975). *The theory and practice of group psychotherapy* (2nd ed.). New York: Basic Books.

Wheeler, I., et al. (1992). Participants' perception of therapeutic factors in groups for incest survivors. *The Journal for Specialists in Group Work*, *17*(2), 89-95.

찾아보기

가

간편 회람 134
개방집단 271
공감 89
공동 지도자 188
과제 부여하기 74
교실 생활지도 주제 35
교장·교감의 지지 18
구원 100

다

다문화 상담 328
다문화 역량 체크리스트 342
다문화 집단상담 332
다문화 학생 328
담임교사 평가서 148
동질집단 32, 338

마

명료화 81
모델링 70
문제해결 71
문제해결의 모델 71
미해결 과제 124

바

반영 80
보조 지도자 189
복합적 감정 122
분노조절 집단 132
비자발적 집단 190
비자발적인 집단원 272

사

사회기술 훈련집단 130
산만한 집단원 101
상상적 청중 186
설교자 다루기 102
성개방 문제 196
소극적 참여 122
소통 63
슬픔 치료집단 131

아

역전이 91
연결 84
연결 짓기 73
예기불안 108
요구조사 30, 36, 200, 201
요약 82
울기 101
음주 260
이질집단 32, 340
인터넷 중독 195
입문수준 집단상담 13

자

자기-초점 107
자기개방 119

자기노출 90
자기신화 186
자발적 집단 190
자살 195, 260
작업단계 111, 116
저항 92, 98
적극적 경청 64, 80
적대적으로 공격하기 100
전이 91
전환단계 111
종결 92
종결단계 122
주도권 경쟁 113
중학교 183
중학교 상담교사 187
중학생 183
지금-여기 108
지지 85
지지집단 34
직면 85
진단 87
진로 192, 260
질문 83
질문하기 65
집단 지도성 51
집단 크기 135
집단 홍보 43
집단구성 338
집단규칙 서약서 203
집단따돌림 194
집단모임 장소 41
집단상담 요구조사 133, 134
집단상담 평가서 204
집단상담의 홍보 48
집단원 모집 134
집단원 선발 36
집단원의 선발 337
집단의 구조화 110

차

첫 회기 141
초기단계 106
촉진 88
치료집단 33
침묵 96, 107

타

타인-초점 107

파

평가 88
폐쇄집단 271
피드백 90, 124

하

학교폭력 193, 260
학부모의 지지 20
학습기술 훈련집단 131
학업부진 193
해석 67, 82
행·재정적 지원 18
행동제한 86
현실검증 87
화제 독점하기 97
흡연 193, 260

기타

icebreaker 144

공저자 약력

김종운

- 동아대학교 교육학과 교수
- 한국상담학회 윤리위원장
- 한국최면상담학회 회장
- 부산경남울산상담학회장 역임
- jongun22@dau.ac.kr

박성실

- 동아대학교 대학원 교육상담 전공 박사
- 동아대학교, 동의과학대학, 부산디지털대학교 외래교수
- kopu052@hanmail.net

박춘자

- 동아대학교 대학원 교육상담 전공 박사
- 부산광역시 청소년종합지원센터 상담원
- 동아대학교 교육학과 초빙교수
- cjp0313@hanmail.net

정보현

- 동아대학교 대학원 교육상담 전공 박사
- 한국코치협회 인증코치
- 동아대학교 평생교육원 전문상담심리과정 교수
- melissanv@naver.com

김효은

- 동아대학교 대학원교육상담 전공 박사
- 신라대학교 교육대학원 외래교수
- hermine@dong.ac.kr

강정임

- 동아대학교 대학원 교육상담 전공 박사수료
- 창진초등학교 전문상담교사
- sweetjungim@hanmail.net

임은미

- 동아대학교 대학원 교육상담 전공 박사수료
- 부산 아동발달 미술치료연구소 상담원
- 동아대학교 교육학과 초빙교수
- iem234@hanmail.net

이태곤

- 동아대학교 대학원 교육상담 전공 박사수료
- 부산교육연구정보원 진로교육팀 교육연구사
- 5460201@hanmail.net

장인영

- 동아대학교 대학원 교육상담 전공 박사과정
- 범일초등학교 교육복지사
- papattll@hanmail.net

양민정

- 동아대학교 대학원 교육상담 전공 박사과정
- 동아대학교 학생상담센터 객원상담원
- 부산청소년상담지원센터 상담원
- ektjswnd@hanmail.net

이정이

- 동아대학교 대학원 교육상담 전공 박사과정
- 안락초등학교 전문상담교사
- malilyn1004@naver.com

김현희

- 동아대학교 대학원 교육상담 전공 박사과정
- 부산진구 청소년상담지원센터 상담원
- amhangeosa@hanmail.net

행복한 학교 즐거운 교실을 위한

학교 집단상담의 이론과 실제

2012년 2월 25일 초판 인쇄
2012년 2월 28일 초판 발행

공저자 / 김종운 · 박성실 · 박춘자
정보현 · 김효은 · 강정임
임은미 · 이태곤 · 장인영
양민정 · 이정이 · 김현희
발행인 / 이 중 수
발행처 / **동 문 사**

서울특별시 서대문구 홍제동 137-8
Tel : (02) 736-3718(대), 736-3710, 3720
Fax : (02) 736-3719
등록번호 : 제9-17호
가격 : 18,000원

ISBN : 978-89-8251-515-6 (93370)
E-mail : dong736@naver.com
www.dongmunsa.com